W0060249

Wilhelm Hoerner

Spurensuche
einer
Schicksalsführung
im
20. Jahrhundert

Wilhelm Haerner

Wilhelm Hoerner

Spurensuche einer Schicksalsführung im 20. Jahrhundert

 Verlag Urachhaus

Für alle, die ihr Schicksal lieben wollen

ISBN 3-8251-7382-8

Erschienen 2002 im Verlag Urachhaus
© 2002 Verlag Freies Geistesleben & Urachhaus GmbH
Die Karten auf Seite 104 und 222 stammen von Edgar Bayer, Stuttgart
Schutzumschlag: Uschi Weismann
unter Verwendung eines Fotos von Wilhelm Hoerner
Druck: Offizin Chr. Scheufele, Stuttgart

Inhalt

Einleitung 9

   I Der Wurzelgrund 13
  II Förderung durch Verzögerung, Verzicht und Zeit 45
 III Aus dem Buch der Natur 57
 IV Aus dem Buch der Geschichte 105
  V Aus dem Buch der Offenbarung 195
 VI Erfüllung 279
VII Rückblick und Ausblick 315

Zeittafel 323
Personenregister 331
Ortsregister 334

»*Erst mit Jesu Zeit erwachte der Sinn für den einzelnen menschlichen Lebenslauf, und erst von Augustinus wurde dessen strenge Zeitordnung wahrgenommen. Augustinus fühlte und verstand auch als Erster voll das geistige Ich und das übermenschliche Element in seinem Leben, das er die Vorbestimmung Gottes nannte. Die Biografie, das Ich und die Prädestination wurden da, wo sie noch nicht zur überlieferten Lehre gehörten, gleichzeitig miteinander wahrgenommen. Sie gehören auch wesentlich zusammen. In der Biografie erscheinen die beiden anderen geistigen Größen, und nur durch diese beiden empfängt jene das ihr eigene Wesen.*«*

Diether Lauenstein (1914–1990)
»Der Messias, eine biblische Untersuchung«, Stuttgart 1971

»*Die Frage, ob einer seine eigene Biografie schreiben dürfe, ist höchst ungeschickt. Ich halte den, der es tut, für den höflichsten aller Menschen. Wenn sich einer nur mitteilt, so ist es ganz einerlei, aus was für Motiven er es tut. Es ist gar nicht nötig, dass einer untadelhaft sei oder das Vortrefflichste und Tadelloseste tue, sondern nur, dass etwas geschehe, was dem andern nützen oder ihn freuen kann.*«*

Johann Wolfgang von Goethe (1749–1832)
»Autobiographische Schriften«

»*Von einem solchen Moment, in welchem der Mensch gewahr wird: Du hast eigentlich in früheren Jahren Dinge getan, die du jetzt erst anfängst zu verstehen; damals war dein Verstand noch nicht reif, um die Dinge zu verstehen, welche du getan hast oder doch gesprochen hast – von einem solchen Moment, in welchem man eine Entdeckung dieser Art macht, geht etwas aus wie die folgende Empfindung der Seele: Man fühlt sich wie geborgen durch eine gute Macht, die in den eigenen Wesenstiefen waltet; man fängt an, immer mehr und mehr Vertrauen zu gewinnen zu der Tatsache, dass man eigentlich im höchsten Sinne des Wortes doch nicht allein ist in der Welt, und dass alles dasjenige, was man versteht, was man bewusst kann, im Grunde genommen nur ein Teil dessen ist, was man in der Welt vollbringt.*«

Rudolf Steiner (1861–1925)
»Die geistige Führung des Menschen und der Menschheit«,
Geisteswissenschaftliche Ergebnisse über die
Menschheits-Entwickelung

Einleitung

Eine tiefe Sehnsucht ist dem Seelenleben des Menschen beigegeben. Eine Sehnsucht, die meist ganz unbewusst bleibt. Eine Sehnsucht, die das wahre Ziel ihres Sehnens nicht kennt und oft auch gar nicht kennen will, weil nur Materielles als existent gedacht wird. Aber schon dieses Denken lässt sich nicht aus materiellen Vorgängen in seinem »Wie« ausreichend erklären.

Unser ganzes Leben, unsere Umwelt und deren Werdegang sind geistgestaltet und geistdurchdrungen. Die Kennzeichen, die Symptome dafür erfüllen – ebenfalls unbewusst – das heutige Menschensein und erzeugen jene geheimnisvoll offenbare Sehnsucht. Sehnsucht ist auch Suche. Suche ist aber immer durch die Möglichkeit eines Findens veranlasst, auch wenn dieses zu Findende in einer ganz und gar anderen Richtung als die Vorstellungen des Suchenden liegt. Die vorliegende Spurensuche einer Schicksalsführung im 20. Jahrhundert bringt Erlebnisse eines langen Lebens, dem ein verantwortungsbereiter Ernst schon vom Lebensanfang an bis zur Stunde für diese Erdenfahrt mitgegeben war. Dieser Ernst ruht im Grunde jeder Seele. Aber dieser Brunnen lebendigen Wassers wird heute meist schon in der frühen Kindheit mit Zivilisationsabfall und Kulturschutt zugeschüttet. Diese Lebensbeschreibung möchte jedoch Mut machen, den tiefen Brunnen der eigenen Seele freizugraben bis zum Wasser des Lebens in seinem Grunde.

»Zum Sehen geboren, zum Schauen bestellt, dem Turme geschworen gefällt mir die Welt.« Dieses Türmerlied hat Goethe noch im letzten Lebensjahr seinem Faust eingefügt, bevor er ihn versiegelte. Das ist nicht Flucht in eine heile Welt, sondern verantwortetes Mitschaffen einer heileren Zukunft.

Die Zukunft wird aus Gedanken und Taten der Menschen geboren und muss mitverantwortet werden. Die Macht einer Gruppe von Menschen oder Einzelner über andere Menschen ist – auf welchem Felde auch immer – im Grunde ein Relikt aus längst vergangenen Zeiten, aber es gibt sie immer wieder. So werfen auch die furchtbaren Machtauswüchse des 20. Jahrhunderts ihre Schatten in das hier beschriebene und erlebte Leben hinein. Es ist die Absicht dieser Schrift, die deutliche Schicksalsführung eines Lebens im 20. Jahrhundert anschaubar zu machen.

Ein Fragment des alten Weisen aus Ephesus, Heraklit (ca. 550–480 v. Chr.) lautet: »aethos anthropo daimon« »Dem Menschen ist sein Wesen sein Schicksal«. In diesem geheimnisvollen Ausspruch steckt die entscheidende Wahrheit über den Menschen. Das, was er als Wesen ist, und das, was ihm von außen als Schicksal entgegenkommt, ist eine Einheit. Es ist so zusammengehörig, einander gegenseitig bedingend und fordernd wie die beiden Pole eines Magneten, jedoch so, dass die Art ihrer Verschmelzung vom Menschen mitbestimmt, gestört oder gefördert werden kann. Darin liegen die Tragik und das wahre Glück des Menschen.

Es ist das hohe und deshalb kaum erreichte, aber angestrebte Ziel dieser Lebensbeschreibung, etwas von diesem Glück, das aus Entsagung und Erfüllung gefügt ist, aufscheinen zu lassen. Deshalb dürfen und müssen auch kleine Dinge ebenso mitgeteilt werden wie die großen, das ganze Jahrhundert prägenden Ereignisse. In unserer heutigen Kulturepoche ist jeder Einzelne aufgerufen, an seinem Ort und mit seinen Kräften mitzuarbeiten an einem heilsamen Fortgang für Menschheit und Erde. Zum notwendigen Umwandeln des Bösen in sich und in der Welt kann jeder beitragen. In freier Übernahme der Verantwortung für sich und seine Mitmenschen kann in der einzelnen Seele langsam jene neue Kraft heranwachsen, welche mit dem Wort »Bewusstseinsseele« umschrieben wird. Mit diesem Verantwortungsbewusstsein werden die Zeitereignisse im Spiegel der sie erlebenden Individualität und die ewige Individualität im Spiegel ihrer Schicksale in neuer und geistig zutreffender Weise erfasst.

Das aufzählende Aneinanderreihen der Ereignisse eines Menschenlebens ergibt keine Biografie. Es müssen sowohl die Aufnahme als auch der seelische Umgang mit dem Erlebten deutlich werden. Aber viele Menschen erleben ihre Schicksale nicht tief genug in der Seele, sondern machen sie nur passiv mit. Jedoch nur das bedenkende Miterleben und das Hineinstellen des Erlebten in ein Vorher und Nachher weiten den Blick für den inneren Zusammenhang des ganzen Lebens. Nur durch aktives, nicht vordergründig egoistisch-nützlichkeitsbestrebtes Denken wird ein das ganze Leben durchziehender roter Faden wahrnehmbar. »Führung und Geleit« hat der Dichter Hans Carossa (1878–1956) dieses Erleben genannt. Ein solches Anschauen des Lebens ergibt eine Überschau, eine Verdichtung der einzelnen Ereignisse. Diese Verdichtung ist dann nicht eine Erdichtung im Sinne einer Erfindung, sondern eine höhere Wahrheit als die alltägliche. So hat es Goethe mit seiner »Dichtung und Wahrheit« gemeint. Auch für die Geschichte gilt es, die Ereignisse an der Oberfläche als Kennzeichen für einen geistigen Unterstrom erkennen zu lernen. Dabei ist jedoch zu bedenken, dass die im Werdestrom der Menschheit wirkenden »Geister der Zeiten« ihre Wirkensfelder weit über denen unserer »Schutzengel« haben.

So ist die Beschreibung meiner Schicksalsführung bewusst nicht eindeutig chronologisch. Auf drei Säulen beruhte mein Leben und Wirken als Pfarrer für eine religiöse Erneuerung – Natur, Geschichte und Offenbarung. Das verlangt einen dreimaligen Durchgang durch die ganze Lebenszeit. Dabei sollen Seitenverweise für den Leser hilfreich sein, der sich tätig um die Zusammenschau der drei Bereiche bemühen möchte. Dies kann auch eine Anregung oder Hilfe für die eigene Lebensrückschau sein.

Eine erste Lebensüberschau über die Kindheit und Jugend scheint aus dem »Wurzelgrund« auf, in dem die drei Bänder des Schicksalsgeflechts noch so innig miteinander verbunden sind, dass eine entschieden einseitige Zuteilung zum Bereich der Natur oder der Geschichte oder der Offenbarung unangemessen wäre. Das Kapitel »Förderung durch Verzögerung, Verzicht und Zeit« zeigt eine kurze Zusammenfassung der Lebensstationen bis zum Ende der Kriegsgefangenschaft.

Das Leben hat mir gezeigt, dass es keine Zufälle gibt. Anders gesagt, dass einem immer das jetzt Notwendige zufällt, auch wenn wir das erst viel später als wichtige Fügung im Lebensgange erkennen. Mit diesem Erkennen ist eine tiefe Freude verbunden, die sich in herzwarmen Dank verwandelt. Dank an die Vaterwelt der geistigen Führung des Menschen und der Menschheit. Wenn dieser Dank aus dem Folgenden wahrnehmbar wird, dann hat diese Spurensuche ihre Aufgabe erfüllt. Die vielen Helfer beim Zustandekommen dieser Arbeit können nicht alle mit Namen aufgezählt werden. Dazu gehören alle Angehörigen, viele Freunde und Bekannte ebenso wie die Kameraden aus den schicksalsschwersten Tagen und der durchtragende Kreis der Mitpriester, die lebenden und die über die Schwelle vorangegangenen. Das Übertragen des handschriftlichen Manuskriptes in eine saubere Maschinen-Reinschrift hat in unermüdlichem, langem Einsatz Frau Elfriede Beyer (1920–2000) geleistet. Ihr gebührt der größte Dank. Dieser gebührt aber auch der Lektorin, Frau Roswitha von dem Borne, für die Bearbeitung des Manuskriptes und das Ordnen der vielen Nachträge sowie der Herstellerin, Frau Uschi Weismann, für ihre würdige Buchgestaltung vom Schutzumschlag bis zur letzten Seite und Herrn Frank Berger als Verlagsleiter, die alle keine Mühe und Zeit gescheut haben, zum Gelingen dieses Buches beizutragen. Ihnen und vielen Ungenannten »hinter der Bühne« sei mein herzlichster Dank gesagt.

Esslingen am Neckar, Ostern 2000   Wilhelm Hoerner

I

Der Wurzelgrund

»Die Biografie sollte sich einen großen Vor-
rang vor der Geschichte erwerben, indem
sie das Individuum lebendig darstellt und
zugleich das Jahrhundert, wie auch dieses
lebendig auf jenes einwirkt.«

»Maximen und Reflexionen« Goethe

Mein Geburtsjahr 1913 ist von bedeutenden Ereignissen geprägt.
Das Geistesleben der Menschheit wurde durch die kulturerneuernden Impulse Rudolf Steiners im ersten Viertel des 20. Jahrhunderts
unübersehbar und heilsam befruchtet. Die Mitte seiner Wirksamkeit war das Jahr 1913, das letzte Jahr vor dem Ersten Weltkrieg.
1912 hatten sich die ersten 33 Jahre nach Beginn der Regentschaft
des Erzengels Michael als Zeitgeist vollendet, die 1879 begonnen
hatte. So nahmen 1913 die zweiten 33 Jahre seiner Zeitenregent-
schaft ihren Lauf. Diese Angabe wie auch der Hinweis auf »die
Umlaufzeiten geschichtlicher Ereignisse in Rhythmen von 33 Jahren« sind Ergebnisse der Geistesforschung Rudolf Steiners. So
kommt in diesem letzten Jahr vor Ausbruch des Ersten Weltkrieges
vieles Alte wie der Glanz der Gründerjahre an sein Ende.

Vor allem war es die junge Generation, die in den ersten Jahren
des 20. Jahrhunderts energisch nach tragfähigen Fundamenten für
eine neue, menschlichere Gesellschaft suchte. Die Anfänge der Jugendbewegung als Befreiung von den bürgerlichen Lebensformen
hatten sich schon 1896 mit der Gründung eines Bundes gezeigt, der
dann 1901 als »Wandervogel« durch natürliche Lebensweise und
Kleidung, durch Fahrtenleben, »Nestabende«, Musik und Volks-
tanz neue jugendgemäße Lebensformen verwirklichte. Die Bewe-

gung dehnte sich auch auf die Universitäten und Hochschulen aus. 1906 wurde in Göttingen die »Akademische Freischar« gegründet. Neben ihr entstanden noch eine Reihe anderer studentischer Gruppen neuen Gepräges, die sich im Gegensatz zu den Korporationen sahen und Erziehungsgemeinschaften neuer Art sein wollten, die auf sorgfältige Auslese und gediegene geistige Gemeinschaftsarbeit Wert legten. Aus diesen akademischen »Wandervogelkreisen« ging der Gedanke hervor, zur Jahrhundertfeier der Leipziger Völkerschlacht ein Fest zu veranstalten, das die Gesamtheit der Jugendbewegung vereinen und ihr Wesen und ihre Eigenart darstellen sollte. Bei den Vorbesprechungen für dieses Fest, die Pfingsten 1913 in Jena stattfanden, wurde der Name »Freideutsch« geprägt, in der Erinnerung an eine Stelle in Fichtes siebenter »Rede an die deutsche Nation«.

Weil dieser Aufbruch der jungen Generation zur Umgestaltung ihres Jahrhunderts nicht vergessen werden darf, vielmehr in der zweiten Dreiunddreißiger-Runde ab 1913 weiterwirken soll, seien hier einige Kernsätze aus der Festschrift zitiert. »Eine Verwüstungsorgie ohnegleichen hat die Menschheit ergriffen ... Die giftigen Abwässer der Fabriken verjauchen das lautere Nass der Erde – kurz das Antlitz der Festländer verwandelt sich allgemach in ein mit Landwirtschaft durchsetztes Chicago ... Kein Zweifel, wir stehen im Zeitalter des Unterganges der Seele ... Die meisten leben nicht, sondern existieren nur mehr ... besinnungslos anheimgegeben dem Zahlendelirium.« Gegen Ende dieses düsteren Zeitgemäldes wird auf das Innenleben des Menschen verwiesen, »welches tieferes Wissen barg als all seine Wissenschaft: das Wissen von der weltschaffenden Webekraft allverbindender Liebe«. Das hat 1913 der Philosoph Ludwig Klages (1872–1956) in seinem Aufsatz »Mensch und Erde« gesagt. Der Pädagoge Gustav Wyneken (1875–1964) verfasste den Aufruf zum Fest auf dem Hohen Meißner, in dem es heißt: »Die deutsche Jugend steht an einem geschichtlichen Wendepunkt ... Sie strebt nach einer Lebensführung ... die es ihr ermöglicht ... sich als einen besonderen Faktor in die allgemeine Kulturarbeit einzugliedern. Sie möchte das, was in ihr an reiner Begeisterung für höchste Menschheitsaufgaben, an ungebroche-

14

nem Glauben und Mut zu einem adligen Dasein lebt, als einen erfrischenden, verjüngenden Strom dem Geistesleben des Volkes zuführen, und sie glaubt, dass nichts heute unserem Volke nötiger ist als solche Geistverjüngung ... Im gegenwärtigen Augenblick erleben wir das hohe Glück, uns im gemeinsamen Willen gefunden zu haben.«

Der Hohe Meißner (749 m), zwischen Kassel und Eschwege mitten im waldreichen grünen Herzen Deutschlands gelegen, ist ein sagenumwobener Berg. Der »Frau-Holle-Mythos« bringt diese Region in besondere Verbindung mit der Mutter Erde, der »Großen Mutter«, die den Bereich von Erde und Mond allumfasst. Dieser Sphäre entspricht der dunkle Drang des auf die Zukunft gerichteten Willens, der in dem ersten großen Fest der Jugend aufbrach. Am Samstag, dem 11. und am 12. Oktober 1913, dem zweiten Michaelisonntag, schließen sich auf dem Hohen Meißner dreizehn Jugendverbände mit 2000 bis 3000 Festteilnehmern zur »Freideutschen Jugend« zusammen. Man verpflichtet sich auf die von dem Schriftsteller Ferdinand Avenarius (1856–1923) verfasste Meißner-Formel: »Die Freideutsche Jugend will aus eigener Bestimmung vor eigener Verantwortung, mit innerer Wahrhaftigkeit ihr Leben gestalten. Für diese innere Freiheit tritt sie unter allen Umständen geschlossen ein. Zur gegenseitigen Verständigung werden freideutsche Jugendtage abgehalten. Alle gemeinsamen Veranstaltungen der Freideutschen Jugend sind alkohol- und nikotinfrei.«

Dieses aus Verantwortung für die Zukunft gestaltete Fest stand im bewussten Protest gegen die rückwärts gewendete Jahrhundertfeier vor dem Völkerschlachtdenkmal in Leipzig, zu dessen Einweihung die führenden Häupter Europas erschienen waren. Das Schlachtenrelief auf der Vorderseite des Denkmals zeigt in der Mitte den Erzengel Michael. Wir gehen nicht fehl, wenn wir ihn vielmehr als den großen Entflammer und Schutzgeist der Jugendbewegung und ihrer Meißner-Tagung sehen. Umso tragischer ist dann deren weiteres Schicksal; denn dem edlen, auf die Zukunft gerichteten Willen der Jugend »fehlte noch die geistige Erkenntniskraft, auf die es angekommen wäre, wenn dem Gewollten wirkliche und dauerhafte Gestalt zukommen sollte«. Der Erste Weltkrieg riss mit ungefähr siebentausend Gefallenen aus den Verbänden der Freideutschen Jugend eine nicht mehr zu schließende Lücke. Ein für 1923 geplantes Treffen kam nicht zustande. Nationalisierung, Cliquenbildung, Verbote und die nachfolgende Staatsjugend löschten die Jugendbewegung aus. Auch dies alles ereignete sich in den zweiten 33 Jahren des ersten Jahrhunderts der Michaelszeit zwischen 1913 und 1946.

In dem gleichen schicksalsschweren Jahr 1913, das den hoffnungsvollen Aufbruch der Jugend gebracht hatte, geht 33 Jahre nach dem Beginn der Michaelsregentschaft noch eine ganz andere Saat des Zeitgeist-Sämanns auf. Von der Weltöffentlichkeit weitgehend unbemerkt wird 1913 die Anthroposophische Gesellschaft gegründet und am 20. September der Grundstein für das Goetheanum auf dem Hügel bei Dornach gelegt. Und damit hat das 20. Jahrhundert ein Samenkorn empfangen, von dem die Kultur ausgehen kann, die von der Jugendbewegung unbewusst, aber herzwarm ersehnt und angestrebt wurde. Auch die Entstehung der Christengemeinschaft ist mit dem neuen Quell geistigen Lebens tief verbunden. Die Verantwortung vor Michael, dem wahren Führergeist unserer Zeit, fordert eine derartige Überschau über das erste Jahrhundert seines Wirkens. Deutlich genug ist die wunderbare Ordnung des Zeitenatems zu verspüren.

Aber nicht nur die angeführten Ereignisse geben diesem Jahr eine Sonderstellung im Jahrhundert. Auch im Zusammenklingen kosmischer Rhythmen mit dem Erdengeschehen ergibt sich für 1913 eine Einmaligkeit, nicht nur im 20. Jahrhundert, sondern weit darüber hinaus. Die drei Vorbedingungen für die Bestimmung des beweglichen Ostertermins folgen in diesem Jahr derart unmittelbar aufeinander, dass am Karfreitag, dem 21. März, die Frühlingstagundnachtgleiche eintrat, am Karsamstag, dem 22. März, der Frühlingsvollmond und so am unmittelbar folgenden Tag, dem 23. März, der Ostersonntag. Rudolf Steiner hat diese einmalige Tatsache zum Anlass für einen Sondervortrag genommen, in dem er auf die Wichtigkeit der Tatsache hinwies, dass das bewegliche Osterfest im Zusammenhang mit den kosmischen Rhythmen als vom Kosmos in das Erdensein »hereindiktiert« erhalten werden muss (23.3.1913, GA 150). Naturgeschehen, Menschheitsgeschichte und geistige Offenbarung klingen von daher einmalig zusammen. Im Laufe meines Lebens hat sich gezeigt, dass mir mit der Geburt im Jahr 1913 eine große, über alles Persönliche hinausgehende Aufgabe vom Schicksal mitgegeben worden war. Mit dem 22. Juli, genau ein Drittel Jahr nach dem zeichenhaften Osterdatum, fällt die Geburt in die zweite Hälfte der hohen Sommerzeit. Während sich von Ostern bis Johanni die Natur mächtig entfaltet hat, beginnt ab Johanni die Phase des Reifens, Fruchtens und der Verinnerlichung. Daraus ergibt sich eine das ganze Leben ausfüllende Grundstimmung bis zum heutigen Tag:

»Zu bergen Geistgeschenk im Innern,
Gebietet strenge mir mein Ahnen,
Dass reifend Gottesgaben
In Seelengründen fruchtend
Der Selbstheit Früchte bringen.«

Mit dem für diese Julizeit gegebenen sechzehnten Wochenspruch des anthroposophischen Seelenkalenders von Rudolf Steiner ist auch die Grundstimmung meines Lebens getroffen. Aber erst am Ende des dritten Lebensjahrsiebts habe ich davon Kenntnis erhalten.

Mit staunender Offenheit aller Sinne wurde von frühester Kindheit an alles aufgenommen, was drinnen und draußen sich bietet. Was das Auge schaute, musste immer gleich zeichnerisch wiedergegeben werden. Zunächst, damit es möglichst »richtig« war, wurde lange vor der Schulzeit mit Begeisterung Formenzeichnen geübt. Dazu pauste ich die gotischen Großbuchstaben des »Würzburger Generalanzeigers«, den der Großvater las, auf Mutters nie genug vorhandenem »Butterbrotpapier« durch. Aber auch freihand wurden schon bald Blumen und Tiere nach Bildern und vor allem auch nach der Natur gezeichnet und gemalt. Ich wollte mir auf diese Weise möglichst die ganze Sommernatur einverleiben.

Und dazu boten nun die ausgesuchten Eltern und das Elternhaus die idealsten Möglichkeiten. Der Vater war der 27 Jahre junge Volksschullehrer in einem kleinen Dorf mit etwa 500 Einwohnern in knapp hundert Kleinbauernhöfen. Die Mutter war feinfühlig,

Die Eltern Karl Hoerner (1886–1971) und Lydia, geb. Herz (1883–1957)

fleißig und fromm. Das Landschulhaus in der Nähe der Kirche war ein Fachwerkhaus, auf dessen Stirnbalken die Jahreszahl 1688 und das Huttensche Wappen eingeschnitzt waren. Es hatte bis zu meinem zehnten Lebensjahr weder elektrisches Licht, noch Wasserleitung. Das Abwasser der Küche lief auf einem Rinnstein durch ein Loch in der Mauer nach draußen. Das Loch wurde im Winter mit Stroh als Kälteschutz verstopft. Der gemauerte Holzfeuerherd mit dem Waschkessel daneben war gleichzeitig die Wärmequelle in der Küche. Für die zwei Zimmer gab es einen Holzfeuerofen. Das Schulzimmer war im oberen Stock über der ebenerdigen Lehrerwohnung. Dort hatte unser Vater alle sieben Klassen zugleich zu unterrichten. Darüber befanden sich der Dachboden zum Wäschetrocknen bei Regenwetter und ein Taubenschlag, in den ich immer gern durch einen Spalt hineinschaute. Das Unterrichten aller Klassen in einem Raum wurde durch eine Dreiteilung in Unter-, Mittel- und Oberstufe erleichtert. Während eine oder zwei Gruppen schriftliche Arbeiten bekamen, konnte sich der Lehrer den beiden anderen Gruppen unterrichtend zuwenden. Manche Fächer wie

Geburtshaus und Pfarrkirche St. Marien in Reusch

Natur- und Heimatkunde waren dann für alle gemeinsam. Ich lernte viel in dieser Schule, deshalb ließ mich der Vater auch erst nach der fünften Klasse ins Gymnasium eintreten.

Wenn abends im Gemeindezimmer nebenan Gemeinderatssitzung war, mussten wir die Karbid- oder Petroleumlampe dorthin ausleihen und saßen dann bei Kerzenlicht. Das war aber schön.

Im Juni 1914 »Willi Hoerner,
Lehrerssohn, Reusch«

Das ganze Dorf mit seinen Bächlein, seinen Brunnen, seinen
Höfen, soweit kein freilaufender Hund darin war, seinen Hecken
und Gärten, der Kirchenbereich und im anderen Ort der Friedhof
mitten im Dorf waren der Spielbereich unserer Kinderzeit. Die
Straßen waren unbefestigt, sodass sie im Sommer mächtig staub-
ten, bei Regen aber zu einem kaum begehbaren Bereich mit tiefen
Wagenradspuren wurden. Gummistiefel gab es noch nicht. Wir
haben dann eben alle abends die hohen Lederschuhe mit der Wur-
zelbürste in einem großen Eimer selbst gewaschen. Bei unseren
Streifzügen durchs Dorf und die engere Umgebung wurden wir
langsam mit allen Dorfbewohnern bekannt, soweit sie nicht krank
in den Häusern verblieben. Aber auch über die Kranken waren wir
unterrichtet, denn die Mutter besuchte die Kranken und Kindbette-
rinnen und besorgte wo nötig sanitäre Gerätschaften. Eine selbstverständliche Nachbarschaftshilfe in allen Lebenssituationen schuf
auch in den Kindern eine sozial tragfähige Lebensbasis.

In der Weihnachtszeit meines achten Lebensjahres wurde uns
ein Bruder geboren. Das geschah, während wir, meine Schwester
Anneliese und ich, unmittelbar von der Hauswand ab, hinter der
sich die Geburt ereignete, den Hügel hinunter den ganzen Nachmittag Schlitten fuhren. Indem wir das Haus wieder betraten, waren
wir Geschwister zu dritt. Alfred war geboren. Als sich der Vierte
ankündigte, zogen wir vom Geburtsort Reusch im Steigerwald mit

20

pferdegezogenem Möbelwagen ins sechs Kilometer entfernte Ulsenheim, wo der Bruder Kurt zur Welt kam. Dort gab es ein größeres Schulhaus und eine größere Lehrerwohnung. Dieses Haus war aus roten Ziegelsteinen erbaut und nicht verputzt. An der einen Ecke war das Tor zum Friedhof angeschlagen. Die Kirche stand mitten darin und das Schulhaus bildete einen Teil der Friedhofsmauer. Vom Schlafzimmer der Eltern sahen wir die neuen Grabstätten. Der ganze Friedhof mit einer Holzlege und der Kirche einschließlich Turm gehörte nun zum neuen Spielbereich. Zwischen den Gräbern wuchsen die Obstbäume, deren Ertrag das Entgelt für den Organistendienst des Lehrers war. Zwei riesengroße Walnussbäume auf der Ost- und der Westseite gehörten auch dazu.

In einem Dorf mit 500 Einwohnern ist die Kirche mit dem Kirchturm das einzige größere Bauwerk. Im Gegensatz zum Kirchenschiff, das von der Kirchengemeinde unterhalten wird, hatte der Kirchturm auf dem Lande noch kommunale, das heißt für die ganze bürgerliche Ortsgemeinde wichtige Funktionen. Die Glocken waren das einzige weiterreichende Signal, wenn Feuer ausbrach, und die meist an mehreren Seiten angebrachten Zifferblätter zeigten die Uhrzeit bis weit hinaus in die Felder. Wegen dieser allgemeinen Funktionen wurde der Turm von der Gesamtgemeinde unterhalten.

Dieser Turm war für mich geheimnisvoll von unten bis oben. Wenn ich wusste, dass die Eltern mich nicht suchen würden, ging es an die stufenweise Erkundung des dunklen Turminneren. In der kleinen Eingangshalle hingen die drei Glockenseile, für die beiden großen Glocken unten mehrteilig, weil ein jugendlicher Glöckner allein die tonnenschweren Gebilde nicht in einen rhythmischen Schwung bringen konnte. Drei Turmstockwerke höher hingen die drei Glocken in dem gewaltigen Glockenstuhl aus Eichenbalken. An Silvester, zum Beginn des neuen Jahres, durften die Jugendlichen des Dorfes – nicht die Schulkinder – die Glocken eine halbe Stunde lang läuten. Da wurde mächtig, aber im Rhythmus, die Glocke an den Seilen gezogen. Und da geschah es eines Nachts: Die kleine Glocke tat einen dumpfen Schlag, und das Seil war eisenfest eingeklemmt und nicht mehr zu bewegen. Es musste mit nur zwei Glocken das neue Jahr weiter eingeläutet werden.

Am Morgen wurde der Fall untersucht. Die kleine Glocke war so wild geläutet worden, dass sie bei dem Aufwärtsschwung aus dem Lager gesprungen war und verklemmt im Glockenstuhl hing. Das war Glück im Unglück. Der Schmied hatte am Vorabend die Achsenlager mit Fett geschmiert und bei der kleinen Glocke an einem Lager vergessen, den Sicherungsbügel über dem Lager wieder zu schließen. Oft kam beim Läuten der Gedanke auf: »Wenn eine Glocke sich so lösen würde, dass sie durch die dünnen Decken bis ins Läuthaus stürzte, was dann?«

Durch das Läuthaus ging der Weg in den im Westen stehenden Turm über die Emporentreppen der Kirche. Dann kam das zweite Turmstockwerk, wo es schon dunkel, aber noch nicht ganz Nacht war. Da hingen die zentnerschweren Uhrengewichte an einem Doppelseil unter einem Laufrad. Und in dem geheimnisvollen Dunkel tickte der mehrere Meter lange Perpentikel der Turmuhr in kaum auszuhaltenden langen Intervallen. In diesem Raum stand eine lange, sehr steile Leiter. Da musste langsam und etwas beklommen hinaufgeklettert werden, auf ein schmales Schlupfloch zu, durch das ein wenig Licht ins Dunkel kam. Wenn ich da hindurchgekrochen war, hockte ich im Glockenstuhl unter den Glocken mit dem Wunsch, hoffentlich wird jetzt nicht geläutet. Unter den Glocken musste auf die andere Seite hindurchgekrochen werden. Dann war da das Uhrengehäuse und davor etwas mehr Platz zum Stehen. Das Uhrengehäuse, etwa zwei Meter breit und ebenso hoch, war ausschließlich nur Schmiedearbeit. Drei dicke Seiltrommeln für die Gewichte waren das Auffallendste. Dann gab es im oberen Teil die Unruhe und die drei großen Windflügel zur Regulierung des Schlagwerkes für einen langsamen, nachzählbaren Ablauf der Hammerschläge auf die entsprechende Glocke, die Viertelstunden an der höher gestimmten, die ganzen Stunden an der tiefer gestimmten und die Wiederholung an der großen ganz tief gestimmten Glocke in der Mitte des Glockenstuhles. Über lange Eisenstangen mit Zahnrädern wurden die Zeiger des Zifferblattes bewegt.

Diese Turmuhr habe ich in den Sommerferien gelegentlich allein aufziehen dürfen. Das war aber erst möglich, als so viel Kraft in den Armen war, dass die schweren Gewichte mit einer Kurbel mit Sicherung hochgewunden werden konnten. Im Stockwerk des Glockenstuhles waren vier große, außen mit schrägen Brettern verkleidete Mauerdurchbrüche, die Schalllöcher. Mittags um zwölf Uhr wurde die große Glocke geläutet. Wiederholt habe ich mich kurz vorher dort vor der großen Glocke aufgestellt, um das gewaltige Geschehen zu erleben und auszuhalten. Das große Rund des Glockenrandes flog im Schwung in etwa einem Meter Entfernung auf mich zu. Die Tonwellen, von dem zentnerschweren Klöppel erzeugt, brachten die gesamte Luft in der Glockenstube derart ins Schwingen, dass nicht nur der Atem, sondern auch die inneren Lebensorgane mitschwingen mussten und dadurch das weh-frohe Gefühl eines selbstbewussten Eingebundensein in größere Zusammenhänge sich ankündigte. Wenn der letzte Klöppelschlag vorbei war und die Glocke wieder ruhig hing, dauerte es eine geraume Zeit, bis die Wesensglieder des jugendlichen Kirchturmforschers wieder einigermaßen zusammen waren. Die rein seelische Erlebnisseite von »Zeiten und Rhythmen« wurde hier durch Turmuhr und Glocken in ihrer massiv räumlichen Erscheinungsweise schon erfahren.

Aber der Weg nach oben war noch nicht zu Ende. Auf der anderen Seite, dort, wo ich heraufgekrochen war, stand eine weitere Leiter, die in die völlig dunkle Zwiebel des Turmes hinaufführte. Der zwiebelförmige Aufsatz auf dem achteckigen Mauerwerk ist reine Zimmermannsarbeit auf geometrisch rechnerischer Grundlage. Die Zwiebel ist mit Schiefer gedeckt. Über die obere dritte Leiter im völlig dunklen Zwiebelinnenraum war nach dem Öffnen einer kleinen Falltür die Laterne zu erreichen. Das ist ein Holzgesims, in das sechs Säulchen eingelassen sind, die nun endlich die schiefergedeckte Kirchturmspitze mit der Windfahne, dem Wetterhahn zu tragen hatten. Von dieser Laterne aus war der Blick in alle Himmelsrichtungen frei, und es ergaben sich Aus- und Einsichten in Höfe, die nur aus dieser Höhe zu gewinnen waren. In der Kirchturmspitze hausten die schönen Schleiereulen.

Ein weiteres starkes zwischenmenschliches Bindeglied im dörflichen Leben war die Sprache, jedoch in der Einseitigkeit eines kräftigen fränkischen Dialektes. Nicht nur in der Ausprägung von Mittel-

23

fränkisch der Uffenheim-Rothenburger Gegend, sondern aufs Feinste differenziert von Dorf zu Dorf. Als unsere Familie umzog, war ich lange Zeit sehr unglücklich. Denn es dauerte eine ganze Zeit, bis ich wegen meines ganz anderen mitgebrachten Dialektes nicht mehr auffiel und in die neue Mitschülergruppe aufgenommen war. Der Lehrer sprach Schriftdeutsch und die Kinder bemühten sich recht und schlecht, dem nachzukommen. Manche Besonderheiten aus alten Zeiten waren auch durch die Schule nicht leicht zu verdrängen. So sagten die Kinder in manchen Familien noch »Ihr« statt »du« zu den Eltern. Die Elterngeneration selbst hielt zu ihren eigenen etwa siebzigjährigen Eltern diese Anredeform bis zu deren Tod bei. Die Formkraft eines ursprünglichen unverfälschten Dialektes ist – oder war – eine Kraftquelle, deren Wirkung bis ins hohe Alter reicht, auch wenn man nur in der Kindheit in sie eingetaucht war.

Ebenso ist es mit einer Landschaft. Wer die Schicksalsgunst erfahren hat, in einer lebenskräftigen Natur- und Kulturlandschaft geboren zu werden und aufwachsen zu dürfen, hat damit oft eine unausgesprochene Verpflichtung für die spätere Aufgabe mitbekommen. Dazu muss aber unmissverständlich klar gesagt werden, dass auch heute und in Zukunft und in ganz anderen Umgebungen Menschen geboren werden und heranwachsen, die gerade aus diesem heutigen Umfeld die Antriebe für ihre Lebensaufgaben empfangen. Auch aus der Großstadt mit ihren lichtlosen Hinterhöfen wählt sich das Schicksal die entsprechenden Seelen für einen heilsamen Fortgang im Menschenwerden aus. In diesen Aufzeichnungen sollen im Besonderen die Wurzeln anschaubar werden, aus denen die Taten und Leiden meines diesmaligen Lebens erwachsen sind. Und die eine starke Wurzel dieses Lebens ist eben die Landschaft des südlichen Steigerwaldes. Heute ist das ganze Gebiet zum Naturschutzpark erklärt worden. Diese kalkhaltige Keuperlandschaft hat auch fruchtbare Lössböden, die meist von bewaldeten Höhenzügen umschlossen sind. Der lichte Laubwald mit Eichen, Linden, Buchen und Eschen, als Bauernwald locker bewirtschaftet, ist bis heute noch ein einmaliger Lebensraum für viele Pflanzen- und besonders für Insekten- und Schmetterlingsarten. Mittelalterliche Burgruinen liegen auf den Höhen im Walde verborgen und bescheidene Schlösser auf halber Höhe. Aus vorgeschichtlicher Zeit, dann keltisch besiedelt, bergen die Heimatmuseen manchen kostbaren Fund.

Die ersten sieben Jahre meines Lebens fielen in die Zeit des Ersten Weltkrieges. Das berechtigt nationale Element – nicht zu verwechseln mit Nationalismus – prägte diese schwere Zeit auch besonders im Dorf. Jede Meldung eines gefallenen Mitbürgers wurde vom ganzen Dorf schmerzlich mitempfunden. Kriegsgefangene Franzosen und Russen halfen den Bauernfrauen in Feld und Hof. Von einem alten »Veteranen bewacht« schliefen diese Landarbeiter auf Stroh im Tanzsaal des Wirtshauses. Es ist keiner geflohen, weil sie es gut hatten. Wir Kinder hatten Angst vor den Franzosen, die am Sonntag, wenn wir im Walde Maiglöckchen pflücken wollten, laut sprechend und gestikulierend daherkamen und Weinbergschnecken sammelten. Die Russen waren langsam, bäuerlich, bedächtig und kinderlieb. Zu einem von ihnen hatte ich besonderes Zutrauen. Im Winter sägte und spaltete er Holz im Nachbarhof. Zum Vesper ging er in die Stube, nahm das Schweinerne aus der Röhre des Kachelofens, holte den Sechspfünder-Brotlaib aus der Schublade und schnitt eine große Scheibe über den ganzen Laib ab, bestrich sie mit Fett und gab sie mir. So entstand der Wunsch in meiner Seele, auch einmal ein Gefangener werden zu dürfen, denn da darf man sich sein Brot selber nehmen. Da alle berechtigten Wünsche in Erfüllung gehen, habe ich auch dieses Schicksal – wenn auch in anderer Form – erleben dürfen.

Die Ereignisse auf den Kriegsschauplätzen, das bittere Ende und die Nachkriegszeit schlugen über die Erwachsenen auch in unsere Kinderseelen herein. Durch die Zeitungen, vor allem aber durch die eigenen Verwandten in den Städten erfuhren wir von der großen Hungersnot in ganz Deutschland. Die totale Blockade aller Auslandsverbindungen wirkte sich katastrophal aus. 700.000 Hungertote aus der Zivilbevölkerung zählt das damalige Deutsche Reich am Ende des Ersten Weltkrieges. Die Nachwirkungen dieser Tatsache waren in vielen Bereichen durch die ersten zehn Jahre der Zwischenkriegszeit noch deutlich zu spüren. Lange Zeit gab es, wie auch im Zweiten Weltkrieg und danach, noch die Lebensmittel nur rationiert auf Abgabe der Kartenabschnitte. Aus dem Ende des Ersten Weltkrieges stammt die folgende sarkastische Parodie mit dem Titel

»Bürgerliches Kochrezept:
Man nehme die Fleischkarte, wälze sie in der Eierkarte und brate sie in der Butterkarte schön braun. Die Kartoffelkarte und die Gemüsekarte werden gekocht und die Mehlkarte hinzugesetzt. Um schnell und intensiv zu kochen, lege man Kohlenkarte und Spirituskarte darunter und zünde sie an. Als Nachtisch brühe man die Kaffeekarte auf und füge die Milchkarte hinzu. Feinschmecker lösen die Zuckerkarte darin auf. Nach dem Essen wäscht man sich mit der Seifenkarte und trockne sich am Bezugsschein.«

Die im Mai 1915 geborene Schwester und ich kannten unseren Vater noch nicht, da er schon 1914 Soldat geworden war. Wir wurden einige Male im Atelier des Fotografen zusammen mit der Mutter aufgenommen, damit der Vater im Felde seine Angehörigen wenigstens auf diese Weise sehen konnte. – Unvergesslich in der Seele der Augenblick, als ich die Mutter im Zimmer sitzend, das Schwesterlein auf dem Schoß, bitter weinend fand mit einer roten Postkarte in der Hand: Der Vater war vermisst, von einem Feindeinsatz nicht zurückgekommen. Einige Zeit später kam die erleichternde Nachricht, dass er in französische Gefangenschaft geraten war.

Noch vor der Heimkehr des Vaters waren meine Schwester vier und ich sechs Jahre alt geworden. Von da an, bis zu ihrem frühen Herztod 1977 mit 62 Jahren, waren wir ein eng zusammengehöriges und später von ihr geführtes Gespann. Langeweile kannten wir nicht, weil wir immer etwas zum Spielen erfinden konnten. Eines dieser Spiele hatte für mich einen ausgesprochen feierlichen Charakter. Ich band mir mit einer Schnur eine Wolldecke so um die Hüften, dass auch noch die Füße unsichtbar waren. Auf den Kopf legte ich mir ein steifes viereckiges Sitzkissen. Dann nahm ich das Zugseil in die Hand und zog meinen auf Rädern stehenden Stoff-Elefanten mit roter Satteldecke feierlich in der Runde um den Tisch. Die Schwester durfte der Prozession zuschauen. Wenn sie sich aber mit ihrem Ha-

Wilhelm und
Anneliese Hoerner
1916

Die Mutter mit
Wilhelm und Anneliese

27

Wilhelm und Anneliese 1918

sen zu mir gesellte, der auf exzentrischen Rädern hoppelte, brach ich das auf diese Weise empfindlich gestörte Ritual sofort ab.

Als der Vater dann endlich aus Krieg und Gefangenschaft heimkehrte, war das Zusammenfinden der Familie nicht leicht, weil wir beiden Kinder ihn gar nicht kannten. Zudem war er in einer französischen grünen Gendarmenuniform mit Messingknöpfen bedrohlich anzuschauen. Und Franzosen und Russen hatten wir ja auch schon als kriegsgefangene Landarbeiter in unserem Dorf erlebt.

Durch diese Zeitereignisse wurde jedoch ein gesundes Selbstwertgefühl, verbunden mit dem Gewahrwerden von Menschen anderer Völker, schon in unseren ersten sieben Lebensjahren veranlagt.

Aus diesem Wurzelgrund wiederum scheinen drei Wurzeln auf, die bis in das ganze spätere Leben hineinwirken. Was im ersten Jahrsiebt noch innig miteinander verflochten war als Zeithintergrund, Jahreszeiten, Elternhaus, Dorf, Landschaft, Sprache und Weltkriegsdeutschland, begann sich im zweiten Jahrsiebt langsam auseinanderzugliedern. Der irdische Wurzelgrund der Seele diffe-

Die Mutter mit Wilhelm und Anneliese

renzierte sich zunächst anfänglich in drei Bereiche, die im Laufe des späteren Lebens deutlicher wurden und sich gegen das Ende zu eindeutig herauskristallisiert hatten: die Erdenwelt, die Menschheitsgeschichte und die geistige Welt. Dieses anfängliche Entflechten des kindheitlichen Wurzelgrundes setzte mit dem Schulbeginn im siebten Lebensjahr ein. Am 1. Mai 1920 begann der aus Gefangenschaft heimgekehrte Vater wieder mit dem Schulunterricht. Naturkunde – heute heißt das Biologie – war mir das wichtigste Fach. Das war aber alles andere als graue Theorie. Wenn die Jäger im Winter einen Dachs während seines Winterschlafes ausgegraben hatten, dann wurde dieser in die Schule gebracht, und alle sieben Klassen erfuhren das Wichtigste über Art, Nahrung, Lebensweise und Umwelt des Dachses, oft über alle Stunden und sogar Tage hinweg. Die verlorene Zeit für die Grundfächer wurde später umso leichter wieder hereingeholt. Hatte ein Bauer einen Marder oder Iltis gefangen, wurde auch der in der Schule besprochen und ebenso das Schleiereulenpärchen, das, lebendig aus dem Kirchturm

Schulhaus Ulsenheim: »Von meinem 10jährigen Söhnchen Willy selbständig gezeichnet. Seinem lieben Onkel Willy als Weihnachtsgabe 1923 zugeeignet.«

gebracht, für zwei Tage in der Schule auf dem Kartenständer sitzend mitunterrichtet wurde.

Vom zwölften Lebensjahr an besuchte ich in Ansbach das humanistische Gymnasium und wohnte im protestantischen Alumneum (Schülerheim). Die Trennung von Natur, Heimat und Elternhaus war für mich sehr hart, was aber niemals nach außen gezeigt oder gar ausgesprochen wurde. Schon in den unteren Klassen wurde ich mit vielen Mitschülern Mitglied im Verein für das Deutschtum im Ausland (VdA). Die innere Verbindung mit den Deutschen der durch das Versailler Diktat abgetrennten Gebiete wurde damit aufrechterhalten. Die verschiedenen im Nachkriegsdeutschland wieder auflebenden Wandervogel-Bünde warben um uns. Ich konnte mich aber keinem anschließen, weil sie mir cliquenhaft erschienen. Ich wollte frei sein und bleiben. Die Mitarbeit im späteren nationalsozialistischen Schülerbund war bei uns nie parteipolitisch, sondern immer kulturell ausgerichtet. Das war noch Auswahljugend, bevor diese Jugendbünde von der staatlich für alle verordneten Hitlerjugend verschluckt wurden.

Das humanistische Gymnasium in Ansbach mit protestantischem Alumneum im mittleren Stockwerk

Nach diesem groben Überblick über die äußeren Ereignisse des zweiten und dritten Lebensjahrsiebts sei nun die Auseinandergliederung der drei Interessengebiete, besser gesagt, der drei Seelenwelten beschrieben, in denen ich zunächst noch träumend, empfindend lebte. Damals war noch alles miteinander verbunden. Um sie einzeln deutlich zu machen, müssen sie auseinandergegliedert werden. Aus dem einheitlichen Wurzelgrund der kindlichen Seelenerlebnisse wurde im Laufe des Heranwachsens die Liebe zu Pflanzen als erste Wurzel meiner Erdenverankerung immer ausgeprägter. Während der Vater noch in Gefangenschaft war, nahmen mich die jungen »Schulverweser« (Aushilfslehrer) oft mit in den Wald hinaus und zeigten mir alles, was sie sich selbst an Naturkenntnissen erworben hatten. Als dann der Vater heimgekehrt war, ging das verstärkt weiter. Er hatte vor dem Krieg die Zeitschrift gelesen »Aus Natur und Geisteswelt«. Dieser Titel zog mich magisch an, obwohl ich noch keinen Aufsatz in den gebundenen Bänden lesen konnte. Die »Jugendlust«, eine Schülerzeitung des bayerischen Lehrervereins, las ich gern. Dort waren auch schon die ersten Pflanzenmärchen von Michael Bauer (1871–1929) abgedruckt. Aber es war dann auch Sturms fünfzehnbändige »Flora von Deutschland« zur Hand. Wann es nur ging, schaute ich mir die einzelnen Zeichnungen, je eine auf einer Seite, genau an. Und wenn ich die Pflanzen dann draußen entdeckte, kam die Wahrnehmung zu dem vorweggenommenen Bild hinzu. Alle Namen wollte ich kennen. Ich hatte das tiefe Gefühl, jede Pflanze warte darauf, dass die vorübergehenden Menschen ihren Namen wüssten! Man muss sie alle, alle mit Namen kennen, dann ist es recht. Von jedem Gang in Feld und Flur brachte ich einen Blumenstrauß mit nach Hause. Dann war das Allererste, sie in rechter Art wieder frisch zu machen und in der Vase zu ordnen. Eine gepflückte Pflanze jemals weggeworfen zu haben, kann ich mich nicht erinnern.

Etwas später in Ansbach bekam ich das Buch eines Inders mit dem Namen Bose in die Hände. Er beschrieb darin die Bewegungen bei Pflanzen, wie zum Beispiel der Mimose oder des Sauerklees. Die Frage des Forschers war: »Hat die Pflanze eine Seele?« Diese Frage trieb mich um. Ich abonnierte eine für mich damals teure Zeitschrift »Das Tier«. Und statt der Karl-May-Bücher, in denen die Mitschüler schwelgten, las ich ein mehrbändiges Werk von Sven Hedin (1865–1952), »Durch Asiens Wüsten« oder ähnlichem Titel. Dies alles und viele Bastelarbeiten bis zum einen Meter langen Segelschiff und zuletzt einem selbst gebauten Rundfunkempfänger mussten mitsamt den vielen Aquarell- und später Ölmalereien der durch umfangreiche Hausaufgaben fast ganz belegten Freizeit abgerungen werden.

Der Samstag war aber dann der ersehnte Tag, weil am folgenden keine Schule war. Zunächst kam nachmittags der Bader, so sagte man im Dorf zum Barbier. Der nahm dem Vater den Halbwochenbart ab. Dieser Bader wohnte im Nachbardorf und kam von da zu Fuß oder mit dem Fahrrad herüber. Er war ein älterer Mann mit einem freundlichen und verbindlichen Wesen. Er brachte die neuesten Nachrichten aus den Dörfern mit und erzählte sie gern, oft mit einem verschmitzten Lächeln. Seine Füße steckten in blank gewichsten »Knobelbechern« aus dem Ersten Weltkrieg. So hießen die Halbstiefel der damaligen Fußtruppen. Nun wurde der Vater gründlich eingeseift. Dabei sagte der Bader oft halblaut vor sich hin: »Gut eingeseift ist halb rasiert.« Dazu wurde der Lederriemen an einen Haken am Türpfosten eingehängt und das große Klappmesser lange und gründlich abgezogen, das heißt geschärft. Beim Rasieren strich er jedes Messer voll abgeschabter Seife blitzschnell auf den Handballen seiner linken Hand und von da ab und an auf ein Stück Papier. Wenn dieser Akt der Sonntagsvorbereitung absolviert war, gehörte der Wohnzimmertisch, wenigstens an einer Seite, mir zum Basteln. Der Vater ging in sein kleines Arbeitszimmer und bereitete den Lesegottesdienst für den morgigen Sonntag vor.

Zur Pfarrei unseres Dorfes gehörte ein Nachbardorf, in dem unser Ortspfarrer jeden Sonntag wechselweise den Vor- oder Nachmittagsgottesdienst hielt. Dann hatte der Vater als Diakon in unserer Ortskirche eine Predigt aus Predigtbüchern vorzulesen. Das ging so vor sich, dass er zuerst die Eingangsmusik auf der Orgel spielte, dann mehrere Verse des ausgesuchten Liedes. Beim vierten oder fünften Vers gab er nur den Einsatz, dann stand er von der Orgelbank auf, ergriff seine Bücher und ging, laut mit der Gemeinde weitersingend, die zwei Emporentreppen herunter und durch das Kirchenschiff vor zum Lesepult, denn Altar und Kanzel waren dem ordinierten Pfarrer vorbehalten. Wenn nachmittags eine Christenlehre stattfand – das war eine Unterweisungsstunde für ältere Jugendliche in der Kirche –, hatte er auch die Orgel zu spielen. Das tat er über vierzig Jahre lang, ohne jemals Urlaub zu haben.

Von der Zeit der ersten Erinnerungen an durch das ganze Leben hat mir der Sonntag eine ganz besondere Stimmung in der Seele geweckt. Es war eine Stimmung der eigenen Unfähigkeit, das wahre Wesen dieses einzigartigen Tages voll zu erfassen und angemessen zu begehen. Da der Vater dann als Organist oder als Diakon tätig war, brachte dies immer eine besondere Spannung in den ganzen Tag, die mir als Ausblenden dessen erschien, was der Sonntag an überzeitlichem Segen für das Erdenmenschendasein aufleuchten lassen will.

Für mich waren die Sonntage nach dem Vormittagsgottesdienst und oft auch nach der Nachmittagskirche für lange Sonntagsgänge in den Wald vorgesehen. Es war eine stille Verabredung mit mir selbst, jedesmal etwas Neues gesehen zu haben. Beim Nachhausegehen gab ich mir davon innerlich Rechenschaft. Manchmal kroch ich in dichtes Unterholz, unter einen Heckenrosenbusch oder einen Weißdorn mit der Frage: »War genau an diesem Ort, solange die Erde steht, schon jemals ein Mensch?« Und: »Spürt die Erde, dass ich jetzt da bin?« Und: »Weiß das Zittergras vor mir auch, dass heute Sonntag ist?« Einmal, am späten Abend, legte ich mich auf die Holzbrücke über den Bach, bitterlich weinend: »Warum weiß ich nicht, was in dem fließenden Wasser eigentlich vorgeht?« In dieser Art begann das hintergründige Buchstabieren im »Buch der Natur«.

Aber auch der Geistesgeschichte der Menschheit galt in entsprechend kindlicher Weise schon sehr früh die Aufmerksamkeit des in einer gewissen Seeleneinsamkeit heranwachsenden Knaben. »Zu Hause« geboren, lag dieser Erdenort meiner Geburt fünfundzwanzig Meter vom Kirchenaltar entfernt, weil das alte Schulhaus und die Dorfkirche ganz nahe beieinander auf einem Hügel standen. Der Altar der Kirche war ein kostbares Gebilde des ausgehenden Mittelalters. Im Schrein die großen, farbig gefassten Schnitzfiguren: Maria mit dem Jesuskind, zu ihren Seiten Petrus und Paulus und auf den Seitenflügeln Augustinus und ein Ritter. Die Figuren stehen der Werkstatt des Blaubeurener Meisters Michel Erhart (1440–1522) nahe. Bei geschlossenen Seitenflügeln waren vier gemalte Bilder aus dem Marienleben zu sehen und seitlich je zwei weitere Heiligenbilder. Diese Bilder stehen der Werkstatt von Albrecht Dürers Lehrmeister Michael Wohlgemut (1434–1519) nahe. Der zum Teil noch goldene Himmelshintergrund im Wechsel mit ersten Landschaftsandeutungen verweist auf das letzte Jahrzehnt des 15. Jahrhunderts.

Diese Bilder sah ich allsonntäglich und später täglich, wenn ich nachmittags um vier Uhr die Glocke im Nordostturm ganz nahe beim Altar zu läuten hatte. Dieses Kunst-Erleben steht bis zur Stunde unverrückbar in der Seele. Als ich dann mit fünfzehn Jahren 1928 die große Albrecht-Dürer-Ausstellung in Nürnberg anlässlich seines 400. Todestages besuchen durfte, erschloss sich für die Vergangenheits-Erinnerungs-Stimmung der Seele eine neue mächtige Quelle. So reifte schon sehr früh der eindeutige Entschluss, Pfarrer zu werden.

Auf den Wanderungen mit dem Vater lernte ich die umliegenden kleinen Landschlösschen und die mittelalterlichen Burgruinen mit ihren Sagen kennen. Noch weiter in den Anfang des 11. Jahrhunderts zurück die Kunigundenkapelle, den geheimnisumwitterten Scheinbergsee mitten im tiefen Wald und einen »Elfenstuhl« genannten Ort im Wald. Das Steinkreuz unter den drei uralten Eichen und auch die drei Mühlen des Dorfes waren sagenumwoben. Unweit der Schlossmühle ostwärts des Geburtsortes entspringt der Iffbach aus Topfquellen, runden Eintiefungen mitten in der Wiese. Westlich des Dorfes waren die Zellesmühle und die Lanzenmühle. Die Menschen in so einsam liegenden Höfen wie den Mühlen waren den Elementarkräften weit mehr ausgesetzt und verbunden als die Bewohner der geschlossenen Ortschaften. Das war im Dorf wohlbekannt, aber es wurde nicht darüber gesprochen. Wir Kinder nahmen beides mit scheuer Ehrfurcht wahr.

Aus dem zweiten und dritten Jahrsiebt scheinen Erlebnisbereiche auf, aus denen im späteren Leben die Bemühungen um den Erhalt des beweglichen Osterfestes sowie des Sonntags als erstem

Tag der Woche hervorgingen. Das offenbare Geheimnis der Zeiten und Rhythmen lebte noch im Brauchtum von Elternhaus und Dorfgemeinschaft. Da waren es in der Kindheit zunächst die Tageszeiten, die im Dorf durch Glockenläuten angezeigt wurden. Das Elfuhr- und Zwölfuhrläuten, das Vieruhrläuten und vor allem das mit dem jahreszeitlich wechselnden Einbruch der Dämmerung verbundene Abendläuten. Dies hat sich uns Kindern besonders eingeprägt, weil es das absolute und unwiderrufliche Ende des Spielens außer Haus bedeutete. Waren wir beim ersten Anschlagen der Abendglocke noch weit vom Elternhaus weg, dann begannen wir, so schnell wie nur möglich zu rennen, damit wir noch vor dem letzten Glockenschlag im sicheren Hause anlangten. Da standen dann schon alle Hausbewohner im Kreise im Zimmer. Ein langes Abendsegengebet begann mit den Worten aus Lukas 24,29: »Herr bleibe bei uns, denn es will Abend werden, und der Tag hat sich geneigt.« Darauf folgten ein freies Gebet und das Vaterunser. Dieses strenge Einhalten der Tageszeiten mit Tagesrückblick wurde in den neun Jahren der Internatszeit noch um vieles verstärkt und vertieft. Vom Wecken um sechs Uhr über die gemeinsame Andacht um halbsieben und das anschließende Frühstück war dann noch vor Schulbeginn eine Stunde »Studierzeit« von sieben bis viertel vor acht. Um acht Uhr begann dann der Unterricht in dem vierhundert Jahre alten Gebäude. Da ich wie in der Volksschule auch am Gymnasium weder einen Schulweg noch eine Büchertasche hatte, wurden die Schulbücher und Hefte unter dem Arm in die Klasse getragen. Weil beide Schulen zugleich meine Wohnstatt waren, sparte ich viel Kraft für die späteren »schweren« Belastungen. Bis zum gemeinsamen Tagesabschluss war jede Stunde mit ihren eigenen Leiden und Freuden planmäßig ausgefüllt. Der ganze Tag war ein einziger »Stundenplan«.

Das eigene Aufwachen für einen bewussten Umgang mit der Zeit wurde auch noch durch das Ausbilden einer besonderen Fähigkeit verstärkt. Ich konnte mir vor dem Einschlafen vornehmen, am Morgen zu einer bestimmten Stunde vor dem allgemeinen Wecken um sechs Uhr durch eine »massive Handglocke« aufzuwachen. Das geschah dann auch. Und so musste ich oft einen Oberstufenschüler, der

Ulsenheim, kolorierter Linolschnitt von Wilhelm Hoerner (1929)

schon um vier Uhr morgens zum Studieren geweckt sein wollte, mithilfe meines inneren Weckers aufwecken.

Ein- oder zweimal im Monat durften wir von Samstagmittag bis Sonntagabend nach Hause fahren, um frische Wäsche und zusätzlichen Proviant für die Pausenbrote zu holen. Dabei mussten wir die Wege zur Bahn zeitlich genau bemessen, was mit dem schweren Rucksack nicht immer ganz leicht war.

Wie die Tageszeiten prägten sich auch die Jahreszeiten dem kindlichen Gemüt tief und richtungweisend ein. Alle Arbeiten beim Bauern in Stall, Scheune, Hof und auf dem Acker lernte ich zunächst zuschauend und dann mitarbeitend kennen. Auf diese Weise wurde die Verbindung mit den Jahreszeiten noch sehr viel intensiver als durch die jahreszeitlich verschiedenen Kinderspiele im Freien. Die väterlichen Großeltern wohnten eine Stunde Fußweg vom Dorf entfernt in dem kleinen Bezirksstädtchen Uffenheim. Dort fanden auch die Lehrerkonferenzen statt. So durfte ich den Vater immer begleiten und in der Zwischenzeit bei den Großeltern sein. Der Nachhauseweg wurde dann oft erst spät in der Nacht angetreten. Dabei zeigte mir der Vater die einzelnen Sternbilder, die Orientierung nach dem Polarstern und die einzelnen Phasen und den Lauf des Mondes. Unvergesslich sind mir solche Nachtwanderungen, besonders im Winter, wenn unten die dichte Schneedecke glitzerte und über uns das gestirnte Firmament mit gelegentlichen Sternschnuppen leuchtete. Und die Großmutter wusste dann auch noch über die Wirkungen des Mondes auf den Menschen zu berichten und wie man sich bei dem und jenem Tun nach dem Monde zu richten habe. Zu Hause wurde dann auf der Sternkarte das angeschaut, was man vorher unter freiem Himmel aufgenommen hatte. Ein Hochgefühl erfüllte meine Seele, als ich einmal die hölzerne Rückwand eines Abreißkalenders bekam, aus der die Bilder der zwölf Tierkreisbereiche mit der Laubsäge herauszusägen waren. Die Verbindung von kosmischen Rhythmen mit unserem Erdenkalender wurde da geahnt im Tun.

Zu den jahreszeitlichen Ereignissen gehörten auch die winterlichen »Rockenstuben« der Jugendlichen. In den Weihnachtsferien, wenn wir Gymnasiasten zu Hause waren, trafen wir uns: der Sohn des Pfarrers mit seiner jüngeren Schwester aus dem Pfarrhaus, dann ich mit meiner Schwester aus dem Schulhaus und Buben und Mädchen aus den Nachbarhäusern. In der winterlichen warmen großen Stube im Nachbarhof waren wir immer zehn bis zwölf Jugendliche fröhlich beisammen. In der Ecke saß die Großmutter, strickend oder am Spinnrocken. Daher der Name »Rockenstube«. Mit Erzählen, Lesen, Gesellschaftsspielen und Weihnachtsgebäck vergingen die Stunden schnell. Als markante und prägende Mittwintererlebnisse sind sie mir in der Erinnerung geblieben.

Die neun Jahre am humanistischen Gymnasium in Ansbach vom zwölften bis zum einundzwanzigsten Lebensjahr, also das dritte Jahrsiebt aufnehmend, waren durch dort geschlossene Freundschaften schicksalbestimmend für mein ganzes Leben. Ein Mitstudent meines Vaters am Lehrerseminar in Schwabach bei Nürnberg war im Ersten Weltkrieg gefallen. Sein Sohn Hans Adolf machte mit mir die Aufnahmeprüfung und war mir von Anfang an ein zurückhaltender, aber gerade deswegen vertrauenerweckender Schulkamerad. An freien Sonntagnachmittagen durfte ich dann das

Ex libris, Linolschnitt

strenge Internat verlassen, um ihn bei seiner Mutter außerhalb der Stadt zu besuchen. Die Kriegerwitwe, Mutter Röttenbacher, widmete sich ganz der Erziehung ihres einzigen Kindes und nahm mich gern dazu immer wieder auf. Wir fühlten uns wie von einer schützenden Macht getragen.

In der vierten Klasse kam dann nach den Sommerferien ein Junge aus Colmberg – zwischen Ansbach und Rothenburg ob der Tauber gelegen – zu uns in die Klasse. Der Dorfpfarrer hatte ihn privat so gut vorbereitet, dass er ohne Mühe gleich in die vierte Klasse eintreten konnte. Bernhard Kallert (1913–1944) wohnte auch mit mir im Alumneum. Wohl durch seinen ländlichen Ernst – die Eltern hatten einen kleinen Bauernhof mit nur zwei Kühen – fasste ich Vertrauen zu ihm. Daraus erwuchs eine tiefgründige Freundschaft, deren Ursprung von weit her rührte und deren Bestand über den frühen Tod des Freundes hinaus das Symptom einer Schicksalsspur meines Lebens ist. Uns drei Freunde bewegten die tieferen Fragen des Lebens: »Was ist der Sinn des Lebens? Woher kommen wir? Wohin gehen wir? Was wird aus den Menschen, die solche Fragen nicht in sich zu bewegen scheinen? Warum konnten wir mit keinem der Klassenkameraden diese Fragen ansprechen?« Unser Suchen wurde immer intensiver. Wir schrieben an drei Schriftsteller, deren Arbeiten uns Antworten auf unsere Fragen wahrscheinlich machten. Der eine war Erwin Guido Kolbenheyer

(1878–1962), der den dreibändigen Roman »Paracelsus« geschrieben hatte. In jedem Prolog der drei Bücher begegnen sich Christus und Wotan im Gespräch. Wilhelm Stapel (1882–1954) in Hamburg, Mitherausgeber der Monatszeitschrift »Deutsches Volkstum«, war der andere, an den wir uns wandten. Seine Zeitschrift wurde 1934 nach einer Fastnachtsnummer von der NS-Regierung verboten. Aber die Antworten beider Befragten waren für uns völlig ungenügend: rein biologisch der eine und mit dem Buch »Der christliche Staatsmann« bergpredigt-moralisch der andere. Ob der dritte Angeschriebene Ernst Jünger (1895–1998) war, weiß ich ebenso wenig noch wie auch die Antwort.

Nach einer harten Kontroverse mit dem Religionslehrer, der Goethe in primitiver Weise kommentierte, verließen wir drei den Religionsunterricht, vor allem wegen der auch sonst allzu oberflächlichen Unterrichtsmethode. Unser Tun war nicht harmlos, weil das Gymnasium, von der Kirche unterstützt, ein Vorbereitungsfeld für die evangelischen Pfarrer in Bayern war. Der den Religionsunterricht erteilende Dekan legte daraufhin diese Tätigkeit in allen Klassen »aus gesundheitlichen Gründen« nieder. Der Nachfolger war zwar wesentlich jünger, aber nicht besser.

In gleichem Maße, wie die Seele durch die in der Umgebung des Dorfes und des Gymnasiums in Ansbach anschaubaren Zeugen der Vergangenheit wie auch durch Legenden, Sagen und Geschichte in gesunder Weise mit der Vergangenheit konfrontiert wurde, wuchs das Vordenken in die Zukunft hinein. Wie geht es in Deutschland und in der Menschheit überhaupt weiter? Das war eine Frage, die mich und die beiden mir sehr nahe stehenden Mitschüler tief bewegte. Dabei dachten wir nicht an unseren Broterwerb, sondern zentral an die Frage: »Was hat denn zu geschehen, damit das Leben – der großen Vergangenheit einigermaßen entsprechend – weitergehen kann?« In diesem Zustand schrieb ich eine Hausaufgabe im »deutschen Aufsatz« mit dem freigewählten Thema: »Wie ich mir meine Zukunft denke«. Aus der Kritik an den erlebten Pfarrer-Bildern wurde da ein idealisierter Landpfarrer beschrieben, dessen Verhalten nicht frei von einigen bis dahin unbekannten Merkwürdigkeiten war. Alle Fensterbänke des Pfarrhauses sollten mit blühenden Blumen geschmückt sein. Die Pfarrerwohnung im oberen Geschoss möge die Heimat vieler Kinder sein. Ebenerdig sollte ein größerer Raum sein, in dem immer ein gedeckter Tisch bereitet sein sollte mit Suppe oder Kaffee für die Tippelbrüder. Die vielen Bettler der zwanziger Jahre bekamen in meinem Elternhaus kein Geld, wohl aber immer etwas zu essen. Dafür hatten die Kunden auch am Gartenzaunpfosten ein Geheimzeichen angebracht. Über das Studium für diesen Beruf findet sich in dieser Arbeit nur der Gedanke: »Es wird bestimmt ganz anders verlaufen als das übliche Theologiestudium.« Das war im 19. Lebensjahr, unmittelbar um den ersten Mondknoten. Dabei stehen 18,6 Jahre nach der Geburt die Kreuzungspunkte von Mond- und Sonnenbahn wieder in den gleichen Tierkreisbildern wie beim Beginn des Erdenlebens. Eine Art zweiter Anfang ist damit vorgegeben. Beim Eintreten dieses kosmischen Lebensrhythmus verlässt der Mensch meist alte Familiengewohnheiten und will neue Wege gehen. Das sollte sich auch bald bewahrheiten.

Im zwanzigsten Lebensjahr, am Kardienstag, den 11.4.1933, begann ich Tagebuch-Aufzeichnungen zu machen. Das sind bis heute über zwanzig dicke Wachstuchhefte und Bücher. Eine der allerersten Eintragungen lautet folgendermaßen:

»Ostermontag, 17. April 1933. Ausflug. Hohenlandsberg ... Scheinbergsee. Der Wasserspiegel. Der Grashalm. Verdorrt – und unten das junge Gras. Marianne meint: Wir Menschen würden doch auch immer wieder kommen. Sie glaubt es zwar noch nicht, hat sich es aber so zurecht gedacht. Ich weiß nicht viel zu sagen – die Blumen müssten doch auch so etwas wie eine Seele haben. So etwas Unbestimmtes.«

Das war für mich die allererste Begegnung mit der Tatsache der wiederholten Erdenleben. Und das ausgerechnet aus dem Munde einer evangelischen Pfarrerstochter.

»April 1933. Der Geist Christi geht heute um. Die Zeit ist gekommen. Die Gewalten der Überwelt in unserer Welt.«

»10. Mai 1933. Mit übermenschlicher Gewalt drückt es sich mir ins Herz: Du musst Gottesdiener werden. Ich muss ...«

Erst ein Jahr später sollte uns drei Freunde der Schicksalsengel mit der Anthroposophie zusammenführen.

»19. Januar 1934. Wir sind frei geworden. Von irgendetwas frei. Was ist das nur? In schwerem Kampf musste ich mich innerlich ganz frei machen von dem gefassten Zukunftsplan. Warum man sich eigentlich über die Zukunft Gedanken macht? Das ist doch furchtbar klein. Wozu das alles? Ich – wir stehen gegenwärtig herausgehoben aus all den Fragen. Wir streben einem Leben ohne Form zu und sind dabei so sicher, dass nicht leicht ein junger Mensch sicherer in die Zukunft geschaut hat.«

»30. Januar 1934. Herrgott, wir danken. Wann, wann, wann kommt endlich die Freiheit? Ich leide wahnsinnige Qual in der Schule. Freiheit, Freiheit, Freiheit.«

»Ende Februar 1934. Wahnsinn schlägt mich. Jedes Korn Wissen fällt auf mich wie ein Berg ... .«

Einen Monat später hatten wir die Anthroposophie und die Anthroposophie uns gefunden.

Wir drei suchten weiter. Unmittelbar nach dem schriftlichen Abitur im Frühjahr 1934 – von der mündlichen Prüfung waren wir befreit – kam Hans Röttenbacher (1915–1953) zu Bernhard und mir ins Alumneum mit dem Ruf: »Ich hab's!« Was hatte er? Das Buch »Meditation« von Friedrich Rittelmeyer (1872–1938). Wir begannen sofort gemeinsam zu lesen. Auf Seite 14 wird Rudolf Steiner erwähnt. Da steht der Satz: »Das Beste auf dem Gebiet, das hier betreten werden soll, verdanke ich meinem Lehrer Rudolf Steiner.« Dieser Hinweis war uns einigermaßen verdrießlich. Denn wenn der dann wieder auf seinen verehrten Lehrer verweist und weiter so, dann kommt man zurück bis zu Adam – und der war Gottes. Jetzt wollen wir noch den Steiner finden. Wenn der dann wieder auf einen anderen verweist, dann müssen wir selber einen neuen Weg in die Zukunft finden. Aber noch vor der großen öffentlichen Schulabschlussfeier hatten wir Kontakt zum Zweig der Anthroposophischen Gesellschaft in Nürnberg. Von einem dort gehörten Vortrag zur »Philosophie der Freiheit« verstand ich überhaupt gar nichts, aber ich ging mit dem sicheren Gefühl des Gefundenhabens hinweg. Die weißen Rosen vor dem Redner haben für mich diese Sicherheit, den rechten Weg gefunden zu haben, mitbewirkt. Das Glück dieses Findens trägt mein Leben bis zur Stunde und weit darüber hinaus bis über die Schwelle.

Nach Arbeitsdienst und Wehrdienst begannen wir drei am 1. November 1935 in Erlangen das Studium der evangelischen Theologie.

Der Umgang mit den Zeiten und die Liebe zur Himmelskunde bekamen durch die Anthroposophie und dann ab dem 24. Lebensjahr durch das Priesterseminar der Christengemeinschaft eine ganz neue Dimension (vgl. S. 50). Aber zunächst durften die Grundtatsachen der kosmischen Rhythmen mit der jugendlichen Empfindungsseele aufgenommen und später mit der Verstandes- oder Gemütsseele weiterbewegt werden. »Rhythmische Vorgänge sind weder in der Natur noch im Menschen etwas Physisches. Man könnte sie halbgeistig nennen«, schreibt Rudolf Steiner zu dem Anthroposophischen Leitsatz 166 (GA 26). Durch den geübten Umgang mit Zeiten und Rhythmen begann so ein anfängliches Buchstabieren im »Buch der Offenbarung«.

II
Förderung durch Verzögerung, Verzicht und Zeit

>*»Doch der Mensch hat viel Häute abzuwerfen, bis er seiner selbst und der weltlichen Dinge nur einigermaßen sicher ist. … So viel kann ich Sie versichern, dass ich mitten im Glück in einem anhaltenden Entsagen lebe und täglich bei aller Mühe und Arbeit sehe, dass nicht mein Wille, sondern der Wille einer höheren Macht geschieht, deren Gedanken nicht meine Gedanken sind.«*
>
> An Friedrich Plessing
> Weimar, 26.7.1782   Goethe

Es war eine hilfreiche Schicksalsführung, dass ich erst im siebenten Lebensjahr in die Volksschule und erst im zwölften Lebensjahr in das humanistische Gymnasium kam. So ergab es sich, dass mich der Schicksalsengel genau im einundzwanzigsten Lebensjahr mit der das weitere Leben erfüllenden modernen Geisteswissenschaft, der Anthroposophie und ihren Begründer Rudolf Steiner vertraut machen konnte. Das waren für mich genau die richtigen Zeiten und Rhythmen. Von den zwanziger Jahren des 20. Jahrhunderts, in welchen das zweite und der Anfang des dritten Jahrsiebts durchlebt wurden, trage ich ein lebendiges Bild in der Seele. Befreiung von der Not und Last des Krieges einerseits und neue Not und Belastungen durch den Versailler Vertrag und seine Auswirkungen andererseits. Und über allem die Nähe der Wolke der vielen Toten. Man gedachte der Gefallenen in Vereinen und Bünden; Kriegerdenkmale wurden entworfen und errichtet, und Kriegsteilnehmer lebten im Dorf und in der Stadt, die noch spät an ihren Verwundungen und Leiden starben.

Im Wirtschaftsbereich kam die unvorstellbare Geldentwertung, die Inflation, sodass die Menschen ihr Erspartes verloren und die wenigen Grundnahrungsmittel mit Billionen Papiermark bezahlt werden mussten. Einem Dollar entsprachen über vier Billionen Papiermark. Die vielen Scheine des bescheidenen Lehrergehaltes des Vaters mussten in einem großen Rucksack transportiert und sofort ausgegeben werden, weil sie am nächsten Tag nicht mehr viel wert waren. Gegen Ende der zwanziger Jahre stieg die Arbeitslosenzahl gegen die sechs Millionen an, und ein besonders strenger Winter 1928/29 mit dichter und lang anhaltender Schneedecke tat das Seine zu der allgemeinen Not hinzu. So musste aus jedem Haus unseres Dorfes täglich eine Person zum Schneeschaufeln auf die Verbindungsstraße zum Städtchen, wo der Doktor wohnte. In einem Hohlweg, der zwischen den mannshohen Schneewehen freigeschaufelt werden musste, konnte der Arzt zu seinen Kranken und manchmal auch die Post mit ihren Sendungen durchkommen. Einen Schneepflug gab es dort nicht.

Und doch lag über diesen Jahren ein Hoffnungslicht wie nie wieder in diesem Jahrhundert. Das kulturelle Leben begann neu, von Künstlern geführt, aufzublühen. Die bildenden Künstler, die den Krieg überlebt hatten, begannen in der jungen Republik in freierer Weise als vorher sich und ihre Werke zu entfalten. Zeitschriften für Literatur und Kunst erschienen neu, und in Schulen und Gymnasien wurde der Anschluss an die großen Zeiten des Geisteslebens gepflegt. Das erste Drittel unseres Jahrhunderts war, ähnlich einem Menschenleben, im guten Sinne idealistisch geprägt. Im Blick auf diese Seite des Lebens scheint das Wort von den »Goldenen Zwanzigern« auch gefunden worden zu sein. Dieser fruchtbare Idealismus ist in den dreißiger Jahren in die Kanäle der Macht und der einseitigen Verblendung abgeleitet worden. Als eine verderbliche Richtung konnte dies aber im Anfang nur von ganz wenigen erfahrenen Menschen schon durchschaut werden. Der noch wirkende Idealismus einerseits und der wirtschaftliche Nie-

46

dergang andererseits sowie die Massenarbeitslosigkeit machten es dem neuen Regime leicht, die Menschen für sich zu gewinnen. Die trotzdem einsetzende Industrialisierung und das neue Medium des Rundfunks kamen fördernd hinzu. Mit dem Jahr 1933 erreichte das idealistische erste Jahrhundertdrittel seinen Höhepunkt und zugleich den Umschlag in einen Realismus, dessen Totalität, materialistische Einseitigkeit und spätere Unmenschlichkeit nur mit den Vorgängen in Sowjetrussland seit 1917 verglichen werden können.

Mit dem vierten Lebensjahrsiebt beginnen jene einundzwanzig Jahre, in denen ein Gleichgewicht zwischen den inkarnationsfördernden ersten drei Jahrsiebten und den sich von der Inkarnation langsam befreienden drei Jahrsiebten ab dem 42. Lebensjahr gefunden werden sollte. Die ersten Jahrsiebte werden nacheinander besonders gefördert durch die untersonnigen Planeten Mond, Merkur und Venus. In den drei Jahrsiebten von 21 bis 42 fördert die in der Planetenmitte stehende Sonne auch im Menschenleben ein heilsames Gleichgewichthalten zwischen Erdenstreben und Himmelsoffenheit. Für mich waren diese drei entscheidenden Jahrsiebte von Krieg und Gefangenschaft schwer gezeichnet. Das mittlere fiel ganz und die beiden anschließenden zum Teil in diese zwölfjährige Verzögerungszeit. Damit mag es zusammenhängen, dass ich unaufgefordert oft gerade von dieser Zeit erzähle. Die folgenden drei Jahrsiebte gedeihen unter Mars-, Jupiter- und Saturnwirkungen zum Sich-Öffnen für die Wirklichkeit des Geistseins. Die Lebenszeit nach 63 ist Gnadenzeit für die Rückschau und zum »Fruchtbringen in Geduld«.

Im vierten Lebensjahrsiebt jedoch, das hier anzudeuten ist – für mich nach dem Abitur 1934 beginnend –, erfüllt uns eine gewisse Zukunftsbegeisterung, mit der sich das Menschen-Ich zunächst vorrangig als Empfindungsseele in die Welt einlebt.

Mit einer nüchternen Begeisterung zogen wir in den staatlich verordneten Reichsarbeitsdienst. Dabei haben wir in den Dörfern des Maindreiecks Zufahrtsstraßen ausgebessert und die verschlammten Dorfweiher gesäubert und in größere Wasserreservoire umgebaut. Für Brandfälle auf dem Lande waren solche Wasserbecken dringend nötig, weil es dort noch keine Wasserleitungen gab. Abends mussten wir dann noch mit Tornister und langem Spaten exerzieren, weil wir, so ausgerüstet, mit 34.000 Arbeitsmännern beim Reichsparteitag 1934 in Nürnberg an dem Führer und der Reichsregierung vorbeimarschieren sollten. Allein der Anmarsch dauerte von fünf Uhr morgens bis zwei Uhr mittags, dazu dann noch der Rückmarsch ins Lager.

Im Anschluss an den Arbeitsdienst musste ich noch das SA-Sportabzeichen erwerben, obwohl ich nie in dieser Organisation war. Ohne dieses Abzeichen einer gesunden Leiblichkeit war die Immatrikulation an der Universität in Erlangen damals nicht möglich. Mens sana in corpore sano, ein gesunder Geist in gesundem Körper, war die Devise. Im Herbst 1934 verpflichtete ich mich freiwillig für ein Jahr als Infanterist bei der alten »Reichswehr«, dem Hunderttausendmannheer der Weimarer Republik, weil ich nicht während des Studiums einberufen werden wollte. Eine Wehrdienstverweigerung war damals gar nicht möglich. Zur Wiedereinführung der allgemeinen Wehrpflicht im Frühjahr 1935 mussten wir in Bamberg auf dem Schönleinsplatz im Parademarsch an einer Tribüne vorbeimaschieren, auf der Offiziere und Politiker zur Abnahme dieses Schauspieles beieinanderstanden. Einzelne Offiziere waren noch Weltkriegsteilnehmer, die die Aufgabe hatten, uns durch Gewaltmärsche mit vollem Gepäck zu prüfen, wie weit unsere Generation belastbar war. Diese Zeit brachte weitere Erfahrungen an der landschaftlichen Umwelt und vor allem über den Seelenzustand der als Kameraden zu erlebenden Mitmenschen verschiedenster Herkunft.

Das Studium der evangelischen Theologie brachte zunächst große innere Not. Ich konnte keinen Zusammenhang erkennen zwischen dem, was etwa Paul Althaus (1888–1966) in seiner Römerbrief-Vorlesung vorbrachte, und dem, was in der eigenen Seele als Antrieb zum Beruf des Pfarrers schon seit der Kindheit lebte. Nach der ersten Vorlesung rannte ich hinaus in den Reichswald zwischen Erlangen und Nürnberg und irrte die halbe Nacht wie ein angeschossenes Stück Wild umher, um das in der Vorlesung Erlebte und das in der Seele Erstrebte zu einer gegenseitigen Annäherung zu bringen. Unglück und Nacht bedeckten die Seele. Die allmähliche

Aufhellung begann erst, als ich zur Theologie hinzu noch zwei andere Fächer mitbelegte. Wie helfende Ministranten standen mir von da an die Philosophie bei Eugen Herrigel (1884–1955) und die Kunstgeschichte bei Rudolf Kömstedt (1887–1961) zur Seite. In dem freien Vortrag der Gedanken der Vorsokratiker, des Heraklit von Ephesus (483– ca. 425 v.Ch.) oder des Empedokles von Akragas (ca. 550–480 v.Ch.) durch Eugen Herrigel konnte die vergewaltigte Seele wieder aufatmen. Und in der Übung der Kunstbetrachtung an der frühromanischen Essener Madonna konnten Sehen und Schauen weitergebildet werden. Mitten hinein in diesen weh-frohen Studienbeginn schlug wie ein Blitz aus heiterem Himmel das Verbot der Anthroposophischen Gesellschaft in ganz Deutschland.

Mit dem Sommer-Semester 1937 setzte ich dann das Studium am Priesterseminar der Christengemeinschaft in Stuttgart fort.

Nach der Aufnahme in das Seminar traten nun die drei vom Schicksal veranlagten besonderen Wurzelbereiche im Seelensein sogleich und unübersehbar deutlich aus dem allgemeinen Wurzelgrund hervor.

Die stärkste Förderung mussten auf dem Seminar einer Christengemeinschaft sicherlich jene Bestrebungen erhalten, die sich in Kindheit und Jugend als Heimatkunde, dann als Suchen nach dem Sinn des Lebens in der Wahl der Studienfächer Philosophie, Kunstgeschichte und Theologie an der Universität zeigten. Noch in Erlangen hatte ich das Abonnement für das große neutestamentliche Wörterbuch von Kittel und dessen bereits gelieferte erste Bände verkauft, um dafür die wichtigsten Werke von Rudolf Steiner, Friedrich Rittelmeyer und Emil Bock (1895–1959) erwerben zu können. Damit war dann auch die Grundlage für ein wirklichkeitsgemäßes Bild der Menschheitsgeschichte gewonnen. Vor allem war hier die einseitige Beschränkung des Kreuzestodes auf Golgatha als juristische Sühneleistung für die Sünden der Menschheit aufgebrochen und in die alles menschliche Theoretisieren weit hinter sich zurücklassende kosmische Dimension des wahren Christentums erweitert. Das Mysterium von Golgatha als Weltenmitte ahnen zu dürfen, war Erlösung aus konfessioneller Enge. Ein erster entscheidender Überblick über das Menschheitswerden war durch die erste große Gliederung in eine vorchristliche und christliche (nicht nachchristliche) Zeit gegeben. Das zentrale Ereignis teilte nicht nur das Geschehen in zwei »Teile«, sondern fasste durch das Zugehen auf dieses Ereignis und das Ausgehen von ihm das Menschheitswerden wiederum als ein einziges großes Ganzes zusammen. Die einzelnen Themen der Kurse fügten sich diesem großen Überblick derart ein, dass Geschichte als Bewusstseinsentwicklung anschaubar wurde. Über das Buchstabieren hinaus wurde das Lesen in Worten und Sätzen im Buch der Geschichte möglich.

Auch die dritte Wurzel, das dritte Herzensinteresse-Feld mit der noch nicht formulierten Frage nach dem Geheimnis der Zeiten und Rhythmen, erhielt hier am Seminar reichlich gesunde Nahrung, zunächst durch Astronomie. Hier lernte ich den durch Elisabeth Vreede (1879–1943) in Dornach herausgegebenen Astronomischen Kalender mit seinen Angaben zu den Planetenkonstellationen kennen. Sogleich nahm ich damit die aus der Kindheit vertrauten Himmels- und Wetterbeobachtungen wieder auf und konnte sie wesentlich vertiefen.

Der Waldorflehrer E.A. Karl Stockmeyer (1886–1963) gab in der Schule einen Abendkurs zur Astronomie. Den besuchte ich eifrig. Dabei wurden auch die verschiedenen Arten der Projektion einer Kugelfläche auf die Ebene behandelt. Stockmeyer lehrte die stereografische Projektion, bei der die Meridiane als Gerade, die Breitengrade und der Erdhorizont als Kreise und die wahren Auf- und Untergangswinkel der Gestirne am Erdhorizont ablesbar erscheinen.

Die Aufforderung, für ihn eine solche Karte im Großformat zu zeichnen, konnte ich als ausgelasteter Seminarist nicht erfüllen. Aber in den Ferien habe ich mir eine solche Sternkarte aus großen Sperrholzplatten selbst gebaut. Dabei sind die astronomischen Orte jedes einzelnen Sternes nach Länge und Breite am Nord- und Südhimmel festzulegen. Die Sterne selbst habe ich auf dem schwarzen Holzgrund als verschieden große Messingnägelchen auf der Vorder- und der Rückseite des drehbaren Teiles eingeschlagen. Als Planeten dienten auswechselbar farbige Reißnägel. Die schwere, aber gut drehbare Sternkarte mit 54 cm Durchmesser hat die liebe Frau durch die Kriegswirren hindurch retten können. Der Umgang mit den Zeiten und Rhythmen am gestirnten Himmel und ihrem irdischen Schattenwurf im Kalender wurde von da an zunehmend im weiteren Leben als ein offenbares Geheimnis und als ein Lesen in einem Buch der geheimen Offenbarung erlebt.

Dazu gehört auch noch ein anderes großes Erlebnis aus dieser Zeit, für das ich lebenslang als einer besonderen Zuwendung meiner Schicksalsführung zu danken habe. Am 15. Oktober 1911 war in Stuttgart das eigene Haus der damaligen Theosophischen Gesellschaft in der Landhausstraße 70 eingeweiht worden. Im Zuge des Verbotes der Anthroposophischen Gesellschaft durch die NS-Regierung wurde das Haus enteignet. Die 1937 noch lebende letzte Betreuerin, Wally Allmendinger (1875–1959), wandte sich an die Sekretärin des Priesterseminars mit dem Angebot, einem daran interessierten Seminaristen das Haus zeigen zu dürfen. Die Sekretärin, Luise Arnold (1904–1993) – meine spätere Frau –, schlug mich vor. So konnte ich außer dem großen Vortragssaal mit den nummerierten blauen Stühlen, von denen heute noch vier bei mir sind, vor allem den im Kellerbereich eingebauten Modellraum für den später in Dornach errichteten ersten Bau des Goetheanums sehen. Da ich nur ein kleines Blatt Papier zum Zeichnen einer der Säulen dabei hatte, erbat ich mir die Erlaubnis, die kommende ganze Nacht zeichnend in dem Raum verbringen zu können. Eine Reihe großformatiger Zeichnungen von den Säulen-Kapitellen sind da entstanden. Diese Säulen sind über zwei Meter hoch aus rotem Spessartsandstein gehauen. Der Rötelstift der Zeichnungen hatte annähernd die gleiche ziegelrote Farbe.

Außer den zweimal sieben Säulen zwischen Hauptraum und Umgang war da aber auch noch die dunkelblaue gewölbte Decke. Darauf waren die neuen Tierkreis-Imaginationen in Silber und Gold von Imme von Eckardstein (1871–1930) gemalt. Sie hat im gleichen Jahr diese Bilder für den Kalender 1912/13 gestaltet. Schon 1937 führte mich das Schicksal mit den Originalen dieser Neugestaltungen zusammen, die mich später und bis heute immer wieder neu herausforderten.

Vor der Übergabe des Hauses hat der Psychiater Friedrich Husemann die Säulen abbauen und auf eigene Kosten nach Buchenbach bei Freiburg ins Sanatorium Wiesneck bringen lassen, wo sie heute noch sind. Die Malereien auf der Decke sind zerstört. Damit leuchtete ein weiteres Motiv meines Lebens eindrücklich auf – aber dann musste im äußeren Dasein ganz darauf verzichtet werden.

Wally Allmendinger war mit Helene Rommel (1887–1973), der Handarbeitslehrerin der Freien Waldorfschule in Stuttgart befreundet. Helene Rommel führte mich zu ihrer kranken Mutter nach Sillenbuch. Die alte Dame wollte dringend mit jemandem sprechen, der schon in der neuen Wehrmacht gedient hat. Da stand ich nun bei der ans Bett gefesselten lieben alten Mutter. Auf dem Nachttisch stand das Foto von Erwin Rommel, ihrem Sohn, als Hauptmann im Ersten Weltkrieg. Und sie fragte mich: »Mein Sohn ist jetzt General geworden. Meinen Sie, dass er dadurch hochmütig und eitel wird?« Was soll so ein Pfarrer-Lehrling auf so eine Frage in dieser Situation da antworten? Ohne mein Nachdenken kam aber die Antwort: »Frau Rommel, ein Mensch, für den so treu gebetet wird, wie Sie das für Ihren Sohn tun, wird schon so bescheiden bleiben können, wie Sie es bisher von ihm erlebt haben.« Beide waren wir dankbar für diesen Gesprächs-Augenblick.

Besonders zu Herzen gehende Erlebnisse waren im Frühjahr 1938 die letzten internen und öffentlichen Feiern der dann verbotenen Freien Waldorfschule Stuttgart. In einer davon waren sogar aus Amerika ehemalige Schüler angereist. Der Festsaal und die Emporen waren überfüllt, viele Menschen standen die ganze Zeit. Geheime Staatspolizei in Zivilkleidung musste überall vermutet werden. Eine Szene aus Strindbergs »Das Geheimnis der Gilde« wurde von den Oberstufenschülern gespielt. Ansprachen zwischen Chor und großem Schülerorchester folgten. Das Abschlusswort sprach der Lehrer Karl Schubert (1889–1949). Es war ganz kurz. Er sagte: »Die Schule ist jetzt achtzehn Jahre alt. Mit achtzehn Jahren geht der vom Lehrling zum Gesellen aufgerückte Handwerker auf die Wanderschaft. Dann gibt es zwei Möglichkeiten: Entweder kehrt er nicht mehr heim, oder er kommt sogar in der Fremde um. Die andere Möglichkeit ist aber die, dass er zurückkehrt als Meister.« Damit war das letzte in der alten Schule gesprochene Wort das Wort »Meister«. Langes bewegtes Schweigen.

Hier ist daran zu erinnern, dass damals das öffentliche Sprechen aus der Geisteswissenschaft Rudolf Steiners verboten war. Wir hatten im Seminar vermutlich eine Sondererlaubnis für Studienzwecke, die Grundschriften und die fünfzig ersten Vortragsreihen (Zyklen) Rudolf Steiners in einem abgeschlossenen Schrank innerhalb der Bibliothek verwahren zu dürfen. Im letzten Jahr war mir die Verwaltung und verantwortlich sichere und begrenzte Ausleihe innerhalb des Seminars anvertraut. Im Bewusstsein, dass auch dieser Rest anthroposophischer Schriften eines Tages konfisziert werden würde, habe ich versucht, die mir wichtig erscheinenden (fast alle) Bücher zu lesen und mir Auszüge davon in dicke Wachstuchhefte zu machen.

Die vorletzte Priesterweihe vor dem Verbot der Christengemeinschaft fand am 4. Juni 1939 im Gustav-Siegle-Haus statt, weil wir damals in Stuttgart noch keinen eigenen Raum für eine große Festgemeinde hatten. Die Kandidaten waren: Johannes Rath, (1910–1973) Wilhelm Hoerner, Franz-Heinrich Himstedt (* 1913) (vgl. S. 219).

Das Wetterleuchten eines Verbotes war schon deutlich am Horizont der Gesellschaft. Aber noch war es nicht so weit. Mit ungebrochener Begeisterung schmückten wir die Turnhalle in Urach mit Birken und Blumen zu einem Festsaal für die Johanni-Freizeit mit Rudolf Frieling (1901–1986). Er setzte die viel besuchten Johanni-Freizeiten von Friedrich Rittelmeyer fort.

Wir Junggeweihten, Johannes Rath und ich, hatten in Tübingen auch eine kleine Johanni-Tagung zu improvisieren, weil Marianne Piper (geb. 1911) zur Bestattung ihrer Mutter nach Hamburg reisen musste. Da ich nach München entsandt worden war, hatte ich die Bücherkiste und den Weidenkorb mit Wäsche schon dorthin abgefertigt. Aber das Schicksal hat die nun folgenden zwölf Jahre des Verzichtes und der Verzögerung nur in jeweils tragbaren Zeitportionen zugeteilt. Obwohl jeder Abschnitt dieser langen Zeit eine ganze Fülle von Erlebnissen brachte, haben diese doch alle eine innere Beziehung zu einem der drei Bereiche, die mir schicksalhaft vertraut und anvertraut waren und so auch jetzt immer vertrauter wurden. Weil diesbezüglich wichtige Ereignisse dieser Zeit erst in den folgenden Abschnitten in ihrem Zusammenhang aufscheinen sollen, genügt hier zunächst ein kurzes chronologisches Gerüst dieses Lebensabschnittes.

Mein Gestellungsbefehl, den ich als Reserveoffizier von der letzten Übung mitbekommen hatte, lautete auf »sofort«. Da aber keine offizielle Kriegserklärung bekannt wurde, wartete ich zunächst ab bis zum Telegramm. Dadurch kam ich zu spät für den Polen-Feldzug, für den ich vorgesehen war. Schutzengelwirken! Von Kornwestheim, wo mir eine Ersatzkompanie anvertraut wurde, kam ich Ende 1939 nach Prag.

Den Feldzug in Frankreich habe ich dann vom ersten Tage an bei den vordersten Truppen miterlebt. Kreuz und quer durch Frankreich gingen die Einsätze bis zum Ende des Frankreichfeldzuges, das ich bei Lyon erlebte. Anschließend war der Militärflugplatz von Orléans gegen englische Tiefflieger zu schützen. Vor Ostern 1941 wurden wir zum Einsatz Ost von Libourne in Südfrankreich in das Gebiet ostwärts von Posen verlegt. Durch eine Sonderaufgabe im Zusammenhang mit einem straffällig gewordenen Fähnrich wenige Tage vor dem Kriegsbeginn mit Russland hat mich die Schicksalsführung vor dem Krieg im Osten bewahrt. Der an meiner Stelle angetretene Kompanieführer und viele Kameraden sind schon am ersten Tag gefallen.

Für mich folgten Ausbildung und Einsatz mit Spezialwaffen zum Schutz eines kriegswichtigen unterirdischen Werkes in der Lüneburger Heide. Lehrgänge für Auszubildende am Fliegerabwehr, 2-cm-Vierling, in Norderney schlossen sich an, bis ich im November 1943 nach einer Tropentauglichkeitsprüfung auf die Insel Kreta abkommandiert wurde, von wo aus ein Einsatz in Afrika geplant war, der jedoch dann entfiel, weil dort die Front schon zurückgenommen wurde. Das Jahr in Kreta war ein unermessliches Geschenk des Schicksals, dessen Früchte für die drei Bereiche in den folgenden Kapiteln beschrieben werden. Zugleich war es eine schöpferische Pause für die folgende furchtbare Zeit des Rückzuges durch die Schluchten und Berge des Balkans und die nicht mehr angemessen zu beschreibende Zeit der bis zum 29. November 1951 dauernden Gefangenschaft im Tito-Staat.

Zwei grundlegende Erfahrungen hatte mir das Leben bis dahin gebracht: Der innere Bereich, den wir im alltäglichen Leben mit dem Wort »Zeit« andeuten, hat eine Erweiterung im »Außerzeitlichen« erfahren. Und das andere ist das Glück und die anhaltende Freude des Aufgehobenseins durch das Hinfinden zur modernen Geisteswissenschaft der Anthroposophie. Beides hat der Dichter Hans Carossa (1878–1956) treffend dem Wort anvertrauen können:

»O verlerne die Zeit,
Dass nicht dein Antlitz verkümmre
Und mit dem Antlitz das Herz!
Leg ab deine Namen!
Verhänge die Spiegel!
Weihe dich einer Gefahr!

Wer einem Wink folgt im Sein,
Vieles zu Einem erbaut,
Stündlich prägt ihn der Stern.
Und nach glühenden Jahren,
Wenn wir irdisch erblinden,
Reift eine größ're Natur.«

III
Aus dem Buch der Natur

»*Die Natur ist das einzige Buch, das*
auf allen Blättern großen Gehalt bietet.«

Goethe

Auf der Westseite unseres Dorfschulhauses war ein kleiner, aber mit Gartenzaun und Türchen eingehegter Grasgarten mit ein paar Zwetschgenbäumen. An den zwei Birnbäumen hatten sich frühere Lehrer mit »Pfropfen« versucht. Dabei wird ein Reis einer anderen Sorte in den gestutzten Ast des Baumes eingefügt. Auf einem dieser Bäume wuchsen auf diese Weise drei verschiedene Sorten Birnen. Das war ein Naturkuriosum. Die Birnen reiften zu verschiedenen Zeiten. In diesem Grasgarten konnte ich als Ältester mit meiner zwei Jahre jüngeren Schwester herrlich spielen. Nach dem Krieg stand dort auch das Körbchen mit dem nun noch dazugekommenen Brüderchen. An die Südmauer der ganz nahe dem Schulhaus stehenden spätgotischen Kirche schloss sich der große Gemüse- und Blumengarten an. Dorthin durften wir dann, wenn wir so »groß« waren, dass wir auf den Gartenwegen blieben. Aus den Ritzen der Kirchenmauer kamen dort braune und smaragdgrüne Eidechsen, um sich auf den warmen Steinen zu sonnen. Auch ein baumgroßer Haselnussbusch war da, in dem ich klettern und einen Sitzplatz bauen konnte, ein »Lägerle« sagt man in Schwaben.

Mit den Jahren kamen die Nachbarhöfe und vor allem die Hecken am Dorfrand als unser Spielbereich hinzu. Wir wussten, wo im Frühjahr die ersten Anemonen, die Buschwindröschen, zu finden waren und wo wir die ersten Märzveilchen für Vater und Mutter finden konnten, da sie beide im März Geburtstag hatten. Eine Stelle im Walde, an der eine größere Gruppe der gleichen Blumenart wuchs, hieß »Tempele«. Das Wort kommt aus dem Lateinischen von tempulum = eingehegter Platz. Das waren die alten, heiligen Bezirke, in denen ein Priester oder eine Priesterin wohnten und wirkten. Templum war das Haus oder ihre Kapelle, ihr Tempel. Diese weisen Menschen waren auch kalenderkundig. Damit hängt dann das Wort Tempus = Zeit zusammen, das wir heute nur noch als Tempo kennen.

Der Bach mit seinen Weidenbäumen und der nahe gelegene Mischwald mit Eichen, Birken, Haseln, Linden und Eschen wurden auch schon im Vorschulalter entdeckt. Im Frühjahr waren es zuerst die Schlüsselblumen und die »Göckerle« – Frühlingsplatterbsen, rot aufblühend und blau verblassend; später dann die Maiglöckchen, Salomonssiegel und Aronstab, bis dann im Sommer die stolze Türkenbundlilie und die geheimnisvolle Akelei hinzukamen. Es war auch selbstverständlich, dass wir Kinder in der Kriegs- und Nachkriegszeit (des Ersten Weltkrieges) mit in den Wald mussten zum Sammeln von Eicheln als Futter, Bucheckern für Öl und Tannenzapfen als Brennmaterial. Auch Erdbeeren, Himbeeren und Brombeeren wurden ganze Eimerchen voll gesammelt, um Marmelade zu machen. Im Winter holten die Bauern ihr Brennholz und auch den Bedarf für den großen eisernen Ofen im Schulzimmer aus dem Wald. Später habe ich das in dreißig Zentimeter lange Stücke zersägte Schulholz in den Ferien allein gespalten und zum Trocknen in großen runden Holzstößen aufgesetzt. Von den schwächeren Eichenzweigen wurde die Lohe (Rinde) auf einer harten Unterlage abgeklopft und an die Ledergerber verkauft. Aus dem langen Birkenreisig machte unser Nachbar, der alte Mark, so hieß er, Stall- und Stubenbesen. Halbierte Weidenruten dienten für die drei festen Bindungen. Um diese festzuziehen, wurde ein Seil am Türpfosten an einem Haken befestigt, die Reiser damit umwickelt und mit Manneskraft zusammengepresst. Das geschah alles in der winterlich warmen Wohnstube. Da tat es einmal einen fürchterlichen Knall, die Tür der Ofenröhre flog auf, und die Stube war voller Sand. Die alte Bäuerin hatte eine Tonflasche voll Sand in die Ofenröhre gelegt, um sie als Bettflasche anzuwärmen. Der Sand war aber nass. Der sich entwickelnde Dampf hatte die Flasche zerrissen und den Sand in die Stube geschleudert. Auch solche Erlebnisse trugen zu einer umfassenden Naturkunde bei.

Der Großvater hatte ein Aquarium, einen Kasten mit den wichtigsten europäischen Schmetterlingsarten, zwei präparierte Wellensittiche und einen Kiebitz. Die wurden immer wieder angeschaut und gezeichnet. Die erste derartige kindliche Zeichnung ist die des seltenen Apollofalters aus dem Schmetterlingskasten. Einmal wurde mir ein lebendiger großer Hirschkäfer gebracht. Am Geweih band ich einen Bindfaden fest, das andere lange Ende am Zwetschgenbaum im Grasgarten. So wollte ich das Tierchen zum Haustier machen. Am anderen Morgen war nur noch der Faden ohne Käfer da. Eine einsichtige Seele wird ihn befreit haben.

Die Naturbeobachtung wurde mir mehr und mehr ein unstillbares Lebensbedürfnis. So hielt ich durch viele Jahre Laubfrösche. Zunächst im großen Einmachglas mit einem aus Dachschindeln gemachten Leiterchen, das vom Wasser in die obere Region führte. Später baute ich mir ein größeres Terrarium, in dessen unterem Wasserbereich auch Kammmolche, Posthorn- und Teichschnecken lebten. Der erste erschreckende Anblick einer Köcherfliegenlarve in ihrem Sack aus Sandkörnern und Pflanzenteilen steht mir heute noch als geheimnisvolles Schockerlebnis im Gemüte.

Der Laubfrosch musste täglich mit frischen lebenden Stubenfliegen gefüttert werden. Die mussten mit der hohlen Hand gefangen und lebendig verabreicht werden. Eine Mehlwurmzucht kannte ich noch nicht, die Tiere waren selbstverständlich aus der freien Natur entnommen. Unter der Anleitung des Großvaters baute ich kleine Schmetterlingszuchtkästen aus Zigarrenkästchenholz. Pfauenaugen, Füchse, kleine Eulen und sogar Wolfsmilchschwärmer wurden nun herangezogen. Eine kurze Zeit war ich auch mit dem Schmetterlingsnetz und der Botanisiertrommel im Gelände unterwegs. Eine Botanisiertrommel ist ein kleiner Blechkasten, am Band zu tragen, in dem man die Pflanzen bis nach Hause etwas frischer erhalten konnte. Denn auch ein Herbarium, eine Sammlung gepresster Pflanzen, legte ich mir an. So lernte ich bald die Arten, Familien, Klassen und Ordnungen zu unterscheiden einschließlich ihrer wissenschaftlichen, lateinischen Namen.

Der einstündige Weg vom Dorf ins Städtchen zu den Großeltern brachte durch die vier Jahreszeiten hindurch immer neue Erlebnisse. Abkürzungspfade, nur einzeln begehbar, führten durch die bestellten Felder. Dabei lernte ich schnell die vier Getreidearten und dazu Kartoffeln, Rüben und Futterpflanzen in allen Wachstumsstufen vom Keimen bis zum Reifen kennen. Das Allerschönste und Herzbewegendste war aber der Gang auf solch einem Pfad durch ein fast zwei Meter hohes reifes Kornfeld. »Korn« ist in Franken der Name für Roggen, weil der als Hauptbrotgetreide diente. Der Duft und das »feine Singen des Kornfeldes«, die Wärme, das leise Wogen der hängenden Ähren und das Rot, Blau und Gelb des Mohns, der Kornrade, der Kornblumen, des Feldrittersporns und der großen und kleinen Adonisröschen bleiben unverrückbar im Gemüte stehen.

Ohne zwingende Not gingen die Leute nachts nicht mehr ins Freie oder gar über Land. Denn da konnte einem ja »das wilde Heer« begegnen oder gar eine »schwarze Sau«. Und genau dies wurde einmal im Dorf herumgetratscht: dass sie dem Lehrer und seinem Buben begegnet seien auf ihrem Heimweg spät in der Nacht. Als ich den Vater danach fragte, was das sei, sagte er nur: »Es kann einem ja auch einmal ein Engel begegnen.« Damit war alles wieder gut und tief wahr.

Wenn wir unterwegs das Abendläuten hörten, blieb der Vater stehen, nahm den Hut ab und betete laut das Vaterunser. Die letzten Reste alter Naturgeistigkeit lebten in meiner Jugend noch in unserem Dorf. Da war noch ein Hufeisen am Taubenschlag oder eine tote Eule oder ein Besen am Scheunentor befestigt. Beim Milchholen kam eine Prise Salz in die Milch, bevor sie außer Hauses ging.

Kranke Tiere wurden von einem sonst sehr frommen Mann zur Heilung »besprochen«. Auf einem Flachsfeld sah ich, dass von dem geernteten und zum Trocknen ausgelegten Flachs an den vier Ecken des Feldes je zwei Büschelchen über Kreuz zusammengelegt und mit einem Stein beschwert waren. Auf mein hartnäckiges Fragen hin schwieg die Bäuerin. Ich fragte weiter. Da beschimpfte sie mich als ganz bösen Buben, denn »danach fragt man nicht«. Die Menschen ahnten und wussten auch, dass sie Dinge taten, die von der Kirche als »heidnisch« verdammt und deshalb streng verboten waren.

Schon beim bloßen Dabeisein und dann aber auch beim Mitarbeiten prägte sich mir der Begriff Arbeit unauslöschlich und zum Teil bis heute als schwere körperliche Anstrengung ein. Die Tätigkeit meines Vaters als Lehrer, meiner Mutter als Hausfrau, des Verkäufers im Tante-Emma-Laden konnte ich nicht als »Arbeit« in meinem Begriff von Arbeit unterbringen. Heute erscheint mir diese Haltung von damals wie eine Einübung zum späteren Durchhalten der Zwangsarbeit in der Gefangenschaft. Die Feld- und Stallarbeit war wirklich Arbeit. Da war im zeitigen Frühjahr das »Steineklauben« auf dem Acker. Viele Äcker waren steinig. Diese unendlich vielen und alljährlich immer neuen Steine mussten in Körbe gesammelt werden. Das war die Arbeit für Frauen und Kinder. Die Männer trugen dann die schweren Körbe an die Weg- und Feldraine, wo sie entleert wurden und die Steine durch die Zeiten sich zu großen Wällen türmten. Diese Arbeit ging über den ganzen Tag, wenn die Äcker weit entfernt vom Dorf waren. Da kam dann am Mittag die Großmutter und brachte warme Kartoffelpfannkuchen und gekochtes Dörrobst zur gemeinsamen Mahlzeit auf dem Feld. Einmal fand der Bauer im Kleeacker sein Taschenmesser wieder, das er im Vorjahr dort verloren hatte. Mit diesem Wiederfinden verband sich mir erstmalig der Begriff, das ist ein »Wunder«.

Eine weitere Arbeit war das Heuwenden mit langen Rechen. Das Getreide wurde oft noch mit der Sense von Hand gemäht. Dabei musste die Sense immer wieder neu mit dem Wetzstein geschärft und zu Hause mit dem Hammer »gedengelt«, das heißt ausgebessert und gehärtet werden. Bei der Ernte des Getreides mussten dann die Frauen mit der großen Sichel das Gemähte aufnehmen und auf Strohseile legen, die wir Kinder in passenden Abständen auszulegen hatten. Die Männer banden dann die Garben zusammen und stellten sie in Gruppen, Hocken, zum Austrocknen auf. Das »Einfahren« war weitere schwere Arbeit, weil jede Garbe mit der Gabel auf den Wagen und zuletzt hoch hinaufgehoben werden musste. Das gute Laden eines Erntewagens war eine besondere Kunst. Die Garben durften nicht auf dem holprigen Landwegen auseinanderrutschen. Ganz oben drauf kam dann der Heubaum, eine lange kräftige Stange, die durch vorn und hinten an den Leitern des Wagens festgemachte »Heuseile« in ihrer Lage festgehalten wurde. Und wir Kinder durften dann ganz oben auf den Garben hockend mit heimfahren. Das waren unvergessliche und prägende Erlebnisse noch im ersten Drittel unseres Jahrhunderts.

In den ersten beiden Jahrzehnten kannten in unserem Dorf die Bauern noch keinen Kunstdünger. Die Schießpulverfabriken stellten sich nach Ende des Ersten Weltkrieges auf Kunstdünger um. Die Jungbauern brachten aus den Winterkursen der Landwirtschaftsschulen Tabellen über die für die Pflanzen wichtigsten Nährstoffe mit und überdüngten die Felder zum Nutzen der Kunstdüngerfabriken. Dabei wurde der Dünger noch mit der Hand ausgestreut. Langsam kamen die ersten pferdegezogenen Sä- und Mähmaschinen auf. Einen Traktor gab es nur in der Meierei des Schlosses Frankenberg. Die gesamte Technisierung der landwirtschaftlichen mittleren und kleineren Betriebe ist erst ein Ergebnis unseres Jahrhunderts. An dessem Anfang war alles noch schwere Handarbeit.

Das Leben auf dem Lande war damals karg und sparsam. Schuhe und Kleider wurden immer wieder geflickt, bis sie auseinanderfielen. Das Essen war kräftig, aber einfach, ohne Raffinessen, und alles aus eigenem Anbau noch rein biologisch. Der Kunstdünger kam bei uns erst Ende der zwanziger Jahre voll zum Einsatz. Das Brot wurde auch im Schulhaus noch selbst gebacken. Wenn der Teig im großen, hölzernen Backtrog dann durchgeknetet war, musste er über Nacht »gehen«. Vorher machte die Mutter mit dem Finger noch drei Kreuze in den Teig. Auch beim Anschneiden des sechs Pfund schweren Brotlaibes wurde mit der Messerspitze ein Kreuz auf den Laib gezeichnet. Der Brotbelag war nie doppelt. Entweder Mus, das war Eingemachtes, oder ganz dünn Butter oder Wurst.

Als mir die Nachbarin einmal ein großes samstägliches Weißbrot mit Butter und Marmelade bestrich, ging ich stolz zu meiner Mutter, um es ihr zu zeigen. Sie war entsetzt und sagte:»Bub, fürchtest du dich denn nicht ob dieser Sünde?« Sie sah doppelten Aufstrich als Völlerei und damit als Sünde an. Auch das gehört noch zu unserem 20. Jahrhundert. Wenn mir die gleiche alte Nachbarin ein einfaches Butterbrot gab, erbat ich dazu immer auch die »Hexenstriche«. Dann zog sie mit einer Gabel in zwei Richtungen Rauten in den Butterbelag. Aber davon habe ich den Eltern nie etwas erzählt.

Die Stadt oder gar eine Großstadt war für mich ferne fremde Welt im ersten Jahrsiebt. Die Großeltern väterlicherseits hatten früher in Veitshöchheim bei Würzburg gewohnt. Bei einem späteren Besuch nahmen sie mich dorthin mit. So wurde der Main der erste größere Fluss für mein Erleben. Die gewaltige Steinbrücke mit ihren Brückenfiguren, die Lastkähne auf dem Fluss und darüber das uneinnehmbare Bauwerk der Marienburg waren wohl neue Erlebnisse, aber der Grund der Seele wurde von einem ganz anderen Anblick tief und nachhaltig angerührt. In dem Park des bischöflichen Schlosses in Veitshöchheim gab es einen von hohen Bäumen eingeschlossenen See. Im Waldesdämmern des grün umwucherten Sees leuchtete in strahlendem Weiß eine Erscheinung aus fernen Welten auf: der Schwan. Bisher hatte ich nur Gänse gesehen, aber dieser erste Schwan meines Lebens ist immer dabei, wenn ich – wo auch immer – einen Schwan erschaue oder am Bodensee alljährlich die Schwäne füttere. Fünf Jahre später, ich war eben zwölf Jahre alt geworden, zeichnete ich beim Onkel in Essen eine größere Porzellanfigur ab: Lohengrin im Schwan ins ferne Land fahrend.

Im Garten außerhalb der Friedhofsmauer gab es Beerensträucher, unter denen Igel hausten, und Gemüsebeete, auf denen ich – erstmalig im Dorf – Tomaten heranzog. Die Bauern kannten sie noch nicht und hielten sie für giftig, wie die Früchte der Kartoffeln, weil sie die Verwandtschaft der beiden Nachtschattengewächse erkannten. Vater und Großvater hatten große Freude am Heranziehen von Spalierobstbäumen. Die Gartenseite der erwähnten Friedhofsmauer war ein idealer Standort. Damals war der Ontario-Apfel die beliebte Neuheit, und der Großvater lehrte mich, die Fruchtknospen von den Blattknospen des kommenden Jahres zu unterscheiden, mit den Worten: »Bub, du musst die Äpfel hinschneiden, nicht wegschneiden.« Das Schönste im Garten aber war der Bienenstand, den der Vater vom Großvater übernommen hatte. Das war ein großes Gartenhaus, grün angestrichen und innen himmlisch duftend nach Wachs und Honig. Die Flugseite war für zwanzig Bienenstöcke ausgelegt, aber der Vater hatte nie mehr als sechs bis acht Völker. Alles, was zur Bienenhaltung der damaligen Zeit gehörte, lernte ich kennen. Der Vater war immun gegen Bienenstiche, ich wurde es nie, obwohl oft gestochen, traten immer mehrtägige große Schwellungen auf. Die Mutter wurde in den Ringfinger gestochen, sodass der Trauring mit der Zange aufgebrochen werden musste. Später verlor sie ihn einmal und fand ihn nach Jahresfrist wieder beim Herrichten der Gartenbeete zur Aussaat am Zinken des Eisenrechens hängend. Das Wort Zufall schien mir schon als Kind nicht passend für derartige Vorkommnisse.

Als meine liebe Frau ins Haus kam, prüfte der Vater sie scherzhaft auf ihren Mut, indem er ihr eine vollbesetzte Bienenwabe zum Halten (mit der Zange) in die Hand gab. Sie hatte ein ärmelloses Kleid an, aber es geschah ihr nichts, weil sie ganz ruhig blieb. Das Honigschleudern wurde noch mit der handbetriebenen Honigschleuder gemacht und dauerte meist einen ganzen Tag. Es war ein mühsames Fest.

Da wir werktags nicht spazieren gehen durften, damit die Bauern uns nicht für »Faulenzer« hielten, war der Sonntag für die ausgedehnten Waldgänge vorgesehen. Allerdings mussten wir vorher den Vormittagsgottesdienst besuchen und die nachmittägige Christenlehre in der Kirche. Wenn wir sie schon nicht besuchten, dann mussten wir mindestens bis zum Vaterunserläuten am Schluss warten. Dann ging's aber mit oder ohne die Eltern in den Wald. Pflanzen, Blumen, Sträucher, Fuchsbaue, Steinbruch, Ruinen und seltsam stimmende heimliche Bereiche wie See oder Quelle erfüllten meine immer wachere Aufmerksamkeit. Namen wie Frankenberg, Hohenlandsberg, Scheinbergsee, Elfenstuhl, Kunigundenkapelle, Kappelberg sind heute noch bis zum Rand erlebnisgesättigt. Stillschweigend hatte ich mir selbst vorgenommen, von jedem Sonntagsgang etwas Besonderes oder ganz Neues mit nach Hause zu bringen oder wenigstens gesehen und der bleibenden Erinnerung eingeprägt zu haben. Daheim sammelten sich die Dinge an, eine Vogeleischale, die weißblauen Federchen des Eichelhähers oder die getigerte Schwanzfeder eines Raubvogels oder der Flaum

»Sonntagsgänge«. Mit Diptam
und wildem Schneeball und
wehmütigem Herzen eine Stunde
vor der Rückfahrt ins Internat

eines Käuzchens. Der skelettierte Lauf eines Rehes mit dem ganzen
Sprunggelenk, ja sogar ein Fuchskopf mit vollem Gebiss und halbem Unterkiefer gehörten zu der Sammlung.

Diese »Sonntagsgänge«, wie der Dichter und Bauer Christian
Wagner (1835–1918) sie nannte, waren für mich eine Art Einübung der Ehrfurcht vor dem nicht von Menschen Gemachten. Eine
seltene Pflanze gefunden oder wiedergefunden zu haben, erfüllte
mich jedesmal neu mit einer Stimmung, die nur mit dem Wort
Andacht einigermaßen angedeutet werden kann. Daraus löste sich
dann, wenn es die Umstände nur irgend zuließen, das Bedürfnis,
die Vielfalt der Formen und Farben zeichnend und malend nachzu-
schaffen. Unvergessliches Staunen beim allerersten Gewahrwerden
einer ganz und gar unbekannten, noch nie gesehenen Pflanze im
inneren Saumgebüsch am Waldrand eines Südhanges. Gut einen
Meter hoch ragte der kerzengerade Stängel aus dem kräftigen lede-
rigen Blattwerk. Heckenrosenrot leuchteten die weit offenen
Flammgesichter der zweiseitig symmetrischen Blüten. Harziger
wohlriechender Duft blieb beim Berühren an den Händen. Dictam-

nus albus, der weiße Diptam. Noch vor dem Ende des zehnten Lebensjahres entstand ein Bild mit allen Einzelheiten von Blüte und Frucht daneben (s. Abb. S. 203). Diptam, Andacht berührt mich noch heute, wenn ich es anschaue.

Im Gymnasium habe ich in der dritten Klasse – ich war schon vierzehn Jahre alt, weil ich erst mit sieben in die Schule und erst aus der fünften Klasse ins Gymnasium kam – einen Aufsatz geschrieben mit dem Thema »Ein Abend am Waldesrand«. Darin stand der Satz: »Am Rand des Waldes standen noch einige Kleeböcke.« Ein Kleebock ist ein Gestell mit drei Stangen, auf das der gemähte Luzernen-Klee zum Trocknen aufgehängt wird. Der Klassenlehrer hatte mit roter Tinte in »Rehböcke« umkorrigiert. Ich meldete mich zur Erklärung. Auch nach längerem Hin- und Herreden war er nicht von seiner Korrektur abzubringen. Dann sagte der Herr Studienrat: »Hoerner, setz dich, ich weiß schon, was du meinst.« Seitdem wusste ich, dass es besser ist, einem Lehrer nicht zu widersprechen, weil er von Amts wegen alles besser weiß. Anders der Biologielehrer, der mich sehr förderte. Er stellte alle Pflanzen, die gebracht wurden, in kleinen Gläsern auf den inneren Fenstersimsen der langen Flure unserer Schule aus. Dazu Täfelchen mit deutschen und lateinischen Namen und den der Pflanzenfamilie der jeweiligen Blume. So war ich in den Pausen meist vor diesen botanischen Ausstellungen statt im Schulhof zu finden.

In den Ferien waren die breiten Feldraine, die die Feldwege säumten und die Felder trennten, das reichste Fundgebiet für Blumen. Immer hatte ich einen Blumenstrauß, manchmal zwei, mit nach Hause gebracht. Dass es in der Stadt Blumen zu kaufen gibt, habe ich lange nicht verstanden, weil ich dachte, die Blumen werden doch auf freiem Felde gepflückt. Die besagten Raine waren aber noch weiter interessant. An ihrem Rand standen die Marksteine. Durch diese behauenen Steine wurden die Dorf- und die einzelnen Feldergrenzen markiert. Da es auch vorkam, dass solche Steine zur Vergrößerung eines Feldes heimlich versetzt wurden, musste Sorge getragen werden, das zu verhindern. Dazu gab es die »Siebener«. Das waren sieben unbescholtene Männer, die genaue Feldpläne hatten und wussten, wo die Grenzsteine zu stehen hatten. Beim früheren Setzen der Steine waren von den Siebenern bestimmte Scherben oder Münzen darunter oder tiefer vergraben worden als Zeichen für den rechten Ort. Das unerlaubte Versetzen der Steine sollte auf diese Weise verhindert oder aufgedeckt werden. Nur die Siebener wussten diese Anordnungen. Dieser »Siebenerkreis« hatte für uns Kinder etwas Geheimnisvolles. Wenn wir einen dieser Männer sahen, tuschelten wir: »Das ist ein Siebener.«

Die Verbindung mit Natur und Umwelt wurde damals am Gymnasium auch noch durch besondere ganztägige »Wandertage« aufrecht erhalten. Um aus dem Schulort heraus und wieder dahin zurückzukommen, waren nur Bahnfahrten möglich. Die wurden aber so benützt, dass die Wanderzeit möglichst lang ausfallen konnte. Die Ziele waren immer Örtlichkeiten mit Kennenswertem aus Natur, Geschichts- und Geisteswelt. Eine derart spirituell aufgehellte Heimatkunde bereitete einen tragfähigen Boden für ein künftiges Weltbürgertum. Freilich haben sich auch damals schon nicht alle Schüler einer Klasse in einen derart heilsamen Bildungsstrom einbeziehen lassen wollen.

Meine Naturverbundenheit fand zunächst im Malen der Blumen, ganzer Sträuße und heimatlicher Landschaften eine gewisse Erfüllung. Als ich dann aber in der Vorosterzeit 1936 auf dem Orientierungskurs am Seminar der Christengemeinschaft war, erlebte ich, wie die Natur noch ganz anders angeschaut werden kann.

Der Seminarbau war 1933 fertig geworden, und der Seminarleiter Gottfried Husemann hatte sofort damit begonnen, um das Gebäude herum einen Garten anzulegen mit Bäumen, Sträuchern und Blumen. Dieser Garten wuchs mir vom ersten Anblick an so zunehmend ans Herz, dass ich ihn später auch in den Semesterferien betreute. Die Liebe zur Natur, zunächst besonders zur Pflanzenwelt, die mir von früher Kindheit an mitgegeben war, erwachte hier auf einer höheren Stufe ganz neu. Denn da gab es den Botanikkurs von Gerbert Grohmann. Zum ersten Mal hörte ich das Wort Metamorphose, Umwandlung im lebendigen Geschehen. Das war der »güldene Griff«, der öffnende Schlüssel, der für alle einzelnen Arten passte. Jede einzelne Art zeigte in dem Lebensatem von Ausdehnung und Zusammenziehung mehr oder weniger deutlich das große allen gemeinsame Gesetz. Ich ahnte, dass ich in Kindheit und Jugend in dem Wunsch, alle Pflanzen mit Namen zu kennen, nach der Urpflanze und nach dem ihnen allen gemeinsamen Werdegang der »Metamorphose« getastet hatte.

All das blieb aber nicht Theorie. In ganztägigen Exkursionen auf die Schwäbische Alb konnte Gerbert Grohmann in seinem unerschöpflichen sächsischen Humor an jeder Blume, die wir anbrachten, das große Ganze des Pflanzenreiches anschaubar machen. Da hatte er zum Beispiel ein Hauhechelzweiglein in der Hand und sagte in seinem liebenswerten sächsischen Dialekt: »Nu gugn Se ma die Hauhechel. Das iss'n Schmetterlingsblütler. Die sind doch meist gelb. Ahwr der hat'ne Rose wärn wolln und da isser rosa gewordn und hat oh noch Dorn'n gegrischt.« Oder den Feldrittersporn in der Hand: »Nu gugn Se ma das an! Wie e gleenes Agwarium mid lauder Gaulgwabbn; ahwr e Luftagwarium – und dann heeßt's oh noch Delphinium!« Später hat Gerbert Grohmann auch noch Rätsel-Büchlein herausgegeben, deren Lösungen nicht durch intellektuelle Schlauheit, sondern nur durch ein bildhaft-anschauendes Denken zu finden sind. Für manche war das aber sehr schwer. Ich habe ihn brieflich gebeten, die in einer Besprechung angefragten Lösungen nicht bekannt zu geben, weil es für manche Menschen nichts Heilsameres gäbe, als etwas nicht zu wissen.

In den Kursen wurden auch Blattformen gezeichnet. Das geschah aber nicht im üblichen Sinne durch Umrisszeichnung der Blattformen, sondern ohne Umrisslinien, sodass durch Schrägschraffuren von außen herein die Blattform aus dem weißen Papiergrund langsam hervorkommend immer deutlicher sichtbar wurde.

Die geologischen Versuche von den Ärzten Gisbert Husemann (1907–1997) und vor allem die Menschenkunde von Friedrich Husemann (1887–1959) aus Wiesneck ergänzten die erkenntnistheoretischen Grundlagenkurse von Robert Goebel und Ernst Moll auf das Glücklichste. Denn Friedrich Husemann baute sein »Bild des Menschen als Grundlage der Heilkunst« so auf, dass die Möglichkeit zur Freiheit nicht nur im Seelisch-Geistigen des Menschen, sondern auch schon in der Physiologie des Leibes und des Blutes als veranlagt entdeckt werden konnte. Er suchte vor allem die offenen und nicht nur die naturgesetzlich ganz geschlossenen Systeme und Prozesse des Organismus aufzuzeigen. Damit deutete er im Grunde eine Zukunftswissenschaft an entsprechend der Anregung Rudolf Steiners, dass die Ärzte nun aufzeigen sollten, dass eine Philosophie der Freiheit auch von der Physiologie her möglich sei, weil die leibliche Organisation im Sinne einer »Physiologie der Freiheit« veranlagt ist. Friedrich Husemann erzählte uns, wie sich damals der junge Arzt Karl König (1902–1966) entschlossen hatte, diese Aufgabe sofort anzugehen. Nach nicht allzu langer Zeit habe er aber doch Abstand davon nehmen müssen, denn »das sei ja gar nicht machbar«. Er, Husemann, wolle aber seine ganze Lebensarbeit für eine »Physiologie der Freiheit« einsetzen.

Durch diese verehrten Lehrer und Vorbilder in der Methode wurde ich auf den Weg vom Buchstabieren zum allmählichen Lesenlernen im Buch der Natur gebracht.

Bei der praktischen Arbeit im Garten lernte ich, einem Komposthaufen das rechte Bett im Boden zu bereiten, ihn fachgerecht aufzuschichten, ihn dann mit den biologisch-dynamischen Präparaten zu impfen und schließlich gut abzudecken und zur richtigen Zeit umzusetzen. Dann musste das Kieselpräparat eine Stunde lang gerührt und auf das Blattwerk der Pflanzen und jungen Bäume aufgebracht werden. Der Seminarleiter Gottfried Husemann, in einem Dorfpfarrhaus in Westfalen aufgewachsen, hatte selbst allergrößtes Interesse daran, dass die »Baustelle« um das Seminar herum möglichst bald zu einem blühenden Paradiesgarten umgewandelt würde. So waren Stauden und Bäumchen, holländische Tulpenzwiebeln und vor allem Rosen in mehreren Arten besorgt worden. Duft- und Gewürzkräuter durften auch nicht fehlen. Vom Fenster seines Arbeitszimmers im ersten Stock konnte Gottfried Husemann auf eine ganze Gruppe verschiedener Arten von Birken schauen. Und seine ganze Liebe galt einem Weinstock, den er an der Hausmauer eingepflanzt hatte. Wir sprachen spöttelnd vom Vater Noah, durch den die Menschheit mit dem Wein »gesegnet« wurde. Nach der Zerstörung unseres ersten Seminarbaues durch Bomben im Zweiten Weltkrieg hat Husemann diesen Weinstock gerettet und an der Wand des zweiten Baues wieder eingepflanzt.

Auch auf den dritten Bau wurde er noch übertragen. Seminaristen durften keine Blume aus dem Garten entnehmen. Das Ganze war ja auch erst im Werden und harmonischen Zusammenwachsen.

Allein Hermann Beckh (1875–1937), der in alle Blumen verliebte Orientalist aus dem Begründerkreis, hatte die Erlaubnis, sich eine Blume mitnehmen zu dürfen, wenn er vom Kurs nach Hause ging. Da stand er einmal tief angerührt vor einem Busch himmelblauer, soeben aufblühender Schwertlilien. Traumverloren zog er ein kleines perlmuttgefasstes Taschenmesserchen heraus, klappte es bedächtig auf und schnitt sich einen Stängel ab. Er beschaute ihn lange, sog den Duft ein, schaute wieder auf den Busch und schnitt einen zweiten Blütenstängel ab und so einen dritten und vierten. Ob noch einer am Stock übrig blieb, weiß ich nicht mehr, aber überglücklich zog der liebenswerte, in Weltgedanken versunkene Professor mit seiner Blumenbeute ab. Gottfried Husemann soll mit blutendem Herzen, aber mannhafter Zurückhaltung von seinem Fenster aus zugesehen haben.

Unter den Begründern der Christengemeinschaft kam eine ganze Reihe aus der Jugendbewegung, aus den Wandervogel-Bünden. Vom Fahrtenleben her waren sie besonders naturverbunden. So ergaben sich die Versuche, die Menschenweihehandlung auch ins Freie hinauszutragen, etwa auf eine Waldlichtung oder eine freie Höhe. An Johanni 1938 zogen die Seminaristen auf den Breitenstein in der Schwäbischen Alb. Abends spielten wir das Grimmsche Märchen »Der Frieder und das Katherlieschen«. Anschließend wurde das Johannifeuer entzündet. Schweigend, in schwarzem Radmantel und breitkrempigem Hut, stand Walter Hensel (1887–1956), der Alt-Wandervogel, dabei wie ein jenseitiger Wotan.

Mit aufgehender Sonne sollte die Weihehandlung gehalten werden. Es erhob sich aber ein heftiger Wind, sodass es mir als Ministrant nicht gelang, die Windlichter anzuzünden. Erwin Schühle (1899–1978) begann trotzdem mit der Feier. Der Wind wurde stärker. Der Priester musste die Hand auf der Patene halten, um Brot und Kelchtuch zu schützen. Dann setzte ein Gewitterregen ein. Das Ritualbuch wurde geschlossen. Der Priester zelebrierte auswendig weiter. Regen und Wind wurden stärker. Ein Quadratmeter Weißblech, das wir als Gong zum Spiel benutzt hatten, wurde vom Sturm erfasst und flog wie ein Butterbrotpapier, aber dröhnend, über den Bergrand hinaus ins Oberlenninger Tal. Die anwesenden Menschen hatten alle den »Kirchplatz« verlassen und im nahen Wald Schutz gesucht. Erwin Schühle und die beiden Ministranten standen bis zum Ende der Handlung allein am Altar.

Mit diesem Erleben war deutlich geworden, dass die freie Natur nicht als Kulisse missbraucht werden darf für ein kultisches Geschehen, das nur aus einem geschützten Innenraum heraus auch für den Kosmos seine Wirkung entfalten kann.

Zu Hause erzählte man uns, dass sich Gottfried Husemann und seine Sekretärin zur gleichen Stunde beim Schließen der von den Seminaristen offen gelassenen Fenster im Nachtgewand begegneten.

Auf dem Breitenstein waren in jener Johanninacht viele Menschen aus den schwäbischen Gemeinden zusammengekommen. Sie alle hatten durch das Naturgeschehen eine nachhaltige Belehrung erfahren. Diese sollte hier nicht fehlen.

Aus derart immer noch friedlichen Naturerlebnissen wurde ich kurz nach der Priesterweihe 1939 durch den Ausbruch des Zweiten Weltkrieges herausgerissen und mit ganz anderem konfrontiert. Das wird im folgenden Kapitel geschildert. Aber schon der Wehrdienst und die Reserveübungen vor dem Kriegsausbruch ließen besonders durch die Nachtmärsche neue Seiten der natürlichen Umwelt bewusst werden. Im Kriegseinsatz rund um die Uhr und durch alle Jahreszeiten konnten besonders auch auf diesem Felde Erlebnisse und Erfahrungen gemacht werden, die wir uns in friedlichen Zeiten nicht zumuten müssen. Im Überblick darf zunächst gesagt werden: Die Natur bleibt treu, trotz allem, was die Menschen ihr und sich gegenseitig antun. Diese Treue der Erdenumwelt war immer in den Augenblicken besonders nahe, wenn wir uns flach auf die Erde legen mussten, um vor dem Maschinengewehr- und Granatfeuer besser geschützt zu sein als in der Aufrechten. Abends, im Schutz des schnell ausgebuddelten Erdloches für die Nacht, war das noch stärker wahrnehmbar. Der frische Geruch der Erde, das leichte Rauschen der Gräser in den umliegenden Feldern, die Gelände- und Waldumrisse

im Umkreis und darüber der friedevoll strahlende gestirnte Nacht-
himmel. Während des Vormarsches in Frankreich fanden wir uns
jeden Tag in einem neuen Grab zur Nacht. Und immer in der Nähe
der 12-cm-Kanonenstellungen, deren Schutz gegen Flieger unter
2000 m wir mit unseren 2-cm-Maschinenkanonen zu übernehmen
hatten. Artilleriestellungen sind bekanntlich die gegenseitig bevor-
zugten Ziele, weshalb das tägliche Eingraben so wichtig war. Aber
auch die abseits abgestellten Fahrzeuge, die »Protzen« der Kanonen
mussten geschützt werden. Das war meine Aufgabe in der Nacht
zum 4. Juni 1940, an dem ich im Jahr zuvor die Priesterweihe empfangen hatte. Hier die Aufzeichnungen im Kriegstagebuch:
»4. Juni 1940, morgens 8.30 Uhr.
Am Ufer der Somme. Die Nacht sind wir hergefahren über Fluss
und Kanal. Protzenstellung in den Uferwäldern. Wir machen noch
nachts kehrt. Aufwachen am Morgen. Ich höre deutlich den Ruf:
›Leutnant Hoerner, wache auf‹, Stahlhelm auf, umgeschnallt und
los nach Osten. – Niemand hat mich gerufen. – Singvögel rundum,
Nachtigallen, Wasservögel auf dem Fluss. – Kalkboden, Heimatflo-
ra. Ragwurz, Zweiblatt, Aronstab, Kletterndes und andere Lab-
kräuter. Alle Buntnesseln, Immergrün, Efeu. Der Boden ist bedeckt. Dichte Uferwälder, der Kuckuck ruft. Übermannshoher Bal-
drian. Die Blätter wie ein Feuerwerk. Die Sonne scheint heiß. –
Nachts 2 Uhr haben wir uns hingelegt, ohne Zelt; über mir Schwan
und Wega und der Atair, der Hauptstern im Sternbild des Adlers.
So herrlich von Bäumen eingerahmt, das seh’ ich nie wieder, so
schön war das. – Libellen fliegen. Die Männer ruhen alle. – Ich
werde so festlich sein, als es innerlich nur möglich ist. Heute vor
einem Jahr … « Da war unsere Priesterweihe in Stuttgart. Am 1.
Juni 1941 war die letzte Priesterweihe vor dem Verbot der Christengemeinschaft, das am 9. Juni 1941 verfügt wurde.

Kreuz und quer führten die Kriegseinsätze durch Frankreich. Das
Ende des Frankreichfeldzuges erlebte ich bei Vienne, südlich von
Lyon, wo ein römischer Kaiser eine Straßenpyramide errichtet hatte.
Dann war der Flugplatz vor Orléans zu schützen bis zur Verlegung in
den Südwesten Frankreichs in die Nähe von Libourne. Dort erlebten

Silvester 1939.
Verlobung mit Luise Arnold

Das in Frankreich gekaufte
seidene Hochzeitskleid, 6.3.1941

wir ein herrliches Frühjahr 1941. Grazil geformte Weinbergstulpen, Traubenhyazinthen, mehrere seltene Orchideenarten waren tröstlich in der bedrückend wachsenden Erkenntnis, dass der Krieg noch lange nicht zu Ende sein würde. Deshalb haben Luise Arnold und ich uns zur Heirat entschlossen. Ein kurzer Urlaub ermöglichte die Trauung in Stuttgart durch Gottfried Husemann. Wenig später erfolgte die Verlegung von Südfrankreich in den Osten in die Nähe von Posen. Am Karfreitag fuhren wir auf offenen Güterwagen langsam durch den Güterbahnhof von Heilbronn. Kurz vorher hatte ich in einer verbotenen und waghalsigen Telefonaktion von einer Bahnhofswirtschaft aus während eines Lokomotivwechsels meine liebe Frau auf den Güterbahnhof bestellt. Ich konnte ihr von dem langsam fahrenden Zug aus nur den in der Bahnhofswirtschaft ohne Fragen mitgenommenen großen Schlüsselblumenstrauß zuwerfen. Das war unser erstes »Wiedersehen« nach der Hochzeit. Meine »Männer« bei den Geschützen auf den Güterwagen im hinteren Zugteil freuten sich an der unbekannten jungen Frau mit den Schlüsselblumen.

Ein bisher noch unbekanntes Naturerleben brachte das Jahr auf der Insel Norderney. Dort hatte ich fünfzehn Umschulungslehrgänge zu leiten. Die See und das Leben auf der Insel waren wieder eine ganz neue Seite in dem unerschöpflichen Buch der Natur. Die Marine-Kaserne, in der ich die Umschulungskurse für die frontgeschädigten Russlandkämpfer zu leiten hatte, lag unmittelbar hinter der Düne am Meer. Andauernder Salzgeschmack in der Luft und bei Sturm Sand durch alle Fugen. Wanderungen auf dem Watt bei Ebbe, Strandgänge auf der Seeseite mit »Strandgut«, Muscheln, Möwen, Meeresleuchten, alles neue, große Naturerfahrungen.

Die Krabbenfischer und die Schollenkutter fuhren noch zum Fang aus, der von der Marine kontrolliert und verteilt wurde. So habe ich auch eine solche Fangfahrt auf einem 12 m langen Kutter mitmachen können. Wir legten früh um fünf Uhr ab, hinaus auf die See. Nachdem das Bodenschleppnetz mit seinen offenhaltenden Scherbrettern ausgelegt war, begann das Boot sich mächtig zu bäumen und seitlich zu schwanken. Der kräftige Motor zieht, und das Schleppnetz bremst und bleibt oft an Unrat und Wrackteilen im Grund kurz hängen. Sehr bald schon musste ich das Frühstück über Bord opfern. Aber der Kapitän opferte ebenfalls seine Erbsen mit Speck. Ich fragte ihn, ob man denn bei diesem Beruf die Seekrankheit nicht los werden könnte. Er sagte, dass sich das nicht alle Seeleute aberziehen könnten. Sein Vater habe ihn zum Seefischer bestimmt, und da gäbe es keine andere Wahl. Er fühle sich aber ganz wohl dabei.

Wenn das Netz eingeholt, hochgezogen, auf Deck geschwenkt und geöffnet wird, poltern über zehn Zentner lebende Fische auf die Planken. Die Fischer setzen sich zurecht, und mit sicherem Schnitt und Druck entweichen die Eingeweide, und der Fisch wandert in die Tonne. Die zum Schlachten noch zu kleinen unter 15 cm Länge gehen lebendig über die Back. Sie dürfen noch weiter schwimmen. Das sind die »Backfische«. Meine Soldaten durften sich auch Seefische für sich kaufen. Sie packten sie aber in leere Munitionskisten und schickten sie heim. Das war streng verboten. Aber die Antworttelegramme kamen auch an. »Flundern angekommen; schicke mehr, Mutti.« Auch der für die Ostfriesen lebenserhaltende Schwarzteehandel mit Holland blühte. Das Pfund für tausend Mark.

Von hier aus kam dann meine Versetzung nach Kreta im Mittelmeer, um für die Weiterleitung an die Truppe der Nordafrikafront unter Feldmarschall Rommel bereitzustehen. Aber der Insulaner blieb für ein weiteres Jahr Insulaner.

Irma Haag (1899–1998), Eurythmistin in Bremen, hatte mir Verhaltensmaßnahmen für den Aufenthalt in Griechenland empfohlen, weil sie selbst mehrjährige Erfahrungen von dort hatte. Daran habe ich mich gehalten, sodass ich nie krank wurde. So habe ich auch bei Sonnenhitze immer lange Hosen, Feldmütze und ab Sonnenuntergang die wollene Bauchbinde getragen wegen der raschen Abkühlung der Luft. Von unseren Soldaten wurde das selbstsicher verlacht.

Viele Orangen, Rosinen und Mandeln waren gesünder als die oft ganz unpassende Hühnerfrikasseeverpflegung der Wehrmacht. Im Spätherbst 1943 traf ich als neuer Kompanieführer bei meiner Einheit ein. Kreta war längst in Besitz genommen, sodass wir die Aufgaben einer Besatzungstruppe hatten. Ich wohnte im Erdgeschoss eines Hauses, dem »Spiti« eines Orangenbauern in Alikanios in der Nähe von Chania, am Fuße der Levka Óri, der weißen Berge. Jeden Morgen wurde mir der wegen eines wackligen Beines fest in die Erde gestellte Tisch mit einem Berg Orangen belegt, frisch gepflückt von den Bäumen, die das Haus umstanden. Darunter war auch ein mit seinen Zweigen bis zum Boden reichender, dicht mit Zitronen behangener Baum. Unter den Zweigen verborgen war das Örtchen, das nur aus einer Grube und einem Brett davor bestand. Ob frei oder »besetzt« musste erspäht werden.

Die Bäume ringsum standen in voller duftender Blüte und Frucht zugleich. Wenn die Zitrusfrüchte voll ausreifen sollen, bleiben sie zwölf Monate am Baum, sodass Blüten und Früchte gleichzeitig da sind. Weil die Sonne durch ein ganzes Jahr alle zwölf Sternenkräfte harmonisch den reifenden Früchten einstiften konnte, sind derart ausgereifte Orangen von besonderer Heilkraft. Das war ein fundamentales Erlebnis in mehrerer Hinsicht. Reiner Orangensaft kann bei manchen Krankheiten oder schwacher Konstituti-

Mit den Kameraden Hauptfeldwebel Erxleben (lks.) und
Leutnant Pannenburg auf Kreta

on leichter angenommen werden als Apfelsaft mit seiner Säure, die
nur durch sieben Monate sich erbilden konnte. Aber die Süße und
Wärme der ausgereiften Orangen fehlt heute den im Handel befind-
lichen, weil sie unreif gepflückt, künstlich gereift, den Vergleich mit
den ausgereiften Früchten gar nicht aufnehmen können. Eine Er-
rungenschaft des Fortschrittes!

Zeichnend und malend bin ich das ganze Kreta-Jahr hindurch
von der Landschaft, ihren Gebirgsformen, ihren Zypressen-, Plata-
nen- und Ölbäumen und ihrer Blütenwelt heilsam beschenkt worden. Nach der Regenzeit von November bis Februar kommen in
den ersten regenfreien und wärmeren Tagen die lilienartigen Zwie-
belpflanzen und die dort einheimischen Orchideen in solcher Fülle,
Vielfalt und Gleichzeitigkeit hervor, dass ich mit dem Aufnehmen
und Malen kaum noch nachkommen konnte. Sechzig Blätter hat
ein Urlauber mitnehmen können, der sie auch getreu zu Hause ab
lieferte. Sie haben sich erhalten, sodass sie heute noch immer
wieder neu angeschaut und einige Blumen erst jetzt mithilfe einer
»Mittelmeerflora« sicher bestimmt werden konnten. Auf einen
Blick sind da in der Landschaft drei Vegetationszonen zu erfassen:

unten im Flusstal ein beinahe subtropischer Bereich mit Oleander, Orangengärten und einigen Dattelpalmen, dann eine höher gelegene Mitte mit den Ölbaumhainen und Schafweiden, und darüber leuchten die Felder des ewigen Schnees von den Levka Óri, den weißen Bergen. Das war im Westen südlich von Chania.

Vor dem Hafen von Iraklion liegt eine langgestreckte Insel, Dia. Man kann sie als einen Drachen anschauen, der auf Kreta zuschwimmt. Das wollten der Sage nach aber die Götter verhindern, und so warfen sie schnell, weil nichts anderes zur Hand war, ein Paximadi, ein Frühstücksbrot vor das Ungeheuer. Alles erstarrte, und vor dem Maul des erstarrten Drachens ist auch noch das Paximadi als kleines Inselchen zu sehen. Im Morgenlicht sind Inseln und Berge goldfarbig und das Meer von einem ungeahnten Blau zwischen Kobalt und Ultramarin. Gegen Mittag werden die Berge in dem prasselnden Licht knochenhaft weiß. Aber wie sollte ich das Blau des Meeres nur einigermaßen andeuten können? Kein Stift gab es her. Da träumte ich eines Nachts, ein junger Leutnant eines Nachbarbataillons hätte in seiner Kartentasche einen Pastellstift mit dem gesuchten Blau. Ich fuhr dorthin, fand den Kameraden mit der Kartentasche – und der gesuchte Farbstift war darin. Er gab ihn mir gern, und ich konnte endlich diese unendliche Bläue des Meeres – wenigstens andeuten.

In der Mitte der Insel, südlich von Iraklion, breitet sich hinter einem Höhenrücken die große Messaraebene aus mit Getreidefeldern und Weinbau im Flachland. Gegen die Südküste ist die Landschaft durch das Asterusi-Gebirge abgeschirmt. Dort oben vermuteten wir mit Partisanen zusammenarbeitende englische Horchposten, weshalb diese Region für die Zivilbevölkerung gesperrt war. Wir hatten jenseits des Gebirges in den kleinen Buchten der Südküste verstärkte Vorpostenstellungen. Die waren einen Tagesmarsch von der Truppe entfernt, waren aber mit einer allerdings dauernd ge- oder zerstörten Telefonleitung mit ihr »verbunden«. Bei einem dieser »Märsche« mit einem verstärkten Spähtrupp über das Gebirge zu diesen Vorposten besuchten wir ein kleines, noch erlaubtes Kloster in den Bergen. Dort trafen wir die weniger als zehn Mönche im Hof an einem großen Eichentisch sitzend. Aus einem Haufen Weizen auf dem Tisch lasen sie, bedächtig hinschauend, diejenigen Körner heraus, die zur Aussaat taugten. Der Abt bewirtete uns mit Schafskäse, Fladenbrot und einigen Kirschen. Dieser archaische, urtümliche Umgang mit der Natur und ihren Gaben war mir von Kindheit an vertraut. Aus ihm erwuchs mir die Kraft, die Nöte der späteren Gefangenschaft durchzustehen.

Die spätere Durchhaltekraft wurde aber auch durch die immer wach gehaltene Erinnerung an das griechische Licht genährt. Farbig ist die Landschaft nur morgens und abends, aber nicht allzu lange, weil die Dämmerung durch den größeren Auf- und Untergangswinkel der Sonne nur relativ kurz ist. Am hellen Tag dominiert dann ein fahles Gelb des dürren Grases, oder ein mehliges Rot der Erde kontrastiert mit den bläulich-silbrigen Wogen der Ölbäume. Umso kräftiger und eindeutiger treten die Konturen der Berge hervor. Selbst ferne Gebirgszüge sind scharf gezeichnet, weil die Luftfeuchtigkeit fehlt. Der Maler war zum Zeichnen angeregt. Nur die Linie, nicht die Schraffur oder Schattenbildung, scheint treffend zu sein. Aber auch das lässt nur Unzufriedenheit zurück, bis bemerkt wird: Dieses eigenartige Licht kannst du gar nicht wiedergeben. Es lässt sich sein »offenbares Geheimnis« nicht einfach abbilden. Du musst dieses Licht nur selbst da sein lassen, nicht vereinnahmen wollen. Aber in dem Licht und mit dem Licht plastisch zu bilden, das haben die alten Bildhauer in unnachahmlicher Weise verwirklicht. Die alten griechischen Plastiken können nur in ihrem griechischen Licht angemessen erfahren werden. Walther Wrede hat immer wieder neu über das griechische Licht gearbeitet. Er erzählte mir, dass die von den Gebirgen Griechenlands gebildeten einzelnen Landschaftskammern auch je ein eigenes Licht und eine eigene Flora haben. Diese Tatsachen bildeten auch mit an der Verschiedenheit der dort lebenden Volksstämme und ihrer literarischen und bildnerischen Erzeugnisse.

Obwohl ich in dem Schulfach Griechisch nicht besonders erfolgreich gewesen war, hatte ich immer eine tiefe Zuneigung zu dieser Sprache. Als ich nach Kreta kam, begann ich zu ahnen, dass mir die ältere, die vorklassisch-archaische Kunst viel näher stand als alles, was ich im humanistischen Gymnasium aus dem klassischen Griechenland erfahren hatte. Kreta war ein Brückenpfeiler für den Übergang der babylonisch-ägyptischen Kulturepoche in die griechisch-lateinische. Das ist an den Mythen und an der minoischen Kunst ablesbar. Die Demeter kam aus Kreta. Das Übergängliche der Kulturepochen war da tief innerlich erlebbar und so auch der Übergang von der griechisch-lateinischen Epoche in unsere heutige germanische, fünfte Kulturepoche, wie sie Rudolf Steiner benannt hat. Am Erleben des Lichtes im Süden und im Norden kann dieser Übergang ebenfalls abgelesen werden. Dazu hat mir Freund Wolfgang Berkefeld in der Gefangenschaft die hier erstmalig veröffentlichten vier Gedichte geschenkt, mit denen dieser griechische Teil würdig abgeschlossen sei.

Für Wilhelm Hoerner zu Weihnachten 1946

Werschetz, 24.12.1946
Wolfgang Berkefeld

Erinnerung

Da liegt der Berg, ein violetter Riss,
und hinter ihm, wo weiß der Nebel zieht,
verschießt die Sonne, ihres Ziels gewiss,
den ersten Strahl, fernhin nach dem Zenit.

Das Auge schaut, und die Erinnerung flieht –
sie kennt nicht Haft noch Halt noch Hindernis
ins augenhafte griechische Gebiet,
wo ich mich ungetrübter Schau befliss.

Da sah ich oftmals, wie der Feuerball
im Morgenlicht den Horizontsprung tat,
und wie das Erdenhafte überall

in feierlich entschiednes Dasein trat.
So hell, so sicher, so voll reiner Lust
war ich mir meines Menschseins nie bewusst.

Hellas

Land meiner Wahl, wie bin ich dir verwandt:
Zerrissner Stein, der wenig Früchte trug,
in trockner Luft, frei für des Lichtes Flug,
mit Helligkeit getränkt wie mit Verstand.

Dich füllt der Dinge Dasein bis zum Rand
und lässt nicht Raum für trüber Süchte Zug.
Was dich erfüllt, das ist sich selbst genug
und froh, dass es in dir zum Lichte fand.

Die Welt ist wahr – wahr, das heißt unverborgen,
und jeder Blick ist von Erkenntnis voll.
Die Welt ist schön – schön wie ein langer Morgen,

und alles prangt, wie wenn's nie altern soll.
In solcher Heimat muss man reiner werden.
Der Mensch ist gut, denn er ist Mensch auf Erden.

Die andere Seite

Gequält von mitleidlosem Sonnenbrand,
lag Griechenland in unbewegtem Sein.
Die Berge stießen in das Licht hinein
und krumme Kiefern starrten unverwandt.

Verstand ich, unter welchem Stern ich stand:
Sein Strahlenfall verspritzte im Gestein,
sein Leuchten drang in alle Fugen ein,
und jedes Ding lag wie auf flacher Hand.

Vom Sein umringt, aus dem das Werden schwand,
verspürte ich die Nachbarschaft des Nichts.
War dies die Sterbestunde Griechenlands?

Da fühlte ich's, wie ich es nie empfand,
im Trommelschlag des ungemischten Lichts,
das Leben *stirbt* im schattenlosen Glanz!

Heimweh

Die krasse Starrheit griechischer Natur,
das pergamentne Laub an ihren Bäumen,
die Schrankenhaftigkeit von Lebensräumen,
da jeder Blick an Bergeswände fuhr,

des lichten Himmels ewiges Azur,
die Sichtbarkeit des Fernsten, die mit Zäumen
das Ahnen hindert, und das freie Träumen
stets wieder einlenkt in die Erdenspur,

das alles hat so oft ein mächt'ges Sehnen
nach unsrer Wälder schattig mildem Rausch,
nach Feldern, die sich schier unendlich dehnen,

nach Dämmerung und zartem Seelen-Tausch
in mir geweckt: da schien des Südens Licht
mir wie ein Weib, dem es an Herz gebricht.

Der Rückzug der Südostarmee von Athen über Saloniki durch das
Vardartal und die Schluchten des Balkans und über seine Berge und
Pässe bis in die Region um Cilly und an die Grenzen Österreichs
brachte wieder andere, ganz neue Naturerlebnisse. Aber nur wenige Einzelheiten sind unter dem Druck der dauernden Überanstren-
gung im tiefen winterlichen Gebirge und bei ständiger Wachsam-
keit gegen die Hinterhalte im Partisanenkrieg in der Erinnerung
wach geblieben. Und historisch Bildsames bringt das folgende Kapitel. Aber kennzeichnend für frühere und spätere Begegnungen
und den inneren Umgang mit dem Wesen des Schmetterlings steht
da in der Erinnerung ein tiefbewegendes Erlebnis mitten im Kriegseinsatz, erschütternd, wohlwollend und hilfreich zugleich.
  Es war im Spätherbst 1944 auf dem Rückzug durch den Balkan
in Bulgarien. Mit einigen Kameraden stand ich in einem Bauernhof,
als wir den fernen Abschuss einer russischen Kanone hörten. Wir
gingen dabei noch nicht gleich in Deckung, weil wir ja aus Erfah-

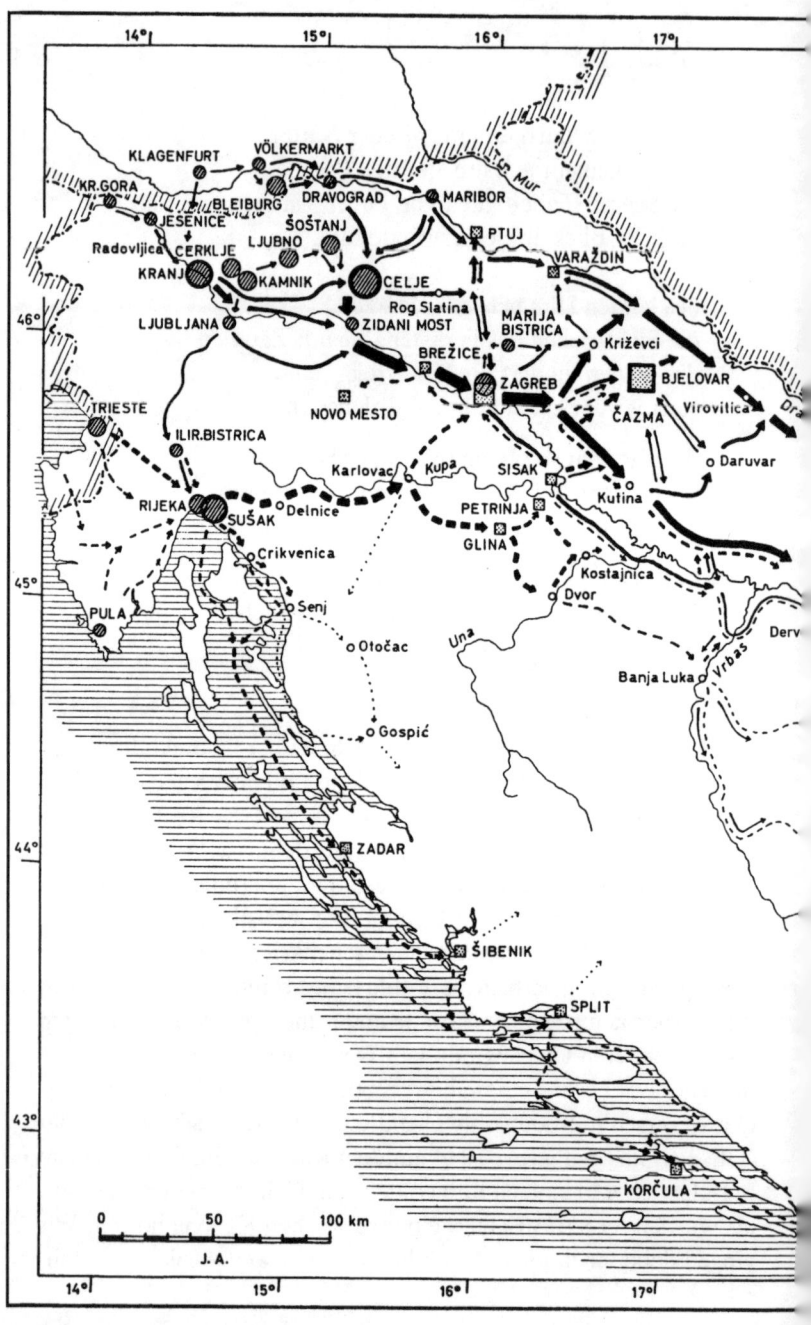

Die »Sühnemärsche 1945«.
Auf der nördlichen Marschroute über Novi Sad nach Vrsac.

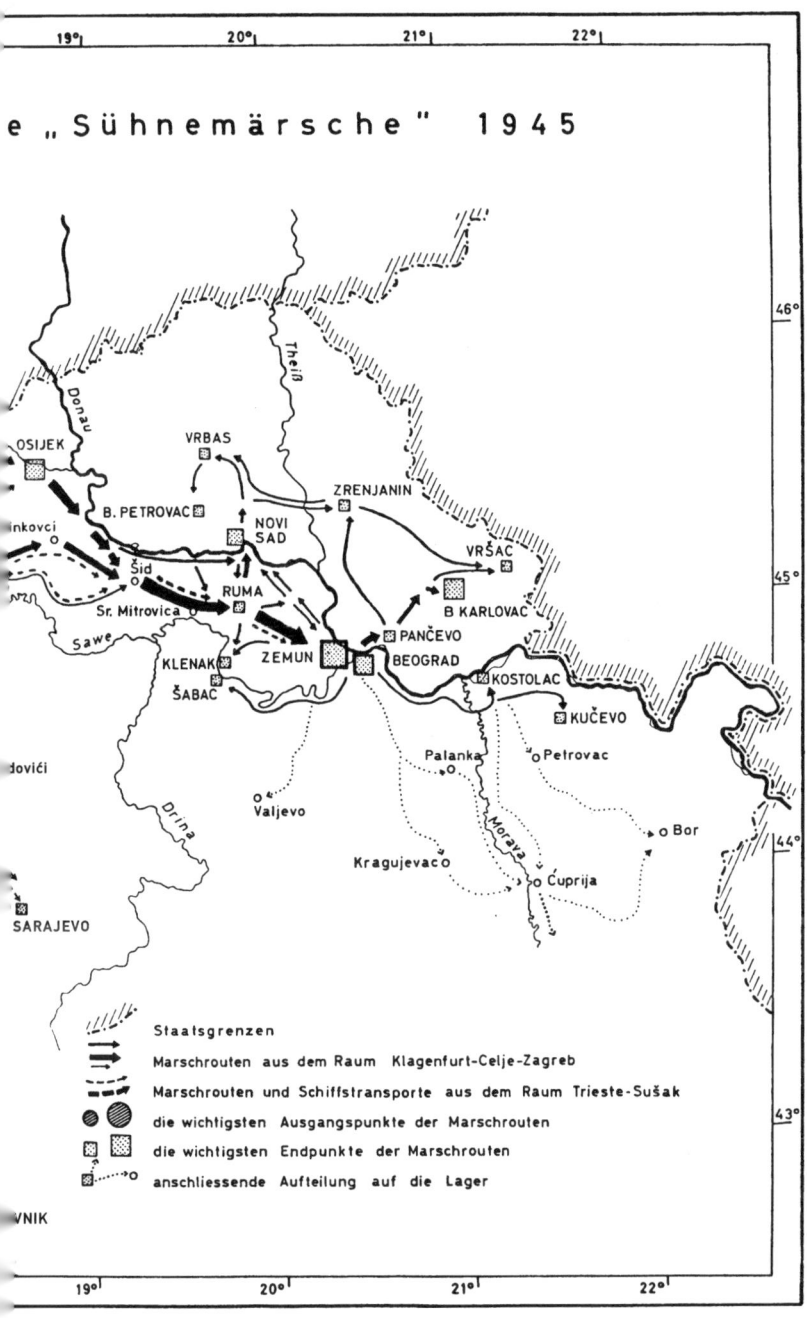

e „ Sühnemärsche " 1945

Staatsgrenzen
Marschrouten aus dem Raum Klagenfurt-Celje-Zagreb
Marschrouten und Schiffstransporte aus dem Raum Trieste-Sušak
die wichtigsten Ausgangspunkte der Marschrouten
die wichtigsten Endpunkte der Marschrouten
anschliessende Aufteilung auf die Lager

Aus: Zur Geschichte der deutschen Kriegsgefangenen des 2. Weltkrieges
in Jugoslawien 1945–1948, von Kurt W. Böhme, Band 1/1, Bielefeld

rung wussten, dass eine gewisse Zeit vom Abschuss bis zum Einschlag vergeht und man am Geräusch des Geschosses das Näherkommen oder Vorbeifliegen beobachten konnte. Erst im allerletzten Moment flitzten wir auseinander. Ich sprang mit einigen Sätzen in eine offene Scheune und warf mich auf einen strohgelben Haufen. Im gleichen Moment detonierte die Granate genau an der Stelle, wo wir gestanden hatten, und riss ein tiefes Loch in den Boden. Keiner war verwundet worden. Der strohgelbe Haufen, in dem ich lag, war die Ernte des Bauern, der auch ein Seidenraupenzüchter war. Es waren die seidenen Kokons mit den lebenden Puppen darin, die zum Abhaspeln des Seidenfadens bereitgestellt waren. Empfindungen und Gefühle, die in diesem Augenblick die Seele erfüllten, können nicht beschrieben werden.

Schon auf dem Rückzug durch die Schluchten und winterlichen Schneeberge des Balkans wurden wir reichlich mit der freien Natur konfrontiert. Das war aber nur eine Vorübung für die unmenschlichen Strapazen, die uns nach der Kapitulation auferlegt wurden. Nach der Entwaffnung kampierten wir einige Tage auf freiem Felde oder in offenen Feldscheunen, bis die gegen 20.000 deutschen, österreichischen und italienischen Soldaten wieder nach dem Südosten abgeführt werden konnten, von wo sie sich im Streben nach der Heimat in den vergangenen Wochen hergeschleppt hatten. So muss schon gesagt werden, weil die Marine-Soldaten, die von der Adria her zu uns stießen, ihre Bordschuhe längst zerlaufen hatten und sich oft mit gänzlich unzulänglichen Fußbekleidungen herumschlagen mussten.

In jedem der drei Bücher dieser Schrift sind Erlebnisse aus den verschiedenen Lagern berichtet. Hier seien die fünfzehn Stationen unserer Leidenszeit in ihrer Aufeinanderfolge aufgezählt (s. auch Karte S. 194). Der Ort der Übergabe in die Gefangenschaft war *Bleiburg* an der Drau in der Nähe von Cilli in Slowenien. Dann wochenlanger Fußmarsch nach *Werschetz*. Winter 1945/46 in *Karlsdorf*. Von dort zurück nach *Werschetz*. Oktober 1948 ins Konzentrationslager *Zrenjanin* (Betschkerec). Januar 1949 zurück nach *Werschetz* ins Schweigelager. Im Mai zum Kanalbau in *Potpo-*

WERSCHETZ   POTPORANJE
ZRENJANIN   MITROVICA
KARLSDORF   SIBINJE
BELGRAD   GROCKA

OFFZ.-KGF.-LAGER 233 · VRSAC · JUGOSLAWIEN · 1945-1953

Schicksalsgemeinschaft der Heimkehrer

aus den Offiziers-, Gefangenen-, Schweige- und Zwangsarbeitslagern in Jugoslawien

Briefkopf

ranje. Herbst zurück nach *Werschetz*, Folter, Verurteilung. Danach Staatliches Besserungsheim (Zuchthaus) *Sremska Mitrovica*. Von dort Ende 1949 – Mai 1950 Zwangsarbeitslager *Botowo* im Savetal, *Sibinje*, Autobahn Agram-Belgrad, 1950/51 *Grocka* bei Belgrad, oberes Lager, *Smedarevo*, Steinbruch, *Grocka* unten mit Straßenbau und Schiffsentladung. November 1951 zurück nach *Sremska Mitrovica* ins Besserungsheim zur Entlassung in die Heimat. Im Briefkopf unserer »Schicksalsgemeinschaft« sind die wichtigsten dieser Lager aufgezählt.

Keiner der sich Dahinschleppenden wusste, was mit uns geschehen würde und ob er das alles durchhalten könnte. So war unser Gehen ein ununterbrochener Schwellengang. Bereit zum Sterben und weit offen für das Leben hier und drüben, das gab Kraft – geistig, seelisch und sogar physisch. So prägte ich mir die Landschaften, durch die wir zogen, tief in die Seele ein. Die Höhenzüge, die Fluss- und Urstromtäler, die einzelnen Baumformen und die Blumen, die uns von den Wegrainen Liebe und Schönheit zuwinkten. Es konnte ja das alles zum letzten Mal sein! Deshalb Augen auf und »trinkt Augen, was die Wimper hält, von dem goldnen Überfluss der Welt«.

Das ehemals von Banater Deutschen bewohnte Landstädtchen Werschetz liegt 70 km nordostwärts von Belgrad. Die Ausläufer der Südkarpaten enden hier in der Ebene, die von der Theiß durchflossen wird. Der Burgberg mit einer Ruine aus der Türkenzeit grüßte zu allen Jahreszeiten wohltuend in unser Dasein hinter Sta-

85

cheldraht herein. Auch die Doppeltürme der neugotischen Kirche waren zu sehen. Innerhalb des Stacheldrahtzaunes waren zwei große, völlig leere Lagerhallen mit Zementfußboden. Das wurde unsere Bleibe für Jahre. Eine Küchenbaracke, ein Krankenrevier, eine Verwaltungsbaracke und ein ehemaliger Stall als Waschküche kamen hinzu. Auch ein verunreinigter offener Ziehbrunnen ohne Vorrichtung zum Wasserschöpfen war vorhanden. Zwischen den Hallen waren hohe Erdwälle, um die einzelnen Hallen mit ihren ehemals kriegswichtigen Lagerbeständen vor Splittern und übergreifendem Feuer zu schützen.

Zunächst war überhaupt nichts vorhanden, was zum Weiterleben der etwa 3.000 Offiziere aus Italien, Österreich und Deutschland hätte dienlich sein können. Da aber Not erfinderisch macht, änderte sich dieser Anfangszustand sehr rasch. Kaum im Lager angekommen, hatten die Italiener schon einen Ziegelstein gefunden, ein Stellholz (griechisch Skandalon) mit Bindfaden, Brosamen darunter gestellt und höchst erfolgreich Spatzen gefangen. Auch muss sich wohl schon in den allerersten Tagen einer in den gemauerten Brunnen haben abseilen lassen, um ihn gründlich zu reinigen und dem Grundwasser Zulauf zu verschaffen. Aber das trübe Wasser sickerte nur langsam nach. Kochgeschirre, Büchsen und andere Schöpfgefäße wurden an bunt zusammengestückelten Stricken hinuntergelassen. Und oben, vom Brunnenrand weit bis zu den Hallen hin standen die Männer stundenlang Schlange, um auch an den Brunnen zu kommen. Der täglich größer werdenden Warteschlange genügte das Wasser aber längst nicht mehr, sodass ein Wasserholkommando gebildet werden musste. In einem großen Blechfass auf einem von uns selbst gezogenen Bauernwagen durfte daraufhin unter strenger Bewachung alltäglich Wasser von außen ins Lager geholt werden.

Eine Maisbrot-Bäckerei wurde eingerichtet und eine Küche, wo in großen Waschkesseln entweder Graupen, Bohnen oder Erbsen gekocht wurden. Manchmal gab es keine Abwechslung dieser drei Grundverpflegungsmittel, sondern, um uns »Ordnung« beizubringen, ließ der Kommissar eine Sorte erst ganz aufbrauchen, bevor die andere dran kam. So gab es einmal an knapp 300 Tagen hintereinander ohne Unterbrechung »Kälberzähne«. Das waren die ganz großen Weizen-Graupen. Frisches Gemüse gab es lange Zeit überhaupt nicht. Schließlich konnte der Kommissar überzeugt werden, dass dies dringend notwendig sei. Und so wurde ein Brennnessel-Kommando erlaubt, das in großen Säcken Brennnesseln sammelte. Das reichte dann für jeden zu einer kleinen Schöpfkelle halb voll. Das war dann ein fürstliches Mahl. Erst sehr viel später kamen auch Kürbisse und Weißkraut hinzu. Und einmal gab es sogar Buletten von einem toten Pferd. Die mussten aber mit gutgeschriebenem Arbeitsentgelt bezahlt werden als Spende für den griechischen Kommunisten Markos. Das waren dann die Markos-Buletten.

An meinem dreiunddreißigsten Geburtstag war ich zum Wasserholkommando eingeteilt. Wir zogen und schoben den schweren Wasserwagen eine weite Strecke auch über unbefestigte Feldwege. Da lag in einer ausgefahrenen Wagenspur eine Tomate. Schnell hob ich sie auf und versteckte sie, denn auch bei der Rückkehr ins Lager wurde manchmal kontrolliert. Mit einigen Kameraden teilte ich dann den kostbaren Fund als festliches Geburtstagsessen. Als dann nach einem Schweigejahr der Kontakt mit der Heimat hergestellt war, begannen auch die Liebesgaben-Sendungen, sodass unser Speisezettel aufgebessert wurde durch manches, was sich Eltern, Frauen und Kinder daheim vom Munde absparten für ihre Gefangenen in fernem Lande.

Allmählich bemerkten unsere »Besieger«, dass deutsche Offiziere nicht gar so gefährlich waren, wie sie ihnen die kommunistische Feindpropaganda ausgemalt hatte. Über die schon früher ausgesuchten »Spezialisten« hinaus konnten nun auch andere, die nur Geistesarbeiter waren, zum Arbeitseinsatz eingeteilt werden. So kam auch ich an die Reihe. Zusammen mit singenden Zigeunern hatten wir ein riesiges Maisfeld abzuernten. Jeder hatte, an einer endlos langen Ackerzeile stehend, die Maiskolben herauszubrechen und die Stämme abzuschlagen. Tief in der Mitte des Feldes waren von den einstigen Besitzern, den längst umgekommenen deutschen Bauern, einige Reihen Kartoffeln gepflanzt worden. Deren Kraut war zur Erntezeit schon fast ganz abgestorben. Indem ich mir schnell ein paar Kartoffeln herauswühlen wollte, ohne vom Posten bemerkt zu werden, stockte mir der Atem vor dem völlig ungeahnten, noch nie gesehenen und schon seit Kindheit aus Büchern bekannten Anblick: die ausgewachsene Raupe eines Totenkopfschwärmers in charakteristischer Sphinxstellung mit erhobenem Vorderkörper, die sechs echten Insektenbeine wie zum Beten zusammengelegt. Da man keinerlei Aufsehen erregen durfte, musste ich das tiefgreifende Erlebnis still bei mir behalten und war davon auf Wochen hinaus wie getröstet in der Not dessen, was Menschen in Menschenhand überall zu erleiden haben.

So war die schwere Gefangenschafts- und spätere Zwangsarbeitszeit auf dem Balkan immer wieder von unverhofften erstmaligen und oft auch einmalig gebliebenen Begegnungen mit seltenen Raupen und Schmetterlingen durchlichtet. Im Lager am Fuße der Karpatenausläufer fanden sich auf jungen Zwetschgenbäumen die fingerdicken, großen und herrlich grün-bunten Raupen des großen Wiener Nachtpfauenauges Saturnia pyri. Aus den eigroßen, birnenförmigen Kokons dieses größten europäischen Schmetterlings schlüpften die herrlichen Falter mit den vier großen Augenflecken auf den Flügeln. Die Flügelspannweite der Weibchen dieser beachtenswerten Art misst 17 cm.

Das oben erwähnte Maisernten war für uns noch in anderer Weise hilfreich. Aus den Blättern des Maises, dem Maisstroh, konnte viel Hilfreiches hergestellt werden. So flochten wir daraus endlos lange Zöpfe, aus denen dann Körbchen, Tragetaschen, aber besonders für den Winter warme »Hausschuhe« hergestellt wurden. Ich hatte mir auch solche gemacht. Die Sohlen waren Holzbrettchen, und darauf war dann das »Oberleder« aus Maisstrohgeflecht aufgebaut. Diese Art Fußbekleidung verlangte eine ruhige und selbstbewusst würdige Gangart. Erziehung durch Schuhwerk; das waren auch wirklich keine zu hohen Absätze.

Im Frühjahr wurden wir wieder ins erste Lager nach Werschetz zurückverlegt. Dort hatten wir schon im ersten Jahr mit der Einrichtung einer »Stacheldraht-Universität« begonnen, wie das genauer im V. Kapitel beschrieben ist. Hierher zum Lesen aus dem Buch der Natur gehört es aber, dass ich damals erstmalig zur »Metamorphose der Pflanzen« vorzutragen begann. Die Schrift von Goethe war mir zugeschickt worden, und Anschauungsmaterial konnten die Kameraden, die draußen arbeiten durften, ja mitbringen. Hans Haberkorn arbeitete schon fest in der ehemaligen deutschen Landwirtschaftsschule. Alle deutschsprachigen Unterrichtsbücher und Gegenstände hatten die Partisanen vernichtet. So musste er die Schaukästen mit der Entwicklung der Maikäfer oder der Drahtwürmer wieder neu bauen und präparieren, damit sie jetzt serbokroatisch beschriftet werden konnten. Von dieser Arbeit brachte er mir ein Taschenmesser, es war ein Okuliermesser, Dresdener Modell, noch mit Hornschalengriff, mit, ebenso Farben und Papier zum Malen und manchmal ein Kochgeschirr voll mit Paprika-Schweinsgulasch. Gerhart Faigle durfte ein totes Pferd zerlegen, die Knochen herauslösen und in einem Waschkessel auskochen, um damit in monatelanger, mühsamer und exakter Arbeit ein neues Pferdeskelett aufzubauen. Das deutsche Landwirtschaftslehrbuch, der »Schlipf«, war noch vorhanden und wurde ins Lager herein organisiert.

Nach drei Jahren wurden die Gerüchte einer Repatriierung immer glaubwürdiger, denn tatsächlich wurden Gruppen zum Heimtransport zusammengestellt und verabschiedet. Im Oktober 1948 war ich auch bei einer solchen Gruppe. Diese landete aber in dem ehemaligen deutschen Konzentrationslager Zrenjanin (Betschkerek), das jetzt für diejenigen Kriegsgefangenen vorgesehen war, die eine Sonderbehandlung zu erwarten hatten (vgl. Seite 174). Aus dem Raum, in dem ich mich mit 80 Kameraden wieder fand, durften wir nur gemeinsam eine halbe Stunde täglich heraus. Alles Weitere musste in einer 200-Liter-Benzintonne erledigt werden. Da lagen Papierfetzen zerrissener Bücher herum. Bald fand ich auch einen dazugehörigen Buchblock ohne Einbanddecken. Es waren Teile aus einem Band von Walter Hegi »Die Flora Europas«. Die noch vorhandenen Lagen enthielten einen Teil der Kompositen, der Korbblütler. Ich war glücklich. So konnte ich mich in den drei Monaten dieses KZ-Aufenthaltes in die vielen Namen für das Gänseblümchen (Bellis perennis) einleben und in das auf pflanzlicher Ebene anzuschauende, gemeinschaftsbildende Element der vielen spiralig angeordneten Einzelblüten auf dem von der Erde weg nach oben getragenen Blütenboden so eines Körbchens erfreuen, innerlich aufbauen und Durchhaltekraft gewinnen. Ein einziger Sonnenstrahl, ein Vogelruf, die Wärme einer undefinierbaren Suppe und vieles ganz Kleine kann Tröstung und Kraftquelle werden, wenn alle Forderungen und Wünsche erloschen sind und einzig Dank für jeden Atemzug die Seele erfüllt.

Nach einer fünf Monate langen Zwischenzeit in Werschetz mussten wir in das Barackenlager im Sumpf von Potporanje weiterziehen. Todmüde von dem Marsch kamen wir völlig erschöpft in Potporanje an. Da wir dort schwer arbeiten sollten, hatte man für unsere Erkraftung ein Schwein geschlachtet und uns Ausgehungerte mit der frischen Schlachtbrühe und dem fetten, nicht abgehangenen Fleisch empfangen. Die Wirkungen waren verheerend. Trotzdem musste keiner daran sterben. Aus meiner Kindheit wusste ich um die Folgen solcher Essen. So hatte ich das Essen über Stunden verteilt und jeden Löffel voll minutenlang im Munde verdaut, sodass ich vom größten Übel verschont blieb. Wenigstens eine Spur von Selbsterziehung kann in vielen Lebenslagen rettend sein.

Die hier zu leistende Arbeit war die härteste, auch im Vergleich mit allen nachfolgenden Einsätzen. In einem verschilften Sumpfgebiet sollten wir einen Kanal zwischen Donau und Theiß graben.

Große Schilfbestände reichten manchmal bis nahe an die Arbeitsstelle. Dann ließen die Posten uns vor der Arbeit in Linie antreten. Wir mussten uns mit den Armen unterhaken und dann geschlossen auf den Schilfbestand losmarschieren und diesen niedertreten, damit sich keiner darin verstecken oder gar fliehen konnte. »Wer sich aus der Kette löst, wird erschossen!« Weil der sumpfige Boden uneben war, riss die Menschenkette manchmal auseinander. Schnell suchten wir wieder den Nebenmann zu fassen. Aber einer ging einmal einige Schritte allein voraus, da krachte schon der Schuss, und der Kamerad brach wimmernd zusammen. Sofort mussten wir alle zurück, keiner durfte zu dem Getroffenen, auch kein Posten ging zu ihm. Im hohen Schilf war er nicht zu sehen. Das Stöhnen verstummte allmählich, und wir mussten ganz in der Nähe des toten Kameraden den ganzen Tag weiterarbeiten. Seelenfolter. Gegen Abend wurde er auf den Heuwagen eines Bauern geworfen und mit Heu zugedeckt abtransportiert. Jahre später erfuhren wir, dass er nicht tot war, sondern mit einem Schulterdurchschuss im Lazarett in Belgrad geheilt und später auch in die Heimat entlassen wurde.

Schiffentladung mit Holzkarren (S. 97)

Doch der Kanalbau war für mich keine verlorene Zeit. Der täglich stundenlange Aufenthalt in diesem versumpften Stromtal ergab neue Erlebnisse und Erkenntnisse für diesen Biotop. Besonders die Sumpfpflanzenarten, aber auch die ganz rasch auf den Erdwällen aufkeimenden Ackerbegleitkräuter oder Wildkräuter, wie heute nach einschneidenden Erfahrungen die früheren »Un«-Kräuter genannt werden, waren mir auch in dieser schweren Zeit ein wirksamer, alltäglich neuer Trost. Da der Duft frisch gemähten Grases, das langsam zum Heu austrocknet, immer über dieser Baustelle lag, taucht auch heute noch bei seinem erneuten Wahrnehmen zugleich die Erinnerung an jene furchtbare Seelenstimmung auf: Dort im Schilf liegt ein verwundeter Kamerad und du musst daneben den ganzen Tag weiterarbeiten und darfst nicht zu ihm hin. Totale Verunsicherung und Lügen auch über die unbedeutendsten Dinge gehörten zu den täglichen seelischen Foltermethoden.

Auch der Rohbau eines Kanalwärterhauses war damals schon erstellt, als der Weiterbau des Kanals eingestellt wurde. Es ist nie ein Kahn darauf gefahren. Trostlos die Bilder, die ein Kamerad von einem Besuch in den neunziger Jahren mitbrachte (s. S. 313).

Nach weiteren Odysseen, die im »Buch der Geschichte« beschrieben werden, landeten wir eines Tages in Botowo zur Zwangsarbeit.

Das Lager am Zielort lag in einer weiten Ebene. Es war das Urstromtal von Donau und Save nahe der ungarischen Grenze. Fern und nahe zeichneten sich die Silhouetten lichter Auenwälder und einzelner großer Weidenbäume in ihrer winterlichen Grafik ab. Tief verschneit war alles. Aber unter der dünnen Grasnarbe ruhte meterhoher Eiszeitschotter in allen Größen. Den hatten wir aufzugraben und auf offene Güterwagen zu schaffen. Wie schon am Kanal so auch hier ohne jegliche Maschine, alles mit den schwachen Körperkräften. Dazu musste zuerst das Gelände grob planiert werden, damit die Gleisstücke, provisorisch verbunden, darauf verlegt und die großen Eisenbahnwaggons herangeschoben werden konnten. Das Beladen der Wagen war doppelt schwer, weil wir keine Schottergabeln dazu hatten, sondern nur einfache Erdschaufeln. Wer da meint, das ginge überhaupt nicht, dem sei mitgeteilt, dass wir in der Mittwinterzeit 300 Waggons auf diese Weise beladen haben. Die Beton- und Baufirmen hatten ihren ganzen Wagenbestand über die Weihnachtszeit dorthin abgeschoben. Im Nonstop-Einsatz, nachts mit Karbidlampen, lösten sich die Arbeitstrupps ab.

Obwohl ich schmerzende Blasen an den mit Lappen verbundenen Händen hatte, konnte ich mich an der Weite der Landschaft nicht satt sehen. Das Leuchten und Glitzern der tiefwinterlichen Schneelandschaft bei strahlender Wintersonne bleibt unvergesslich. Dazu waren die großzügig farbigen, durch keine Erhebung gestörten Sonnenauf- und Untergänge am waagerechten Horizont einzig heilsame Erlebnisse. So habe ich dort den ersten Weihnachtstag im Freien bei Raureif mit Sonnenauf- und untergang erleben dürfen. Auf dem Lager in der Baracke schauten wir uns dann schweigend die Sixtinische Madonna auf einer Postkarte an. Das war die fünfte Gefangenschafts-Weihnacht.

Da auch dort nach dem Winter der Frühling wieder über das Land zog, war dieser Übergang durch die endlose Weite der Ebene und das blaue Himmelsgewölbe darüber besonders eindringlich und völlig ungestört von menschlicher Geschäftigkeit zu erleben. Und nun war er da, der Frühling im nahen Auenwald mit seinen Linden, Eschen, Eichen und Weiden. Und der Boden war übersät mit den wilden Straußnarzissen, den Tazetten, und die milden Abende waren erfüllt vom lauten Gegeneinanderflöten und Jubeln ungezählter Nachtigallen. Es war eine Levitation, ein Erheben über alles Leid und Leiden, das wir Menschen uns gegenseitig antun: »Du, Erde, warst auch diese Nacht beständig und atmest neu erquickt zu meinen Füßen.«

Aber immer, wenn wir uns in einer Landschaft und den Lagerverhältnissen eingewöhnt und eingerichtet hatten, kam der Befehl: »In einer Stunde antreten mit allen Sachen!« Das bedeutete Verlegung an einen anderen Ort. Über Sibinje an der Autobahn landeten wir in Grocka zum Neubau einer Straße. Dazu musste das vermessene Gelände erst einigermaßen geebnet, Geländewellen mussten durchgraben, die entstehenden Böschungen befestigt und Geländesenken ausgefüllt werden. Wieder alles im Handbetrieb mit den unförmigen Holzkarren. Es war Sommerzeit. Am Rand stand ein riesengroßer Busch übervoll mit blühenden Heckenrosen. Er musste dem Straßenbau weichen. Er tat mir so leid, weil er uns doch auch so erfreut und getröstet hatte. Sein Hauptstamm war einige Zentimeter stark. Ich verschaffte mir eine Säge und schnitt mir ein fingerlanges Stück Rosenholz aus seinem Stamm heraus. Das kam zu den kleinen lieben Dingen. Ich habe es heute noch. Danach fand ich zwischen zwei Brettern eines großen Stapels zerquetscht einen schönen Schmetterling. Es war ein Weibchen des kleinen Nachtpfauenauges, dessen Flügel noch ohne Makel erhalten waren. Ich löste sie vorsichtig von dem zerstörten Leib los. Ich konnte sie unversehrt ins Lager und sogar mit heim bringen. Neu montiert sehe ich das liebe Ding täglich zusammen mit anderen Nachtfaltern von meinem Bett aus.

Und noch ein anderes kleines liebes Ding stammt von dieser Baustelle. Es ist eine Scherbe von einem Steingut-Teller, weiß glasiert mit einem kleinen roten Blümchen darauf und einem schmalen himmelblauen Rand. Ich fand sie auf dem Feld, durch das wir das Straßenbett zu graben hatten. Sie wird achtlos auf den Mist geworfen und mit ihm auf den Acker geraten sein. Für mich wurde sie eine Kostbarkeit und ein »Säma«, ein Zeichen menschlicher Kultur im Gegensatz zu unseren nierenförmigen Aluminiumnäpfen und Blechdosen, aus denen wir unsere Bettelsuppen löffeln mussten. Ich tat ein Gelöbnis angesichts dieser Scherbe: Wenn ich jemals wieder an einem Tisch sitzen darf, auf dem runde Teller stehen – vielleicht sogar auf einem Tischtuch –, dann werde ich nie mehr über irgend etwas Essbares einen Wunsch haben oder es gar ablehnen. Sollte ich es dennoch tun, dann wäre die Schicksalsgunst der Heimkehr einem Unwürdigen widerfahren. Diese Scherbe haben alle meine Konfirmanden gesehen und in der Hand gehabt.

Im unteren Lager bei Grocka war die Straße Belgrad-Smederevo auszubauen. Diese Straße führte zwar nicht unmittelbar am Ufer, aber in nächster Nähe der rechten Donauseite entlang, sodass unsere liebe Donau immer zu sehen war. Manchmal stiegen drüben von Ungarn her dichte Wolkenbänke auf, und wir freuten uns auf einen kräftigen Regenguss. Das Wetter zog auch langsam westwärts. Aber siehe da, genau über der Donau kam der Wolkenzug zum Stehen und kein erfrischender Regentropfen kam auf unsere Seite, wo wir ungeschützt auf der heißen Straße zu arbeiten hatten. Ein oder zwei Wasserholer waren deshalb immer eingeteilt, die in großen Gießkannen vom Dorfbrunnen den ganzen Tag lang das Trinkwasser auf die Baustelle zu schleppen hatten. Manchmal hatten sie einen Büschel frische Zitronenmelisse gefunden und dem Trinkwasser beigegeben. Es hatte dann sogar einen leicht aromatischen Geschmack. Wenn die Posten auf der Baustelle waren, blühte am Brunnen der Tauschhandel mit den Bäuerinnen. Vieles gab es damals im Tito-Staat noch nicht. So waren Unterwäsche, Strümpfe oder seidene Sachen begehrte Objekte, die wir uns von zu Hause schicken ließen. Schon im Frühjahr wurden die Gewürze und Zutaten zum Kuchenbacken angefordert, damit sie rechtzeitig zu den Herbstfesten der Erntedankzeit verfügbar waren – vorausgesetzt, wir waren noch auf dieser Baustelle.

Kurze Zeit war ich auch einem Steinbruchkommando zugeteilt. Die großen Steine wurden mit einer uralten Steinzerkleinerungsmaschine zu Straßenschotter vorbereitet. Die Maschine wurde durch einen entfernt stehenden Dieselmotor über einen langen

Straßenbau
(Abb. S. 91 und 95
aus der »Frankfurter
Illustrierten«
vom 27.1.1952)

Treibriemen in Gang gehalten. Auf einer oberen Plattform hatte ich
die schweren großen Steinbrocken von der Plattform aufzuheben
und in den Trichter zu werfen. Der war immer leer, weil ich dem
schnellen Lauf der Maschine nur mit größter Mühe einigermaßen
nachkommen konnte. Plötzlich erhielt ich einen schweren Schlag
auf den gebeugten Rücken und stürzte von der Plattform zu Boden.
Nachdem ich das Atmen wiedergefunden hatte, stellte ich erleichtert fest, dass ich keine weiteren Verletzungen erlitten hatte. Der
Treibriemen war gerissen. Das freie Ende hatte mich im Rücken
getroffen und zu Boden befördert. Aber ich konnte wieder aufste-
hen. Schutzengelbehütung.

Danach wurde ich mit zwei Kameraden einem Brunnenbauer zugeteilt. Die Bauleiter befahlen den Brunnenbau an einer Stelle, von der der Brunnenbauer, zugleich Rutengänger, gesagt hatte: »Hier gibt es kein Wasser.« Die Herren hielten das für eine Ausflucht oder Widerspenstigkeit und befahlen streng, genau hier so lange zu graben, bis eben Wasser käme. Wir machten uns ans Werk. Ein Rund von etwa zwei Metern Durchmesser wurde langsam in die Tiefe gehend ausgegraben, die Wände sauber senkrecht abgestochen. Nachdem das Loch etwa mannstief war, arbeitete nur noch der jugoslawische Brunnenbauer in der Tiefe weiter, und wir hatten die Eimer mit dem Aushub an einer Seilwinde heraufzuholen und abseits auszukippen. So ging es tagelang; Wasser kam nicht. In etwa 14 Meter Tiefe kam eine grüngraue Lehmschicht zu Tage. Die war am nächsten Morgen nicht mehr auf der Kippe, wo wir sie deponiert hatten. Der Brunnenbauer, der deutsch konnte, sagte uns, die Frauen hätten den Lehm zum Haarewaschen geholt, weil es hier keine gute Seife gäbe. Da das Brunnenrund nicht mit einem Steinring abgestützt wurde, war das Arbeiten in der Tiefe wegen möglicher Erdrutsche lebensgefährlich. Der Brunnenbauer murmelte in der Tiefe vor sich hin. Wir verstanden es oben wie aus einem Schalltrichter: »Früher gab es einen Gott. Heute gibt es keinen Gott. Vielleicht gibt es wieder bald einen Gott.« Das war eine ganz einfache, aber erlebte Natur- und Gottverbundenheit. Nach 17 Metern kam immer noch kein Wasser. Jetzt wurde die Grabung eingestellt, ein paar lumpige Bretter notdürftig über das Loch gedeckt, und damit war dieser Fall erledigt.

Es war Herbst geworden und die süßen Trauben reiften. Da kommt ein Mädchen aufrechten Ganges die Weinbergstufen herunter, eine Steige Trauben auf dem Kopf. Der Posten ruft sie an: »daj grožote« = »Gib mir eine Traube.« Sie: »Wenn ich den Arbeitern hier auch eine geben darf.« Er entfernt sich mit einem hündischen Fluch. Sie teilt uns Trauben aus. Dann geht sie ihm nach und gibt ihm die letzte. Er »hatte ja nichts gesehen«.

Während der Vesperpause kam öfter ein schöner Setter-Hund zu uns und bettelte. Hunde sind schon auf dem Balkan und im Orient meist auf sich selbst angewiesen. Den Posten passte unsere Freude an dem Hund nicht, deshalb warfen sie große Steine nach ihm. Einer traf. Der Hund hinkte schwer. Die beiden Posten gerieten in einen Wortstreit über die Frage, ob der Hund eine Seele habe oder nicht. Der eine war orthodoxer Christ und sagte nein. Der andere war Muslim und sagte ja. Dann kamen sie zu uns, denn die Deutschen wissen alles, besonders die Studierten. Aber die Deutschen waren in dieser Sache ebenso überfragt. Meine Versuche über Tierseele und Menschengeist kamen auch nicht unbezweifelt an, weil die Worte Seele, Geist, Ich durch zweitausend Jahre Christentum meist auch unzutreffend vorbelastet sind. So ist es, wenn Kulturen kollidieren ohne die Hilfe einer modernen Geisteswissenschaft.

Der Weg zu den Baustellen hatte eine Abzweigung. Da uns wegen Fluchtverdachts nie gesagt wurde, auf welche Baustelle es heute ging, wurde jene Abzweigung mit Spannung erwartet, weil sie die schwere Entladung von Schotterkähnen bedeutete. Diese langen Kähne hatten wegen des flachen Ufers weit draußen in der Donau festgemacht. Da musste zuerst ein wohl zwanzig Meter langer schmaler Brettersteg auf Böcken durch das flache Uferwasser aufgebaut und notdürftig gesichert werden – wieder nicht mit Schottergabeln, sondern mit Schaufeln. Dann wurden Holzkarren beladen und anschließend die schwere Fracht über den Laufsteg balanciert und auf die Halde am Ufer gefahren. Das war harte Arbeit (s. S. 91). Einmal legte ein Personendampfer so nahe bei uns an, dass die beiden Schiffshecks einige Meter lang einander berührten. Dort arbeitete ich gerade mit vier Kameraden. Der Dampfer war dicht mit Menschen besetzt. Da wurde blitzartig ein Tablett mit fünf Bieren über die Reling gereicht. Jeder von uns ergriff ein Glas, stürzte den Gerstensaft hinunter – Gläser aufs Tablett und hinüber gereicht und dort in der Menge verschwunden –, das war ein rasend schneller Vorgang und ging sicher vonstatten, wie nach langem Proben. Der Posten kam, als alles schon vorbei war; er hatte es wohl gespürt, aber nicht gesehen. Und drüben auf dem Schiff hat sicher auch keiner den Spender verraten. Für mich war das seit 1938 bis heute der einzige Alkohol, abgesehen von Weleda-Tröpfchen. Bei solchen Arbeiten am Fluss warfen wir wohl auch, wenn der Posten außer Sicht war, schnell Hemd und Hose ab und warfen uns in die Fluten unserer lieben Donau, die ja mit ihrem Wasser uns die Grüße unserer Lieben aus der Heimat zuströmte. Seltsam ungewohnte Empfindungen.

Auf dem langen Weg zu den Baustellen, manchmal mit zwei oder drei Geräten, Pickel, Spaten und Schaufel auf der Schulter, wurde nicht viel gesprochen. Am Ziel angekommen, sagte mein Nebenmann einmal zu mir: »Jetzt habe ich die ganze neunte Elegie von Rilke (1875–1926) wieder beisammen.«

Schluss der neunten Duineser Elegie:

»Erde, ist es nicht dies, was du willst: unsichtbar
in uns erstehn? – Ist es dein Traum nicht
einmal unsichtbar zu sein? – Erde! Unsichtbar!
Was, wenn Verwandlung nicht, ist dein drängender Auftrag?
Erde, du liebe, ich will. O glaub, es bedürfte
Nicht deiner Frühlinge mehr, mich dir zu gewinnen, einer,
ach, ein einziger ist schon dem Blute zuviel.
Namenlos bin ich zu dir entschlossen, von weit her.
Immer warst du im Recht, und dein heiliger Einfall
ist der vertrauliche Tod.
Siehe, ich lebe. Woraus? Weder Kindheit noch Zukunft
werden weniger … Überzähliges Dasein
entspringt mir im Herzen.«

Damit tröstete sich der eine. Ich weidete mich an dem Grün und den Blumen beiderseits des Weges. Da waren junge Ulmen mit langen Trieben. Die rhythmisch versetzten großen Blätter daran erfreuten mich jeden Morgen, wenn ich sie wiedersah. Sie hatten etwas Verheißendes. Und so auch die himmelblauen Wegwarten, in ganzen Scharen aufblühend am Morgen, verwelkt beim späten Rückmarsch und wieder neue am anderen Morgen. Unsere Frauen und Kinder waren daheim – die lieben Wegwarten. Und den Weg durchs Dorf mit den grazilen Holzgitterfenstern der Muslim-Häuser und den mannshohen Malven, den Stockrosen in den Bauerngärten der orthodoxen Christen – das alles hat mir Freund Hans

Haberkorn zum Geburtstag auf kleine Blättchen gemalt. Auf dem Umschlag der Sammlung ist in ein diagonales, blaues Stromband eingeschrieben: »Wir wandern vorüber.«

Ende November 1951 wurden wieder einhundert verurteilte »Kriegsverbrecher« amnestiert und in die Heimat entlassen. Ich war einer von ihnen. Und schon auf der Heimfahrt leuchtete das rote Band, die Naturliebe meines Schicksalsgeflechtes, wieder mächtig auf. Von dem deutschen Auffang- und Entlassungslager in Piding bei Freilassing aus konnten wir die Reise in unsere Heimatorte antreten. Da ich in Richtung Würzburg über München fahren musste, rief ich dort bei dem Mitpriester Horst Lindenberg (1903–1994) an, um ihn als Ersten in der Heimat am Bahnhof begrüßen zu dürfen. Der Zug hatte längeren Aufenthalt, sodass ich bis an die Sperre vorlaufen konnte. Dort stand Frau Nita Lindenberg (1900–1999) mit einem riesengroßen Nelkenstrauß. Es muss wohl der ganze Bund aus dem Eimer einer Marktfrau gewesen sein. Es war mir völlig unverständlich, dass ich den ganzen Bund in Empfang nehmen sollte. Aber es musste eben doch so sein.

Als der Zug dann langsam in den heimatlichen Landbahnhof Uffenheim einfuhr, winkte ich von weitem mit meinem roten Nelkenstrauß aus dem Fenster. Der Bahnsteig war leer – bis auf die zwei nächsten Menschen, der lieben, tapferen Frau und den neunjährigen Sohn. Ganz langsam brachte der Lokführer den Zug so zum Stehen, dass sich die Tür meines Wagens genau vor meinen Lieben auftat. Außer mir stieg sonst niemand aus und auch niemand ein. Drei überglückliche Menschen allein auf dem Bahnsteig mit einem großen roten Blumenstrauß dürfen sich nach achtjähriger Trennung in schicksalsschwerster Zeit wieder in die Arme schließen. Im Wartesaal kamen meine lieben Eltern hinzu.

Kindheit und Jugend und dann Krieg und Gefangenschaft hatten mir Außerordentliches im Erleben und Erkennen der Natur gebracht. Was dann im zweiten Lebensabschnitt folgt, war mehr ein allgemein menschlicher Umgang mit ihr. Allein die Art und Intensität dieses Umgangs hat sich ständig weiter gesteigert. So spreche ich heute nicht nur die Tiere, sondern auch die einzelnen Bäume,

Sträucher und Blumen beim Gang ins Freie hörbar an. Das tun ja auch Blumenfreunde und Gärtner, ohne dass deshalb an ihrem Verstand zu zweifeln wäre.

So mögen hier zum Schluss dieses Teiles noch einige Stationen skizzenhaft angedeutet sein. Da ist zunächst die Schicksalsgunst zu nennen, dass ich nach diesen Wanderjahren in den Westen und Südosten Europas wieder in die harmonische Feld-, Wald-, und Wiesen-Landschaft meines Geburtsortes im Mittelgebirge des Steigerwaldes heimkehren durfte. Viele Wege der Kindheit konnten noch einmal begangen und deren Bleibendes und Gewandeltes aufgenommen werden. Manches wurde auch malend vergegenwärtigt.

Als Letzter der Pfarrer in der Christengemeinschaft aus schwerer Kriegsgefangenschaft heimgekehrt, durfte ich meinen zukünftigen Arbeitsort selbst wählen. Ich entschied mich für Bremen. Zur Erkundung war ich schon vor dem Umzug dorthin gefahren. So kam es, dass ich an der Jugendtagung zu Pfingsten 1952 in Halendorf/ Schleswig-Holstein mit Friedrich Benesch (1907–1991) teilnehmen konnte. Seine Ausführungen über »Die Sonne« und seine Herkunft aus Siebenbürgen ermöglichten ihm eine besonders einfühlsame Aufnahme meines balkangeschädigten Wesens. Das an Griechenland erinnernde Licht und die Buchenbestände des Landes gaben ihre Heilkraft dazu.

Bei einer späteren Pfingst-Jugendtagung mit Friedrich Benesch im »Schafstall« des biologisch-dynamisch wirtschaftenden Bauern von Hörsten in Wörme in der Heide wurden alle Teilnehmer durch ein einmaliges Naturereignis reich beschenkt. Am Pfingstsonntagmorgen nach der Weihehandlung saßen wir in der geöffneten Halle beim Frühstück. Plötzlich rief Friedrich Benesch laut: »Auf, raus, die Roggenmuhme geht über das Feld!« Wir liefen alle zu dem großen Roggenacker in allernächster Nähe. Da wogten die mannshohen Ähren in wallenden Wellen und darüber schwebte die dichte goldgelbe Wolke des Blütenstaubes, sich lautlos auf die Ähren herabsenkend. Im gleichen Augenblick hatten sich die Staubbeutel aller Ähren geöffnet und die befruchtende Wolke erzeugt. Das nannten die Altvorderen »die Roggenmuhme«, und Benesch sagte kurz und patriarchalisch: »So, jetzt haben wir wieder unser tägliches Brot.«

Ein halbes Jahr nach der Halendorfer Tagung 1952 hatten wir uns in der Hansestadt Bremen eingewöhnt. Die stimmungsreiche Landschaft der Malerin Paula Becker-Modersohn (1876–1907) um Worpswede und die Weite der norddeutschen Tiefebene zwischen Oldenburg, Leer und Wilhelmshaven trugen das ihre dazu bei. Einzigartig war die winterlich überschwemmte Wümmelandschaft mit den Hunderten auf dem Eise rastenden Singschwänen aus dem hohen Norden.

Erst von Bremen aus und nicht früher lernten wir im Urlaub auf einem Bauernhof in Kärnten die Alpen kennen und konnten eine zweitägige Wanderung auf den Dobratsch machen. Bei einer Alleinwanderung traf ich in einem verbuschten Kahlschlag mit mannshohem Adlerfarn, Weidenröschen und Waldengelwurz mit einem passionierten Schmetterlingsfreund zusammen. Wir kamen gleich ins Gespräch. Ich erwähnte einen malenden österreichischen Naturfreund aus der Gefangenschaft, von dem ich viel gelernt hatte. Und siehe da – den kannte auch er so gut, den Volksschullehrer Victor Zack. Wer hat uns da zusammengeführt – weit weg von jeder menschlichen Siedlung im weglosen Wald gemeinsamen Interessen nachgehend?

Noch ein weiteres Erlebnis aus Kärnten darf hier mitgeteilt werden. Eines Abends kam der Altbauer, dessen warmherziges Gesicht von einem Andreas-Hofer-Bart umrahmt war, im Sonntagsgewand in unsere Stube mit einer Bitte: »Für die Dorfgemeinde möchte ich den Herrn Pfarrer bitten, an Johanni beim Feuer die Feuerrede zu halten.« Ich sagte zu. Gründlich wurde vom Feuer, seiner verzehrenden Wärme und Leuchtkraft, seiner Verehrung und seinem Kult bei den alten Persern sowohl als auch bei unseren Vorfahren, den Kelten der vorchristlichen Zeit, gesprochen. Dann wies ich hin auf die Geistgestalten des Elias als Vorbereiter und Johannes den Täufer als Brückenbauer herüber in die Christus-Zeit. Das »Flammenwort« des Täufers: »Denket um, ändert den Sinn« ist ja heute noch um vieles aktueller, wenn wir die Umwendung aus unserem Total-Materialismus zum Leben im Geiste als den Sinn unseres Lebens verwirklichen wollen. Der Weg der Menschheit, biblisch gesprochen: vom Paradies in die Ewige Stadt, leuchtete auf. Hoch lohte die Flamme, die Feuerräder rollten vom Berg. Der Altbauer trat gerührt auf mich zu mit dem Dankeswort:»Herr Pfarrer, von dieser Feuerrede wird man noch in Generationen sprechen!«

Von Kärnten aus reisten wir noch kurz durch das Friaul nach Cividale, Grado, Aquileia und in die Pinienlandschaft um Ravenna. Venedig und der botanische Garten in Padua mit der Palma di Goethe durften nicht fehlen.

Nach zwölf Jahren als Pfarrer in der Christengemeinschaft in Bremen wurde ich im Sommer 1964 nach Esslingen am Neckar berufen. Schurwald, Schwäbischer Wald und vor allem die Schwäbische Alb kamen als neue Erlebnisfelder in dem hier zu beschreibenden Kapitel hinzu. Noch wichtiger wurden mir und meiner lieben Frau aber die Vogesen, die wir zunächst durch fünf Urlaube in kleinen Dörfern wandernd kennen lernten. Dadurch wurden später durch zwölf Jahre hindurch größere, jeweils zweitägige Autobusreisen unter dem Motto:»Auf den Spuren der Kelten und Iroschotten« vorbereitet (vgl. Kapitel VI).

Hier ist nur noch zu vermerken, dass in nunmehr neunundzwanzig Sommerurlauben am gleichen Ort in Gut Hochgols zwischen Salzburg und Hallein, aber abseits vom Verkehr, diese Niederschrift wie auch die meiner beiden anderen Bücher entstanden sind. Der Blick aus dem Fenster in diesem einzig schönen Voralpengebiet umfasst zugleich den nahen Untersberg, den Hochkalter, den Watzmann, die Schönfeldspitze und den Hohen Göll. Wenn dann an Johanni über zwanzig Feuer die Bergspitzen bekrönend dem gestirnten Himmel irdische Antwort flammen, dann kann nicht nur heute noch, sondern in neuer Weise heute wieder die Verbundenheit von Kosmos, Erde und Mensch wahrnehmbar werden.

Die drei Bereiche Natur, Geschichte und Offenbarung sind in jedem Menschenleben als ein rotes, ein blaues und ein gelbes Band lebenskräftig miteinander verflochten. Ich habe die mir zugefallenen Schicksalsereignisse immer angenommen und als eng zu mir gehörig erlebt. Zur Verdeutlichung müssen aber die drei verbundenen Bereiche getrennt und jeder von neuem durch das ganze Leben in einem Zuge beschrieben werden. Die schöpferische Zusammenschau kann vom Leser als autobiografische Übung entdeckt werden.

Hier ist noch zu bemerken, dass Rudolf Steiner die Erneuerung und Durchchristung der Naturwissenschaft im Anschluss und der Erweiterung von Goethes ganzheitlicher Naturbetrachtung gleich wichtig und unabtrennbar von einer Bewegung für religiöse Erneuerung gefordert hat. Es ist deshalb nicht abwegig, wenn ich als Priester dieser mir vorgezeichneten Schicksalsspur nachgehen musste bis dahin, dass ich mehrfach gebeten wurde, das Gefundene aufzuschreiben. Daraus ergab sich das Buch »Der Schmetterling – Metamorphose und Urbild. Eine naturkundliche Studie mit einer Lebensbeschreibung und Bildern aus dem Werk der Maria Sibylla Merian« als Frucht der Erlebnisse und Erkenntnisse beim Lesen im Buch der Natur.

Erst kurz vor der Fertigstellung des Schmetterlingsbuches entdeckte ich in einer Fachzeitschrift den Aufsatz eines Nürnberger Schmetterlingsforschers. Der hatte viele Jahre lang Forschungen und Zählungen von Schmetterlingen im südlichen Steigerwald gemacht. Der Aufsatz enthielt eine genaue Skizze des Forschungsgebietes rund um den Hohenlandsberg, meinem Heimatberg. Sowohl mein Geburtsort als auch der Ort meiner Jugendzeit liegen innerhalb eines Siebenkilometerkreises um diesen Berg. Von den 1300 in Deutschland nachgewiesenen Großschmetterlingen sind dort noch über Jahre hin über 950 Arten regelmäßig festgestellt worden. Und das war ein halbes Jahrhundert nach meiner Jugendzeit. Wohl erinnere ich mich noch gut der Artenfülle meiner Heimat. Aber ich dachte, das sei überall so. Allein der Forscher kennt in Mitteleuropa nur noch das Schnalztal in Tirol als vergleichbares Gebiet. Offenbar war auch schon die Region meiner Geburt in mein lebenslanges Gespräch mit den Gruppenseelen der Schmetterlinge einbezogen. Sehr spät erst konnte diese Tatsache als deutliche Schicksalsführung aufleuchten.

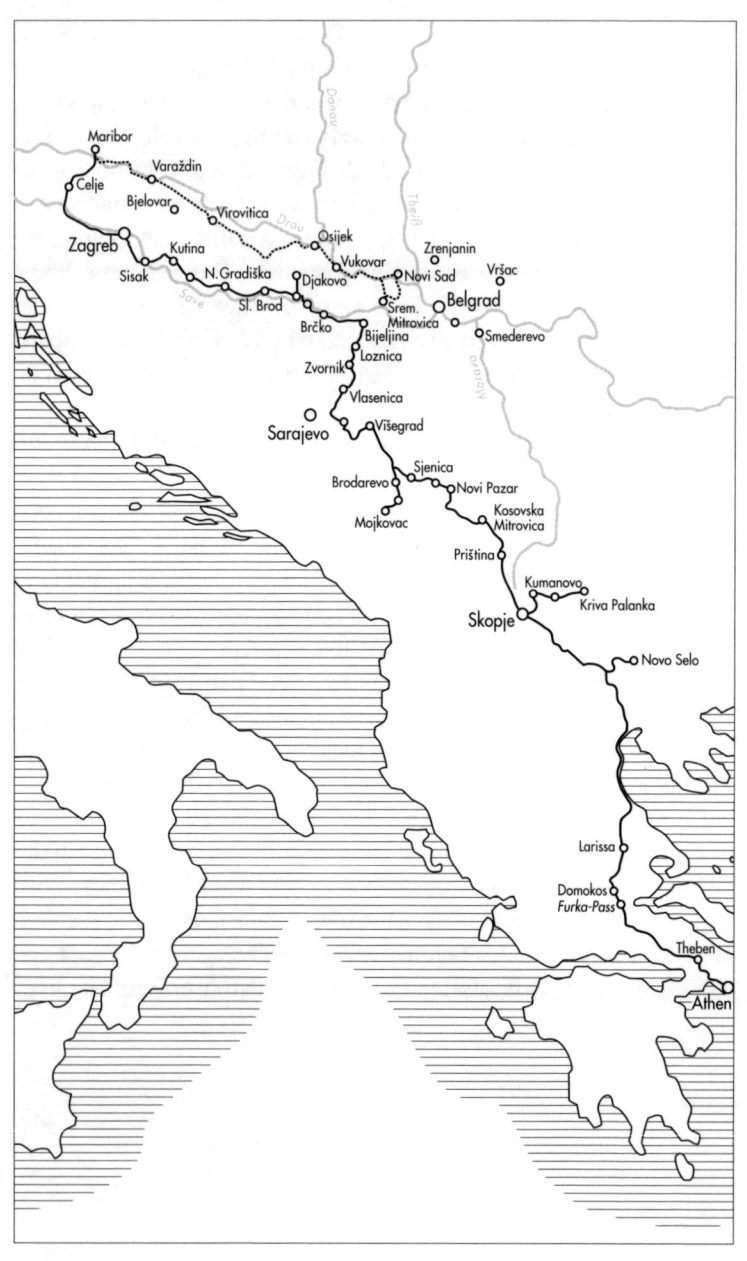

Umkämpfter Rückzug [aus dem Balkan] —— / Sühnemarsch ⋯⋯⋯

IV
Aus dem Buch der Geschichte

»Über Geschichte kann niemand urteilen, als wer an sich selbst Geschichte erlebt hat. So geht es ganzen Nationen.«

»Soll aber und muss Geschichte sein, so kann der Biograph sich um sie ein großes Verdienst erwerben, dass er ihr das Lebendige, das sich ihren Augen entzieht, aufbewahren und mitteilen mag.«

»Maximen und Reflexionen«   Goethe

Jeder Ort auf Erden hat eine Vorgeschichte und eine Geschichte. Unter Vorgeschichte werden jene Zeiten verstanden, über die keine schriftlichen Aufzeichnungen auszumachen sind. Hierüber kann nur aus Funden menschlicher Gebrauchsgegenstände oder aus Bodenveränderungen, die durch menschliche Siedlungen verursacht sein können, eine Anschauung gewonnen werden. Feuersteinschaber aus der Jungsteinzeit und Pfeilspitzen aus Bronze haben die Bauern unserer Gegend immer wieder gefunden, solange sie noch hinter dem Pflug über den Acker gingen. Wenige Kilometer von meinem Geburtsort entfernt ist auch die Umwallung einer keltischen Viereckschanze heute im Walde noch gut erkennbar. Diese Anlagen waren Kultstätten im Sinne von »Hofkapellen«.

Die erste urkundliche, also geschichtliche Erwähnung meines Geburtsortes Reusch stammt aus dem Jahr 1227, also der Regierungszeit des letzten Stauferkaisers Friedrich II. Die Kirche wurde 1491 bis 1493 erbaut. Im Chor der Kirche steht der schon Seite 34 erwähnte spätgotische Altar mit den Figuren und Gemälden, die ich so tief ehrfürchtig in mein kindliches Wesen aufgenommen habe. Unter dem Chorraum sowie unter dem Gemeinderaum des Kirchenschiffes sind fünfzehn gemauerte Grüfte mit Backsteinegewölbe verschlossen. Von der Mitte des 17. Jahrhunderts bis 1753 war die Kirche in Reusch die Begräbnisstätte der Freiherren von Hutten auf Schloss Frankenberg. Im Chor und Kirchenraum erinnern große Sandstein- und Marmor-Epitaphien an diese Patronatsherrschaft. 1520 hatten die Herren von Hutten das Schloss Frankenberg und dazu das Patronatsdorf Reusch gekauft, das 1528 lutherisch wurde. Geschichte und Sagen zu Schloss Frankenberg und vor allem zu der 1554 zerstörten Veste Hohenlandsberg gaben reichlich Nahrung für die kindliche Fantasie in Bezug auf vergangene Zeiten, deren Zeitzeugen uns überall umgaben. Unsere Heimatkunde war mit anschaubarer Substanz voll gesättigt.

Zu Geschichtserfahrungen gehörten auch die Erzählungen des Vaters aus seiner Seminarzeit und seinen ersten Lehrerjahren. Damals im ersten Jahrzehnt des 20. Jahrhunderts kam die Schulaufsichtsbehörde noch in Person des örtlichen Pfarrers. Wenn dies der Fall war, ging der Vater ihm entgegen, öffnete die Tür zum Schulzimmer und ließ den Herrn Pfarrer zuerst eintreten. Im Visitationsprotokoll war dann auch ganz ordentlich zu lesen: »Der Visitierende betrat um 8 Uhr vor dem Lehrer das Schulzimmer.«

Zu der vorgeschriebenen Ordnung gehörte auch der Diakonendienst des Lehrers. Wenn der Pfarrer einen Krankenbesuch machte, um dem Patienten das letzte Abendmahl zu reichen, musste der Lehrer den Koffer mit Gewand und Geräten tragen und alles Nötige vorbereiten. So erhielt einmal ein sterbender Bauer, im Lehnstuhl sitzend, das letzte Abendmahl, und der Pfarrer versuchte mit umständlichen Worten, ihn auf den Schwellengang vorzubereiten. Der Bauer wehrte ab mit den Worten: »Ach Herr Pfarr', da brauchens gar net viel sagen, jetzt geht's halt bald fft«, und dabei machte er eine energische Bewegung mit dem rechten Arm nach oben.

Vor dem Schulhaus stand auf einer kleinen Anhöhe eine große Linde. Sie war 1745 gepflanzt worden. Im Kriegsjahr 1916 wurde sie von einem Herbststurm umgerissen, sodass der Stamm waagerecht auf der Erde lag und der Wurzelballen hochstand. Das war ein besonderes Ereignis für das ganze Dorf. Zu solchen außerordentlichen Geschehnissen gehörte auch ein wild gewordenes, scheuendes Pferd. So raste eines Tages ein wilder Ackergaul mit vollem Geschirr und einem polternden Waagscheit, dem Querholz für die Zugseile, hinter sich durch das enge Gässchen zwischen unserem Schulhaus und der Kirche. Die kümmerliche Pflasterung erlitt schwere Schäden und der eiserne Schuhabstreifer neben unserer Haustür war vom Hufeisen des Pferdes wie ein dünnes Blech in den Boden gestampft. Wenn ich da, wie so oft, vor der Haustür an meinem kleinen Tischchen, Bilder auf Butterbrotpapier durchpausend, gesessen hätte! Die Mutter wird wohl ein stilles Dankgebet gesprochen haben dafür, dass alles gut vorübergegangen war.

Was wir Kinder an den Erwachsenen erlebten, das wurde kindlich gespielt. Die großen Ereignisse auf dem Dorf sind Taufe, Hochzeit und Beerdigung. Das spielten wir alles, wobei ich meist den Pfarrer und den Lehrer zugleich zu spielen hatte. Dabei diente ein kleines Klavierchen mit Tasten für gestimmte tönende Metallplättchen als Orgel.

Einmal spielten wir Hochzeit. Ich hatte meine etwa sechsjährige Schwester mit einem etwas behinderten Buben zu trauen, weil sich kein anderer zutraute, der Bräutigam zu sein. Musik, Trauung und Ansprache verliefen ordnungsgemäß. Für die Nachfeier im Höfle hinter der Kirche hatte die Mutter alles gerichtet: ein Kaffeetisch war mit Kindergeschirr, kleinem Gugelhupfkuchen und allem Nötigen liebevoll gedeckt. Das »Feiern« hatte begonnen, da flog dem Bräutigam von der nahen Abfallgrube her eine Stubenfliege in den Kaffee. Bei allen Kindern sofort die Frage: »Was macht ein richtiger Bräutigam in einem solchen Fall?« »Er holt sie mit dem Finger raus«, wurde nicht anerkannt, weil ein richtiger Bräutigam nicht mit dem Finger in den Kaffee fasst. Der andere Lösungsvorschlag: »Er trinkt die Fliege ohne Mucks mit hinunter« – fand auch keine allgemeine Zustimmung. Keiner wusste eine Lösung, eine sinnlose Redeschlacht begann, die Hochzeit war vergessen, und das Spiel war aus.

Wie schon erwähnt, gab es noch kein elektrisches Licht, und das Wasch- und Kochwasser musste ebenso wie das Brennholz weit hergeholt werden. Die Wassereimer standen auf einer Wasserbank, und für das Brennmaterial gab es eine Holzkiste neben dem Herd. Feuer wurde mit Papier, Reisig und Holz gemacht, etwas anderes kannten wir nicht. Aber da gab es im Herbst die Dampfmaschine. Sie wurde von vier Pferden in den Bauernhof gezogen und mit ihren blockierten Eisenrädern fest aufgestellt. Über einen langen Lederriemen wurde der in der Scheune stehende Dreschkasten in Funktion gebracht, und dann wurde mehrere Tage lang die ganze mühsam eingefahrene Getreideernte langsam gedroschen. Oben auf dem Kasten banden die Männer die zugegabelten Garben auf und ließen sie gleichmäßig in den Dreschkasten ein. Unten waren Frauen damit beschäftigt, die Spreu und das ausgedroschene Stroh wegzuräumen. Und hinten am Dreschkasten waren die großen Doppelzentnersäcke für die Aufnahme der Körner befestigt. Jeder volle Sack wurde von einem starken Mann gepackt, oben zugehalten, auf die Schulter geladen und im Haus die vielen steilen Holzstufen hinauf auf den Getreideboden getragen. Dort ließ er die Körner dann durch langsames Öffnen der Hand sorgfältig auf einen offenen Haufen auslaufen. Hundert Kilo so halb offen zu tragen war härteste Arbeit.

Für uns aber war das größte Wunder, dass wir – die wir nur Holzfeuer kannten – mit eigenen Augen sahen, wie diese Dampfmaschine mit schwarzen Steinen gefüttert wurde, die tatsächlich brannten! Hatten wir doch hier erstmalig Kohlen gesehen.

Dass beim Dreschen, bei dem man immer aus mehreren Höfen zusammenkam, die Bäuerin ein unübertreffliches Vesper mit Butter und Wurst und Most richtete, für den Maschinisten sogar gebratenes Geflügel, das war selbstverständlich Ehrensache.

Aber auch die große Weltgeschichte schickte ihr flackerndes Licht bis in unsere Kinderwelt im Dorf herein. Nicht nur die Zeitungsberichte, sondern vor allem in der Kriegszeit die Todes- und Vermisstennachrichten bewegten die Dorfbewohner. Zwei von den drei Kirchenglocken mussten vom Turm heruntergestürzt und abgegeben werden. Ihr Kupfer und Zinn wurden für die Führungsringe der Granaten gebraucht. Die Namen der anderen Völker, der Russen, Franzosen, Engländer und Amerikaner waren für unsere

Kinderohren neu und zugleich mit Feindbetonung hörbar. Ich besaß damals ein Faltbüchlein, ein Leporello mit den Buchstaben des Alphabets, dessen Bilder und Sprüche das Kriegsgeschehen beschrieben. Bei B: »Der stolze *B*rite pocht am Tor, die dicke *B*erta steht davor.« Die dicke Berta war ein neues Geschütz aus der Firma Alfred Krupp mit Granaten von 52 cm Durchmesser. Und bei W war die Schuhsohle eines ausruhenden langen Engländers ganz groß zu sehen mit dem Spruch: »Prinz of *W*ales sitzt in süßer Ruh und schaut dem Krieg von *W*eitem zu.«

Manchmal erschien auch ein kleines einmotoriges Flugzeug über dem Dorf. Dann liefen wir dem »Flieger« in schnellem Lauf über Stock und Stein nach, denn es war ja deutlich zu sehen, dass er landen wollte. Durch die Perspektive nahm seine Höhe mit der Entfernung rasch ab, das war das deutliche Zeichen für uns, dass er da hinten gelandet war.

Eine noch größere Attraktion war das erste Lastauto, das im Dorf hielt. Es war das Bierauto von der Brauerei und blieb vor dem Wirtshaus stehen, wo sonst immer die kräftigen belgischen Brauereipferde mit ihrem schweren Brückenwagen gehalten hatten. Dieses Bierauto hatte keine Luftreifen, sondern Vollgummireifen mit kräftigem Profil. Wir holten unsere Taschenmesser heraus und versuchten, uns ein kleines Profilstück als Radiergummi abzusäbeln.

Das erste Motorrad im Dorf leistete sich der vermögende Großknecht eines Pferdebauern. Damit fuhr er abends unter heillosen Knattern, in Staubwolken eingehüllt und von Kindern und anderen Neugierigen bestaunt, die Dorfstraße entlang. Die ganze Entwicklung des Autos und der Motorisierung haben wir wach miterlebt. Das ist ein entscheidendes Stück Geschichte des 20. Jahrhunderts.

Der Boden, in dem die kindliche Seele wurzelt, wird mitgebildet aus den Taten längst verstorbener Menschen. Die Sitten und Gebräuche, die Kleider, die ganze Einrichtung, das Haus und die anderen Häuser und alles, was da noch aufgezählt werden könnte, ist die Werk gewordene Wirksamkeit vorangegangener Menschen. Und jeder Mensch ist in seinem bescheidenen Bereich Mitwirkender an der Geschichte der Menschheit. Es gehört zu einem gesunden Erleben in der Kindheit, all dies vom Menschen Gemachte klar unterscheiden zu lernen von dem »nicht vom Menschen Gemachten«, von dem, was die Natur uns bietet. Dieser Bewusstseinsschritt erweckt Staunen und Ehrfurcht, wenn er vom Erwachsenen angemessen begleitet wird. Diese Art Frommheit, Goethe spricht auch von »Pietät«, lässt dann später das gereinigte Denken bis in den Bereich aufsteigen, der hier mit dem Wort Offenbarung umschrieben wird.

Alle Erlebnisse haben eine physisch-materielle Natur-Seite, eine seelengeschichtliche und eine Geistiges offenbarende Seite. Die im Vorangegangenen getroffene Aufgliederung dient der Darstellung im Einzelnen. Auch wenn dabei der innere Zusammenhang nicht immer sofort deutlich wird, kann er vom Leser doch erahnt und durch die Schilderung nacherlebt werden.

Die Einschulung in das humanistische Gymnasium und das protestantische Alumneum in Ansbach (s. Abb. S. 31), der Hauptstadt von Mittelfranken, bedeutete für mich ein erstmaliges und gründliches Eintauchen in ein bisher unbekanntes Stück Menschheitsgeschichte. Das begann, seelisch stark berührend, mit dem Unterricht der lateinischen Sprache. Schon weil sie heute nicht mehr gesprochen wird, erstand mit jedem Wort und jedem Satz jene griechisch-lateinische Kulturepoche von vor 2000 Jahren in der Seele der Schüler. Neun lange Jahre lebten wir so diesen Geschichtsabschnitt der Menschheit in der Seele mit, während wir gleichzeitig in den Jahren 1925 bis 1934 in der Zeitgeschichte standen. Nach drei Jahren war das Griechische mit seiner ganz anderen Schrift und seinen vielen unregelmäßigen Eigenheiten hinzugekommen. Große, im früheren Zeichenunterricht der Schule angefertigte Bilder griechischer Plastiken hingen in den Räumen und ergänzten mit dem Geschichtsunterricht der alten Kulturen unser Verweilen im historischen Altertum. Einige unserer Lehrer aber waren auch Weltkriegsteilnehmer von 1914 bis 1918. Da wurden dann auch von dem einen verherrlichende und von dem anderen verabscheuende Bemerkungen über Kriegserlebnisse in den Unterricht hereingetragen. Die seelisch erdrückende Last des unsinnigen Vertrages von Versailles und der Landabtretungen im Süden und Norden, im Westen und Osten Deutschlands wurden damals wie Amputationen am eigenen Leib erlebt.

Nachdem die hohen Reparationsforderungen nicht erfüllt werden konnten, besetzten die Franzosen das Ruhrgebiet. Um im Sommer 1924 mit meinem Vater nach Essen zu meinem Patenonkel reisen zu können, musste lange vorher bei der französischen Kommandantur ein »Passierschein« beantragt werden. Auf dem dazu notwendigen Passbild mussten die Reiseteilnehmer gemeinsam zu sehen sein (s. Abb. S. 112). Erst 1930 verließen die letzten Besatzungstruppen deutschen Boden. Ab 1928 waren die Reparationszahlungen auf 25 Milliarden Goldmark festgesetzt worden. Die Kriegsschuldlüge, die Deutschland allein für den Ersten Weltkrieg verantwortlich machte, die Forderung, 895 »Kriegsverbrecher« auszuliefern sowie die dauernde Verleumdung alles Deutschen senkten sich kränkend in unsere begeisterungsfähigen Schülerseelen. Die Inflation stieg auf 4 Billionen Mark für einen Dollar. Das durfte kein Dauerzustand für das ganze Volk bleiben. Daran arbeiteten alle Diplomaten gemeinsam und nicht nur die einseitigen Nationalisten. In dieser Zeitgeschichte wuchsen wir heran, während wir in einer streng humanistischen, das heißt menschenwürdig sein wollenden Bildung und Ausbildung standen.

In den Ferien wurde meine Schulausbildung in mancher Hinsicht durch einen Schuhmacher im Dorf ergänzt. Er war im Ersten Weltkrieg Matrose gewesen, hatte sich ein umfassendes Wissen angeeignet und konnte etwas Französisch. Bei ihm saß ich stundenlang auf einem Schusterschemel und konnte ihm zuhören. Er besaß eine kleine, aber äußerst fachgerecht angelegte Sammlung vorgeschichtlicher Funde. Durch ihn hörte ich erstmalig von den Kelten, die auch in unserer Gegend gesiedelt hatten. Er las die Zeitschrift »Kosmos« und war auch nicht zuletzt dadurch ein naturwissenschaftlich orientierter moderner Mensch. Da wurde mein weitergehendes Naturinteresse und stimmungsmäßig geistahnendes Naturerleben scharf angegriffen und durch Wasser- und Feuerproben geschickt.

In dieser Zeit hörte ich auch zum ersten Mal von »Waldorfschule« und »Friedrich Rittelmeyer«, ohne eine Ahnung davon zu haben, was diese Namen bedeuteten. Der Vater führte das Protokoll der Bezirks-Lehrerkonferenzen. Von dort war ein Lehrer zum mehrwöchigen

»Passierschein« für die Reise von Ulsenheim zum Patenonkel nach Essen

Hospitieren nach Stuttgart an die Waldorfschule geschickt worden. Seinen Bericht musste der Vater später zu Hause sauber niederschreiben. Das geschah alles am Familientisch, und so stach mir das Wort »Waldorfschule« in die Augen, und ich dachte, wie schön so etwas sein müsste, im Wald ein Dorf und dort im Wald eine Schule.

Ähnlich war das andere Erlebnis. Der Vater hatte alle vierzehn Tage Lesegottesdienst zu halten, weil dann der Pfarrer im Filialdorf predigte. Da las der Vater auch Predigten von Friedrich Rittelmeyer aus dessen großer Predigerzeit in Nürnberg. Aber manchmal korrigierte er auch Rittelmeyers Formulierungen mit den Worten: »Aber das muss ich meinen Bauern anders sagen als der Rittelmeyer in der Großstadt.« Auch da wussten wir noch nicht, dass Friedrich Rittelmeyer inzwischen längst Mitbegründer der Christengemeinschaft geworden war.

In Ansbach mussten wir bis zur Konfirmation in den Kindergottesdienst in der Gumbertuskirche gehen. In der schmucklosen Saalkirche konnte ich von meinem Platz aus gut durch eine schmiedeeiserne Gittertüre in eine schöne gotische Kapelle sehen, die noch von der Vorgängerkirche stehen geblieben war. Das war die Kapelle, an deren Altar Kaspar Hauser konfirmiert worden war. Noch viel mehr als der Name dieses Unbekannten bewegte mich der Name der »Schwanenritter«-Kapelle. Der Ritterorden, der noch 1440 zur Marien Verehrung gegründet worden war, hatte den Schwan als

Weißer Sonntag, 7. April 1929; Konfirmation von Anneliese. Die Konfirmanden des Vorjahres (Wilhelm) gehen mit zum Abendmahl

113

Ordenssymbol. Den Schwan aber erlebte ich im Parksee in Veitshöchheim stets als geheimnisvoll Fernweh erweckendes Wesen.

Den Konfirmandenunterricht erhielt ich in Ansbach vom evangelischen Dekan in der Sakristei der großen Johanniskirche. In ein Oktavheftchen mussten wir hundert Fragen mit ihren Antworten eintragen und hersagen können. Was sie bedeuteten, verstand meist wohl nur der Religionslehrer. Auf das weiße Schildchen auf dem blauen Umschlag malte ich mir ein Kreuz, ein Herz und einen Anker. Das war mir anschaubar als Glaube, Liebe, Hoffnung. Die Konfirmation durfte in der heimatlichen Dorfkirche stattfinden, aber ich wurde krank. Eine schwere Halsentzündung mit Diphterie-Verdacht stellte die Teilnahme an der Feier in Frage. Der Arzt machte einen Abstrich und schickte ihn nach Erlangen zur bakteriologischen Untersuchung. An dem Beichtgottesdienst am Samstag durfte ich nicht teilnehmen. Aber am Nachmittag kam der Bescheid, dass keine Diphterie vorlag. So kam der Pfarrer abends zu uns ins Haus zu einer Privatbeichte für den Konfirmanden, und am Sonntag konnte dann der gut verpackte junge Christ zusammen mit den anderen Dorfkindern sein Treuegelöbnis zur Kirche ablegen und gesegnet werden.

Schon in der Kindheit machte sich die Anlage zur Suche nach den tieferen Schichten der menschlichen Existenz auf eine eigenartige Weise bemerkbar. Immer, wenn der Pfarrer auf der Kanzel das Wort »Fleisch« gebrauchte, hatte ich die unbestimmte Empfindung: »Der weiß wohl selber nicht genau, was er da sagt.« Heute kann diese Empfindung begrifflich formuliert werden als die Frage nach dem wahren Wesen dessen, was wir als physischen Leib ansprechen dürfen. Dabei muss aber immer geprüft werden, ob nur der materielle oder auch der geistig-physische Leib gemeint sein soll. Viel später in der jugoslawischen Gefangenschaft sagte mir der Kamerad Walther Wrede, der ehemalige Leiter des deutschen Archäologischen Instituts in Athen, dass das griechische Wort sarx immer nur Fleisch in seinem Zusammenhang als »Leib« bezeichnet. Daher Sarkophag, der Leibverzehrer. Das bestätigt das wohl mitgebrachte feine Empfinden für den entstellenden Gebrauch des Wortes Fleisch im religiösen Bereich. Denn das in Stücke zerteilte Fleisch heißt im Griechischen Kreas.

Ein anderes, aber ähnliches Erlebnis hatte ich beim Hören des Wortes »Schleife« für die Bindung eines Bandes im Haar oder der Schürzenbänder auf dem Rücken. Damals trugen alle Frauen und Mädchen noch schöne Schürzen. Beim Anblick dieser Schleifen erwachte in mir ein sicheres Bewusstsein dafür, dass es sich hier um einen falschen Namen für dieses Gebilde handelt. Für mich hieß dieses Ding »Seele«. Selbstverständlich sprach ich mit niemand darüber, denn ich wusste genau, dass ich damit nur als dummer Bub ausgelacht würde. Sehr viel später, wohl erst in meinen fünfziger Jahren, lernte ich die Gedichte von Nelly Sachs kennen. In dem Gedicht »Abraham« heißt eine Strophe:

»O du,
aus dessen ahnendem Blut
sich das Schmetterlingswort Seele entpuppte,
der auffliegende Wegweiser ins Ungesicherte hin.«

Dabei erlebte ich blitzartig jene »Schleifen« aus der Kindheit als das Bild des Schmetterlings. Und noch etwas später ging mir dann bewusst auf, was ich intellektuell schon seit dem Griechisch-Unterricht wusste: dass nämlich im Griechischen das Wort Psyche sowohl Seele als auch Schmetterling bedeutet. Aus der Geschichte der Schmetterlingsforschung war zu erfahren, dass schon Aristoteles (384–322) in seinem Buch über die Tiere (Historia animalium) auch den Schmetterling beschreibt. Alle Versuche, diese Stelle genau im Originaltext zu finden, schlugen fehl.

Eines Tages kam der Sohn freudig auf mich zu und zeigte mir ein kostbares Werk über den Mithraskult, das er antiquarisch günstig erworben hatte. Ich nahm das große Buch in die Hand und ließ die Seiten aus der linken Hand locker vorbei gleiten. Halt – da war ein griechisch gedruckter Text. Es war genau die Stelle aus dem Buch des Aristoteles über den Schmetterling mit der Bezeichnung *psyche*, was ja gleicherweise das Wort für Seele ist. Die Frage war nun: »Hat Aristoteles das Wort für Seele erstmalig auch für den Schmetterling gebraucht oder war diese sprachliche Doppelbedeutung älter?« Karl Martin Dietz vom Hardenberg-Institut in Heidelberg konnte mir aus seiner gründlichen Griechischkenntnis bestätigen, dass aus dem ganzen Text eindeutig hervorgeht, dass schon vor Aristoteles das Wort *psyche* Seele und Schmetterling bedeutete.

Aus dem Kindheitserlebnis mit der Schleife in ihrer Schmetterlingsähnlichkeit als »Seele« ist ohne jegliche intellektuelle Spekulation deutlich abzulesen, dass ein griechisches Element – woher auch immer – in der Seele verborgen lag und zum Vorschein kommen wollte. Weil dieses Erleben auch ein Stück Menschheitsgeschichte birgt, habe ich es hierher gesetzt, obwohl es gleicherweise zum Buch der Natur als auch zu dem der Offenbarung gehört.

Wie unsere Seelen damals vom unmittelbar gegenwärtigen Zeitgeschehen ergriffen wurden, kann noch an einem anderen Beispiel aus der Schulzeit aufgezeigt werden. Der »Friedens«-Vertrag von Versailles war durch seine unerfüllbaren Bedingungen eine treibende Kraft für den einseitigen Nationalismus. Kein Redner der Nationalsozialistischen Deutschen Arbeiterpartei (NSDAP) ließ sich den Hinweis auf diesen Schandvertrag entgehen. Und wer es nicht heute schon weiß, wird sich durch eine spätere sachgemäße Geschichtsforschung belehren lassen können und erkennen, dass ein wirksamer und beabsichtigter Keim für den Zweiten Weltkrieg in diesem »Friedensvertrag« verborgen lag.

Da politische Betätigung an der Schule verboten war, gab es einen lockeren NS-Schülerbund, der in weißen Hemden an öffentlichen Kundgebungen teilnahm, sich aber vor allem kulturelle Aufgaben stellte. Da wurde zum Beispiel der »Totentanz« oder der »Beowulf« aufgeführt. Dabei half ich beim Herstellen der Requisiten und der Ankündigungsplakate. Bei einem Schulungskurs hielt ich ein Referat über »Die Frage der Christusdarstellung in der Malerei«. Für eine evangelische Jungschar machte ich einen postkartengroßen Linolschnitt von deren »Landheim«, der dann als Baustein für den Ausbau dieses Landheimes verkauft wurde.

Von Berlin erhielten wir eines Tages ein großes Paket mit Hitler-Postkarten. Die dekorative Aufnahme in Führerpose, farblich überzogenem Uniformdekor, alles auf Hochglanz, betrachteten wir als nationalen Kitsch, den wir in unsere fränkische Kleinstadt Ansbach nicht einschleusen wollten. Ich schrieb eine unzweideutige Abqua-

lifikation aus »Achtung vor dem Führer«. Damit schickten wir das
ganze Paket unverkauft nach Berlin zurück mit dem Hinweis, dass
dies vielleicht dem Berliner oder Hamburger »Geschmack« ent-
spreche, nicht aber dem einer fränkischen Stadt mit kultureller
Verantwortung. Es erfolgte nichts. Wir waren ungemein erfüllt von
einem Kulturimpuls, den wir aber nicht deutlich in Worte fassen
konnten. Eines aber wussten wir genau: Nicht das, was uns von
oben her durch die Organisation zugespielt wurde, war das Entscheidende, sondern nur das, was wir in unseren Herzen spürten
als ein Wichtigeres und sozial Heilsames. Diese Haltung fand ich in
einem Gedicht, vollkommen angemessen formuliert, und so schrieb
ich diese Worte in Kunstschrift plakativ für den Schaukasten:

>»Du sollst an Deutschlands Zukunft glauben,
> an deines Volkes Auferstehn.
> Lass diesen Glauben dir nicht rauben
> trotz allem, allem, was geschehn.

> Und handeln sollst du so, als hinge
> von dir und deinem Tun allein
> das Schicksal ab der deutschen Dinge,
> und die Verantwortung sei dein.«

Die Strophen sind aus dem Gedicht »Fichte an jeden Deutschen«,
Neujahr 1922, von Albrecht Matthäi (1855–1924). Sie sind unbe-
schädigt durch ihren Missbrauch hindurchgegangen, weil sie mit
»Deutschlands Zukunft – und die Verantwortung sei dein« exakt
die schwere Aufgabe der Ausbildung der Bewusstseinsseele im
fünften nachatlantischen Zeitraum beschreiben, die von vielen
»Historikern« wie Laien vergessen worden zu sein scheint.
    Die Hitlerjugend war damals noch nicht staatlich verordnet, son-
dern ein freiwilliger Bund. Am 30. Januar 1933 hatten einige Ober-
stufen-Schüler vor Schulbeginn die Hakenkreuzfahne aus dem Dach
unseres Gymnasiums hinausgehängt. Wir waren in der 8. Klasse, der
heutigen 12. Klasse. Der Klassenlehrer, der selbst den Ersten Weltkrieg als Soldat überstanden hatte, war von der Erfüllungspolitik der

Nachkriegszeit tief abgestoßen. Er war kein Nationalsozialist, wählte diese Partei aber einzig deswegen, weil er sich von ihr eine wirkliche Änderung in der Außenpolitik erhoffte. An jenem Tage aber kam er, der überaus besonnene und ruhige Lehrer, sehr aufgeregt in die Klasse. Ohne das übliche Morgengebet begann er: »Kallert, übersetzen Sie weiter im Homer.« Bernhard Kallert, der führend im NS-Schülerbund tätig war, stockte in der Übersetzung. Unser Lehrer klappte sein Buch zu, warf es auf die erste Bank und rief in äußerster Erregung: »Gehören Sie auch zu den Verrätern? Die Fahne kommt sofort wieder weg! Ich befehle das! Hinter mir stehen die hunderttausend Bajonette der Reichswehr!«

Wir kannten unseren Lehrer nicht mehr wieder. Was war geschehen? Er war doch für die kommende Regierung! Ja – aber ihre Einsetzung sollte seiner Vorstellung nach ganz legal durch das Parlament auf dem politisch geordneten Weg und nicht durch eine Art Staatsstreich geschehen. Er verteidigte die Ordnung im öffentlichen Leben, so wie er auch als Konrektor ihr unbestechlicher Hüter im Gymnasium war.

Um 10 Uhr kam ein Anruf vom Kultusministerium, dass die Fahnen hängen bleiben dürften. Damit war für unseren Lehrer alles wieder in Ordnung. Das war am 30. Januar 1933, dem Tag der Machtübernahme, die zwölf Jahre dauern sollte. Bereits am 28. Februar wurde die Kommunistische Partei Deutschlands (KPD) durch eine »Notverordnung zum Schutz von Volk und Staat« verboten. Ich erwähne das deshalb, weil auch das Verbot der Anthroposophischen Gesellschaft 1935 in Ausführung dieser Notverordnung erfolgte. Schon im ersten Vierteljahr 1933 wurden alle Jugendbünde, auch die links stehenden, zwangsweise in die Hitlerjugend überführt. Auch der NS-Schülerbund. Da ich noch nicht volljährig war, brauchte ich die Einwilligung des Vaters: »Hiermit erkläre ich mich einverstanden, wenn mein Sohn Wilhelm Hoerner, Gymnasiast der 9. Klasse, der Hitlerjugend in Ansbach beitritt und sich dort betätigt, allerdings ohne dass seine Schularbeit darunter leidet. Ulsenheim, den 14.5.1933 Karl Hoerner, Hauptlehrer.«

Vor dem oben erwähnten Lehrer flohen alljährlich einige Schüler an eine andere Schule. Denn diese 8. Klasse war die eigentliche

Probe für das Abitur. Von Michael Bauereisen (1871–1961) – er war genau so wie sein Name – erfuhr ich die entscheidendste Förderung in der Schulzeit. Ich war der Älteste in der Klasse und konnte alles, was er im Unterricht direkt oder indirekt aus dem gelebten Leben einbrachte, als Förderung und nicht nur als Ablenkung vom Unterrichtsfach erleben. Er gab Griechisch, Lateinisch, Deutsch und Geschichte. Die Sprachen waren schwer für mich, obwohl ich zum griechischen Geist eine tiefe Neigung hatte. Als ich mit Griechisch begonnen hatte und schon einige Worte kannte, schenkte mir die fromme Schwester meiner Mutter ein altes griechisches Testament. Sofort machte ich mich in den Ferien daran, einiges herauszufinden. Es war im Schlossgarten in Niederstetten, neben mir saß die stets handarbeitende Schwester, als ich den ersten griechischen Satz aus dem Matthäus-Evangelium ganz allein entziffert hatte: »Der Schüler ist nicht über seinem Meister.« Das steht im Kapitel 10, Vers 24. Es gibt also wirklich ein Schülerverhältnis zu einem Meister. Aber wer ist dieser Meister? Und werde ich den finden? In einer bestimmten Richtung erlebte ich später Michael Bauereisen als meinen Meister.

Trotz meiner schlechten Sprachkenntnisse schätzte er meine Bemühungen im Malen, und so förderte er auch mein Kunstverständnis durch eine vergleichende Aufgabe über »Die Bedeutung von Mensch und Landschaft bei Arnold Böcklin (1827–1901) und Anselm Feuerbach (1829–1880)«. Am Samstag oder Sonntag durfte ich in seine Wohnung kommen und stundenlang seine Bilder betrachten. Er besaß wunderbare Originale von fähigen Künstlern, meist Aquarelle von Landschaften in allen Jahreszeiten.

An den Wandertagen liefen Bernhard und ich meist an seiner Seite. Da konnten wir ungehindert unsere Fragen stellen und das Aufleuchten mancher Lebensweisheit dankbar erfahren.

Nach unserer Heimkehr vom Zweiten Weltkrieg haben Hans Röttenbacher und ich – Bernhard Kallert war gefallen – Bauereisen noch einmal in seinem Haus in Eyb bei Ansbach besucht. Es war im Frühjahr 1952. Er grub gerade seinen Garten um, wobei er für den Spatentritt einen »Knobelbecher« – das ist ein Soldatenstiefel aus dem Ersten Weltkrieg – an dem einen Fuß trug. Beim Gespräch im

Zimmer sagte er unter anderem: »Ja, wenn Sie ihre Vortragsübungen hatten, dann saß der Lehrer hinten in der letzten Bank und hat Maul und Ohren aufgerissen über das, was da von Ihnen zu hören war.« Wir hatten damals die Anthroposophie und ihren Lehrer noch nicht gefunden, waren aber mit unserer intensiven Suche schon so dicht dran, dass für den Lehrer wahrnehmbar war, was wir im Grunde suchten.

Das Abitur konnte so bestanden werden, dass wir drei von den mündlichen Prüfungen befreit waren. Für den deutschen Aufsatz sagte ich dem Rektor vorher, dass ich weder ein politisches Thema noch eine Charakterbeschreibung aus einem Drama bearbeiten würde, weil ich mich dazu nicht in der Lage sähe. Das Abitur musste im Zeichensaal geschrieben werden, weil wir dort weit auseinander zu sitzen hatten. Als erstes Thema erschien an der Schiebetafel das Zitat aus dem Faust: »Dass sich ein großes Werk vollende, genügt ein Geist für tausend Hände.« Das war 1934 nur politisch zu verstehen. Ich schüttelte den Kopf. Das zweite war eine Charakterbeschreibung, ich schüttelte wieder den Kopf. Dann wurde das dritte Thema sichtbar: »Natur und Heimat, ein Jungbrunnen deutschen Geisteslebens.« Ich entschied mich dafür mit der Ahnung, dass dieses Thema von den neun dem Lehrerkollegium vorliegenden Themen vielleicht ganz allein für mich ausgesucht worden war. Ich war dann auch der Einzige von den neunzehn Abiturienten, der es bearbeitete. Da ich mir die Biografien von Albrecht Dürer (1471–1528) und Martin Luther (1483–1546) freiwillig schon gründlich erarbeitet hatte, konnte ich an diesen Beispielen alles darstellen, was mir zum Thema gehörig erschien. In der Beurteilung im Abiturzeugnis ist dazu zu lesen: »Der lobenswerte deutsche Aufsatz gab in sehr gewandter Form ein tiefreichendes persönliches Bekenntnis, das von großer Naturliebe zeugte, aber den Begriff ›Heimat‹ zu eng fasste. Aufgrund der Ergebnisse der schriftlichen Prüfung und des Jahresfortgangs wurde ihm die mündliche Prüfung erlassen ...« Nur einmal, und das war in unserem Abiturjahr 1934, verlangte die neue Regierung eine zusätzliche Prüfung in nationalsozialistischer Zuverlässigkeit. Sie ist Seite 204 beschrieben.

Hans Röttenbacher in seinen   Bernhard Kallert
letzten Lebensjahren

Als ich damals mit meinen beiden Freunden meinen ersten und einzigen Vortrag im Nürnberger Zweig vor dem Verbot der Anthroposophischen Gesellschaft gehört hatte, wurden wir Neulinge noch von einer Dame zu einer Tasse Tee eingeladen. Nachdem sie uns im Gespräch aufgelockert hatte aus dieser ersten tief beeindruckenden Schicksalsbegegnung mit der lebendigen Anthroposophie, führte sie uns an ihren Bücherschrank und sagte, dass die Bücher ja doch bald von der Gestapo abgeholt würden, und deshalb wollte sie jedem von uns eines schenken. Obwohl wir alle drei entschlossen waren, Theologie zu studieren, scheint sie doch Zukünftiges aus unserer Wesensart entnommen zu haben, das in eine andere Richtung wies. So gab sie Hans-Adolf Röttenbacher »Die Geheimwissenschaft im Umriss«. Er studierte ja dann Musik und wurde Konzert-Pianist. So passte das Geschenk, ist doch Harmonie der Welt der Inhalt dieses seines ersten Buches von Rudolf Steiner (1861–1925).

121

Bernhard Kallert erhielt »Die Philosophie der Freiheit«. Er ging bald ganz zur Philosophie über und promovierte 1941 mit einer Arbeit über den objektiven Idealismus Rudolf Steiners.

Ich erhielt die Vorträge, die Rudolf Steiner 1908 in Hamburg über das Johannes-Evangelium gehalten hat.

Mathilde Grieshammer (1890–1974), die unbestechliche und mutige Lehrerin in Nürnberg, war von unseren Schicksalsführern wie ein Wegweiser an einem wichtigen Kreuzweg aufgestellt worden. Sie war es auch, die ein antisemitisches Bilderbuch, das alle Lehrer in Nürnberg in ihren Klassen verkaufen sollten, mutig zurückwies und im verängstigten Kollegium erklärte: »Mein pädagogisches Gewissen verbietet mir die Verbreitung solcher Hetze.« Es geschah ihr nichts.

Nach dem Abschluss der Schulzeit konnten wir nicht unmittelbar mit dem Studium beginnen, weil ein halbes Jahr Reichsarbeitsdienst bereits gesetzlich verordnet war. Per Postkarte wurden wir benachrichtigt:

»An alle reichsdeutschen und arischen Abiturienten 1934!
Wenn Sie die Hochschulreife erhalten und zu studieren beabsichtigen, sind Sie zur Ableistung des Diensthalbjahres im Sommer 1934 verpflichtet; andernfalls können Sie Ihr Studium nicht beginnen.
Bis zum 9. April müssen Sie, falls Sie 1934 oder später Ihr Studium beginnen wollen, die anhängende Antwortkarte genau und in deutlicher Schrift ausfüllen und mit einer Freimarke versehen absenden.
Die Ausführungsbestimmungen zum Dienstjahr 1934 ersehen Sie aus dem durch Ihre Schule zugehenden Merkheft zum Dienstjahr. Ferner liegen diese bei Ihrer Schule zur Einsichtnahme aus.
(gez.) Unterschrift«

Schon in meiner Schülerzeit hatte ich für die Radwanderungen einen alten Militärtornister aus dem Ersten Weltkrieg. Diesen richtig zu packen und den zusammengerollten Mantel ordnungsgemäß aufzuschnallen hatte ich gelernt. Deshalb wurde ich vor dem Vorbeimarsch an der Reichsregierung in Nürnberg vom Außendienst befreit und musste den ganzen Vormittag Tornister packen. Immer wieder wurden bei der Inspektion durch die Feldmeister (Unteroffiziere) einzelne ausgesondert zum erneuten, noch exakteren Packen. Kurz bevor in Nürnberg morgens um fünf Uhr der Abmarsch zur Parade begann, kam der Befehl, alle Tornister wieder zu entleeren und mit Stroh zu füllen, weil die normale Belastung während der langen Marschzeit zu viele Ausfälle verursachen würde. Damit war meine tagelange Packarbeit umsonst gewesen. Weil es glühend heiß war und wir alle in den dicken Uniformen schweißgebadet waren, bespritzte uns die Nürnberger Bevölkerung mit kühlem Wasser. Manche hielten aber auch den Gartenschlauch so in die Reihen, dass die Mützen wegflogen und Unordnung entstand. Diese Wohltäter gehörten zu den in der Stadt der Reichsparteitage immer noch vorhandenen roten (KPD-)Mitgliedern.

Für eine Ausstellung in Kitzingen am Main wurde ich ebenfalls von der Arbeit freigestellt, um Landschaften und Blumen aus der Umgebung zu malen. Auch Bastelarbeiten aus früheren Jahren wurden von mir ausgestellt. So war auch mein über einen Meter großes Segelschiff aus der Schülerzeit darunter. Und das alles wurde unter dem Motto: »Arbeiten der Arbeitsmänner in der Freizeit« gezeigt. Durch solche und ähnliche »kleine« Lügen wurde ich für das Erkennen der großen Lügen in der Geschichte der Menschheit gut geschult.

Im SA-Sportlager auf Burg Rieneck an der Sinn, wo ich in sechs Wochen das für die Immatrikulation an der Universität notwendige Sportabzeichen erwerben musste, wurde frühmorgens bei angetretener Mannschaft die Hakenkreuzfahne gehisst und abends ebenso wieder eingeholt. Die unmilitärischen Schikanen beim Exerzieren und allen Verrichtungen im Tageslauf lasse ich unerwähnt. Aber geschichtsbildend war folgendes Erlebnis: Am ersten Abend ihres Dienstes bekamen die Neulinge unter den Wachen ein geladenes Infanteriegewehr in die Hand mit der Anweisung, bei Auftauchen einer Gestalt über der Burgmauer sofort zu schießen. Die Hintergründe dieses verrückten Befehles erfuhr ich erst einige Wochen später bei der alten Reichswehr, wo ich ab 1. November 1934 als freiwilliger Soldat für ein Jahr im 1. Bataillon des 21. Infanterieregimentes in Bamberg Dienst tat. Als ich dort sagte, dass ich vom SA-

Sportlager käme, hatte ich dort auch kein leichtes Leben. Die ganze damalige Reichswehr hatte für einige Zeit höchste Alarmstufe. Dabei mussten alle Soldaten Tag und Nacht angezogen und mit voller Waffenausrüstung in Bereitschaft sein. Scharfe Munition und Handgranaten waren ausgegeben. Das war die Zeit, in der die SA als Bürgerwehr mit Waffen ausgerüstet werden wollte. Die Reichswehr als legales 100.000-Mann-Heer sollte bereit sein, dies wenn nötig mit Waffengewalt zu verhindern. Einen solchen Bürgerkrieg hätte sich die NS-Regierung nun aber doch nicht leisten können, und so ließ sie die begehrlichen SA-Führer unter irgendwelchen fadenscheinigen Gründen ermorden. »Die Reichswehr«, für die im Frühjahr 1935 die allgemeine Wehrpflicht eingeführt wurde, erhielt sich auch in dieser neuen Form weitgehend ihre Selbstständigkeit. Ein Kennzeichen war der militärische Gruß mit Hand an der Mütze, der bis zum Juli 1944 galt. Erst nach dem Stauffenberg-Attentat wurde auch die Wehrmacht zum Hitlergruß gezwungen. Das ließ sich aber nicht mehr an allen Fronten durchsetzen.

Unser Dienst bei dem 100.000-Mann-Heer war hart. Es sollte erprobt werden, wie belastbar diese Generation zwanzig Jahre nach dem Ausbruch des Ersten Weltkrieges war. Jeden Samstag gab es einen 25-km-Gepäckmarsch mit voller Ausrüstung, also mit Tornister, Gewehr und Patronentaschen, Spaten, Gasmaske und Stahlhelm. Wenn die Mannschaft zu keuchen anfing, wurde »Marscherleichterung, Kragen auf, ein Knopf« befohlen. Alternativ zum Gepäckmarsch war am anderen Samstag ein 10-km-Geländelauf meist durch weglosen Wald. Schwere Geländeübungen und Parademärsche, so bei der Einführung der allgemeinen Wehrpflicht, kamen hinzu. Da wir Abiturienten schon als Unteroffiziere entlassen wurden, begriffen wir, dass wir zum Offiziersnachwuchs ausersehen waren. Das wurde dann durch alljährliche mehrwöchentliche Übungen verwirklicht.

Am 1. November 1935 begannen meine beiden Freunde Hans Röttenbacher und Bernhard Kallert und ich gemeinsam in Erlangen das Theologiestudium. Zwar suchten wir, wie man damals im Scherze sagte, »das Himmelreich zu erlangen«, aber meine Enttäu-

Mit den Freunden
Bernhard Kallert und
Hans Röttenbacher 1934:
»Ohren steif halten,
auch für Dackel!«

schung nach der ersten Vorlesung zum Römerbrief des Apostels
Paulus war, wie bereits geschildert, abgrundtief (vgl. S. 208).

Am 16. November wurde die Anthroposophische Gesellschaft
im ganzen Reich verboten. Der genaue Wortlaut gehört in das Buch
der Geschichte. In der Morgenausgabe des Stuttgarter NS-Kuriers
vom 16. November 1935 erschien folgende Notiz:

»Im ganzen Reich verboten! Das Ende der ›Anthroposophischen
Gesellschaft‹
Berlin 16. Nov.
Die Geheime Staatspolizei hat, nachdem bereits die Auflösung der
Anthroposophischen Gesellschaft in Baden gemeldet worden war,
nunmehr diese Gesellschaft aufgrund der Verordnung zum Schutze
von Volk und Staat vom 28. Februar 1933 für das gesamte Reichsgebiet aufgelöst und ihr jede Weiterbetätigung verboten.
Zu diesem Verbot wurde der Presse als Begründung mitgeteilt: ›Der
Grund für das Vorgehen der staatlichen Behörden gegen die Anthroposophische Gesellschaft liegt darin, dass sie international eingestellt
ist und bis heute noch enge Beziehungen zu ausländischen Freimau-
rern, Juden und Pazifisten unterhielt. Die auf die Pädagogik des

Auch eine Erinnerung:

In der Morgenausgabe des Stuttgarter NS-Kuriers vom 16. November 1935 — also vor fünf
Jahrsiebenten — erschien folgende Notiz:

Im ganzen Reich verboten!

Das Ende der „Anthroposophischen Gesellschaft"

✠ Berlin, 16. Nov.

Die Geheime Staatspolizei hat, nachdem bereits
die Auflösung der Anthroposophischen Gesellschaft in
Baden gemeldet worden war, nunmehr diese Gesellschaft auf Grund der Verordnung zum Schutze von
Volk und Staat vom 28. Februar 1933 für das gesamte Reichsgebiet aufgelöst und ihr jede Weiterbetätigung verboten,

Zu diesem Verbot wurde der Presse als Begründung mitgeteilt: „Der Grund für das Vorgehen der staatlichen Behörden gegen die Anthroposophische Gesellschaft liegt darin, daß
sie international eingestellt ist und bis heute noch enge Beziehungen zu ausländischen Frei-
maurern, Juden und Pazifisten unterhielt. Die auf die Pädagogik des Gründers Steiner aufgebauten und in den heute noch bestehenden anthroposophischen Schulen angewandten
Unterrichtsmethoden verfolgen eine individualistische, nach dem Einzelmenschen ausgerichtete Erziehung, die nichts mit den nationalsozialistischen Erziehungsgrundsätzen gemein hat. Infolge der Gegensätze zwischen den Anschauungen der Anthroposophischen
Gesellschaft und den vom Nationalsozialismus vertretenen völkischen Gedanken bestand
die Gefahr, daß eine weitere Tätigkeit der Anthroposophischen Gesellschaft die Belange
des nationalsozialistischen Staates geschädigt hätte. Die Organisation wurde daher wegen
ihres staatsfeindlichen und staatsgefährdenden Charakters aufgelöst." (Frankfurter Zeitung
vom 16. November 1935.)

Nürnberg, den 13. Juni 1941.

An die Mitglieder und Freunde der
Christengemeinschaft Nürnberg!

Wie uns heute eröffnet wurde, ist die Christengemeinschaft
auf Weisung von Berlin für das ganze deutsche Reichsgebiet -
zunächst ohne Angabe des Grundes - verboten worden.
Gemeinde-Veranstaltungen, einschließlich Gottesdienst und
Unterricht, dürfen nicht mehr stattfinden. Wenn die näheren
Ausführungsbestimmungen herausgekommen sind, werden wir den
Mitgliedern genaueres mitteilen.
Diese Orientierung ergeht mit Erlaubnis der geheimen
Staatspolizei.
Welche Gedanken und Empfindungen uns gegenwärtig bewegen,
braucht nicht ausgesprochen zu werden. Daß durch solche Ereignisse
das wahre Christentum an Kraft nicht verliert - davon sind
wir überzeugt. Die innerste Verbundenheit wird bestehen bleiben.

Mit den herzlichsten Grüßen an jeden Einzelnen unserer
Mitglieder und Freunde!

Eberhard Kurras   Kurt Philippi   Wilhelm Kelber

Kn 1585

Das Ende der Anthroposophischen Gesellschaft

Gründers Steiner aufgebauten und in den heute noch bestehenden anthroposophischen Schulen angewandten Unterrichtsmethoden verfolgen eine individualistische, nach dem Einzelmenschen ausgerichtete Erziehung, die nichts mit den nationalsozialistischen Erziehungsgrundsätzen gemein hat. Infolge der Gegensätze zwischen den Anschauungen der Anthroposophischen Gesellschaft und dem vom Nationalsozialismus vertretenen völkischen Gedanken bestand die Gefahr, dass eine weitere Tätigkeit der Anthroposophischen Gesellschaft die Belange des nationalsozialistischen Staates geschädigt hätte. Die Organisation wurde daher wegen ihres staatsfeindlichen und staatsgefährdenden Charakters aufgelöst.‹«

Wenige Tage später schrieben wir drei Freunde die folgende offene Postkarte an den Pfarrer in der Christengemeinschaft Wilhelm Kelber (1901–1967) in Nürnberg. Da Wilhelm Kelber mir mit dem folgenden Anschreiben die Karte viele Jahre später zurücksandte, ist der genaue Text erhalten:

Starnberg, 10.8.1961
Lieber Herr Hoerner!
Beim Ordnen alter Papiere kam mir dieses beiliegende Dokument in die Hand. Ich schicke es Ihnen als dem Überlebenden. Vielleicht heben Sie es gern auf.
    Herzlich grüßt Sie
    W. Kelber

Erlangen, den 20.11.1935
Sehr verehrter Herr Pfarrer!
Drei junge Freunde der Christengemeinschaft, die zur Zeit in Erlangen das theologische Studium beginnen, möchten sich in wichtigen Studienfragen bei Ihnen Rat holen. Wenn Sie im Laufe des nächsten Samstags oder Sonntags Gelegenheit zu einer Unterredung geben könnten, teilen Sie das bitte mit an umstehende Adresse.
    Mit guten Grüßen
    Hans Adolf Röttenbacher
    Wilhelm Hoerner
    Bernhard Kallert

Der Text zeigt zur Genüge unsere Harmlosigkeit auf. Wir erhielten auch umgehend Nachricht und fanden uns an einem Samstag um 14 Uhr bei Eberhard Kurras (1897–1981) ein. Damit begann eine regelmäßige Studienarbeit anhand der Schrift von Friedrich Rittelmeyer: »Theologie und Anthroposophie«. Gleichzeitig nahmen wir, soweit das vom Studium aus möglich war, am Gemeindeleben der Christengemeinschaft in Nürnberg teil. Wie die Studenten ein Vierteljahrhundert vorher von Erlangen nach Nürnberg und oft die siebzehn Kilometer wieder zurück zu den Nachmittagspredigten von Friedrich Rittelmeyer und Christian Geyer (1862–1929) gepilgert waren, so fuhren wir oft per Anhalter nach Nürnberg in die Martin-Richter-Straße. Dort war von einem Zaun umgeben das Grundstück, auf dem der einfache Kirchenbau der Christengemeinschaft errichtet war. Am 12. Januar 1936, dem ersten Epiphaniassonntag, war ich dort zum ersten Mal in der Menschenweihehandlung, dem Gottesdienst der Christengemeinschaft. Das Erlebnis ist im Tagebuch festgehalten: »Sonntag 12.1.1936. Die erste Weihehandlung erleben dürfen. Ihr Segen kommt erst später, aber man spürt ihn kommen. Es ist das wirklich die Quelle. Wen da dürstet, der komme zu diesem Brunnen lebendigen Wassers. Ostern sind wir in Stuttgart. Wenn die armen (Eltern) nur Ruhe fänden darüber.« Einmal baten wir an einer Tankstelle um die Mitfahrmöglichkeit, worauf uns der Angesprochene leise sagte: »Von mir aus gerne, aber ich muss Sie darauf aufmerksam machen, dass ich Nichtarier (Jude) bin und Sie Ihre Studienerlaubnis verlieren, wenn bekannt wird, dass Sie mit mir gefahren sind.« Wir fuhren trotzdem mit, wiederum nicht bedenkend, dass das auch eine Prüfung unserer »Zuverlässigkeit« durch die Geheime Staatspolizei hätte sein können. Diesmal war es das aber nicht.

Um mit einer Beihilfe studieren zu können, mussten in jedem Semester in mehreren Fächern Stipendien-(Stips-)prüfungen abgelegt werden, nach deren Ausgang das Stipendium weiter genehmigt oder gestrichen wurde. Außerdem musste jeder nachweisen, dass er in einer NS-Formation regelmäßig Dienst machte. Ich schrieb immer noch den »HJ-Bann Ansbach«, in den unser NS-Schülerbund aus der Gymnasialzeit schon 1933 übergeführt war, in die

Formulare ein. Das ging zwei Jahre lang gut, obwohl ich nie mehr nach Ansbach kam. Eine weitere Zwangseinrichtung des NS-Staates für die Erlanger Studenten war die Teilnahme an einem Lehrgang für Selbstverteidigung, zweimal wöchentlich in den ersten Semestern. Der fand frühmorgens vor den Vorlesungen in einer Turnhalle statt. Es war im Wesentlichen eine Unterweisung im Boxen. Das sollte auch ein Ersatz für das Fechten sein. Denn die schlagenden Verbindungen und Duelle waren für alle Studenten verboten.

Schon in der Osterzeit 1936 nahmen wir dann an dem vierzehntägigen Berufsorientierungskurs am Seminar der Christengemeinschaft in Stuttgart teil. Wir drei fränkischen Theologiestudenten hatten zuvor um ein Gespräch mit Friedrich Rittelmeyer gebeten. Da saßen wir nun in dem kleinen Empfangszimmerchen im alten Urachhaus dem großen Mann gegenüber, der uns Auskunft auf unsere vielen Fragen geben sollte. Er war äußerlich aber eher untersetzt, kräftig, mit großem Haupt und dem üblichen Theologen-Spitzbart am Kinn, über die Weste die Taschenuhrkette gespannt und mit der Hand in der Hosentasche einen Schlüsselbund haltend. So zog ich unerlaubte Vergleiche mit den mir bekannten Pfarrern. Rittelmeyer erkundigte sich eingehend nach unseren Professoren, erzählte von deren Konfirmandenzeit bei ihm und anderen, was uns überhaupt nicht interessierte. Nach einer halben Stunde zog er die Taschenuhr und sagte: »Meine Herren, meine Zeit ist um.«

Erschrocken standen wir auf. Und dann geschah es: Rittelmeyer strahlte uns aus seinen großen blauen Augensternen an, schaute uns in Eines zusammen und sagte mit deutlich fränkischem Akzent: »No ja, Sie haben sich ja diese Zeit herausgesucht, jetzt müssen's schon schauen, wie Sie durchkommen.« Damit waren wir entlassen, einigermaßen enttäuscht, denn wir wollten uns gerade über eben diese Zeit beschweren und um Auswege und Hilfen bitten. Am unzufriedensten war Freund Bernhard. Er ging sofort unangemeldet allein ohne uns zu Emil Bock (1895–1959) und wurde zwar empfangen, aber kurz abgefertigt mit den Worten: »Nun wollen wir mal sehen, wohin das Äpfelchen rollt.« Auch diese Auskunft zeigt deutlich, wie taktvoll von beiden Persönlichkeiten unsere eigene Entscheidungsfreiheit gefordert, aber nicht im mindesten angetastet wurde. Für mich war das ein Segen und eine Stütze bis zur Stunde. Denn das Schicksalsgesetz, das in der Seele waltet, kann nur von dem sich befreienden Ich zunächst erahnt und im Verlauf des Lebens allmählich erkannt werden. Es ist nicht lehrbar, wohl aber erlernbar.

Von jenem Orientierungskurs findet sich folgende Tagebuchaufzeichnung: »6. April 1936. Die vierzehn Tage in Stuttgart sind wohl mit die schönsten Tage meines bisherigen Lebens gewesen. So viele klare Menschen um einen herum, das muss einen klarer, geschlossener, sicherer und fester machen. Die männlich ruhige Klarheit eines Lic. Bock gibt einem mehr als ein Semester theologische Vorlesungen, und ein Blick in die blauen Augen Dr. Rittelmeyers lässt mich geistige Welten ahnen. In Klarheit und mit ruhiger Überlegung habe ich den Schritt getan. Unermüdliche Geduld allein wird mich auf dem neuen Wege weiter bringen.«

Wir organisierten dann einen weiteren Kurs für Erlanger Theologiestudenten. Die wenigen Teilnehmer erlebten dabei aber keine lebensentscheidende Schicksalsberührung. Der Anfang des Erlangener Theologiestudiums hatte mich tief enttäuscht. Ob ich jemals Pfarrer in der Christengemeinschaft werden könnte, musste ich ganz offen lassen, ja eher bezweifeln. Was war da zu tun? In den Sommerferien entschloss ich mich, auf Naturwissenschaften, also Biologie, umzusatteln. Das fiel meinen Eltern nicht leicht, aber sie ließen mich frei. So fuhr ich ohne griechisches Testament und ohne hebräische Bibel nach Erlangen. Als ich am Bahnhof ausgestiegen war und den Erlanger Boden wieder unter den Füßen spürte, wurde mir blitzartig der Unsinn meines Studienfluchtversuches klar. Ich ging zum nächsten Postkartenautomaten und schrieb auf dem Dach eines Briefkastens eine Karte an die Eltern, mir umgehend meine theologischen Bücher wieder nachzuschicken, weil ich weiter Theologie studieren werde. Auch das hatten meine guten Eltern zu verkraften. Unser Sohn Erdmut Michael hat dann das volle Hochstuhlstudium der Biologie mit Abschluss seinem Priesterwerden vorausgehen lasssen. Für uns drei Theologiestudenten brachten die weiteren Semester eine Differenzierung der Studien. Hans

(Adolf) Röttenbacher legte den Schwerpunkt zunächst auf Kirchenmusik bei Georg Kempff (1893–1975) und dann ganz auf das Klavier – er war auch Schüler von Elly Ney (1882–1962) – und schloss sein Studium als freier Konzertpianist vor allem mit Beethoven-Interpretationen ab. Später kamen eigene Kompositionen hinzu. Bernhard Kallert zog nach Berlin zu dem Philosophen Nicolai Hartmann (1882–1950). »Der Erkenntnisbegriff des objektiven Idealismus. Versuch einer Darstellung der Erkenntnistheorie Rudolf Steiners« war Bernhards Hauptarbeitsfeld. Als er sich dann 1941 mit diesem Thema zur Promotion bei Eugen Herrigel in Erlangen meldete, sagte dieser: »Das nehme ich an, weil die Anthroposophie eine Wissenschaft ist. Aber ich muss Ihnen sagen, dass Sie dann nachher in Deutschland nicht mehr auch nur als Lehrling an einer Bank angestellt werden können.« »Das weiß ich«, antwortete Kallert. »Dann sind wir uns einig«, sagte Herrigel.

Ungezählt und unbekannt bleiben derartige Gespräche und Situationen zwischen älteren und jüngeren Menschen der damaligen Zeit. Nur diejenigen, die sie selbst erlebt haben, konnten das existenzielle Wagnis ahnen, in dem sie mitten darinnen standen. Wer heute diese Lebenslagen, in die wir fortwährend versetzt waren, nicht angemessen im Denken nachvollziehen kann und will, möge schweigen. Wer nicht in diesem nachvollziehenden Mitdenken Geschichte betrachten oder gar schreiben kann, schreibt nur Geschichten ohne Wirklichkeit.

Kriegsbedingt konnte die Arbeit von Bernhard Kallert nur in sechs Schreibmaschinenexemplaren vorhanden sein. Ende der fünfziger Jahre ist sie durch die Initiative der Leiterin eines Studenten-Arbeitskreises entdeckt worden. So konnte der Druck im Verlag Freies Geistesleben mit dem Titel »Die Erkenntnistheorie Rudolf Steiners« 1960 und in zweiter Auflage 1971 erfolgen. In den Rezensionen von anthroposophischen Zeitschriften war dazu zu lesen: »Mitten im Dritten Reich, als die Anthroposophische Gesellschaft bereits verboten war, konnte Kallert bei dem in Erlangen wirkenden Professor Herrigel über Rudolf Steiners Erkenntnistheorie promovieren – ein Zeugnis von der Kraft des Widerstandes, die der Geist auch in einer Zeit des terrorisierten Geisteslebens verleiht. Als eine

Aufgabe in dieser Zeit erlebte es Kallert, den Keim der Ich-Philosophie, der in Rudolf Steiners Werk liegt, ein Stück weiter zu entfalten.« Oder: »Sowohl diese Schrift wie auch das, was über seine Persönlichkeit, seinen Schicksalsgang und seine Zukunftspläne mitgeteilt wird, erweist, dass das deutsche Geistesleben und die anthroposophische Bewegung im Besonderen mit seinem Tode den Verlust einer Kraft erlitten hat, von der für die Zukunft noch Bedeutendes hätte erwartet werden dürfen.« Und wieder: »Wie ein Rufer in der Wüste kann uns dieser junge Denker anmuten, der nur mit wenigen Freunden über seine Bemühungen sprechen konnte, in einer Zeit (1941), die seinem Streben mehr als feindlich gegenüber stand.« Bernhard Kallert (geb. 1913) erlag 1944 seinen schweren Kriegsverwundungen. Er ist in seinem Geburtsort bestattet worden.

Hans Röttenbacher (geb. 1915) starb – als Schwerkranker aus sibirischer Kriegsgefangenschaft entlassen – während einer Operation 1953 in München; sein Grab ist in Ansbach. Die Stadt betreut es als Ehrengrab. Eine Straße ist nach ihm benannt. »Weg nach innen« heißt eines seiner letzten Gedichte, geschrieben im Transportzug nach Wjasma:

> »Der Engel führt mich immer mehr ins Weite,
> der kalte Raum wächst zwischen dir und mir.
> Ich aber stehe ringend vor der dunklen Tür,
> dass sich mein Weg nun ganz nach innen leite,
> und jeder Schritt sei auf dem Weg zu dir
> in den Bereich, wo unsre Seelen Brücken finden,
> in lichter Wärme ganz sich zu verbinden,
> von keiner Drohung wissend durch das Tier.«

Schweren Herzens war ich allein bei der Theologie geblieben. Da ich wusste, dass ich aus inneren Gründen nicht mehr Pfarrer in der evangelischen Kirche werden konnte, erbat ich nach dem abgelegten Hebraicum die Aufnahme in das Seminar der Christengemeinschaft in Stuttgart. Um den Mitbewohnern unseres Dorfes vor Augen zu führen, dass das Abbrechen des Studiums der evangelischen Theologie nichts mit einem Zurückschrecken vor dem Beruf des

Pfarrers zu tun hat, was damals »Kanzelfieber« genannt wurde, hielt ich am zweiten Weihnachtsfeiertag 1936 im schwarzen Talar und Bäffchen unseres Pfarrers in der Dorfkirche und nachmittags noch einmal im Nachbarort den gesamten Altar- und Predigt-Gottesdienst zu Johannes 1,5: »Und das Licht schien in die Finsternis, aber die Finsternis hat es nicht begriffen.« Mit dem Sommer-Semester 1937 setzte ich das Studium am Priesterseminar der Christengemeinschaft in Stuttgart fort.

Zwei andere sozialgeschichtliche Ereignisse sollen hier noch erwähnt werden. Die allen ehemaligen Soldaten zugesprochene Abfindungssumme von 150 RM wurde Studienanfängern nicht ausbezahlt, während sie jeder sofort wieder in Arbeit stehende Handwerker erhielt. Als Begründung wurde gesagt, wir würden ja von unseren Eltern unterhalten. Da ich voll auf Stipendium angewiesen war, wehrte ich mich energisch gegen diese Ungerechtigkeit. Da wurde mir gesagt, dass es für mich nur die Möglichkeit gäbe, das Geld als Arbeitsloser zu erstempeln. Das habe ich dann auch so lange getan, bis der volle Betrag erreicht war.

Das andere Ereignis hatte sich in einer Zusammenkunft aller Theologie-Studenten im größten Hörsaal begeben. Dort war gesagt worden: Durch die öffentlichen politischen Verhältnisse seien wir Theologen »geachtet wie Schlachtschafe und würden geopfert den ganzen Tag«. Dieses Wort aus dem 44. Psalm zitiert Paulus im Römerbrief Kap. 8,35. Und weil wir deshalb noch enger zusammenstehen müssten, würde hiermit vorgeschlagen, dass wir alle »du« zueinander sagen. Mit vielen anderen betrachteten wir drei Freunde das als Beleidigung, während die Mehrzahl dies für eine christlich notwendige Reaktion auf die öffentlichen Verhältnisse hielt. Die Situation war bei dieser Versammlung deshalb so besonders grotesk, weil viele der Anwesenden noch das Braunhemd trugen. Sie waren gerade von irgendeinem verordneten »Dienst« gekommen. Nachdem ich mich dann entschlossen hatte, die Universität zu verlassen und in Stuttgart am Priesterseminar der Christengemeinschaft weiter Theologie zu studieren, erhielt ich wie zur Bestätigung dieses Entschlusses die Nachricht, dass mein Stipendium ab sofort gestrichen sei, weil ich keinen Dienst in einer NS-Organisation leistete. Vorher hatte ich wahrheitsgemäß angegeben, dass ich vom Schülerbund her zum HJ-Bann in Ansbach gehörte. Diese Zeit war aber schon eineinhalbjährige Vergangenheit. Die nun folgenden Ereignisse, die Aufnahme in das Priesterseminar der Christengemeinschaft in Stuttgart, die Seminarzeit, die Priesterweihe, erste Synode und der Kriegsbeginn sind im Buch der Offenbarung beschrieben, obwohl diese Erlebnisse auch mit der Zeitgeschichte aufs Engste verbunden sind. Am 15. November 1939 schrieb ich an Bernhard Kallert, den Freund im Dreierbund: »Wie fest wir alle zu dem einen goldenen Ring der Zielbewussten zusammengeschmiedet werden, das erleben wir immer deutlicher unter den Hammerschlägen des Zeitenschicksals.«

Im August 1939, am zweiten Tag nach meiner Einberufung zum Kriegsdienst sollte mir beim Morgenappell die 250 Mann starke neue Ersatzkompanie gemeldet werden. Der Obergefreite konnte die Ordnung mit den Neuankömmlingen nicht herstellen und wollte den Hauptfeldwebel dazu holen. Entsetzt kam der Obergefreite aus dem Haus zu mir und sagte verstört: »Der Hauptfeldwebel liegt da drin in seinem Blut.« Ich rannte in das Zimmer, der Hauptfeldwebel lag auf dem Rücken über seinem Bett im Blut, das eine Auge durch den Kopfschuss ausgetreten, in der Hand die Pistole. Ich suchte im anderen offenen Auge die entweichende Seele noch zu erfassen und sprach ganz nah an ihm laut das Vaterunser. Das war für mich der erste Tote im Zweiten Weltkrieg. Bei seiner Bestattung hatte ich die drei Gewehrfeuer-Salven für ihn zu kommandieren. Er war am Tag vorher noch Unteroffizier und war ohne weitere Ausbildung über Nacht zum Hauptfeldwebel (Mutter der Kompanie) befördert worden. Dem fühlte er sich nicht gewachsen. Ein Symptom für die meisten Kriegssituationen, denen man im Grunde nicht gewachsen ist, obwohl man ihnen nicht ausweichen kann.

Zur kurzfristigen Abkommandierung nach Prag ist ein kriegspolitisches Ereignis hier vorwegzunehmen. Der Polenfeldzug war zu Ende. Eine größere Einheit der Waffen-SS war in der Stadt Prag einquartiert worden. Das tschechische Studentenheim war mit Granatwerfern beschossen worden, weil man oppositionelle Studenten darin vermutete. Einige davon wurden öffentlich im Beisein ihrer Kommilitonen erschossen. Aus dem Universitätsgebäude wurde nicht die Hakenkreuzfahne, sondern die damals dort noch unbekannte schwarze SS-Fahne herausgehängt. Deutsche Frauen und Mädchen wurden energisch zum Ball einer Siegesfeier bestellt. Das alles hatten die Prager Deutschen bisher nicht gekannt und nie vermutet. Mit den Fragen zu diesem »bösen Erwachen« wurde ich mehrfach bestürmt.

Als ich kurz vor Weihnachten an den Westwall zu einer Einsatzkompanie für Frankreich versetzt wurde, sollte das »begossen« werden. Ich sagte dem Kompaniechef, dass ich keinen Alkohol trinke, worauf er rasch antwortete: »Für einen Alarm weiß der Hauptfeldwebel voll Bescheid. Ich übergebe ihm die Kompanie und muss sofort zum Bataillon.« Damit verschwand er. Später erfuhr ich, dass er sich zusammen mit dem Major aus dem großen Kummer darüber betrunken hatte, dass er einen Nichttrinker als Kompanieoffizier bekommen hatte. Später wollte mich der Major selbst zum Alkoholtrinken zwingen. Ich stand auf, nahm mein Apfelsaftglas vor die Brust und sagte in strammer Haltung: »Ich bitte Herrn Major gehorsamst, mich nicht zu einer Befehlsverweigerung zu zwingen.« Er bekam einen roten Kopf vor allen anwesenden Offizieren, und damit war diese Sache ausgestanden.

In der Kompanie hatte ein Soldat aus Zorn, weil er am Weihnachtstag auf Wache ziehen musste, gesagt: »Die Kugel für den Chef ist auch schon gegossen.« Er wurde vor das Kriegsgericht gestellt und zum Tode durch Erschießen verurteilt. Der General lehnte das Gnadengesuch ab mit den Worten: »Ein zweites 1918 gibt es in meiner Armee nicht.« Als der Soldat erschossen war, hatte ich die Aufgabe, ihn in der Leichenhalle aufzusuchen und den Vollzug des Befehles festzustellen. Ich sah die zwölf Einschüsse auf seiner Feldbluse. Das war der zweite Tote.

Und schon wenige Stunden nach dem Beginn des Frankreich-Feldzuges lagen da bei Maastricht rechts und links der Vormarschstraße reihenweise unsere toten Fallschirmjäger – notdürftig mit Tüchern bedeckt. Beim Einsatz auf die Sperrforts waren sie alle noch in der Luft abgeschossen worden.

Unsere Division war mit an der Spitze auf einer der südlichen Einmarschstraßen. Artilleriebeschuss und Fliegerangriffe waren die hauptsächlichen Feindeinwirkungen. Ich war Zugführer in einer Fliegerabwehrkompanie des Heeres, Heeres-Fla genannt. Unsere 2-cm-Schnellfeuer-Kanonen waren auf Selbstfahrlafetten mit Kettenantrieb ziemlich schutzlos. Auch während des ganzen Vormarsches mussten sie immer gegen die Fliegerangriffe feuerbereit sein. Kampfhandlungen brauchen hier nicht beschrieben zu werden. Aber was drum herum für mich zum Erlebnis wurde, mag aus einigen Briefstellen aufscheinen.

»(13.5.1940) Pfingstmontag, im Felde, 17.30 Uhr.
Eben wollten schon einige die ersten Grüße schreiben, da flog ihnen Dreck auf das Papier. – Während mein Bursche das grabähnliche Loch für diese Nacht noch etwas vertieft, sitze ich am Rande, mit einem Auge den Himmel nach Feindflugzeugen absuchend, mit dem anderen über diese Zeilen hinweggleitend. –
So ist das nun. – - -
Eben wieder eine große Fliege dazwischen. – Ein besonderes Erlebnis ist das. Man sollte niemand darum beneiden, aber wer es erlebte, kennt ein Stück mehr vom Leben.«

»In Belgien, 14.5.1940.
Weit drinnen sitze ich in der prallen Mittagssonne an dem Rande meines Loches. Oft muss man ganz in das Grab hineinspringen, denn da fliegen schwere Brocken durch die Luft. Die Musik spielt rundherum. Blökendes Vieh, Kühe mit Kälbern, Fohlen mit Stuten, herdenweise irren sie durch die Gegend. Flüchtlinge, Gefangene, endlose Züge. Belgier, Franzosen, Neger, usw. Meine Männer sind tapfer. Ich selbst fühle mich geradezu wohl, nachdem ich nun gelernt habe, täglich in einem neuen Grab zu schlafen, über dem mir die alten Sterne funkeln.«

»Nähe Douai. 21.5. abends nach 9 Uhr.
An den Straßen, hinter Hecken betten wir die Toten. Heute habe ich in einer verlassenen franz. Stellung ein Johannesevgl. auf franz.

Ende des Frankreich-Feldzuges

gefunden, violett eingebunden. – Es wird langsam dunkel; meine Melder haben das Grab für die Nacht geschaufelt, und dann geht's hinein in die Erde.«

»29.5.1940.
Wie Häuser von innen aussehen, weiß ich fast nicht mehr. 20 Tage über keine Schwelle mehr gegangen. Uns geht es allen sehr gut. Um 10 Uhr ist Lille gefallen.«

»29.5.1940, morgens 9 Uhr, 6 km westl. Lille.
Für uns gibt es nur zweierlei: Entweder sterben wir hier und werden dann gleich an Ort und Stelle der Erde gegeben, oder wir kommen wieder heim in eine unversehrte blühende Heimat. Was aber die Flüchtlinge, die Zivilbevölkerung hier erlebten, das übertrifft alles bisher Dagewesene.
Die Stiefmütterchen sind von dem Hofgärtlein eines schönen Hofes. Ganz violett, wie ein Teppich das ganze Gärtlein. Haus und Hof ein qualmender Haufen, noch brennend. Hühner und Kaninchen (weiß mit roten Augen) auf dem Mist nach Futter suchend. Die Engländer hatten in der Ferme dieses unschuldigen Franzosen ein Munit.-Lager eingerichtet. Alles flog in die Luft. Ich sitze an einem Hof, vor mir sucht eine Glucke mit eben ausgeschlüpften Hühnchen kümmerliches Futter. Und hunderte solcher Bilder.«

»1. Juni.
Ich bin noch immer auf meiner Ferme bei Lille. Da ist ein frisches schönes Bauernmädchen, 13 Jahre alt, die bringt mir jeden Morgen und jeden Abend einen Becher heiße gute Milch. Wir verstehen sie nicht; sie uns nicht, aber wir verstehen uns gerade deshalb sehr gut. Wir spielen Ball mit ihr, geben ihr Schokolade, ich lasse sie durch mein Glas gucken, und da freut sie sich, und ich freue mich so sehr an dem *Leben*. Wir haben sie alle gern. Maria Theresia heißt übrigens die Kleine. Der Kuckuck ruft hier Tag und Nacht.«

»6. Juni.
Heute Nacht habe ich neben einem arg zerschossenen Friedhof gelegen. Von dem Kruzifixus hing nur noch der Oberleib. Heckenrosen und Nelken auf den Gräbern. Hab mir einige in mein Fahrzeug hinein. – Jetzt liege ich in einem engen Erdloch 20 km südl. Peronne.«

»Freitag, 14. 6. 1940.
Ich liege in einem Weizenacker, übersät mit Mohn und Kornblumen. Dem Bauern ein Gräuel, dem Künstler und dem umfassenden Blick eine wohltätige Harmonie. – Die letzten Tage hat es mit Gießkannen geregnet, und wir sind durch nass; aber jetzt wird man wieder trocken. Die Stiefel sind wohl schon wochenlang nicht mehr runtergekommen. Wenn's regnet, ist die Luft reiner! Nicht so von dem Duft der toten Pferde erfüllt, die noch in den Gespannen und Wagen hängend die Straßenränder ›beleben‹.
Neulich in tiefer Nacht, klopft jemand meinem Melder, der gerade am Wagen lehnt, auf die Schulter. Der dreht sich um, da stehen drei dunkle Gestalten mit erhobenen Händen.«

»17. 6., morgens 10 Uhr.
Ich sehe überall das *Leben*, wo die anderen Vernichtung sehen. – Lauter Leben. – Lange Züge Gefangener ohne Bewachung. – «

»Manthes, 26. 6. 1940, Südfrankreich.
Heute Morgen um 7.30–10.30 Uhr habe ich drei Skizzen gemacht von einer alten romanischen Kirche hier, und ich bin ganz objektiv erstaunt über die Konzentration, über die man verfügt, wenn man nur etwas an sich arbeitet. Nun habe ich doch jahrelang nichts mehr skizziert, und jetzt gelang mir auf Anhieb *alles*. – Und es wird noch mehr werden.
Hier in den Klöstern, in den Kirchen, romanisch! Der sachliche Rundbogen, mit tausend Armen zieht mich alles an. – «

Das Ende des Frankreichfeldzuges erlebte ich in der Nähe von Lyon. Ich pflückte gerade süße Kirschen von einem Baum, da kam der Melder: »Herr Leutnant, der Krieg ist aus!« Da war aber noch eine verlassene Unterkunft von Schwarzafrikanern, die wir noch durchsuchen wollten. Die Wände waren übersät mit wenig bekleideten Filmschauspielerinnen, in deren Mitte an einer Wand ein einziges kleines Foto des römischen Papstes alle versöhnte.
Geschichtlich erwähnenswert ist auch das Ereignis, das ich dann in Südfrankreich in der Nähe von Libourne im Quartier haben

durfte. Im Schlafzimmer der Familie wohnend, fand ich in der Nachttischschublade ein Gemeindeblatt der Hugenotten-Nachfolger. Als ich den Bewohnern bedeutete, dass ich auch nicht katholisch sei, war helle Freude und Gemeinsamkeitsstimmung über alle nationalen Grenzen hinweg.

Von hier wurden wir in der Karwoche im Bahntransport nach Petronell in Österreich verlegt, um für Jugoslawien bereit zu sein. Es war Ostersonntag, und die festlich gekleideten Frauen und Mädchen beschenkten uns reichlich mit roten Ostereiern. Da die deutschen Truppen schon weit nach Jugoslawien eingedrungen waren, wurde unser Transport nach Norden in den Warthegau umgelenkt zur Bereitstellung nach Osten. In Posen traf ich den Pfarrer-Kollegen Karl Luttenberger als Verwaltungsbeamten der Wehrmacht. Ich besuchte ihn in seinem Dienstraum, in dem sich zu den Versorgungspapieren auch Malpinsel und Zeichenpapier gesellt hatten.

Unsere Soldaten hatten längere Zeit keine Kartoffeln mehr zu essen bekommen. Luttenberger »verwaltete« Kartoffeln eisenbahnwaggonweise. Wenn ich welche wollte, müsste ich einen ganzen Waggon nehmen und den sofort auf Lastwagen umladen lassen. Mithilfe des Regimentes klappte alles, und die Truppe freute sich.

Ostwärts von Posen war ich in einem Gutshof unter blühenden Fliederhecken einquartiert. Ein Erlebnis von dort in der Originalaufzeichnung:

»5. Mai 1941
Dir: Die Schwalbe
Ich gehe gegen Mittag heim durch den Garten.
Da sitzt eine Rauchschwalbe am Weg. Langsam trete ich näher. Sie will nicht wegfliegen. Ich strecke die Hand nach ihr aus und hebe sie auf. Auch das lässt sie sich gefallen. Sie ist sehr müde, aber lebendig.
Ein kalter Wind fegt Schneeflocken vor uns her. 5. Mai. Im Zimmer will ich das Tierlein langsam anwärmen. Die Schwalbe scheint sich in meiner Hand wohlzufühlen. Sie in der linken haltend, suche ich eine Schachtel im Schrank, um das Tierlein hineinzusetzen. –
Da mit einem Male streckte sich die Schwalbe, hob das Köpfchen,

Romanische Kirche in Moras, gezeichnet von Wilhelm Hoerner

141

öffnete die dunklen Augen weit, breitete die Flügel aus – ein kurzes Zittern lief durch den kleinen Leib, und ich hatte ein totes Tier in der Hand.

Langsam sanken Kopf und der ganze Leib in meiner Hand zusammen. Mählich entwich die Wärme aus dem Leichnam. Der Leib wird starr.

Lange betrachtete ich den toten Vogel. Wie schön warst du – und bist du im Tode. –

Zwei Federn zupfe ich aus dem stahlblauen Kleid. Dir eine, mir eine. –

Im Kohlenfeuer brennt der kleine Leichnam hinauf zu Licht und Wärme, wohin das lebende Tier vorzeitig strebte.

Die Federn liegen jetzt – eine auf der Sonnenschale, eine auf der Mondenschale.

Eine wandert zu Dir, eine bleibt bei mir. Wenn beide wieder vereint sind, dann hat

    der Krieg

        ein Ende.

    Ecce homo«

Soweit die Originalaufzeichnung. Dort griff das Schicksal auf seltsamen Wegen, aber unübersehbar deutlich ein, um spätere Aufgaben möglich werden zu lassen. Ein Feldwebel hatte sich schwer vergangen. Das Kriegsgericht konnte mangels von Beweisen kein Urteil fällen. Der Kompaniechef schickte den Delinquenten direkt von der Untersuchungshaft in die Ersatzkompanie in der Nähe von Mainz zurück. Der Regimentskommandeur verhängte aber eine Strafe innerhalb der Truppe, weil das Vergehen während des Wachdienstes geschehen war. Ein zuverlässiger Offizier sollte nach Mainz geschickt werden, um dem Feldwebel im Beisein von Offizieren die Strafe zu verkünden. So fuhr ich mit einem weißen, für alle Schnellzüge gültigen Militärfahrschein quer durch Deutschland nach Mainz und erledigte meinen Auftrag. Abends war im Kasino noch ein Spargelessen, weil just an diesem Tag der oberste Offizier unserer Heeres-Fla aus Berlin dort inspizierte. Er saß mir gegenüber und kam mit mir ins Gespräch, fragte mich aus.

Frühmorgens fuhr ich wieder zurück nach Posen. Dort lag auf meinem Schreibtisch die telefonisch durchgegebene Versetzung zu dem Ersatztruppenteil nach Mainz und von da nach Berlin-Döberitz zur Aufstellung eines ganz neuen Truppenteils. Das hatte der Kommandeur aus Berlin, der bei uns »der rote Duce« hieß, bewirkt. Wenige Tage später brach der Krieg gegen Russland aus. Die Einheit, die ich zu führen gehabt hätte, wurde aufgerieben, der Kompanieführer war gefallen. Und ich?

Nach einer Umschulung auf 2-cm-Fla-Vierlingskanonen in Berlin-Döberitz und der Aufstellung einer entsprechenden Einheit in Hamburg-Glinde hatte ich in Lübeck den Fliegerschutz wichtiger Fabriken zu übernehmen. Am Samstag vor Palmsonntag 1942 wurde die Altstadt von Lübeck durch ein englisch-amerikanisches Bombergeschwader zerstört. Von meinem Beobachtungsstand aus sah ich einen nach dem anderen der Lübecker Kirchtürme zusammenstürzen. Konfirmanden, die am Palmsonntag konfirmiert werden sollten, kamen mit ihren Angehörigen in dem Inferno um. Das war einer der ersten grausamen Angriffe auf eine offene Stadt Deutschlands. Die Feindbomber flogen genau in dem Freiraum, den unsere 2-cm-Granaten nicht mehr erreichten und der zugleich unter der wirksamen Reichweite der 8,8-cm-Flakgeschütze lag.

Nach den Erfahrungen eines weiteren Einsatzes zum Schutz einer unterirdischen Fabrik in der Lüneburger Heide wurde ich auf die Insel Norderney abkommandiert. Dort hatte ich fünfzehn Lehrgänge für kriegsversehrte, aber noch in der Heimat einsetzbare Russlandkämpfer zu leiten. Sie sollten zum Kasernenschutz am Fla-Vierling ausgebildet werden. Das erforderte große Einfühlungsfähigkeit in die Seelensituation dieser hart geprüften und hoch dekorierten Frontsoldaten. Im September 1943 traf die Versetzung als Kompanieführer auf die Insel Kreta im Mittelmeer ein. Nach einer harten Tropentauglichkeitsprüfung mit Chinin begann die Reise von Insel zu Insel.

Mit dem Abschied von Frau und dem einjährigen Kind begann eine über acht Jahre dauernde Trennung von Familie und Heimat. In Athen machte ich lange und unerlaubte Station. Die folgenden Erlebnisse in Athen sind im Buch der Offenbarung berichtet, weil

Letzter Urlaub.
Abschied von Frau
und Kind

sie im Wesentlichen den geistesgeschichtlichen Werdegang unseres
Bewusstseins vergegenwärtigen. In Athen wurde ich dann durch
Rundruf an alle Dienststellen zum sofortigen Flug nach Kreta befohlen. Hier treten nun zu den geschilderten Landschaftsbildern
die zeitgeschichtlichen Ereignisse hinzu. Außer der Kompanie hatte ich noch achtzig entwaffnete Italiener hinter Stacheldraht zu
betreuen. Die Achse Berlin – Rom war gebrochen, und die Italiener
hatten die Waffen niedergelegt. Ich hatte nun die Aufgabe, diese
unter unserem Schutz stehenden Männer dazu zu bewegen, zwar
ohne Waffe, aber wenigstens zu Hilfsdiensten wie Holz zu beschaffen, Küchenhilfen, Gerät und Munition zu transportieren, Kraft-
fahrzeuge und Kranke zu pflegen und Ähnliches zur Verfügung zu
stehen. Jeden Tag hielt ich ihnen eine Rede über den Dolmetscher,
dass ein Heimtransport per Schiff den sicheren Tod bedeuten würde, weil die englischen U-Boote kein noch so kleines Schifflein
durchfahren ließen. Aber sie wollten alle heim zu Mutti. Wir mussten einen flachen Küstensegler mit dem Roten Kreuz bemalen und
am Mast die Rote-Kreuz-Flagge zeigen und sie mit zwei deutschen
Unteroffizieren als Wachen losschicken. Einige Meilen vor der Südspitze des Peloponnes kam der tödliche Torpedo. Der eine Unteroffizier sah es, warf Waffe und Bekleidung weg und sprang ins Wasser. Vom Explosionsdruck wurde er tief unter Wasser gedrückt,
behielt aber Bewusstsein und Orientierung. Als er die Oberfläche

erreicht hatte, war von dem Schiff und den Männern fast nichts mehr zu sehen. Zwei Tage lang schwamm er nordwärts und erreichte, durch Seenottabletten am Leben erhalten, die Südspitze der Peloponnes-Halbinsel. Von längerem Heimaturlaub zurück, erzählte er mir dieses Ereignis so, wie es hier wiedergegeben ist. Zwei oder drei Italiener waren bei uns geblieben und kamen später mit uns in Gefangenschaft.

Die deutsche Wehrmacht hatte zwar Kreta in den Städten und Dörfern besetzt und unter Kontrolle. Aber hoch oben auf den Bergen und in den Kalkhöhlen waren die Partisanen verschiedenster Richtungen: Kommunisten, Nationalisten und solche, die mit den Engländern kollaborierten, die ebenfalls Beobachtungs- und Sendestationen mit Verbindung nach Kairo auf den kretischen Bergen unterhielten. Zusammenstöße zwischen denen droben und uns Unteren waren selten, weil sich beide gegenseitig in Ruhe ließen und so das Ende abwarteten. An der Südküste hatten wir verstärkte Postenstationen gegen Annäherungen von See her. Diese vorgeschobenen Posten waren aber durch einen Gebirgsriegel vom Hinterland getrennt. Die Kontaktaufnahme zu Fuß dauerte Stunden, Funk konnte hier noch nicht eingesetzt werden, und die Telefonleitungen waren oft an Stellen, wo sie auf dem bloßen Fels auflagen – angeblich vom Wind – durchgescheuert. Deshalb war dieses Gebiet von See her einige Kilometer breit für die Zivilbevölkerung absolut gesperrt. Wer darin angetroffen wurde, sollte erschossen werden. Zur Kontrolle unserer Postenstation unternahm ich selbst einmal mit einem verstärkten Spähtrupp den Marsch über das Gebirge, wobei es zu der S. 77 erzählten Begegnung mit den Mönchen in dem Bergkloster vor dem Sperrgebiet kam.

Bei diesem zweitägigen Erkundungsgang mussten wir das Asterusigebirge überqueren. Dabei habe ich auf einem Gipfel mehrere farbige Zeichnungen nach West und Ost machen können. Da wir, ein Offiziersanwärter und ich, die Hände zum Klettern frei haben mussten, entluden wir die Maschinenpistolen und hängten sie auf den Rücken. Als wir nach einigen Stunden wieder bei unserem Trupp angekommen waren, haben wir die Maschinenpistolen wieder durchgeladen. Wir standen uns gegenüber. Rrrrt – gingen

"GESCHÜTZTE KUNST"

Hilfreiche Freundschaft

etwa etwa zehn Schuss zwischen meinen breit stehenden Beinen hindurch auf den Felsen. Die Querschläger spritzten auf, ohne mich zu berühren. Der Begleiter hatte beim Einstecken des Magazins versehentlich den Finger am Abzug. Das Schutzengelwirken ahnend gaben wir uns schweigend die Hand.

Aber es kam nun auch noch zu einer weiteren Begegnung. Von weit her sahen wir etwas wie eine große dunkle Kugel auf uns zukommen. Das war ein Esel, auf beiden Seiten mit einem riesigen Bündel salbeiartiger Kräuter bepackt, sodass nur noch der Kopf des Tieres herausragte. Und dahinter ein älterer Mann, die übliche Hirtentasche umgehängt. Ein Mann im Sperrgebiet ist zu erschießen. Die Bevölkerung wusste das sehr wohl. Die Verantwortung lag jetzt bei mir. Was tun? Zunächst einmal Zeit gewinnen zur Beruhigung. Also: den Mann durchsuchen. Er hat nichts als drei Gegenstände in der Umhängetasche: eine Hirtenflöte, ein kräftiges Messer und eine Dreikantfeile. Sind das Kriegsgegenstände? Ja und nein. Hier aber nein und ja. Nun hatten wir vorher eine Wildziege geschossen. Ich ließ ihn per Dolmetscher fragen, ob er die aus der Decke schlagen und ausweiden könnte. Das geschah gekonnt und schnell. Nun ließ ich ihn ausfragen. Er wisse, dass er im Sperrgebiet sei, aber er habe ein krankes Mädchen zu Hause, deren Heilung nur möglich sei durch Bäder mit dem Kraut, das nur hier wächst und das auf den Esel geladen war. Wir ließen uns seinen Wohnort sagen und wollten dort später vorbeikommen, und wenn das nicht seine Richtigkeit habe, hätte das schlimme Konsequenzen. Mit dem Fell und den Innereien der Wildziege ließen wir ihn ziehen. Mein innerer Zwiespalt, ob ich militärisch richtig gehandelt habe oder nicht, war erst behoben, als wir am folgenden Tag die Verhältnisse seinen Angaben entsprechend vorfanden.

Es gab auch Dörfer, in denen keine deutsche Einquartierung lag. Dort sollten wir unerwartet erscheinen, um unser Noch-Dasein zu zeigen. An einem Sonntag wurde ich in eines dieser Nachbardörfer zum Lammessen eingeladen. Normalerweise gab es in diesen Dörfern nur noch Frauen, Kinder und alte Männer, weil die jungen entweder bei uns arbeiteten oder aber in der Mehrzahl in den Bergen als Partisanen lebten. Als ich das Zimmer betrat, saßen da aber lauter junge kräftige Burschen und Männer beim Essen, so etwa ein Dutzend. Hinter den Fransen der Kopfbedeckung konnten die blitzenden Augen nur undeutlich wahrgenommen werden. Und was alles in der üblichen großen Leibbinde stecken konnte, war auch nicht zu sehen.

Zur Gesundheit wurde mir gleich mit Raki zugeprostet. »Ich bin Pfarrer und trinke keinen Alkohol!« Betretenes Schweigen; langsames bedächtiges Weiteressen. Unheimliche Stimmung, in der ich mich ruhig und gelassen zeigen musste. In der kürzesten, aber noch angemessenen Zeit verabschiedete ich mich so höflich ich konnte und marschierte die fünf Kilometer – ohne mich umzusehen – allein zurück. Am Eingang unseres mit einer dichten Agavenhecke umgebenen Dorfes standen mein Kompanieoffizier und der Hauptfeldwebel und erhoben dankend die gefalteten Hände zum Himmel. »Wissen Sie denn, wo Sie waren? Bei einem Partisanentreffen; die wollten Sie entführen oder umbringen.« Schutzengelwirken.

Nicht an allen Fronten konnte ein regelmäßiger Urlaub für die Soldaten eingehalten werden. So entstanden durch lange Trennungen öfter im sozialen Gefüge unhaltbare Situationen. Deshalb hat die Zivilverwaltung für Fälle, die anders nicht zu lösen waren, eine getrennte standesamtliche Trauung eingerichtet. Dabei wurde in der Heimat die Frau ohne den Mann, der an der Front war, mit diesem getraut, und der Soldat an der Front wurde von seinem

Kompaniechef mit seiner abwesenden Braut getraut. Eine solche »Feldtrauung« hatte ich in Kreta auch einmal zu vollziehen. An einem Sonntagvormittag wurde im Freien ein kleiner Tisch aufgestellt mit Blumen und einem Bild der Braut. Davor stand der Bräutigam in Uniform, ihm gegenüber war die wachfreie Mannschaft als Zeuge angetreten. Ob es für die Befragung zum Ja-Wort ein Formular gab, weiß ich heute nicht mehr. Jedenfalls hielt ich dort unter der südlichen Sonne im Freien die erste Trauansprache über den Sinn und die soziale Tatsache einer Ehe.

Für ein wahrhaftiges, historisches Gewissen bleiben auch folgende Begebenheiten wichtig. Der erste Schreiber in der Schreibstube, ein älterer Obergefreiter, war ein Hamburger Buchhändler. Der hatte sehr bald meine innere Einstellung erkannt. Nun wurde er aber überraschend in die Frontbuchhandlung nach Iraklion abkommandiert. Er solle gute Bücher für mich reservieren, sagte ich ihm beim Abschied. So erhielt ich damals »Wind, Sand und Sterne« von Antoine de Saint-Exupéry (1900–1944), das in der Heimat nicht verkauft wurde, weil er als »Feind« gegen uns flog. An der Front war seine Tapferkeit anerkannt. Als ich ein andermal wieder in die Buchhandlung kam, wartete mein Buchhändler, bis wir allein waren. Dann holte er ein Buch unter der Theke hervor und warf es auf den Ladentisch mit den Worten: »Das hat das Meer vor einigen Tagen hier angeschwemmt.« Das Buch war unförmig aufgequollen, der rote Leineneinband hing in Fetzen herum, und der Goldaufdruck konnte noch entziffert werden als »Das Tausendjährige Reich«.

Ob der Leser sich heute die politisch hoch brisante, historische Situation dieses Augenblickes klar machen kann, weiß ich nicht. Als zuverlässiger Offizier hätte ich daraufhin den Obergefreiten wegen »Untergrabung der Wehrkraft« sofort zu verhaften gehabt. Umgekehrt konnte es ein Spitzel sein, um mich zu prüfen, ob ich meiner Verpflichtung noch nachkomme, denn an einen Sieg glaubten damals nur noch wenige. Wir schauten uns nur schweigend an und vertrauten uns gegenseitig.

Ebenso war es nach einer Belehrung der Kompanie durch einen Generalstabsoffizier der Division. An einer Karte zeigte er die an-

148

gebliche Umklammerung der Invasionsarmee in Frankreich durch die deutschen Truppen. Als diese Truppeninformanten wieder fort waren, stopfte ein alter Feldwebel seine Pfeife und sagte zu mir: »Na, Herr Oberleutnant, glauben Sie das, was die uns da erzählt haben?« Genau die gleiche gegenseitige »Zuverlässigkeitsprüfung« wie in der Buchhandlung. Und das in der zweiten Jahreshälfte 1944 auf der Insel Kreta im Mittelmeer.

Das Verhältnis zu den Partisanen in den Bergen war so, dass manchmal unser Truppenarzt dorthin gebeten wurde, um einen Schwerkranken oder Verunglückten zu versorgen. Als unser Rückzug aus Kreta kurz bevorstand, wurde Kontakt mit den Partisanen aufgenommen. Ein Spähtrupp mit einer Botschaft der Division an die Partisanen brachte einen Brief in eine »Schule« in den Bergen. Dort wurde er der Lehrerin abgegeben. Unsere Leute zogen sich für einige Stunden zurück, um dann die Antwort der Partisanen wieder dort in der Schule abzuholen. Es ging wohl um ein gegenseitiges Stillhalteabkommen für unseren Abzug. Der konnte aber nur per Flugzeug geschehen, denn das Mittelmeer wurde lückenlos von den englischen U-Booten beherrscht. Die Bereitstellungen zum Abzug dauerten Tage. Eines Nachts stand ich allein sinnend an einer Ausgrabungsstelle aus minoischer Zeit neben einem Haus, in dem Kameraden Abschied feierten. Still trat ein Verwaltungsbeamter neben mich, lange schweigend. Dann leise: »Hoerner, gehen wir zum Engländer?« Ich: »Das kann ich meinen Männern nicht antun. Ich bin für die Kompanie verantwortlich. Sie stehen allein; wenn Sie gehen, ich weiß von nichts.« Er blieb, konnte aber nach der Gefangennahme auf dem »Sühnemarsch« in Slowenien noch zum Engländer fliehen.

Da wir nur durch die Luft von der Insel wegkommen konnten, mussten alle Fahrzeuge, schweres Gerät, Munition und Treibstoff zurückgelassen werden. Nur die Truppe mit Handfeuerwaffen und unseren in Tragelasten zerlegbaren 2-cm-Schnellfeuer-Kanonen konnten im pausenlosen Nachteinsatz mit den alten Ju-52-Transportmaschinen auf das griechische Festland verlegt werden. Als unsere Gruppe an der Reihe war, sagte der alte Feldwebel-Pilot zu uns: »Meine Maschine muss alle 50 Flugstunden total überholt werden. Jetzt haben wir aber 300 Flugstunden ohne Untersuchung drauf. Alle Schrauben wackeln; wenn wir wassern, braucht keiner zur Tür zu rennen, in einer halben Minute sind wir dann weg; einsteigen.« Nacht, nirgends Licht, die Luft voll Sandstaub, Benzin- und brennendem Ölgestank von bruchgelandeten Maschinen. Während bisher sogar die Pistolenmunition nicht ins Flugzeug durfte, hatten wir jetzt mehrere tausend Schuss scharfe 2-cm-Gra- naten dabei. Ich lag oben auf den Munitionskisten, direkt unter dem Wellblech der Rumpfdecke, während meine Soldaten rechts und links den unbefestigten Munitionskistenstapel in seiner Lage hielten! Dann raste die Maschine los. Der Pilot rief die Mannschaft nach vorn, weil die schwanzlastige Maschine sonst nicht abheben konnte. Damals gab es noch keinen Radarschirm für den Piloten. Er hatte die Kopfhörer aufgesetzt, und wenn er einen Pfeifton aus der rechten Muschel hörte, musste er mit dem Steuerknüppel nach rechts und umgekehrt nach links. Nur wenn er keinen Pfeifton hörte, war er auf dem Leitstrahl seines Flugweges. Und das bei drei heulenden Siebenzylinder-Motoren. Es konnte nur ganz nieder ge- flogen werden. Wenn der Höhenmesser rasch sank, musste hochge- zogen werden, um über irgendeinen Inselberg zu hüpfen. Wir soll- ten in Eleusis landen, wurden aber nach Kalamaki – Athen umgelei- tet und kamen heil an. Das hat Churchill möglich gemacht. Mit ein paar Spitfire-Jägern hätte er die ganze Rückverlegung aufs Festland zunichte machen können. Nichts geschah. Warum eigentlich, wo doch das Mittelmeer wegen der englischen U-Boote nicht mehr befahrbar war?

Hier wird ein Stück europäischer Geschichte anschaubar. Bei dem Treffen der Politiker und Deutschland-Interessenten Stalin, Churchill und Roosevelt in Jalta, wo auch über die Anzahl der zu liquidierenden deutschen Offiziere debattiert worden sein soll, konnte Churchill seinen Plan, die Invasion von der Nordspitze des adriatischen Meeres aus über die Karawanken durch Deutschland zur Ostsee zu machen, nicht durchsetzen. Churchill als einziger Europäer wollte dem Vordringen des Kommunismus nach Mittel- europa auf diese Weise einen Riegel vorschieben. Als ihm das nicht gelang, hat er dafür eine eigene Strategie gefunden und ausgeführt.

Zur See herrschte England; aber per Flugzeug ließ Churchill die deutschen Truppen, die von den Mittelmeer-Inseln aus Rommel in Afrika unterstützen sollten, sich unbehelligt nach Griechenland absetzen und sich dort neu aufstellen und ausrüsten. Er brauchte diese deutsche Kampftruppe jetzt auf dem Balkan. Dort haben wir von uns aus mit allen Mitteln den Rückzug dieser Südost-Armee Richtung Heimat erkämpft. Im Westen von den Tito-Partisanen, im Osten von Russen und Bulgaren in die Zange genommen, waren wir ein langsam sich nach Nordwesten durchschlagender Truppenkessel, in der Mitte mit tausend liegenden Verwundeten. Der Russe wollte hier mit Gewalt zur Adria durchstoßen. Das gelang ihm nicht. Wenn Churchill unsere wenigen Rückzugsstraßen durch die Schluchten und über die Pässe des Balkans zerbombt hätte, wäre es für Russland ein Leichtes gewesen, nach Westen durchzustoßen. Das hat Churchill dadurch verhindert, dass er unsere Kampfkraft von sich aus nicht schwächte. So konnten wir die Südgrenze Österreichs in Kärnten erreichen – um dort vom Engländer aufgehalten und an die Tito-Partisanen ausgeliefert zu werden. Churchill soll diese Strategie in seinen Erinnerungen berichtet haben. Wir haben sie am eigenen Leibe erlebt.

Nach dem Rückflug nach Athen hatten wir für die Zeit der Neuaufstellung den Flughafen gegen Tiefflieger zu schützen. Die Bomber flogen aber weit über unserer Reichweite. Bei einem Besuch dieser Stellungen kam solch eine Welle Bomber am hellen Mittag sehr hoch angeflogen. Ich beobachtete sie lange mit dem Einmeter-Basis-Entfernungsmesser. Die Männer hatte ich alle in den Bunker befohlen. Dann sah ich durch das Messgerät, wie die Bomben sich aus den Flugzeugen lösten, sich langsam in Ziellage neigten und auf uns zuflogen. Im allerletzten Moment stürzte ich in den Bunker, und die Druckwelle der im gleichen Moment erfolgenden Explosion erfasste mich und warf mich auf die Menschen im Bunker. Als die Explosionen aufhörten, wollten wir hinaus ans Licht, es war ja ein sonnenheller Sonntagmittag, aber es war Nacht. Dichteste Staubwolken, vermischt mit dem schwarzen Rauch der getroffenen, brennenden Maschinen, hatten eine Zeit lang den Tag buchstäblich in rabenschwarze Nacht verwandelt. Als es wieder heller wurde, fand ich an der Beobachtungsstelle, wo ich gestanden hatte, nur noch den Stachel von einem Fuß des Dreibeines unseres Messgerätes. – Schutzengelwirken. – Als ich in die Kompanie zurückkam, hatte sich dort schon das Gerücht von meinem Tod verbreitet. Der Gefallene war aber ein anderer Oberleutnant.

Der Rückzug, notdürftig mit allen möglichen Fahrzeugen motorisiert, bewegte sich langsam nordwärts durch die Städte Nordgriechenlands, durch die historischen Thermopylen und dann nach Saloniki und einige Zeit am Vardarfluss entlang. Immer wieder wurden Kampfeinheiten nach Osten abgegliedert, um die Durchstöße der Russen aufzuhalten. Zuerst aus Richtung Strumica, wo schon 1014 die Byzantiner das erste Bulgarische Reich grausam niedergeworfen hatten. Eine weitere Abwehr nach Osten musste über Kumanovo bis Kriva Palanka vorgetragen werden. Bei einer solchen Abwehr Richtung Osten wurden wir plötzlich von unseren eigenen Sturzkampffliegern mit dem deutschen Kreuz auf Rumpf und Flügeln hart angegriffen und hatten Tote und Verwundete zu beklagen. Wir dachten an eines der berüchtigten Versehen von oben aus. Aber nein. Die deutschen Maschinen waren in den Besitz der Bulgaren gekommen, die jetzt gegen Ende des Krieges gegen uns flogen!

Als wir uns eines Novemberabends Skopje näherten, kam uns ein gespenstischer Zug entgegen: hoch bepackte Wagen und Karren von Wasserbüffeln mit großen Hörnern, gezogen und geleitet von schwarz gekleideten und total verschleierten Frauen. Obenauf saßen die alten Mütterchen und die ganz kleinen Kinder, während die schon etwas größeren neben dem Wagenkonvoi herliefen. Ein Flüchtlingszug, denn Skopje hatte schon vielmals den Besitzer gewechselt, und jetzt kamen die Deutschen wieder, diesmal von Süden.

In einem blitzsauberen, mit Teppichen ausgelegten Zimmer war für mich Quartier gemacht worden. Ich konnte die muslimische Wohnkultur einschließlich der vorgeschriebenen kleinen »Nasszelle« mit Gießkanne an der Decke bewundern und endlich einmal wieder schlafen – schlafen. Aber schon bald ging es weiter nach Norden. So kamen wir auch durch das Kosovo Polje, das Amselfeld, das seit 600 Jahren mit dem Datum des 28. Juni dem serbischen Nationalbewusstsein mythisch einverwoben ist. Dort hatten

1389 die Serben in heldenmütigem Einsatz versucht, den Vormarsch der Türken nach Europa aufzuhalten. Aber ohne jegliche zentraleuropäische Hilfe mussten die serbischen Adligen und Bauern unterliegen. Der türkische Sultan war getötet worden, und diese Tatsache genügte, den 28. Juni trotz der Niederlage zum Nationalfeiertag bis heute aufblühen zu lassen. An diesem Tage war 1914 in Sarajevo das Thronfolgerpaar Franz Ferdinand und Sophie von Österreich auf Betreiben der westlichen Geheimdienste ermordet worden. Der Versailler Vertrag, der unter anderem auch das neue Jugoslawien begründet hat, ist nicht zufällig am 28. Juni 1919 unterzeichnet worden. Und diese Tradition ist am 28. Juni 1989, 600 Jahre nach der Türkenschlacht, in einer Millionen-Kundgebung auf dem Kosovo Polje mit dem Wort »Rache für Kosovo« zur völkervernichtenden Parole hochstilisiert worden, zur Neubelebung jenes kurzlebigen mittelalterlichen Großserbiens unter Stefan Duschan von 1331 bis 1355.

Unser Marsch wurde immer beschwerlicher. Fahrzeuge fielen aus, die Kompanien mussten umgruppiert werden. Der Winter kam näher, und tagelang steckte man in Stiefeln und Klamotten, wie die Soldaten zur Uniform sagten. Der Kommandeur hatte sich mit einer vorgetäuschten Gelbsucht mit den Sanitätern abgesetzt, und über Nacht hatte ich das 500 Mann starke Bataillon zu führen. Da wir eine Sondereinheit im Verband der Infanterieregimenter waren (Heeres-Fla), musste ich zum Befehlsempfang zur Division. Auf diese Weise erfuhr ich manches von der Situation im größeren Umkreis auf dem Balkan und darüber hinaus. Damals wusste ich auch schon, dass wir vom Engländer »geschont« werden. Die Vickers-Wellington-Flugzeuge warfen nur ab und zu den Partisanen Waffen, Verbandsmaterial und Verpflegung ab, damit diese sich unterstützt fühlten.

Der Auftrag einer Schutzstellung für die am Skutari-See eingeschlossene SS-Division brachte für mich wiederum ein Schwellen- und Schutzengel-Erleben ganz besonderer Art. Über den reißenden Gebirgsfluss Tara musste von unseren Pionieren eine Brücke für den raschen Rückzug der Eingeschlossenen gebaut werden. Mit meinem Kradmelder fuhr ich durch den Neuschnee geradewegs auf die gesprengte Brücke zu, um die besten Stellungen für unsere Geschütze zum Schutz des Brückenbaues am folgenden Tag zu erkunden. An einer Wegkurve ließen wir das Krad stehen und stapften langsam unter der Last des Mantels und des darübergezogenen zweiten Wintermantels auf das ruinierte alte Brückenhaus zu. Wir waren guter Dinge, weil wir die Gestalten an den Fensterhöhlen für unsere vorgeschobenen Infanterieposten hielten. Sie ließen uns ja auch näherkommen. Da wölkte plötzlich der Schnee um uns lärmend auf von dem auf uns gerichteten Maschinengewehrfeuer. Ein unvorstellbar schaurig schönes Schneefeuerwerk in der strahlenden Wintersonne. Wie der Blitz waren wir rechts und links im Straßengraben. Keiner war verwundet. Ich lag auf der dem Fluss zugewandten Straßenseite und erhielt von jenseits des Flusses neues MG-Feuer. Also mit einem Sprung auf die andere Straßenseite. Hinter dem Abhang der Straße konnten wir nicht mehr beschossen werden. Aber vielleicht kommen sie. Also den Hang hinunterrollen lassen. Da kamen von weit her unsicher tastende weitere MG-Einschläge. Nach einer Verschnaufpause liefen wir zu einem Zaun, kletterten darüber und konnten uns nun in Deckung zurückziehen. Auf dem Rückweg kamen wir zuerst zum vorgeschobenen Infanterieposten. Die lachten uns aus, weil wir so dumm gewesen seien und ihre Steinmarkierung der vordersten Linie auf dem Weg überfahren hätten. Die konnten wir aber nicht sehen, weil über Nacht Neuschnee gefallen war. Trotzdem: Schutzengelwirken.

Zum Jahreswechsel 1944/45 holte der Divisionsgeneral die Führer der Regimenter und selbstständigen Spezialeinheiten zu einer Besprechung zusammen. Ein neuer Befehl aus dem Hauptquartier wurde verlesen. Dazu muss gewusst werden, dass die einzelnen Waffengattungen damals gegen Kriegsende nicht mehr nur ihre eigenen Waffen hatten, sondern dass zum Beispiel die Infanterie gelegentlich auch eine Panzerabwehrkanone oder gar ein Artilleriegeschütz mitführte, wenn es fahrtechnisch noch möglich war. So hatte unser Oldenburger Infantrieregiment auch eine stehengebliebene 8,8-cm-Flakkanone mitgeführt. Ein Feldwebel hatte damit einen russischen Panzerdurchbruch aufgehalten und dafür das Ritterkreuz bekommen. Das war bekannt. Nun verlas der General den

Befehl, dass alle diese Waffen zu ihren Truppenteilen zurückgebracht werden sollten. Da sagte der Kommandeur des betroffenen Infantrieregiments ganz trocken: »Herr General, bevor ich meine 8,8 abgebe, passiert dann aber noch was.« Er wollte damit sagen, dann wird sie aber vernichtet. Denn eine derartige Umverteilung war in unserer Lage auf dem Balkan überhaupt nicht mehr möglich. Das Ganze war ein Schreibtischbefehl ohne Kenntnis der Zustände an der Front. Der General bekam einen roten Kopf und entließ uns mit dem Neujahrswunsch. Dieses Beispiel zeigt die unaufhaltsame Lockerung der Disziplin nach fünf Kriegsjahren, kurz vor dem bitteren Ende.

Der Durchbruch nach Norden in die Saveebene war schwierig, weil die Straße unmittelbar neben der Drina vom Feind einzusehen war und von seinen Bunkerstellungen jenseits des Flusses her unter dem Feuer seiner Panzerabwehrgeschütze stand. Der andere Weg über das Gebirge war beschwerlich, schmal und heillos zerfahren. Auf ihm musste der Rückzug der ganzen Division erfolgen. Ich bekam den Auftrag, die Fahrzeuge mit den tausend liegenden Verwundeten unter einem aufzubauenden Feuerschutz auf der Uferstraße durchzubringen. Der Fahrer des Erkundungstrupps fiel sofort durch Kopfschuss. Der Leutnant, todmüde, hatte sich in einem zerschossenen Haus nachts hingelegt und mit seinem Wintermantel zugedeckt. Ein Pak-Vollgeschoss spießte seinen Mantel an die Wand, ohne ihn zu verletzen. Die versuchte Durchfahrt der ersten Wagen wurde vom Feind zusammengeschossen, ohne dass wir ihn in seinen Bunkern ausschalten konnten.

Jetzt musste ich handeln. Ohne der Division Mitteilung zu machen und entgegen dem ausdrücklichen Befehl, die Bergstraße unter allen Umständen für den Rückzug freizuhalten, ließ ich die ganze Verwundeten-Kolonne über diese Straße fahren. Dazu musste diese aber dauernd mit Bauschutt verfüllt werden, damit die Verwundeten durch die Schlaglöcher nicht noch mehr zu leiden hatten. Das Ganze dauerte drei Tage und drei Nächte lang. Genauso lange war aber die Division durch Rückzugskämpfe festgehalten. Und der Engländer warf keine einzige Bombe in das höchst riskante Unternehmen.

Als der letzte Wagen durch war, kappte ich das Kabel, nahm das Feldtelefon unter den Arm und fuhr auf dem Sozius meines Kradmelders der Kolonne nach. Nördlich der Berge in der Saveebene war es ruhiger und übersichtlicher. Total übernächtigt brach ich bei der Division auf einem Bauernhof zusammen. Mit starkem Schwarztee vernehmungsfähig gemacht, musste ich mich zusammen mit dem verantwortlichen Stabsarzt beim General melden. Wenn unser eigenwilliges Unternehmen missglückt wäre, wären wir wegen Befehlsmissachtung für das Kriegsgericht reif gewesen, sagte der General. Da wir trotzdem verantwortungsbewusst und glückhaft gehandelt hätten, könne er uns das Eiserne Kreuz I. Klasse anheften. Dies berichte ich nicht aus Eitelkeit, sondern zur Kenntnis von andersartigen Gründen für Auszeichnungen. – Einige Zeit später kam nordwestlich von Agram der Befehl durch, dass die Waffen abzugeben seien. Damit begann die Tragödie der Gefangenschaft.

Im Raum Cilli in Slowenien unmittelbar vor der österreichischen Landesgrenze bei Bleiburg und im Waldrand rund um das Tal, in das sich der Rest dieser Südostarmee ergoss, standen die englischen Panzer, die Rohre auf uns gerichtet, obwohl wir schon entwaffnet waren. Ich verhandelte mit einem englischen Offizier in tadelloser Ausgehuniform und Federbarett. Erfolglos. Nur Verwundete und Kranke durften passieren. So kamen 150.000 deutsche Soldaten der Heeresgruppe E in jugoslawische Gefangenschaft. 80.000 von ihnen kehrten nicht mehr in die Heimat zurück. Die mir in dem allgemeinen Durcheinander der mehr und mehr führerlos werdenden Soldaten noch erreichbaren Männer meines Bataillons ließ ich neben der total verstopften Straße auf einer Wiese zum letzten Mal zu einer kurzen Ansprache antreten. Der Krieg sei für uns zu Ende, eine verantwortliche Führung sei jetzt nicht mehr möglich. Deshalb entbinde ich alle hiermit von ihrem Fahneneid des Gehorsams bis zum Tode. Ich sei allen meinen Männern unendlich dankbar, aber jetzt müsse jeder für sich selbst verantwortlich sein. Eine Flucht über die Karawanken-Berge hielte ich für sinnlos, weil die Partisanen alle Steige besetzt hatten und dies den sicheren Tod bedeuten würde. Ich wünschte ihnen Kraft zum Durchhalten dessen, was noch zu ertragen sei. Nach ergreifenden Einzelszenen gingen wir auseinander – auf Erden für immer.

Bis die Marschkolonne zusammengestellt war, und dann bei jeder Rast auf dem Marsch, waren wir wehrlose Objekte für ein nicht enden wollendes Ausgeraubtwerden. Alles, was diese oft nur durch einen Sowjetstern an der Mütze kenntlichen Titotruppen, meist ohne Uniform, in unseren Taschen oder am Leib verborgen fanden, nahmen sie mit oder warfen es zerstört weg. So gingen meine Konfirmationsuhr und mein Trauring verloren. Ein anderer Partisan fand meine Brille in der Tasche. Er setzte sie auf, hob den Kopf halb hoch und zog beseligt ab, in der Hoffnung, bald so gescheit wie diese Deutschen zu sein. Denn Ursache und Wirkung konnten sie meist nicht unterscheiden. Nicht so wurde gedacht: Wer viel Wissen aus Büchern aufnehmen will, braucht oft eine Lesebrille, sondern umgekehrt, wer sich eine Brille beschaffen kann, weiß dann ohne zu studieren schon alles. Ein anderer nahm mir den Füllfederhalter ab. Unbeholfen drehte er die Kappe ab und setzte die Feder auf ein Papier. Es geschah nichts. Vorsichtig nahm ich ihm die Füllfeder aus der Hand und schrieb aufs Papier. Schon hatte ich Tritte und Schläge mit der Frage: »Warum schreibt die Feder bei dir und bei mir nicht?« Er konnte gar nicht schreiben und hielt den Füller für eine selbst schreibende Maschine, wenn man sie erst einmal in der Hand hat.

Kurz bevor der furchtbare »Sühnemarsch« begann, kam ein schnauzbärtiger Partisan mit Funkelaugen auf mich zu und deutete mir an, meine Schuhe auszuziehen. Ich tat das, im Innern den Gedanken bewegend, wo ich wohl barfuß mit blutenden Füßen liegen bleiben würde. Er nahm meine Schuhe, zog sie an und warf mir das zu, was er vorher an den Füßen gehabt hatte. Das waren früher einmal Schuhe. Jetzt war das Oberleder von der Sohle gelöst und beides mit Draht notdürftig zueinander gebracht. Die Schuhe waren nach allen Seiten ausgetreten und in einen unbeschreiblichen Duft gehüllt, weil ihr Vorbesitzer keine Strümpfe trug. Diese so genannten Schuhe passten mir. Der Marsch begann, und das Laufen darin hatte ich bald gelernt. Nach einigen Tagen sah ich den Partisan wieder, neben der Kolonne barfuß mit blutigen Füßen herlaufen. Meine Schuhe hatte er zusammengebunden auf dem Gewehr über der Schulter hängen. Ich hatte mir diese Schuhe nur wenige Tage vorher, im Hinblick auf die bevorstehende Gefangenschaft, noch aus einem Magazin beschaffen können. Sie waren aber noch nagelneu und nicht eingelaufen. Was der Partisan erlitt, hat er mir erspart, denn in seinen Latschen kam ich ohne jede Fußbeschwerde nach hunderten von Kilometern im Lager an. So arbeitet der Schutzengel.

Für viele wurde der Sühnemarsch zum Weg in den Tod. Wer nicht mehr mitkam und liegenblieb, wurde von den Begleitern erschlagen. Geschossen wurde dauernd von ihnen, aber meist in die Luft und aus Siegestrunkenheit, zum Angstmachen und um die eigene Angst niederzuhalten. Denn viele dieser Bewacher, von denen die traurige Kolonne beiderseits begleitet wurde, hatten – obwohl selbst schwer bewaffnet – Angst vor diesen geheimnisvoll gescheiten Deutschen. Auch ich kam leiblich und seelisch an den Rand meiner Kräfte. Als ich mich aber entschließen wollte, bei einer Rast einfach liegen zu bleiben und nicht mehr aufzustehen – griff wieder der Schutzengel ein. Unter den tausenden von Marschierern waren die Einheiten meist völlig gesprengt und miteinander vermischt, sodass ich auch keinen Kameraden aus dem eigenen Bataillon in meiner Nähe bemerkte. Da lag ich nun mitten unter Fremden, aber mit allen eng verbunden durch die gemeinsame völlige Ungewissheit über unser Schicksal nahe der Schwelle. Da kam ein Soldat meiner Kompanie aus der Zeit in Kreta, hatte eine zerbeulte Konservendose mit Wasser, in das er ein Tütchen Kakaopulver geschüttet hatte – woher war das wohl? – und nötigte mich, das auszutrinken. Dann verschwand er, ohne dass ich ihn je wieder sah. Er aber verdankte mir sein Leben. Er hatte in Kreta als Wachposten im Benzinlager geraucht. Darauf stand Todesstrafe, weil einerseits der wenige Kraftstoff für uns lebensrettend sein konnte und andererseits die Leidenschaft der Raucher oft kaum zu zügeln war. Ich habe ihn aber nicht, wie es mir streng vorgeschrieben war, an das Kriegsgericht weitergeleitet, sondern aus eigener – hier unerlaubter – Machtbefugnis mit der Höchststrafe von einundzwanzig Tagen geschärften Arrest bestraft. Das löste zwar bei manchen Kameraden Unwillen gegen den »Chef« aus, aber die Verständigeren rieten zum Schweigen, weil sie mein Handeln verstanden und deshalb auch mich nicht einem Disziplinarverfahren ausliefern wollten. Es ging alles gut. Und nun diese lebensrettende Tat auf dem Sühnemarsch. Mehr als die physische Stärkung gab mir die spontane Tat dieses sehr jungen »alten Kameraden« die Kraft zum weiteren Durchhalten.

In der Nähe von Bleiburg war die Marschkolonne zusammengestellt und auf den Weg gebracht worden. Es war nach dem 10. Mai, dem Tag unserer Gefangennahme. Am Pfingstsonntag, dem 20. Mai, ging der traurige Zug mitten durch Marburg an der Drau. Mit gesenktem Kopf trottete ich in dem Heerhaufen mit, an Pfingsten denkend. Da sauste etwas vor mir von oben herunter, und wie dazugehörig riss ich die beiden Hände nach vorn und – hatte ein Haupt frischen, grünen Salat in den Händen. Längst war das Fenster, aus dem er aus eines guten Menschen Hand geworfen war, wieder zu und die Vorhänge vorgezogen, damit nicht dorthin geschossen wurde. Langsam löste ich Blatt für Blatt und verteilte so den ganzen Salatkopf. Jeder bekam ein Blatt. Das war unsere einzige Speise am Pfingstsonntag 1945. Auf den mit Maulbeerbäumen bepflanzten Landstraßen konnte ich dann und wann eine halb zertretene blaue oder weiße Maulbeere aufheben. Sie schmeckte mit Straßenstaub vermischt tröstend gut.

Die Bewachungsposten hatten strengste Anweisung, uns nichts an Lebensmitteln durch die Zivilbevölkerung zukommen zu lassen. Ebenso war es verboten, an den Stadt- oder Dorfbrunnen den brennenden Durst zu löschen. In einem Dorf sah ich einen toten Kameraden über dem Brunnenrand hängen. Der Oberkörper hing in den offenen Ziehbrunnen hinein. Ein anderer hatte einen Laib Brot erhalten. Der Posten zielte auf ihn, während er das Brot wie einen Schild vor das Gesicht hielt. Er wurde durch den Brotlaib hindurch erschossen. Nur an den Bächen und Brunnen außerhalb der Dörfer durften wir manchmal und oft nur im Vorbeigehen trinken. Irgendwo hatte ich ein leeres Bierglas mit Henkel mitgehen lassen, um Wasser schöpfen zu können. So etwas war eine höchste Kostbarkeit für viele. Sehr selten gab es auch eine Schöpfkelle voll dünner Erbsensuppe aus einer am Wege stehenden Feldküche.

Aber nur wenige hatten noch ein Kochgeschirr oder eine Konservendose zum Essenempfang. Ich hielt mein Henkelglas hin. Die heiße Suppe sprengte das Glas, es fiel mitsamt der Suppe zu Boden, ich hatte nur noch den Henkel in der Hand.

Auf dem tagelangen Marsch schwitzten wir die letzte Feuchtigkeit und die letzte Salzkraft aus unseren übermüdeten Leibern heraus. Das kann in einzelnen Fällen zu einer furchtbaren, rettungslos tödlichen Erkrankung führen. Die musste ich bei einem lieben Kameraden miterleben. Dabei schwellen alle Drüsen am Hals, unter den Achseln, in der Leiste und so groß an, dass keine Bewegung mehr möglich ist. In irgendeinem Waschraum – wohl einer leer stehenden Fabrik –, wo wir rasteten, wusch ich ihn noch einmal ganz ab, versprach ihm, seiner Frau zu berichten, wenn ich heimkäme, und musste ihn dann sterbend zurücklassen. Später erkundigte ich mich bei einem Arzt nach dieser Krankheit. Er sagte mir Folgendes: Das Salz hält im Körper die Drüsen in ihrer Form und Funktion. Wenn das letzte Salz ohne Zufuhr von Mineralsalzen in Brot und Gemüse ausgeschwitzt ist, kann eine Deformation der Drüsen, wie ich sie an dem Kameraden erlebt hatte, eintreten. Auch bei sofortiger Einlieferung in ein modernes Krankenhaus wüsste er keine Heilmethode für diese Erscheinung. Unzählbar viele der entkräftet Liegengebliebenen sind so gestorben.

In Peterwardein wurden die Offiziere in Viehwagen verladen zum Abtransport ins vorgesehene Lager. Vor dem Einsteigen in die Waggons wurde jeder Einzelne nochmals gefilzt. Der Posten zog aus meiner äußeren linken Feldblusentasche ein Bildchen Rudolf Steiners heraus. Es war 4 x 6 cm groß, hinter Glas gefasst und in ein violettes Seidentüchlein gehüllt. Bei Kriegsbeginn hatte es mir die Zweigleiterin von Heilbronn, Luise Kieser (1891–1962), unsere spätere Trauzeugin, aus ihrer Handtasche in meine Feldbluse gesteckt. Das fand nun der Posten und warf es unter den Zug auf die Gleise. Ich kroch hinunter und holte es mir wieder. Er schlug mich mit dem Gewehr und schrie mich verfluchend auf serbokroatisch an: »Wer ist das?« Ich: »Mein Vater.« Er lächelnd: »Kannst behalten.«

Hier erlebte ich zum ersten Mal die magische Kraft, die das Wort »Vater« im nahen Osten heute noch hat. Auch bei Personalangaben

Selbstporträt im Doppelspiegel. Öl auf Holz 1934

Eiche im Vorfrühling. Öl auf Papier 1934

Ansbach, Johannis – dahinter Gumbertuskirche,
in der Kaspar Hauser konfirmiert wurde. Öl auf Papier 1934

Herbstblumen. Aquarell 1933

Hofgarten in Ansbach. Aquarell 1932

Kreta-Erinnerung in der Gefangenschaft. Aquarell 1946

Kreta 1944, mein Quartier. Aquarell

Orangen und Olivenzweig. Aquarell

Olivenbaum. Aquarell

Die weißen Berge. Aquarell

Spätherbst-Sonnenuntergang in der Gefangenschaft. Aquarell 1947

und Adressen musste immer hinter den Familiennamen in Klammern der Vatername aufscheinen. Also Hoerner (Karl) Wilhelm. Der Posten war so zunächst abgelenkt von mir und ich konnte einsteigen. In der Innentasche der Feldbluse auf dem Herzen hatte ich noch mein Priester-Brevier bisher durchgebracht. Das war auch ein Wunder. Nun stieg der Posten aber mit in den Waggon, begann von neuem zu filzen und warf alles, was er fand, aus dem fahrenden Zug durch den Türspalt hinaus. Ich hatte mich an die Seitenwand gestellt und das Büchlein beim Hochreißen der Arme mitgenommen und auf den oberen Balken gelegt, an dem beim Viehtransport die senkrecht laufenden Ketten befestigt sind. Während er mich am ganzen Körper wieder abtastete, musste ich immer mit der erhobenen Hand das Büchlein zurückstoßen, damit es durch das Rütteln des Waggons nicht herunterfallen konnte. Als er von mir weg zum anderen ging, ließ ich es wieder in meine Innentasche gleiten. Gesehen hatte er das nicht, aber meine innere Freude hatte er wahrgenommen, drehte sich um und begann von neuem, mich abzutasten. Da brüllte ich überlaut ihm ins Gesicht: »Ich bin schon visitiert!« Er erschrak sichtlich und ließ mit dem üblichen hässlichen Fluch von mir ab. Anfang Juli kamen wir im Lager Werschetz, Vrsac an.

Dass dieser »Sühnemarsch« genannte Zug von 17.000 bis 20.000 zum Teil jämmerlich bekleideten und beschuhten oder barfüßigen total ausgeraubten deutschen Soldaten südostwärts, woher wir kamen, ein absichtlich inszenierter Todesmarsch sein sollte, erfuhren wir erst in den letzten Jahren des 20. Jahrhunderts. Hierzu die folgende Zeitungsmeldung vom 31.10.1990 in der »Frankfurter Allgemeinen Zeitung«: »Am schlimmsten war es in Jugoslawien. Aus Belgrad kein Wort zum Mordterror an den Deutschen / von Johann Georg Reissmüller … Im Lager Vrsac (Werschetz) erlagen unzählige Gefangene Folterungen, wegen derer dieses Lager das schlimmste Kriegsgefangenenlager der Geschichte genannt worden ist. Die jugoslawische Partisanenmacht dachte sich noch eine Art des Umbringens aus. Kolonnen Kriegsgefangener wurden auf so genannten Sühnemärschen durchs Land getrieben, wobei … Zehntausende umkamen – die einen wurden erschossen, die andern blieben verdurstet oder verhungert am Straßenrand liegen. …«

Die österreichische »Kronenzeitung« vom 27.9.1994 berichtet: »... Man hatte damals im Raum südlich der Bleiburger Felder keinen Platz für Leichen mehr, nachdem man mit der Division Prinz Eugen auch Tausende Kroaten umgebracht hatte, denen die Briten den rettenden Übergang über die Grenze verweigert hatten. Als nach der Kapitulation auch die Spitze der Heeresgruppe kam, hatte man keinen Platz für Leichen mehr. Milovan Djilas (*1911) schrieb, im Zentralkomitee habe man davon gesprochen, dass Leichenfelder in Slowenien die Gewässer vergiftet hätten und über Leichenfeldern die Erde bebe. So beschloss man, geplante Leichen im Marsch über das Land zu streuen. Man nahm den Opfern die Schuhe weg, sie quälten sich barfuß bis zum Zusammenbruch, wurden dann erschossen und verscharrt. Dieser Marsch war ein Kriegsverbrechen, so wie das Folterlager von Werschetz. Dort erpresste man von Tausenden deutschen Offizieren ›Geständnisse‹ über Kriegsverbrechen, die es nie gegeben hat. Mit diesen Protokollen ergaunerte sich Tito Milliarden ›Wiedergutmachung‹ für Tote, deren Namen frei erfunden waren. Echt war nur die Anklage, die aus den Folterkammern von Werschetz schrie.«

In Peterwardein (Novi Sad) endete das Leiden auf der Landstraße. Wie viele dort in einer Kaserne ankamen und wie viele auf dem beabsichtigten Todesmarsch an den Straßenrändern verscharrt wurden, wird wohl nicht in die Geschichte eingegangen sein. In Peterwardein wurden wir Offiziere von den Mannschaften abgesondert und von einem jüdischen Offizier relativ anständig »betreut«. Schon vor Antritt des Marsches und beständig während desselben, auch bei der Nachtruhe auf freiem Felde, waren wir dauernd ausgeplündert worden. Uhren, Eheringe, Brillen, Taschenmesser, Löffel, Schreibzeug, Papier, alles wurde eingesackt oder flog weg. Auch hier wurde nochmals Nachlese gehalten.

Der Freund Gerhard Faigle hat mir aus dem Buch »Werschetz, Kommunale Entwicklung und deutsches Leben der Banater Wein- und Schulstadt« von Helmut Frisch, dem Sohn des letzten Bürgermeisters von Werschetz (Wien 1982), Folgendes mitgeteilt:

»Werschetz ist eine alte slawische Siedlung 70 km nordostwärts von Belgrad, wird allerdings erst 1427 schriftlich erwähnt. Neben dem von Serben und Türken bewohnten Ort gründeten die deutschen Siedler 1723 Deutsch-Werschetz. Sie waren mit dem ersten Schwabenzug dort angekommen. 1795 wurden beide Teile vereinigt. 1941 erhielt die Stadt den Zusatz ›Hennemannstadt‹. Dieser Hennemann hatte 1788 den Ort erfolgreich gegen die Türken verteidigt und wurde als Held gefeiert. Bis 1918 gehörte Werschetz zu Ungarn, dann zu Jugoslawien.«

Zunächst lagen wir auf dem blanken Zementboden in den zwei ehemaligen Lagerhallen. Ich hatte ein Stück Sperrholz von einer ehemaligen Versorgungsbombe gefunden. Das legte ich mir unter die Nierengegend, um wenigstens da vom Beton getrennt zu sein. Ganz allmählich gab es Holz zum Bau zweistöckiger Pritschenlager. Von den Resten wurden primitive Hocker und Tische gebaut. Ebenso wurden aus Holz kleine Wannen zum – selten möglichen – Waschen zusammengefügt. Alles Essgeschirr oder gar -besteck war uns abgenommen worden. So habe ich die magere Suppe in einer zerbeulten Weißblechdose empfangen, in deren Rand ein alter Schuhbändel zum Tragen eingefädelt war. Vor dem Gebrauch musste immer erst der Rost herausgerieben werden. Den festgekochten Mais nahm ich auf einem Papierfetzen aus der Innenseite eines Zementsackes entgegen. Später »besorgte« mir ein Kamerad einen Löffel aus einem Partisanenkasino. Das war ein Löffel aus der deutschen Wehrmacht mit dem eingeprägten Hoheitsabzeichen. Mit diesem Löffel habe ich damals jahrelang mein Leben erhalten – und tue das heute noch – mit diesem Löffel.

Im Laufe des Vormittags kam das Maisbrot auf einem Wagen an, auf dem, wie manche vermuteten, am Vorabend die nackten Leichen der Gestorbenen zum Friedhof gezogen worden waren. Die nun einsetzende Brotverteilung unter Offizieren nahm Stunden in Anspruch, damit jeder auf Brosamen genau die gleiche Menge erhielt. Aus Hölzchen, Schnüren und Pappscheiben waren viele Brotwaagen verfertigt worden. Die Brote waren verschieden schwer. Ein Normgewicht zum Taxieren war deshalb zwecklos. Und die Teilung in jeweils immer kleinere gleich schwere Hälften war auch nicht ganz leicht, weil eine so subtile Balkenwaage nur mit gleichen Gewichten arbeitet. Wenn aber die Gruppe neun Mann hatte, war das Problem perfekt. Großzügigkeit und Misstrauen blühten auf und mussten bewältigt werden.

Viele aßen ihren Teil gleich restlos auf. Ich machte mir drei Teile für morgens, mittags und abends. Da kam einmal abends ein Kamerad zu mir mit der Bitte: »Hoerner, gib mir dein Brot.« »Du hast doch auch deinen Teil bekommen, warum hast du ihn gleich aufgegessen?« »Ja, weil ich größeren Hunger habe als du. Wenn du meinen Hunger hättest, hättest du jetzt auch kein Brot mehr.« Mehr begriff er nicht von Selbstbeherrschung, und so sagte er im Weggehen nur noch: »Und du willst ein Pfarrer sein.«

Schon bald nach der Ankunft im Lager, Ende Juni oder Anfang Juli, starben die ersten an der totalen Entkräftung durch den Todesmarsch. Dann brach die gefürchtete Ruhr-Krankheit aus, an der bis zum Winter 750 Kameraden starben. Eichenrinde wurde organisiert und die Abkochung getrunken zum Gerben des Darmes, was aber durchaus nicht ungefährlich war. Viele waren wund. Abends ging ein Kamerad mit einer kleinen Kanne Öl und einem Pinsel durch das Lager und rief: »Öl für die Kimme.« Da konnte sich jeder mit dem gleichen Pinsel das wunde Hinterteil besänftigen lassen.

Bald kam zu den unvorstellbar primitiven Lebensumständen das Ungeziefer hinzu. Läuse hatten wir nicht. Aber dafür Flöhe, die morgens immer in zweistelliger Zahl aus den zerlumpten Decken abgesucht und zwischen den Fingernägeln »geknickt« wurden. In allen Fugen der Pritschen und der Hocker saßen die Wanzen und sorgten für Bewegung. Das in Amerika als gesundheitsschädigend verbotene Insektenvertilgungsmittel DDT wurde auch auf den Balkan zur Malariabekämpfung exportiert. Das wurde dann später auch gegen das Ungeziefer in unsere Hallen hereingeblasen, sodass es wie im Nebel darin stand und die Lagerstätten, Essgeräte und Nahrungsmittel bedeckte. Es hat aber überhaupt nicht gegen die Floh- und Wanzenplage geholfen.

Für den Winter des ersten Lagerjahres wurden wir in ein benachbartes Lager nach Karlsdorf im Banat (Banatski Karlovac) im Fußmarsch verlegt. Was wir an Gebrauchsgegenständen hatten, musste alles in einem Sack oder einer Decke oder Schachtel mitgeschleppt werden. Dort war dann wieder alles neu einzurichten. In Werschetz hatten wir uns zum Teil schon Lagerstätten, Pritschen gebaut. Hier lagen wir wieder auf Zementboden, allerdings mit einer dünnen Strohschicht bedeckt. Das Stroh begann aber zu faulen, weil unsere Verdunstungsfeuchtigkeit sich an der Decke wieder zu Wasser kondensierte und wir so in einen absolut zuverlässig tropfenden wässerigen Dauerkreislauf eingebunden waren. Wir wurden nie ganz trocken – damals wenigstens.

Der Winter brachte hohen Schnee und Kälte, und der Weg zur Latrine außerhalb der Halle war weit und ging durch hohe Schneewälle hindurch. Wegen der feuchten Kälte mussten wir aber oft »laufen«. In der Mitte der Halle hatten wir aus selbst geformten Lehmziegeln zwar einen Koloss von Ofen gebaut, aber der gab nur wenig Wärme an die Nächstliegenden ab, die niemals bis an die Außenwände dringen konnte. Da dieser »Ofen« nur mit Maisstängeln geheizt wurde, war auch dieser Vorrat immer schnell verbraucht. Dort verbrachten wir das erste Weihnachten in der Gefangenschaft. Keiner von uns ahnte, dass es sechs und für manche sieben Weihnachten fern der Heimat und für viele das letzte auf Erden werden sollte. Eines Abends wurden wir davon unterrichtet, dass in dieser Nacht die Urteile der im Nürnberger Prozess zum Tode durch den Strang verurteilten hochrangigen deutschen Kriegsverbrecher vollstreckt werden. Ich verbrachte diese Nacht mit vielen unbekannten Mitmenschen wachend und betend.

Ein wesentlicher Teil in diesem Buch der Geschichte ist die uns und allen Deutschen von den Siegermächten verordnete und später geschichtsfälschend dargestellte »Umerziehung«, deren Absicht im Blick auf die zerstörte Kultur Mitteleuropas später so formuliert wurde: »Die Umerziehung der Deutschen ist gelungen.« Unsere Umschulung leitete ein ehemaliger Trikotagenvertreter aus Slowenien, der in Moskau zusammen mit Grotewohl und Pieck zum Kommissar hergerichtet worden war. Auf diese Weise wurde ich jahrelang im historischen und dialektischen Materialismus stalinscher Prägung unterrichtet. Die Hauptarbeit dieser Umschulung übernahm aber die Antifa, der antifaschistische Ausschuss, der aus deutschen Mitgefangenen bestand. Als ehemalige NS-Parteimitglieder sind sie beim Durchschreiten des Lagertores so tief »rot« geworden, dass sich alte Kommunisten und Sozialisten dieser Röte zu schämen hätten. Davon soll später noch die Rede sein.

Bei der Umschulung war Mitarbeit gefordert. Teilnahmslose wurden sowieso abzensiert. Und unter Mitarbeit war nur Zustimmung gemeint. Als ich einmal den Gedanken äußerte, dass eine klassenlose Gesellschaft auch bei völlig gleicher Entlohnung so leicht nicht herangebildet werden könnte, weil jeder Mensch auf seine Weise, das heißt eben anders als der andere mit seinem Geld umgehe, wurde mir das zum Verhängnis. Ich kam auf die Liste derer, die noch länger zur Umerziehung im Gewahrsam bleiben müssten, »um den friedlichen Aufbau in der Heimat nicht zu stören«. Für die ganz Unbelehrbaren führte die Antifa eine Todesliste. Denn ein verantwortungsvoller Politiker müsste auch den Mut haben, die Elemente zu liquidieren, welche das Aufblühen des sozialistischen Einheitsparadieses der Zukunft zu verhindern suchten. Das haben uns unsere deutschen Einpeitscher gelehrt.

Der Kommissar selbst beorderte einmal die fünfzehn Pfarrer, die meist als Offiziere gedient hatten, zusammen in das Rathaus des deutschen Städtchens zum Gespräch. Dort wohnten auch die Wachmannschaften. Die hatten die Stühle und Teile des Fußbodens in den Kachelöfen verheizt, weil dieses Holz in erreichbarer Nähe war, während drunten im Hof von den ehemaligen Volksdeutschen noch lange Reihen Scheitholz für die Heizung aufgestapelt lagen. Dieses blieb unberührt, weil es ja so weit vom Ofen weg war.

Beim Kommissar eingetroffen sagte dieser zu uns: »Bitte setzen Sie sich auf Fensterbank oder Fußboden. Wir haben noch kein Stuhlen, wir sind im Aufbau.« Dann stellte er ein Paket mit vielen Neuen Testamenten auf den Tisch und sagte: »Was soll ich mit so viel Evangelium, lauter Evangelium, Evangelium.« Da ergriff unser katholischer Dekan der Heeresgruppe Alfons Walter (1919–1995) das Wort und sagte: »Herr Kommissar, wenn Sie unterrichten, dann haben Sie das Buch (Karl Marx), in dem alles richtig drinsteht. Und wir hier glauben das alles. Aber unsere Leute glauben nichts mehr. Da sollten wir jedem ein Buch geben, damit jeder Einzelne selber prüfen kann, ob wahr ist, was wir sagen.«

Auf diese Darstellung unseres gründlichen Balkankenners fiel der

Kommissar prompt herein und schob uns das Paket zu mit den Worten: »Nehmen Sie.« Dann fuhr er fort: »Sehen Sie, jugoslawische Armee ist größte Armee von Europa, könnte marschieren durch Österreich, durch Deutschland, durch Frankreich und Spanien, bis Portugal könnte marschieren. Aber sehen Sie, hier ist Unterschied zu Hitler – marschiert niiicht!« Jetzt stellten wir die Frage: »Herr Kommissar, wie lange sollen wir denn noch hier festgehalten werden? Unsere Familien kennen die Väter gar nicht mehr.« Darauf antwortete er: »Sie sind serr dumm. Haben Sie besucht Volksschule, Gymnasium, haben Sie studiert und sind serr dumm. Wenn ich lüge, meinen Sie, das ist Wahrheit; sage ich Wahrheit, meinen Sie, er lügt. Was soll ich sagen? Sage ich Ihnen jetzt volle Wahrheit: Sie werden in Jugoslawien nicht bleiben hundert Jahre!«

Das sind nur kleine Beispiele der politischen Lüge, die aber von den Führenden und vom Volk geglaubt wird. Hier haben wir sehen und am eigenen Dasein erleben können, wie die massive plumpe Lüge die Entichung der Menschen bewirkt. Auch für diese Erkenntnis kann ich nur dankbar sein.

Auf Befehl der Antifa-Betreiber – Kameraden können sie wohl kaum genannt werden – mussten wir auch eine deutsche Wandzeitung mit neuesten Nachrichten schreiben. Damit auch ein Rest von deutscher Kultur aufscheinen konnte, haben einige, darunter auch ich, Aufsätze, Dichtungen und Bildbetrachtungen beigesteuert. Die Österreicher hatten eine eigene »Wandzeitung in österreichischer Landessprache« zu unterhalten. Wir wurden als zwei Nationen behandelt.

Viele Offiziere hatten ihre Rangabzeichen abgetrennt, um als solche nicht kenntlich zu sein. Ich hatte das nicht getan. Ein Posten riss mir das eine Schulterstück ab. Mit dem anderen war ich weitermarschiert und so im Lager angekommen. Das war für die Antifa ein Kennzeichen dafür gewesen, dass ich Faschist, Nationalist sei. Der Grund für mein Verhalten war aber ein anderer. Vom Beginn der Gefangenschaft an war ich innerlich bereit gewesen, all das an Leiden auf mich zu nehmen, was für Offiziere an Schikanen vorgesehen war. Nicht verstecken wollte ich mich im Mannschafts-Aussehen, um so etwa den anderen Schikanen zu entkommen. Diese selbstverständliche Ehrlichkeit war mein Verhängnis, sodass ich als Nationalist eingestuft und beurteilt wurde – bis bekannt gegeben wurde, dass die Wachposten Befehl hätten, auf derartige Rangabzeichenträger zu schießen. So malte ich mir mit einem Hölzchen und einer für alle bereitgestellten gelben Farbe in großen Ziffern die Gefangenennummer 227295 auf Brust und Rücken des Soldatenmantels.

Drei Jahre später kam eines Tages Karlchen, der Leiter der Antifa, ganz aufgeregt zu mir: »Aber Hoerner, was ist denn mit dir los?« »Was sollte denn mit mir los sein?« »Ja, du hast doch damals dein Schulterstück nicht freiwillig abgenommen – und jetzt ist da ein Brief vom Roten Kreuz über die Schweiz bei uns eingetroffen, worin bescheinigt wird, dass du als Pfarrer der Christengemeinschaft zu den vom Naziregime Verfolgten gehörst – und wir haben immer gedacht, du wärst ein unverbesserlicher Nazi.« »Ja, aber das ist doch eure und nicht meine Angelegenheit.« »Aber solche Leute wie dich hätten wir doch von Anfang an in der Antifa gebraucht.«

Auch hier hat mich die geistige Führung davor gewarnt, das erlittene Verbot der Christengemeinschaft hier zu einer Verbesserung meiner jetzigen Lebensverhältnisse zu missbrauchen. So habe ich auch nicht an den russischen und serbokroatischen Sprachkursen teilgenommen, aus dem sicheren Gefühl heraus, das dies gefährlich sein könnte. Und so war es dann auch. Diese Kameraden wurden später zu unseren Vernehmern und Folterknechten gemacht.

Hier beginnt nun ein entscheidender Abschnitt im Buch der Geschichte des 20. Jahrhunderts. Nachdem durch die Jahre hindurch immer wieder Parolen über Repatriierung durchs Lager gegangen waren, wurden nun ab Oktober 1948 wirklich kleinere Gruppen zusammengestellt, mit Musik verabschiedet und mit nur einem oder zwei Posten zum Bahnhof gebracht. Eines Tages war auch ich dabei. Verabschiedung von den noch Zurückbleibenden, frohe Stimmung, Grüße in die Heimat bewegten die Herzen.

Im Vorhof des Lagers im Bereich der Antifa kommt Karlchen auf mich zu, nimmt mich zur Seite und sagt: »Hoerner, du bist klug –

halte dich nicht zu lange auf dem Umsteigebahnhof auf.« Ich verstand nicht, was dieses Reden sollte, denn Heimtransport, Repatriierung, Musik und Weg in die Freiheit waren doch angesagt. So sah alles aus, auch noch beim Einsteigen in den Zug. Aber dann wurden die Türen verriegelt, starke Wachen zogen auf, und unser Transport fuhr nicht nach Belgrad, sondern nach Zrenjanin in eine große Kunstmühle, die schon von den Deutschen zum KZ umgebaut und benützt worden war. Schweigend zog die bitter betrogene Gruppe in den Hof hinter doppeltem Stacheldraht ein und wurde dann auf die einzelnen Stockwerke verteilt. Wir waren mit etwa achtzig Mann in einem viel zu kleinen Raum, worin außer den Doppelstockpritschen an den Wänden herum kaum noch ein schmaler Mittelstreifen frei war. In einer Ecke stand eine 200-Liter-Benzintonne als Fäkalienkübel. Über die Holztür war von außen noch eine Stahltür mit großem eisernen Querbalken gelegt.

Einmal am Tage durften wir eine halbe Stunde in den Hof und an die Latrinengrube. Dabei wurde mehrmals beobachtet, wie ich intensiv mit Kameraden im Gespräch war. Sofort wurde ich in die Wache geholt und verhört. Warum ich immer mit den anderen spräche? »Weil ich sie trösten und stark machen will, nicht zu verzweifeln und die Hoffnung auf einen guten Ausgang nicht aufzugeben.« Das wurde akzeptiert, weil man darauf bedacht war, dass die Stimmung unter den Häftlingen nicht zu sehr absank. »Häftling« war jetzt die Bezeichnung für uns ehemalige Kriegsgefangene. Denn nun begann ein Prozess, in dessen Verlauf wir zu Kriegsverbrechern befördert wurden. Damit wurden wir aber aus der militärischen Verwaltung heraus und dem Justiz- und Innenministerium unterstellt, deren Angestellter unser Kommissar immer schon gewesen war.

Weihnachten 1948 kam näher. Der Kommissar verbot jegliche Feier. Da trat wieder unser katholischer Heeres-Dekan, der schon erwähnte Balkankenner, auf den Plan. Er war in unserer Gruppe und konnte dem Kommissar Folgendes klarmachen: »Die Christlichkeit ist heute nicht mehr das tragende Element bei diesen Gefangenen. An Weihnachten ist etwas anderes das Wichtigste: die Familie. Da kommen alle Kinder zu ihren Vätern und Müttern. Das ist das größte Familienfest. Und da denken hier alle Gefangenen an ihre Väter und die Väter und Mütter daheim an ihre Söhne hier. Und wenn die Stimmung gut bleiben soll, dann sollten wir Weihnachten feiern dürfen.«

Das schlug ein, weil im slawischen Osten das Wort Vater noch magische Wirkung hat. Die Zeiten des reinen theokratischen Patriarchalismus sind dort noch lange nicht vorbei. Mussten wir doch, wie gesagt, auf unserer Adresse hinter unserem Familiennamen den Vaternamen und dann erst den eigenen Rufnamen schreiben. Wir durften von dem Geld, das uns aus den jeweiligen Arbeitsverhältnissen gutgeschrieben worden war, jetzt einiges draußen einkaufen für Weihnachten. Viel hatten die Krämer in den Dorfläden sowieso nicht. Aber die streng bewachten Einkäufer brachten einen Sack voll Zwiebeln und einen kleinen Sack halb voll Zucker. mit. Das wurde auf das Gerechteste nach dem Brotwaage-System verteilt. Und der Kommissar war so großzügig und spendete für jeden Insassen einen halben Liter heißes Wasser, dessen Verwendung dem Einzelnen überlassen war. Dabei waren fantastische Verwendungsmöglichkeiten zu beobachten. Ein Kamerad hackte seine Zwiebeln klein, tat sie mit dem Zucker ins heiße Wasser und löffelte oder trank mit Genuss diesen Weihnachtspunsch.

Dekan Walter hielt eine heilsame Ansprache. Dabei war die Papierkrippe aufgestellt, die Freund Hans für unseren Weihnachtsgottesdienst 1947 in Werschetz gemacht hatte. Und ein Wachslicht brannte auch noch zwischen den farbigen Papieren. Feuer wurde mittels eines Porzellanknopfs an einer Drillschnur angefacht, der an einer Blechdose hin und wieder Funken schlug, die von einem Baumschwamm aufgefangen und erhalten werden konnten. Der Vorgang dauerte wohl tausend Mal länger als mit einem Streichholz. Aber eine vorher unvorstellbare Geduld sollte ja auch eine der Früchte dieser Prüfungen werden.

Dort in Zrenjanin ist auch der ehemalige evangelische Landesbischof Helmuth Johnsen (1891–1947) zu den Freiwilligen hinzu zum Ausleeren der Fäkalienkübel befohlen worden. Er kehrte nicht mehr zurück. Er sei »auf der Flucht erschossen« worden, wurde gesagt.

Später wurde auch der Kieler Universitätsprofessor Hans Brand umgebracht. Der Beuroner Benediktiner Abt Adalbert Graf von

Neipperg (1890–1948) hatte eine Bescheinigung für freien Ausgang. Auch er kehrte eines Tages davon nicht mehr zurück. Er war auf bestialische Weise umgebracht und verscharrt worden. Dorfbewohner haben die Leiche gefunden, im Leichenhaus aufgebahrt und mit Kennzeichnung in Werschetz bestattet. Sein Neffe hat die sterblichen Überreste exhumieren und heimholen können. Sie sind im Kloster Neuburg bei Heidelberg feierlich bestattet worden.

Schon in den ersten Tagen, nachdem wir vom Todesmarsch im Lager angekommen waren, hatte Abt Adalbert Graf von Neipperg vor kleinen Gruppen Vorträge über das christliche Menschenbild zu halten begonnen. Das wurde ihm aber verboten. Dazu feierte er im kleinen Kreis Gottesdienste. Unvergesslich sind mir seine Mai-Andachten. In hoher benediktinischer Predigtkultur konnte der geistige Weg von einer dankerfüllten Demeter-Naturfrommheit hin

Der von allen hochverehrte Graf Neipperg, der zu Weihnachten 1948 in Werschetz ermordet wurde, gezeichnet von Ludwig Schütte. Neben der Zeichnung folgender Brieftext an seine Mutter: »Da der liebe Gott allein weiß, wann wir uns wiedersehen, möchte ich wenigstens im Bild zu Dir kommen. Einer der Herren hat es gezeichnet, und es wird allgemein als sehr gut und ähnlich gefunden (11.12.1946).«

zur Maria-Sophia-Verehrung begangen werden. Das war sozialhygienisch heilsam für die abstumpfende Einseitigkeit einer Männer-
Gemeinschaft im Alter von zwanzig bis sechzig Jahren. Ebenso
unvergesslich sind mir die Gespräche mit Abt Adalbert zum Myste-
rienhintergrund der Messe. Er war schon 1911 als Novize in den
Benediktinerorden in Beuron eingetreten. 1929 wurde er zum Abt
der neu gegründeten Abtei Neuburg bei Heidelberg berufen. Aber
1934 zog er sich als Mönch in die Abtei Seckau in Österreich
zurück. 1944 ließ er sich zum Sanitäter ausbilden und ging freiwillig als Priester mit den Soldaten in die Gefangenschaft, indem er
wiederholte Angebote zur Freilassung ablehnte. So war er zu uns
gekommen.

Im Januar 1949 wurde unsere Gruppe überraschend wieder
nach Werschetz in die Halle eins zurückverlegt. Das Lager war leer,
sodass man vermuten musste, dass wir noch länger zurückbehalten
würden. Wohl über tausend Menschen waren nun in dieser Halle,
deren Ausgänge fest verschlossen waren. Bis Mai waren wir dort
ohne Unterbrechung von der Außenwelt abgeschlossen. Es gab
auch keinerlei Postkontakte. Bei 200 Gramm Brot und Wassersuppe waren wir immer noch nicht eingegangen, aber lebensgefähr-
dend geschwächt.

Immer wieder wurden Einzelne herausgeholt, manche kamen
nicht mehr zurück, andere in einem seelisch zerstörten Zustand.
Einer blieb drei Tage unter seiner durchlöcherten Decke regungslos
liegen. Wie wir später erfuhren, war er zum Vernehmer und Verrä-
ter anderer gemacht worden. Eines Tages polterte wieder der Eisen-
riegel der Tür, und der Wachposten las von einem Zettel: »Hoerner,
Karl Wilhelm, komm!« Ich sagte zu Hans, er solle meine liebe Frau
grüßen, ich sei abgeholt worden.

Durch ein Labyrinth von dunklen Gängen wurde ich zum Kommissar geführt. »Kennen Sie einen Wistinghausen?« – »Ja.« – »Wo
ist er?« – »Ich weiß es nicht.« Der Kommissar laut und beschwö-
rend: »Sie wissen!« – »Ich bin ja hier, wie soll ich wissen, wo Kurt
Wistinghausen ist?« – »Er ist in Schweiz.«

Hier muss man wissen, dass Verbindung mit einem Menschen in
der Schweiz für damalige Kommunisten ein todeswürdiges Verbre-

chen war, weil die Schweiz als das Machtzentrum des Kapitalismus betrachtet wurde. Der Kommissar fragte weiter: »Was macht er in der Schweiz?« – »Er wird wohl wegen seiner Krankheit in der Schweiz sein. Er war einmal lungenkrank.« – »Was ist er?« – »Er ist ein Kollege von mir, er ist Pfarrer.« – »Katholisch? Evangelisch?« – »Keines von beiden, Herr Kommissar, es ist hier nicht leicht, das zu erklären.« – »Werden wir sehn! Glauben Sie an den Papst?« – »Nein.« – »Gut; glauben Sie an Maria?« – »Nein.« – »Gut; glauben Sie an Christus?« – »Ja.« – »Aha; nehmen Sie den Brief. Sie können gehn.«

Als mir später ein evangelischer Pfarrer missionarisch einreden wollte, dass der Christus meines Glaubens ein falscher Christus sei, habe ich ihm dieses Erlebnis erzählt, bei dem es im Grunde ja auch um Leben und Tod ging, denn manch einer kam nicht mehr zurück aus solchen Vernehmungen. So sagte ich dann zu dem evangelischen Kollegen, ob mein damaliges Bekenntnis zum falschen oder wahren Christus erfolgte, das möge er nun selbst entscheiden.

In diesem Jahr 1949 war auch des 200. Geburtstags von Johann Wolfgang Goethe zu gedenken. Da niemand ahnen konnte, ob und unter welchen Umständen wir am 28. August noch leben würden, entschloss ich mich für den Todestag Goethes, den 22. März, zu einem Vortrag über die Geistgestalt des Dichters, soweit ich damals zu einer solchen Darstellung überhaupt in der Lage war. Als Rückhalt und Quelle war mir jenes Buch geblieben, das mir 1945 bei der Kapitulation ein Kamerad gebracht hatte: Hermann Grimm, »Das Leben Goethes«. Vom Sühnemarsch an ist es durch alle Fährnisse bei mir geblieben, und für manche Kameraden war es das Letzte, was sie vor ihrem Tod noch hatten lesen können. Auch der Galgenhumor kam in dieser sehr ungewissen Situation durch einige tapfere Kameraden zum Durchbruch. So hat der alte Münchner Jurist Alfred Winterstein einen Abend lang alle möglichen Lebenssituationen geschildert, in denen in Oberbayern jenes Gossenwort gebraucht wird, das Goethe im »Götz von Berlichingen« druckreif gemacht hatte. Für einige sehr vornehme Kameraden aus nördlicheren Gefilden war dieser derbe bayerische Humor aber leider etwas zu schwer verdaulich.

Aus dieser Schweigelager-Zeit kamen wir dann zwischen Mai und Oktober 1949 nach Potporanje, wo wir in dem verschilften Sumpfgebiet einen Kanal zwischen Donau und Theiß graben sollten. Die gänzlich unerfahrenen Regierenden erhofften sich von dieser Aktion eine Belebung des völlig darniederliegenden Schiffsverkehrs auf der Donau. Auf dem ganzen Gelände gab es keine einzige Baumaschine, keine Raupen, keinen Bagger, keinen auch noch so kleinen Traktor. Größte Erdaushub- und weite Transportarbeiten mussten alle mit Spaten, Schaufel und Karre von den Gefangenen geleistet werden. Die Karren waren primitiv aus dickem Holz gezimmert, das Holzrad ganz vorne, sodass das Schwergewicht des Gefährtes voll auf Hände und Arme der Karrenschieber zurückfiel. Die Bauern der Gegend hatten vernünftige Geräte, aber die Fabriken des »Arbeiterparadieses« lieferten uns solches Zeug, ob absichtlich oder aus Dummheit bleibe dahingestellt. Diese Fehlkonstruktion war eine Art Foltergerät. Unabhängig von der Konstitution des Einzelnen musste jeder gleich viele Karren in einer vorgeschriebenen Zeit bewältigen.

Von da wurden in Abständen abends Einzelne mit ihren Sachen abgeholt, natürlich mit unbekanntem Ziel. Es wurde von Vernehmungen gemunkelt, aber niemand wusste Genaueres. Dann war auch ich an der Reihe. Ich wurde zurück nach Werschetz in die Halle drei gebracht.

Dort waren an den Wänden herum sechsunddreißig primitive Einzelzellen errichtet worden, in deren eine ich gesteckt wurde. Bald darauf wurde ich herausgeholt und in ein Zimmer zur Vernehmung gebracht. Der Vernehmer war ein Volksdeutscher, der bei unserer Division Dolmetscher war. Er saß mir gegenüber, schlug meine von der deutschen Antifa angelegte Akte auf und begann so: »Sie sind Anthroposoph. Diese Leute sind der Meinung, dass man alles, was man getan hat, wieder ausgleichen, wieder gutmachen muss. Dazu wollen wir Ihnen behilflich sein. Also sagen Sie jetzt ganz frei heraus, wo überall Sie Ihre Kriegsverbrechen begangen haben. Hier ist die Karte Ihres Rückzugsweges, damit Sie sich leichter erinnern können.« – »Kriegsverbrechen habe ich nicht begangen. Ich war Soldat und habe das Fla-Bataillon in der 22. Infanterie-Division geführt, und Kriegsverbrechen sind bei uns nicht begangen worden.«

Nach einigem Hin- und Herreden zog der Mann die Tischschublade auf, legte eine geladene Pistole auf den Tisch und fragte mich, ob mir jetzt meine Verbrechen einfielen, denn er selber wüsste sie ja schon längst. Als ich verneinte, warf er Handschellen auf den Tisch und fragte mich noch einmal. Ich verneinte. Er stand auf, warf mich zu Boden, legte die auf den Rücken gedrehten Arme in Handschellen und führte mich in die Zellenhalle zurück. Dort zog er ein Seil durch die Fesselung und zog ganz langsam hoch, bis nur noch die Fußspitzen den Boden ertasten konnten und dann bis zum ganz freien Hängen ohne Bodenkontakt. Nach etwa fünf Minuten ließ er mich wieder auf den Boden herab und führte mich in einen anderen Bau in eine Zelle und sagte: »So, nun wissen Sie ja, was Ihnen bevorsteht, wenn Sie weiter leugnen. Überlegen Sie sich das gut. Morgen früh hole ich Sie zur weiteren Vernehmung ab.«

Es war Abend. Die Sonne war schon untergegangen. Ein letzter Goldton schwebte noch unsicher in der Atmosphäre. So stand ich da mit auf dem Rücken gefesselten Händen. Etwa in Kopfhöhe war ein schmales Fenster, wie es in den Schweineställen üblich ist. Der Blick ging hinaus. Lange. Dort im Nordwesten, weit, die Heimat, die geliebte Frau, der siebenjährige Sohn, die armen Eltern! Was werden sie einmal über mich zu hören bekommen – wenn ich sie nicht mehr wiedersehe? Lauter Lügen. Wer von ihnen kann das Lügengespinst durchschauen? Wer wird da noch zu mir stehen können? Die Eltern vielleicht nicht mehr; sie sind zu gutgläubig gegenüber dem, was »man« ihnen sagt. Aber Luise, die herzensgute Frau und Mutter wird in ihrem tapferen Herz wahr-nehmen, was wahr ist. Solche Gedanken jagen einander.

Da fasst mein Blick die Spitze einer Pappel. An dem herbstlich entlaubten Baum bewegt sich noch ein einziges goldgelbes Blatt, herzförmig. Sagt die Erinnerung an das Leben. Der Abendhauch ist ganz milde, und so milde bewegt sich das letzte Blatt, wie man langsam die Hand umwendet, die offene Handfläche nach oben unten – oben unten – oben unten. Da ward ich ganz ruhig, Meeresstille in der Seele. Eine ruhige Kraft breitete Frieden über das Seelengefilde. Die Wirksamkeit des Geistes wird Offenbarung und Wesen. Ich war aufgenommen. Nun konnte kommen, was da kommen soll, dieses »Blatt« fällt nicht ab.

Wie lange hing ich am frühen Morgen wieder mit rückwärts gefesselten Händen frei über dem Boden? Ich weiß es nicht. In den Ellenbogen und Schultern erzeugten die brutal überdehnten Bänder immer stärkere Schmerzen. Die Besinnung blieb, solange sich kein Schmerzenslaut aus dem gepressten Munde löste. Also schweigend aushalten, dass das Bewusstsein erhalten bleibt. »Lassen Sie mich zu Boden, dann sage ich alles, was Sie hören wollen.« Der Vernehmer: »Sie sind ein besonderer Charakter. Wenn Sie nur mit Ihren Fußspitzen wieder den Boden berühren, fangen Sie sofort an zu lügen. Sie sagen die Wahrheit nur im Hängen! Also bitte.«

Da erst begriff ich blitzartig, worum es hier ging. Hatte ich bis dahin gedacht, es wird nach tatsächlich begangenen Kriegsverbrechen geforscht, so wusste ich jetzt, dass erfundene Kriegsverbrechen gewünscht waren. Das bestätigte mir eine im Augenblick frei erfundene und hergesagte Geschichte von einem Einsatzort, an dem der Vernehmer und ich zusammen gewesen waren. »Ja, das weiß ich doch schon lange«, sagte er darauf. Nach etwa einem Dutzend weiterer schlimmer erfundener Taten ließ er mich zu Boden, massierte mir die zur Form wie Boxhandschuhe dick aufgeschwollenen Hände unter entsetzlichen Schmerzen, und ich musste ihm bestätigen, dass er mich doch »sehr milde« behandelt habe. Dann steckte er mich ungefesselt in die »CDU«. So nannten wir den Club der Untersuchten. Zwischen sechzig und siebzig Kameraden starben in der Folter oder danach. Die näheren Umstände auch im Blick auf deren Bewusstseinsmöglichkeiten bleiben im Dunkeln. Die gängigen Begriffe: Märtyrer oder nicht, reichen nicht in die Abgründe solcher Erlebnisse. Vom Aufenthaltsort zwischen »Untersuchung« (Folter gibt es in sozialistischen Staaten ja nicht) und Verurteilung wurden wir einzeln in kleinste Häftlingszellen – wohl im alten Rathaus – gebracht. Mit der zwei Maschinenseiten langen Anklageschrift und einem Backstein als Kopfkissen hatten wir die Tage und Nächte bis zur Gerichtsverhandlung zu verbringen. Der letzte Satz meiner Anklageschrift lautete: »Aus all dem geht hervor, dass dieses blutrünstige und ge-

Rembrandt Harmensz
van Rijn (1606–1669):
Christus
am Marterpfahl.
Mit dem Vermerk
von Wilhelm Hoerner:
»So war es!«

meingefährliche, faschistische Subjekt aus der menschlichen Gesellschaft entfernt werden muss. Tod dem Faschismus! Freiheit den Völkern!« Wie das dann etwa vollzogen werden würde, dazu konnte eine ungezügelte Fantasie die Möglichkeiten liefern.

Die Verhandlungen wurden einzeln geführt. In einem nicht sehr großen Raum saß hinter einem langen Schreibtisch ein kleiner, bleichgesichtiger Richter in Uniform zwischen zwei Helfern. Links von mir war eine Gruppe von Partisanen-Veteranen, rechts der Dolmetscher. Von einem Verteidiger habe ich nichts bemerken können. Nach der Verlesung der Anklageschrift meldete ich mich zum Wort. Das konnte gefährlich sein, denn man hatte die Anklageschrift anzuerkennen. »Ich weiß, dass ich vor einem gerechten Gericht stehe. Deshalb habe ich die Pflicht, alle noch nicht bekannten Tatsachen mitzuteilen. Ich bin Pfarrer in einer religiösen Gemein-

177

schaft, die 1941 von den Faschisten verboten wurde. Deshalb ist es ausgeschlossen, dass ich ein ›faschistisches Subjekt‹ bin, wie es in meiner Anklageschrift steht.«

Der Dolmetscher begann zu übersetzen, der Richter winkte mit lässiger Handbewegung ab und sagte auf Deutsch: »Wenn das wahr ist, was Sie sagen, warum sind Sie nicht zu uns übergelaufen?« Selbstverständlich war darauf nur Schweigen angebracht. Die Anwesenden wussten sehr wohl, dass sie als Partisanen keine Gefangenen am Leben erhalten konnten und wollten. Die Verhandlung war damit zu Ende. Zur Urteilsverkündung wurden wir zu neunt hereingerufen. Der Richter sagte nur die Namen und die Zahl der Jahre der Zwangsarbeit mit Landesverweis auf Lebenszeit und legte dabei immer die betreffende Akte von dem einen Stapel auf den anderen. Dem Zehnten einer solchen Gruppe wurde die Todesstrafe jeweils einzeln verkündet. Außer bei einer Gruppe von Österreichern, die von angetrunkenen Wachmannschaften widerrechtlich umgebracht wurden, sind auch die Todesurteile später aufgehoben worden. Die meisten meiner Gruppe bekamen 20 und 25 Jahre. »Hoerner, Karl Wilhelm, siebzehn.«

Damit wurden wir mitsamt unseren Sachen die steile Treppe in einen Weinkeller hinuntergestoßen. Der war schon voller Verurteilter. Völlige Finsternis. Nachdem die obere Tür wieder verschlossen war: »Wer bist du?« – »Der Hoerner.« – »Gratuliere, gratuliere, wir dachten schon, du bist dumm und lässt dich totschlagen. Wie viel hast du?« – »Siebzehn.« – »Gratuliere, wir haben alle mehr.« Es war der 1. November 1949. Allerheiligen.

Mein Platz war neben dem übergelaufenen Latrinenkübel. In diese Art der Finsternis hinein bekam ich dann auch noch ein Paket, dessen Inhalt nur ertastet oder erschmeckt werden konnte.

Bald darauf wurden wir wieder paarweise mit Handschellen gefesselt und fünfzig solcher Paare mit einer langen Kette verbunden. Mein Kettenbruder war der Kamerad und Freund Gerhard Faigle. Im Eisenbahnwaggon gefesselt nebeneinander liegend bemerkten wir, dass Gerhard eine so schmale Hand hatte, dass er sie aus der Handschelle herausziehen und wieder hineinstecken konnte. Trotzdem mussten wir auf dem Transport natürlich immer verbunden

bleiben. Noch mehrere Tage nach der Trennung war der Nebenmann noch so deutlich fühlbar, dass die eigenen Bewegungen unbewusst darauf Rücksicht nahmen. Von sehr jungen Wachmannschaften, denen unsere Gefährlichkeit anhand des Strafmaßes einge-
trichtert worden war, die schussbereiten Maschinenpistolen umgehängt, wurde der Zug zum Bahnhof und zum Abtransport in das
Staatszuchthaus Sremska Mitrovica gebracht. Damit waren wir als
gemeine Verbrecher aus dem Militärbereich in den Polizeibereich
des Innenministeriums überstellt.

In Deutschland wurde verbreitet, Jugoslawien habe alle seine
Kriegsgefangenen entlassen. Nur wenige Kriegsverbrecher hätten
ihre gerechten Strafen noch abzubüßen. Diese »Wahrheit« konnten
unsere Angehörigen gedruckt in der Zeitung lesen. Ja, dann muss es
doch wahr sein. Indem ich auf dem Kettenmarsch zum Bahnhof in
den Mienen unserer jungen Bewacher zu lesen versuchte, bemerkte
ich darin eine tief sitzende Angst. Gleichzeitig leuchtete in der eigenen Seele die Sonne eines absoluten Freiheitserlebens auf, das sich
als unverlierbares Ergebnis der ewigen Individualität eingeprägt haben wird. Diese Freiheitserfahrung kann auch hinsichtlich ihrer Zu-
kunftsverantwortung begrifflich nicht ausgeschöpft werden.

Hinter den Mauern dieses Zuchthauses (Besserungsheimes) hatten wir auf dem Todesmarsch in die Gefangenschaft vor vier Jahren
schon einmal Rast gemacht. Jetzt deuteten die Anzeichen auf einen
Daueraufenthalt. Im Hof mussten wir – mit Abstand voneinander –
mit allen Sachen antreten. Dann kam die Weisung: »Alles, was Sie
nicht unmittelbar zur Erhaltung des Lebens brauchen, wird in einen Karton gut verpackt, genau beschriftet und auf dem Dachboden des Hauses für die ganze Zeit Ihrer Haftverbüßung dort aufbewahrt und Ihnen erst bei der Entlassung wieder ausgehändigt.«

In diesem Augenblick hatte ich mich zu entscheiden: Was be-
hältst du bei dir, was gibst du weg? Denn es war zu vermuten, dass
das, was angeblich auf dem Dachboden bis zur Entlassung verwahrt werden sollte, doch sicher verloren ging. Dieser Vermutung
entsprechend wählte ich aus den bei bisher fünf Lagerwechseln
mitgeschleppten Dingen für den Gottesdienst aus: Leuchter,
Rauchfass und Gewänder wollte ich preisgeben, Kelch und Patene

179

(Brotschale) behielt ich bei mir. Das Brevier konnte ich auch retten, aber das kleine Neue Testament, das mir die lieben Eltern zu Ostern 1933 (Machtübernahme) geschenkt hatten, kam auch zu all dem, was dann als unnötig verbrannt wurde. Es kam aber alles ganz anders, als es zu vermuten war.

Auch in der Unterkunft im Zuchthaus hörten die Durchsuchungen nicht auf, sodass auch das Mitgenommene nicht mehr sicher war. Als ich das bemerkt hatte, dachte ich über die Vernichtung von Kelch und Patene nach. Den Holzkelch konnte ich mit einem Backstein zu winzigen Splittern zerkleinern und diese beseitigen. Mit der aus Aluminium getriebenen Patene war das weit schwieriger. So klebte ich die Aquarellfarben am Rande auf, um diese so als eine Art Malpalette aussehen zu lassen. Aber bei einer nächtlichen Bilder-Zerreißaktion, über die noch berichtet werden soll, ging sie mit unter. Die anderen Geräte und Gewänder aber, die ich preisgegeben hatte, wurden mir, sauber in einem Karton verpackt und verschnürt, zwei Jahre später bei der Entlassung, die nach den Arbeitslageraufenthalten wieder vom Zuchthaus aus erfolgte, unversehrt ausgehändigt.

Das verloren geglaubte kleine Neue Testament aber hatte auch sein besonderes Schicksal, ganz nach dem lateinischen Spruch »Habent sua fata libelli« (auch Bücher haben ihre Schicksale). Als wir nämlich später in einem Straßenbau-Lager mit kriminellen Jugoslawen zusammen arbeiten mussten, lag so ein liebenswerter Jähzorn-Mörder neben mir auf der Pritsche. Einige Tage nachdem er meinen Familiennamen verstanden hatte, bedeutete er mir, dass er im Zuchthaus bei einem Mitgefangenen ein kleines schwarzes Büchlein mit diesem Namen gesehen habe. Auf mein gesteigertes Interesse, wer denn dieser gewesen sei, konnte er mir sagen, dass er schon entlassen sei. Nach Tagen erinnerte er sich an den Zielort des Entlassenen: Kassel. Nach meiner Heimkehr schrieb ich, was ich wusste, an den Heimkehrerverband in Kassel. Einige Zeit später kam ein kleines Päckchen aus Witzenhausen bei Kassel mit meinem mir so wertvollen Neuen Testament! Der Absender war damals im Zuchthaus zum Verbrennen der abgenommenen Sachen und Papiere abkommandiert gewesen. Obwohl dieser Vorgang auch unter strenger Aufsicht der Wachmannschaften (der blauen Hunde) geschah, war es dem Kameraden gelungen, dieses kleine Büchlein (10 x 7 cm) unbemerkt in der Holzpantine unter seinem Fuß zu verstauen und sogar durch die kontrollierende Wache mit ins Haus und dann sogar in die Heimat und letztlich wieder zu mir zu bringen. Die große Lehre dieses Stückes erlebten Lebens zeigt auf: Was wir behalten wollen, wird uns genommen, was wir hingeben, kommt wieder zurück. »Wer sein Leben behalten will, der wird es verlieren, wer aber sein Leben verliert um meinetwillen, der wird's finden«, sagt Jesus bei der ersten Leidensankündigung zu seinen Jüngern (Matthäus 16,25).

Wir waren achtzig Personen in einem viel zu kleinen Raum auf dem Boden zusammengepfercht. Ein schmaler Mittelgang war mit Pappkartons ausgelegt. Der musste morgens entfernt und der Boden darunter mit den abgenommenen Zahnbürsten sauber gefegt werden. Die auch im Winter nie in Betrieb genommene Zentralheizung musste täglich an jeder Rippe mit einem Lumpen abgerieben werden. Auf den »gereinigten Boden« wurde sorgfältig wieder die Pappe gebreitet und wehe, wenn auf die Pappe ein Tropfen von der Wassersuppe kommen sollte. Die Wache über all diese Schikanen hatte ein serbischer Krimineller, der unser »Kalfaktor« war.

Jeden Tag kamen Anfragen nach bestimmten Berufen. Wenn sich dann aber herausstellte, dass einer den angegebenen Beruf in der Praxis doch nicht beherrschte, waren zusätzliche Strafen im Zementbunker des Kellers die Folge. Als ich bemerkte, dass man ohne solchen Arbeitseinsatz mit der Ernährung für die Nichtarbeitenden nicht durchhalten konnte, beschloss ich, mich beim nächsten für mich machbaren Berufseinsatz zu melden. Und so kam es. Die Tür wurde morgens um sieben Uhr aufgerissen. Ein Wachmann mit einem Zettel in der Hand rief: »Wer kann schnitzen?« Ich meldete mich. Nun kam in dem neuen Partisanenstaat aber erst noch eine neue »demokratische« Hürde. Eine Akte wurde angelegt. »Wo haben Sie schnitzen gelernt?« – »In Nürnberg.« – »Wie heißt die Firma?« – »Hermannsdörfer und Co.« – »Wie lange?« – »Drei Jahre.« Dann waren sie mit diesen erfundenen Angaben zufrieden. Ich kam in die Schreinerei. Dort durfte ich auf die Deckel von flachen Zigarettenetuis einfache Muster aus Drei- und Vierecken ohne jede pflanzliche Andeutung schnitzen. Die Werkzeuge waren zurechtgeschmiedete und gehärtete Nägel. Da ich das Muster schneller als alle anderen aufzeichnen konnte, hätte ich mehr arbeiten können. Mit einem Schluck Schwarztee aus einer Bärenmilchdose wurde ich aufmerksam gemacht, und bei passender Gelegenheit ohne Aufpasser wurde mir gesagt.»Kamerad, bitte langsam arbeiten. Du wirst wieder entlassen, wir haben lebenslänglich und müssen eine Norm erfüllen. Verdirb uns die Norm nicht.« Das waren serbische Studenten, die gegen Tito waren.

Nachts wurden wir einmal ganz überraschend aus der Stube auf den Flur gejagt. Wir wussten, dass dann unsere Schlafstellen durchsucht und alles Gefundene weggenommen würde. Deshalb nahm ich einen Pack bemalter Blätter mit, die noch im Werschetzer Lager entstanden waren. Einige mir sehr kostbare Sachen. Jedes Blatt wurde hochgehoben vor meine Augen und dann langsam zerrissen. Eines nach dem anderen, und jedesmal bekam ich dabei einen Schlag in den Nacken, sodass ich nach vorn kippte, als hätte ich einen Nackenschuss bekommen. Nachdem alles säuberlich zerrissen war, durfte ich gehen. Dabei ging auch die Patene, die ich mit den vorsorglich aufgeklebten Farben hatte tarnen wollen, verloren. Trennungsübung!

Wenig später mussten wir wieder nachts im Flur antreten mit entblößtem Oberkörper und erhobenen Armen. Wie beim altrömischen Sklavenmarkt trat einer zu jedem Einzelnen, befühlte Oberarm und Brustmuskulatur und gab dann Zeichen zum Stehenbleiben oder Weggehen. Die Stehengebliebenen wurden in eine Liste eingetragen und am anderen Morgen in ein Arbeitslager abtransportiert. Unter diesen war auch ich, denn durch die bessere Verpflegung in der Schreinerei war ich schon wieder ein wenig zu Kräften gekommen.

Es ist bisher wohl deutlich genug geworden, dass die politischen Schikanen und Unmenschlichkeiten mit dem, was sie in der Seele bewirkten, ebenso im Buch der Offenbarung stehen könnten. Die tätige Zusammenschau der drei gesondert beschriebenen Bereiche kann dem geneigten Leser zum eigenen Gewinn gereichen. So seien hier noch einige derart ambivalente, das heißt doppelwertige Erlebnisse geschildert. Im oberen Lager in Grocka, wo wir 1950/51 untergebracht waren, war ein Italiener geflüchtet. Er wurde gefasst, erschlagen und die blutige Leiche auf einen Tisch gelegt, um den wir beim Hin- und Rückweg zum Essen fassen herumgehen mussten. Das war eine handfeste Warnung gegen etwaige Fluchtversuche. Im ersten Aufenthalt sind Fluchtversuche gemacht worden, von denen meines Wissens nur einer unter abenteuerlichen Umständen gelungen ist.

Da wir mit Muslimen zusammen waren, die hohe Strafen erhalten hatten, weil sie ihre Frauen und Kinder außer Landes in Sicherheit gebracht hatten, waren uns deren Lebensgewohnheiten täglich anschaubar. Neben mir lag Metard, ein Kosovo-Albaner, der »lebenslänglich« hatte. Er war ein bescheidener, liebenswerter und frommer Mann von etwa vierzig Jahren. Morgens vor dem Wecken betete er dicht neben mir auf den Knien in Richtung Mekka, wie es vorgeschrieben ist. Daneben betete ich. Er wusste das auch. Wir verstanden gegenseitig kein Wort außer unseren Namen. Metard bemerkte auch, dass ich zeitweise sehr niedergeschlagen war. Auf der Baustelle trat das besonders in Erscheinung, weil alles über die Kräfte ging. Wenn wir uns beim schweren Karrenschieben auf den schmalen Brettern auf der Erdkippe begegneten, er mit dem leeren Karren zurück, ich mit dem vollen langsam hinaus, suchte er mit seinen strahlenden Augensternen im Augenblick des aneinander Vorbeikommens meine meist gesenkten Augen zu erfassen und sagte dann mit herzlicher und sicherer Stimme nur »Wilhelm«. Das war Tröstung und Zuspruch weit über eine Predigt hinaus. Anhauch von Ich zu Ich durch den Namen im Namen des ICH BIN.

Völkerrechtlich war es nicht gestattet, dass Kriegsgefangene mit Kriminellen oder politischen Häftlingen zusammen in Gewahrsam gehalten werden. Nun kam eines Tages der erste deutsche Botschafter mit dem Kommissar ins Lager, um sich nach unserem Befinden zu erkundigen. Dazu wurde Werner Weisshaar (* 1914) als Lagersprecher gerufen, weil er auch auf der Baustelle als Normiraz unsere Arbeit mit der Firma, an die wir ausgeliehen waren, zu verrechnen hatte. Auf die Frage nach unseren Wünschen sagte Werner frei heraus, dass die oben erwähnte Vermischung völkerrechtswidrig sei. Am nächsten Tag wurden die jugoslawischen Häftlinge ins Mutterhaus zurückverlegt, und wir waren wieder unter uns. Obwohl der Kommissar Werner Weisshaar zu freier Rede ohne schlimme Folgen aufgefordert hatte, traten diese eben doch ein. Nach beendeter Entlassung in die Heimat war Werner immer noch nicht frei. Erst auf balkanisch unauffällige Intervention aus wirtschaftlichem Bereich entließ der Kommissar unseren Werner mit dem allerletzten Transport aus der Gefangenschaft in die Heimat.

Deutsche Jungkommunisten beteiligten sich beim Aufbringen der allerletzten Asphaltdecke auf die Straße, die wir gebaut hatten. Dann setzten sie einen Meilenstein, worauf der Straßenbau als ihre Wiederaufbauarbeit »dokumentiert« war. In die darunter liegenden Wasserdurchlässe hatten wir schon unsere Gefangenenarbeit in den nassen Beton eingezeichnet. Die obere Betondecke wurde von einer großen, auf Schienen laufenden Gussmaschine aufgebracht. Über die deutsche Firmenprägung war ein Blech genietet worden mit der Aufschrift »English Finisher«. Deutschland musste überall schlecht gemacht und ausgelöscht werden. Die große Pressluftflasche zum Anwerfen der schweren Maschine war natürlich längst abmontiert für andere Verwendung. So war es unsere erste Aufgabe frühmorgens, diese Maschine mit einem über einen Anlassstutzen gewickelten dicken Seil anzuwerfen. Mit mehreren Mann auf Kommando dauerte das manchmal sehr lange, weil wir dabei vorsichtig zu Werke gehen mussten wegen der Gefahr des möglichen Zurückschlagens des schweren Dieselmotors.

Während wir noch als Zwangsarbeiter eingesetzt waren, gab es schon Fußballspiele in Agram mit Mannschaften aus Deutschland. Eines Tages wurde sogar der Vater eines Kameraden im CD-(Corps diplomatique)Wagen ins Lager gebracht, um seinen zu Zwangsarbeit verurteilten Sohn zu besuchen. Der Vater war zu wirtschaftlichen Verhandlungen in Belgrad und durfte eine halbe Stunde im Auto, das natürlich mit Wanzen (Abhörgeräten) bestückt war, mit seinem Sohn reden. Das war im Sommer 1951. Bis dahin hatten wir auch die Abkehr vom radikalen internationalen Kommunismus sowjetischer Prägung erlebt. Die Partisanen-Regierung hatte diesen anfangs mit blindem Nachholeifer betrieben. Da mussten wir abends beim Zählappell rufen: »Smrt faschismù sloboda narodù!« = Tod dem Faschismus, Freiheit den Völkern. Nachdem nun in den Städten die Denkmale der beiden Brüder Partisan und russischer Soldat aufgestellt und das Land vom russischen Bruder leergeraubt war, sagte sich Tito los. Der internationale Kommunismus wurde zum Feindbild umfunktioniert, und die eigene blockfreie Haltung hieß Nationaler Sozialismus. Die Bezeichnung war uns nicht neu, dort aber unbekannt, weil dafür nur das Wort Faschismus gebraucht wurde. Die Posten sagten dann abends nach dem Zählappell, das Österreichische nachahmend: »Gema schlafun.«

Bei der Rückführung aus dem Außenlager in Grocka nach Mitrovica, von wo aus wir entlassen werden sollten, gab es für mich noch einmal eine politisch gefährliche Situation. Bei der Leibesvisitation zog mir der Wachmann mein Brevier aus der Tasche. Er sah einen goldenen Faden herausragen und zog daran. Da kam ein Fünfstern aus Goldpapier heraus.

Er riss die Augen übergroß auf, zog den Mund breit und kreischte: »Ti Kommunist.« Du bist Kommunist. Das war Ende 1951 dort das schlimmste Verbrechen, seit sich Tito wie gesagt blockfrei gemacht und seine Politik »Nationalen Sozialismus« genannt hatte. Auch darin waren wir unterrichtet worden. Der Wachmann hielt den papierenen Fünfstern, den ich zu unserem letzten gemeinsamen Weihnachtsfest gebastelt hatte, in der Hand und trug pikanterweise einen ebenso goldenen Fünfstern an seiner Mütze. Jetzt ging ich aufs Ganze und rief ihn laut und zornig an: »Nisam Kommunist, ja sam Pope.« Ich bin kein Kommunist, ich bin Pope. Er riss die Augen noch größer auf, als wollte er sagen: Und das hab ich als dein Lagerkommandant nicht gewusst? Er dachte nach, was da wohl jetzt seine Aufgabe wäre.

Da ließ mein Schutzengel ihm einen Gedanken einfallen, und er deutete auf meine Brust und sagte fragend: »Ti sozialistitschki Pop?« Ich sagte: »Ja.«

Nun muss man wissen: Wenn einem solchen noch tief in der Empfindungsseele beheimateten Menschen ein Gedanke kommt, den sein Gegenüber bejaht, dann bricht eine Freude in ihm aus, die alle anderen Aufgaben und Pflichten total überflutet. So war es bei ihm. Er rief mehrmals:»Dobro – dobro!« Gut – gut, schaute meine beiden Pakete mit den zwischenzeitlich erhaltenen Büchern, Briefen und Aufzeichnungen überhaupt nicht an, schob sie mir mit den Füßen zu und ließ mich passieren. Damit hatte mein Brevier auch seine vierte Prüfung bestanden. Die erste war im Eisenbahnzug nach dem Todesmarsch gewesen. Dann war mein Brevier einige Wochen vom Kommissar konfisziert worden, kam aber wieder zurück mit dem jugoslawischen Stempel – eine Einmaligkeit. Zum dritten Mal war es im Zuchthaus bei jener Nachtdurchsuchung in höchster Gefahr. Ich ahnte das, als wir aus dem Schlaf geweckt und auf den kalten Flur getrieben wurden. An der Tür drückte ich es dem bösen Kalfaktor, dem Aufseher über die Mithäftlinge, in die Hand mit den Worten:»Bin Pfarrer, mein Brevier, kriegst alle meine Zigaretten.« Es klappte. Er hatte es irgendwo versteckt, und nach Tagen erhielt ich es wieder.

Im Besserungsheim wurden dunkelbraune Jacken und Hosen und einfache derbe Schuhe ausgeteilt. Das bei der Einlieferung abgegebene Gepäck wurde vom Dachboden geholt und für die letzten Tage ein besseres Essen ausgegeben. Entlassungsdatum war der damalige jugoslawische Nationalfeiertag, der 28. November 1951. Die Zugfahrt über die Grenze brachte nochmals Angst und Aufregung mit sich. Wir hatten gehört, dass diese Repatriierungszüge manchmal noch kurz vor der Grenze angehalten und Kameraden wieder herausgeholt wurden. Die Grenze zwischen Jugoslawien und Österreich ist in einem Tunnel zwischen Jessenice und Rosenbach auf österreichischer Seite. Nun hatten wir einen Kameraden mit, der viel durchgemacht hatte, weil er übergelaufene Kosaken angeführt hatte, dies aber nie zugab, weil das den sicheren Tod zur Folge gehabt hätte. Wenn er nachts davon laut träumte, hielten wir ihm den Mund zu. Als nun der Zug in den Tunnel einfuhr, wurde er immer langsamer, bis er beinahe stand. Unsere Anspannung stieg ins nahezu Unerträgliche. Endlich begann er sich wieder zu beschleunigen. Wir hatten die Grenze überfahren. Der Kamerad bekam einen Zusammenbruch mit Weinkrampf. So fuhren wir im Bahnhof Rosenbach in die Freiheit ein. Es ist nicht möglich, die Gefühle, die unsere Seelen in diesen Tagen durchwogten und erfüllten, in Worte zu fassen.

An der österreichischen Grenzstation Rosenbach durften wir alle kurz aussteigen, um von zwei Regierungsräten aus Bonn begrüßt zu werden. Diplomaten waren das nicht. Sie gehörten aber zu denen, die in keiner NS-Formation waren und dadurch schon für die damalige Regierung geeignet erschienen. Drei Sätze aus der Begrüßungsansprache sind mir fest im Gedächtnis geblieben: »Kameraden, wir begrüßen euch hier, zwar noch nicht in Deutschland, aber auf deutschem Boden.« Im »deutschsprachigen Land« hätten sie sagen müssen, aber da sie eben keine Diplomaten waren, konnten sie das ja noch nicht wissen. Die österreichischen Bahnbeamten waren sauer in der Vermutung, dass sie schon wieder von Deutschland aus »befreit« werden sollten, wie damals vor dreizehn Jahren. Der zweite Satz, der mir in Erinnerung blieb, sollte uns als liebevoller Empfang gelten, er lautete: »Bisher haben wir fünfzehn Millionen für euch hingeblättert.« Aha, Sklavenhandel auch hier und nicht nur in Jugoslawien zwischen dem Staat und den Straßenbaukollektiven, an die wir verkauft worden waren. Nachdem wir wieder in den Zug einsteigen durften, wurde nochmals nach einem Hoerner aus Uffenheim gerufen. Mit wohl sehr verstörtem Gesicht meldete ich mich und wurde freundlich angesprochen: »Nichts Unangenehmes, Herr Hoerner; wir wollten Ihnen nur sagen, dass Sie eine tapfere, sehr aktive Frau zu Hause haben. Immer, wenn unsere Sekretärin mit einem großen Stoß Briefe kam, dann wussten wir, die Frau Hoerner in Uffenheim hat wieder eine Aktion gestartet.« Mit dieser Bestätigung konnte auch ich wieder einsteigen.

Auf irgendeinem Wege, den ich nicht mehr erinnere, hatte ich meine Frau wissen lassen, dass unsere Heimkehr weitestgehend im Handeln der Angehörigen in der Heimat läge. Sie müssten ununterbrochen an die Regierungen und alle möglichen anderen Stellen schreiben, damit wir Spätlinge im Trubel der Politik und des Wiederaufbaues nicht total vergessen würden, wie das in der Politik so leicht der Fall ist. Und so hat unsere liebe Luise Hoerner einen Rundbrief zwischen den Frauen und Eltern von all den Werschetzer Lagerinsassen unterhalten, deren Anschriften sie nur irgend erreichen konnte. Die haben dann weiterverbreitet, was in diesen Rundbriefen stand. Dazu gehörte auch die Korrespondenz mit dem Bischof Dr. Theodor Heckel, der mit dem Evangelischen Hilfswerk für Internierte, das er schon 1939 aus eigenem Antrieb gegründet hatte, später besonders die in Jugoslawien Gefangenen betreute. So bekamen wir vom Evangelischen Hilfswerk unter anderem eine transportable Zahnbehandlungsstation. Da sie aber an das »Lager 233« adressiert war, kassierte sie der Herr Kommissar. Eine zweite, an den Zahnarzt persönlich adressierte, wurde uns ausgeliefert mit der Erklärung, dass diese Zahnstation für alle bestimmt sei und nicht nur für den Empfänger allein. Auf diese Weise haben wir eine vielseitige und sehr wirkungsvolle Sozialerziehung erfahren dürfen.

Nach diesem Intermezzo fuhr der Zug über Freilassing nach Piding. Dort war das Auffanglager für die Spätheimkehrer aus Jugoslawien. Endlich deutscher Boden! Wir wurden registriert, bekamen Fahrscheine in unsere Heimatorte und konnten unsere Ankunft für den nächsten Tag per Telegramm mitteilen. Bischof Dr. Theodor Heckel begrüßte uns als den vorletzten Transport aus Jugoslawien. Der letzte kam mit Werner Weisshaar im Februar 1952.

Die erste Begegnung in München mit Frau Lindenberg und dem großen roten Nelkenstrauß und dann das Wiedersehen auf dem Bahnhof nach achtjähriger Trennung sind Seite 99 schon erzählt. Bei der Fahrt in die kleine Dachwohnung in der Adelhofer Straße saß der neunjährige Erdmut auf meinem Schoß. Vorsichtig drehte er den Kopf, um mir in die Augen sehen zu können, und dann kam ein erstes Wort: »Papa, ich mag dich, magst du mich auch?« Das waren die allerersten Worte, die ich aus seinem Mund zu hören bekam, denn als Einjährigen hatte ich ihn zum letzten Mal gesehen. Hier leuchtet die große erzieherische Leistung der Mutter auf, die keinen Tag vergehen ließ, ohne das Wesen des in Krieg und Gefangenschaft ausharrenden Vaters über Bild, Gebet, Blumen und Lichtflamme in der Seele des Kindes wach zu erhalten.

Haus- und Wohnungstür waren mit grüner Girlande und Willkommensspruch geschmückt. Nach einem Dankgebet auf den Knien durfte ich mich wieder an den runden Tisch setzen zum gemeinsamen Mahl mit Eltern, Schwiegermutter, Frau und Sohn.

Empfang durch Bischof Heckel in Piding. Mittlere Gruppe: Wolfgang Berkefeld, Blum, Schindler, Hoerner. »Was in den trostlosen Stunden der Gefangenschaft keiner mehr zu hoffen wagte, jetzt ist es da: Weihnachten daheim« (Der Stern, 23.12.1951).

Die »Fränkische Landeszeitung« vom 5. Dezember 1951 brachte einen Beitrag: »Ich war beim zweiten Transport dabei! Ein Uffenheimer ›Kriegsverbrecher‹ berichtet aus seiner Leidenszeit.« Zum Schluss schreibt der Reporter: »Und ich habe den Eindruck, dass es in diesen Tagen keine glücklicheren Menschen in der Stadt gibt, als es in der blitzsauberen Dachwohnung des ›Kriegsverbrechers‹ Hoerner, seine so tapfere Frau und sein strahlender blondschopfiger Bub sind.«

Der Verband der Heimkehrer veranstaltete eine öffentliche Feier. Für den Lebensunterhalt wurde eine Beihilfe bis zur Wiederaufnahme des Berufes in Form von Arbeitslosenunterstützung ausbezahlt.

Nach den Besuchen bei den Eltern und Bekannten in der Umgebung und nach dem ersten gemeinsamen Weihnachtsfest reisten meine liebe Frau und ich nach Stuttgart, um dort anlässlich von Priesterweihen am 31. Dezember 1951 und 1. Januar 1952 die angereisten Mitpriester alle wieder zu begrüßen. Einzelnes aus den Wiederbegegnungserlebnissen gehört zur Geistes-Offenbarung des folgenden Kapitels und wird dort Seite 279ff. berichtet. Geschichtlich wissenswert sind aber die beiden folgenden Begegnungen. Wie schon berichtet, war ich 1938 anlässlich eines Bühnenhelfer-Aufenthaltes in Dornach Mitglied der Anthroposophischen Gesellschaft geworden. Weil es damals in Deutschland wegen des Verbotes keine einzelnen Zweige mehr gab, wurde ich als freistehendes Mitglied registriert und die Mitgliedskarte dort bis auf weiteres aufbewahrt. Nun ging ich in Stuttgart im Januar 1952 zur Geschäftsstelle der Anthroposophischen Gesellschaft, um dort die Rücksendung meiner Mitgliedskarte zu veranlassen. Dabei sagte ich der Sekretärin, dass sie die Sendungen für Luise und jetzt auch Wilhelm Hoerner, um Porto zu sparen, gemeinsam in einem Umschlag senden dürfe. Die sehr junge Dame entgegnete mir klar und bestimmend: »Nein, wir betrachten die Individualitäten getrennt.« Das ist zwar verständlich, war aber in unserer Situation, die ich vorher ja kurz angedeutet hatte, sehr merkwürdig.

Die andere Begegnung war nicht weniger merkwürdig. Selbstverständlich ging ich in Stuttgart auch gleich zu unserem lieben, alten Buchhändler nahe dem Priesterseminar, Fritz Wezorke (1908–1977). Als ich eintrat, saß er hinter seinem Ladentisch und schaute mich mit weit aufgerissenen Augen aus seinem hintersinnig zerfurchten Schlesier-Gesicht fragend an. Dann tat er den Mund auf: »Sie sind doch gefallen!?« – »Nein, Herr Wezorke, ich stehe leibhaftig vor Ihnen.« – »Aber Sie sind doch gefallen, ich weiß das bestimmt.«

Da blitzte in mir die alte Situation aus der Seminarzeit auf: »Sie meinen den Bernhard Kallert, ich bin aber der Wilhelm Hoerner.« – Weil wir als engste Freunde meist zu zweit zu sehen waren, hatte er uns auch jetzt noch so erlebt. Diese und ähnliche Erlebnisse sieben Jahre nach Kriegsende machten mir immer wieder bewusst, dass unser Entferntsein wie eine Art Tod und unsere Wiederkehr wie eine Auferstehung zu einem neuen Leben wahrzunehmen war.

Am 17. November 1952 fuhren meine Frau und ich im Möbelwagen neben dem Fahrer durch eine lange Nacht nach Norden. In Bremen musste alles in ein Möbellager eingestellt werden, weil wir noch keine Wohnung hatten. Zu dritt in einem kleinen Zimmer, Vater und Sohn unten und oben in einem Stockwerkbett, die Mutter auf dem Kanapee, ein kleiner Kanonenofen, auf dem auch gekocht werden musste, so fing es eben in der Nachkriegszeit an. Im

Sommer hatte man mir bei einer Vorsprache auf dem Wohnungs-amt gesagt: »Das ist doch gut, wenn Ihre Frau in Süddeutschland wohnt und Sie hier Ihren Beruf ausüben, da bekommen Sie doch eine gute Trennungsentschädigung.«

Ich sagte dann aber der schlauen Dame, dass ich die letzten acht Jahre getrennt von der Familie zugebracht hätte und in der Zwischenzeit bis zum nächsten Weltkrieg wieder mit meiner Familie zusammen wohnen wollte. Nach drei Übergangsunterkünften konnten wir erst in einer vierten und bald darauf endlich in einer fünften Wohnung einziehen und unsere Möbel aus dem Lager herausholen.

Zwölf Jahre lang haben wir Menschen, Geschichte und Landschaft in Norddeutschland kennen und lieben gelernt. Dabei weiß jeder Norddeutsche auch sehr gut, dass die freie Hansestadt Bremen wiederum ihre ganz eigene Art und Geschichte hat. Die Menschen sind zurückhaltend und nicht so schnell gesprächsbereit wie in anderen Regionen. Wenn aber der anfängliche Frost aufgetaut und ein anhaltender Kontakt entstanden ist, dann besteht die Möglichkeit für eine tragfähige und absolut zuverlässig andauernde Freundschaft. Der kleine Stadtstaat hat bis heute seine Selbstständigkeit bewahren können und ließ sich auch in den zwölf Jahren des »Tausendjährigen Reiches« nicht völlig vereinnahmen. So wurde uns berichtet, dass Hitler dort niemals eine Rede gehalten habe, wohl deswegen, weil der Beifall nicht wie im übrigen Lande ausgefallen wäre. Die Selbstständigkeit der Stadt hat mir einmal ein Bremer Kaufmann an der gewaltigen Rolandstatue auf dem Marktplatz demonstriert. Er machte mich auf die spitzen Knie des Standbildes aufmerksam. Da sind eiserne Stacheln zu sehen. Und die sind gegen den Dom gerichtet. Das bedeutet, dass alle anderen, auch die im Dom Regierenden, der Stadtverwaltung nichts zu sagen haben. Viele derartige Erfahrungen im äußeren geschichtlichen Bereich sind aber Symptome für den tieferen Strom im Zeitenwerden. Dieser untergründige Strom zeigt aber erst den wahren Werdegang unseres menschlichen Bewusstseins auf.

In diesem Zusammenhang ist die Stadt Bremen im engeren und weiter en Sinne umgeben von steinernen Zeugen aus vorgeschichtlicher Zeit. Das nachatlantisch werdende Europa hat viele Denkmale aus der Megalithkultur. Eine Konzentration dieser Zeitzeugen ist in der Bretagne in Westfrankreich. Carnac wird als besonderes Zentrum angesehen. Frau Ida Stümcke (1892–1965), die langjährige Priesterin in der Christengemeinschaft in Bremen, hat mich, wie in vielen anderen Bereichen, auch auf dem Felde der Bremer Vorgeschichte weisheitsvoll unterrichtet. Sie sprach von Carnac als der Sonnen-Mysterienstätte, um die in weitem Kreis die Planeten-Mysterienorte liegen. So sei Bremen und sein Umkreis die Saturn-Filiale von Carnac gewesen. Das erzkonservative, aber auch im positiven Sinne bewahrend-pflegende geist-innige Element der dortigen Menschen sei der Nachklang dieser Vorzeit.

Der Bleikeller unter dem Dom hat heute noch mumifizierende, die Auflösung toter Körper verhindernde Wirkung. Das ist die Außenseite jener saturnischen Geistesströmung. So habe ich dort im Umkreis von Bremen in Dödlingen, Wildeshausen, Visbeck und Glane und auch in der Heide bei Soltau erstmalig Dolmen kennen gelernt. Das sind Gebilde mit großen aufgestellten Steinen um einen Innenraum, der mit einem riesigen tonnenschweren Deckstein nach oben abgeschlossen ist. War das Ganze noch mit Erde wie ein Hügel zugeworfen, so konnte außer dem Eingang kein äußerer Sonnenstrahl den Innenraum erreichen. In diesen Meditationskammern konnten die Druidenpriester die rein geistigen Wirkungen der Sonne aufnehmen und in landwirtschaftliche und gesellschaftlich-soziale Verhaltensweisen übertragen. Außerdem gab es auch Grabanlagen mit Steinreihen, Menhire und größere Steinkreise. Frau Stümcke erzählte mir, wie sie als junges Mädchen verhindern wollte, dass die Bauern für einen Weg durch einen solchen Steinkreis einen Stein von den zwölfen entfernten. Die Bauern sagten ihr aber wohlwollend: »Regen Sie sich man nich' uff, Frollein. Det war man bloß der Judas« (von den zwölf Aposteln). Nicht nur diese vorgeschichtlichen Steinzeugen, sondern besonders auch die Norddeutsche Tiefebene ist so wie Rainer Maria Rilke in seiner Schrift »Worpswede. Monografie einer Landschaft und ihrer Maler« sagt: »Die Ebene ist das Gefühl, an welchem wir wachsen.«

Die äußeren Ereignisse in der zweiten Hälfte unseres Jahrhunderts brauchen hier nicht mehr aufgezählt zu werden. Soweit aber der geistesgeschichtliche Unterstrom die Spurensuche meiner Schicksalsführung berührt, wird darüber in dem Kapitel »Erfüllung« berichtet. Das Lesen im Buch der Geschichte des Zeitenlaufes im äußeren Bereich sei hiermit beendet.

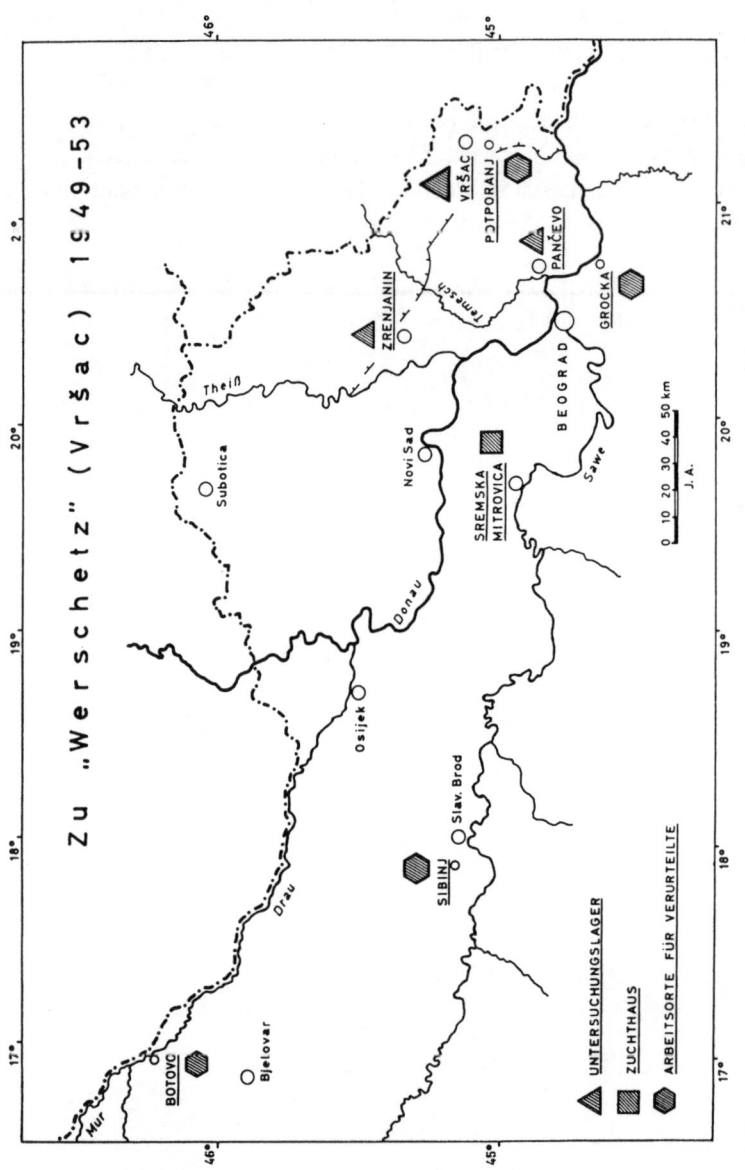

Zu „Werschetz" (Vršac) 1949–53

Aus: Zur Geschichte der deutschen Kriegsgefangenen des 2. Weltkrieges in Jugoslawien 1949–1953, von Kurt W. Böhme, Band 1/2, Bielefeld, 2. Aufl. 1976

V
Aus dem Buch der Offenbarung

»Tiefe Gemüter sind genötigt in der Vergangenheit sowie in der Zukunft zu leben. Das gewöhnliche Treiben der Welt kann ihnen von keiner Bedeutung sein, wenn sie nicht in dem Verlauf der Zeiten bis zur Gegenwart enthüllte Prophezeiungen und in der nächsten wie in der fernsten Zukunft verhüllte Weissagungen verehren. Hierdurch entspringt ein Zusammenhang, der in der Geschichte vermisst wird, die uns nur ein zufälliges Hin- und Wiederschwanken in einem notwendig geschlossenen Kreise zu überliefern scheint.«

»Dichtung und Wahrheit«   Goethe

Das Buch der Offenbarung ist im Neuen Testament die Apokalypse des Johannes. Sie ist eine Art Weltkalender des Menschheitswerdens. Dabei wäre es aber irreführend, bei der Betrachtung dieses Buches allein die chronologische Sichtweise eines Zeitenablaufes einzunehmen. Die gewaltigen mythologischen Bilder beleuchten zwar die großen einzelnen Epochen des Menschen- und Weltenwerdens, aber durch deren Nachwirken und ihre Vorschau wird auch der Augenblick jeder Gegenwart blitzartig erhellt. Zeit und Ewigkeit verschmelzen im Augenblick der Geistes-Gegenwart im Ich.

In meinem Leben hat sich ein immer deutlicheres Hineinleben in die einzelnen Zeiten und Rhythmen ergeben. Zeiten und Rhythmen sind aber keine Zufallserscheinungen, sondern durch sie offenbaren sich die Ordnungsgesetze der Erde und des Menschen. Weil in

195

diesem Kapitel das Hineinleben in den Zeitenstrom, soweit es von allgemeiner Bedeutung ist, beschrieben werden soll, und weil sich mir keine treffendere Bezeichnung anbot, habe ich gewagt, diesen Bereich meines Schicksals und der daraus folgenden Bemühungen als »Buch der Offenbarung« zu bezeichnen.

Der Zeitenstrom ist rhythmisch gegliedert. Seine Oberfläche scheint aus einem Chaos von teilweise zusammenhanglosen Ereignissen zu bestehen. Aber die Umlaufzeiten geschichtlicher Ereignisse, wie sie sich nach 33 1/3 Jahren und weiter nach 66 und 100 Jahren in Metamorphosen noch nachweisen lassen, weisen auf einen geistesgeschichtlichen Unterstrom im Zeitenlauf. Dessen Symptome zu erkennen, ist die eigentliche Aufgabe der Geschichtsforschung. Dadurch erreicht sie den Offenbarungsbereich des Werdeganges unseres Bewusstseins. Hier erst leuchtet der Sinn alles Erden-Menschenlebens unverhüllt auf, den Goethe in dem vorangestellten Zitat mit den Worten »enthüllte Prophezeiungen« und »verhüllte Weissagungen« nur ganz zart andeutet.

Das Hereinwirken der Ereignisse des Ersten Weltkrieges darf noch durch eine die Zeiten und Rhythmen berührende Erlebnisschicht ergänzt werden. Weit über die vom Großvater aus der Zeitung vorgelesenen Kriegsberichte hinaus lebte in der jungen Familie, meiner Mutter und uns beiden Kindern, die Sorge um den Vater auf dem französischen Kriegsschauplatz. Noch heute steht mir vor der Seele das Bild der weinenden Mutter und wir beide an ihrem Rock hängend, als nach einer Schlacht die Vermisstenmeldung auf einer roten Karte eintraf. Aber unsere Sehnsucht nach dem Vater ging dann im Frühjahr 1920 doch in Erfüllung, als er aus der Gefangenschaft entlassen wurde. Mit einem Pferdewägelchen durften wir ihm zur Bahnstation entgegenfahren. Und als wir uns auf dem Rückweg dem Heimatdorf näherten, standen da die Schulkinder und sangen Lieder, und die eine noch verbliebene Kirchenglocke begann zu läuten. Haus und Schule waren mit Tannengrün und schwarzweißroten Bändern geschmückt. Das Seelenerlebnis dieses Augenblickes: »Eine schwere Zeit ist um«, lässt sich nicht beschreiben.

Ein weiteres Zeitenerlebnis aus der Kindheit darf hier noch erwähnt werden. In unserem Dorf gab es in den zwanziger Jahren noch einen tätigen Nachtwächter mit Horn. Das tönte um zehn Uhr, dann sang er: »Zehn Gebote setzt Gott ein, hilf Herr, dass wir gehorsam sein.« Um elf Uhr: »Elf der Jünger blieben treu. Hilf Herr, dass kein Abfall sei.« Und um zwölf Uhr: »Zwölf, das ist das Ziel der Zeit, Mensch bedenk die Ewigkeit.« Und in der Silvesternacht kam er vor zwölf Uhr ins Haus zum Pfarrer, zum Bürgermeister und in unser Lehrerhaus und rezitierte einen langen Segensspruch für die Obrigkeiten. Dazu wurden wir beiden Kinder aus den Betten geholt, in Decken eingehüllt, auf das Sofa gesetzt und dann wieder zurück ins Bett gebracht. So hatten die einzelnen Tages- und Jahreszeiten ihre je besondere Stimmung, die sich unverlierbar der Seele einprägt.

Auch der radikale Unterschied zwischen dem Sonntag und den anderen sechs Wochentagen war eine wirksame Vorgabe für später im Leben übernommene Aufgaben. Hinter der Haustür im Flur der Bauernhäuser sah ich manchmal ein seltsames Ding stehen. Auf einer etwa mannshohen kräftigen Stange war ein Gebilde aus Eisen, das wie ein großes Metzgerbeil mit einer breiten Spitze aussah. Das war der Kirchenspieß. Etwas Geheimnisvolles ging von diesem Gerät aus. Wollte ich es an einem späteren Tag nochmals genauer anschauen, dann war es nicht mehr da. Allmählich bekam ich aus den zögernden und knappen Antworten der Befragten heraus, dass dieser »Kirchenspieß« am folgenden Sonntag von dem Bauern des Hauses während des Vormittagsgottesdienstes langsam durch das ganze Dorf getragen und dann wortlos hinter die Tür des Nachbarhauses zu gleichem Gebrauch am nächsten Sonntag gestellt wurde. Es war damit ein Wachdienst gegen Diebe und vor allem eine Feuerwache für das ganze Dorf verbunden. Das Gerät selber war eine uralte Hellebarde aus längst vergangenen Zeiten.

Noch ein Ereignis, das mir schon im ersten Jahrzehnt eine Ahnung vom Lauf der Zeiten vermittelte, waren die Glocken, deren Anschlagen und Läuten, außer der Kirchenuhr mit Zifferblättern an den Seiten des Kirchturmes, die einzige hörbare öffentliche Zeitangabe war. Als zwei von den drei Kirchenglocken zur Metallgewinnung im Krieg vom Turm herabgestürzt worden waren, hatte eine beim Sturz ein Stück Stein aus einem oberen Gesims des Turmes herausgebrochen und dabei einen fürchterlichen zerrissenen letzten Ton von sich gegeben, bevor sie sich in den zum Aufschlag errichteten großen Reisighaufen in die Erde bohrte.

Einige Jahre nach Kriegsende kamen zwei neue Glocken an. Auf schweren Brückenwagen, vierspännig gezogen und festlich geschmückt, standen sie zwischen Kirche und Schulbau. Nach einer Glockenweihe-Ansprache des alten Pfarrherrn, die von Liedern des vom Vater geleiteten Kirchenchores umrahmt war, machten sich die Schmiede und Zimmerleute an die Arbeit. Gewaltige Balken über dem Schallloch ragten aus dem Kirchturm. An den Balken war ein Flaschenzug mit Hanfseilen befestigt, deren eines Ende in der Krone der Glocke auf dem Wagen fest vertaut war, während das andere Ende über eine im Boden verankerte Handwinde lief. So wurden die Glocken ganz langsam, ohne Motor, allein mit Männerkraft empor gewunden und dann durch das Schallloch ins Innere der Glockenstube zum Aufhängen gebracht. Alle Bewohner, Alt und Jung, waren anwesend und erlebten in atemlosen Staunen dieses einmalige technische Geschehen im Dorf. Die glockenlose Kriegszeit war vorbei. Also hat alles seine ihm zugemessene Zeit. Wieder eine neue Zeit, so erlebte ich es, hat im Heimatdorf Einzug gehalten.

Das Leben im Alumneum war streng geordnet und in keinem Bereich locker im heutigen Sinne. In den Studier- und Schlafsälen hatten Oberstufenschüler und ein Inspektor die Daueraufsicht. Vor dem Direktor musste man beim Vortragen eines bescheidenen Wunsches stramm stehen wie beim Militär. Die Erzieher konnten aber auch nicht verhindern, dass in ihrer Abwesenheit strenge Prüfungen und Mutproben, besonders beim Übergang in eine nächst höhere Klasse, von den Schülern selbst gegenseitig abgehalten wurden. Es war eine Art neunstufige Schülerrepublik, in der es ungeschriebene, aber feste Ordnungen gab. Da war Einordnen die einzige Chance zum Durchhalten. Der Wille wurde dadurch aber nicht gebrochen, sondern gestärkt. Das wussten auch die Erzieher. Im Speisesaal hingen Bilder von Homer und Bismarck und lebensgroß der längst im Exil lebende Kaiser Wilhelm II. in weißer Kürassieruniform. Das Essen war sehr einfach, aber nicht zu wenig. Es waren die kargen, aber kulturell »Goldenen Zwanziger Jahre«.

Das Alumneum befand sich in einem großen Gebäude, das der Markgraf von Ansbach 1528 zunächst als Gefängnis geplant, dann aber zu einer Schule für reformatorische Theologen umfunktioniert hatte.

In dieser Zeit lebten viele »Bünde« aus der Vorweltkriegszeit wieder auf. Diese Jugendgruppen wollten mit Wandern, Zelten und Heimatabenden ein eigenes Jugendleben in eigener Verantwortung neben der Schule führen. Eine nicht bekannte Anzahl von Mitschülern gehörten solch einem Bund an. Auch ich wurde dauernd umworben, ohne mich irgendwo anschließen zu wollen.

Am Sonntagnachmittag hatten wir freien Ausgang. Das heißt, wir mussten nicht wie an den Wochentagen in Reih und Glied den kleinen oder großen »Trieb« mitmachen. Das war der einstündige Austrieb der Alumneums-Herde zum Luftschnappen zwischen Schule und Studierzeit. Bei dem freien Ausgang am Sonntag ging ich dann meist in den schönen Hofgarten. Oft und schon in den untersten Klassen stand ich da vor dem Gedenkstein an der Stelle, wo Kaspar Hauser ermordet worden war.

Im Hofgarten in Ansbach
Inschrift auf dem Kaspar-Hauser-Gedenkstein

HIC
OCCULTUS
OCCULTO
OCCISUS
EST
XIV DEC
MDCCCXXXIII

Die Eigenart der Inschrift fesselte mich immer aufs Neue, lange bevor ich sie übersetzen konnte. HIC OCCULTUS OCCULTO OCCISUS EST und dann auch noch die Jahreszahl mit den verdreifachten Zeichen MDCCCXXXIII. Das war tief geheimnisvoll. Das musste ich erfahren können, das musste sich mir »offenbaren«, was das heißt »occult«. Später wurden dann unsere Lateinkenntnisse mit diesem Spruch immer wieder getestet, denn die Übersetzung muss heißen: »Hier wurde ein Unbekannter auf unbekannte Weise

Kaspar-Hauser-Gedenkstein im Hofgarten zu Ansbach

niedergemacht« und nicht »von einem Unbekannten«, wie das oft überliefert wird, denn das müsste heißen: »ab occulto«. Das allein stehende Wort occulto ist Adverb = Umstandswort. In unmittelbarer Nähe dieses Ortes wurde 1928 zum 400-jährigen Gründungsjubiläum unseres Gymnasiums 1528 die Ermordung Cäsars aus Shakespeares »Julius Cäsar« von uns Schülern aufgeführt. Im Turntrikot durfte ich als aufgeregtes Volk mitrandalieren.

Für mich als gefühlsbetontes Landkind war die Schul- und Internatszeit oft viel bedrückender, als ich meiner Umgebung und besonders meinen Geschwistern gegenüber je merken ließ. Die Klavierstunden bei einer älteren Lehrerstochter waren quälend und ziemlich erfolglos. Immerhin musste ich manchmal bei den täglichen Morgenandachten im Alumneum die Orgel bearbeiten und etwa den Choral »Wie schön leucht' uns der Morgenstern ...« spielen. –

Der Tageslauf hatte seine festen Zeiten. Wecken war in der Morgenfrühe mit großer Handglocke durch den alten Hausdiener Paul um sechs Uhr. Dann folgte das Waschen in Waschschüsseln aus Emailblech mit Wasserkrug. Im Winter war das Wasser manchmal mit einer Eisschicht bedeckt, weil die Schlafsäle unbeheizt waren. Auch gab es gelegentlich Wasserschlachten an dem einzigen Leitungshahn. Um 6.30 Uhr war schon die Morgenandacht, stehend im viel zu kleinen Orgelzimmer mit sechzig Schülern aus allen neun Klassen. Gar nicht selten fiel einer um, denn wir waren ja noch nüchtern. Der wurde dann hinausgeschleift und mit kaltem Wasser übergossen, ohne dass die Andacht dadurch etwa unterbrochen worden wäre.

Anschließend fand das Frühstück statt. Aus einer großen pokalartigen Tasse ohne Henkel wurde der Malzkaffee mit Milch geschlürft. Dazu gab es einen übergroßen trockenen Wecken, natürlich ohne irgendwelchen Aufstrich oder Belag. Etwa um 7.15 Uhr war dann noch eine halbe Stunde Studierzeit für die letzten Vorbereitungen zu den um 8.00 Uhr im gleichen Gebäude beginnenden Schulstunden. Dabei waren am Vormittag täglich meist zwei Sprachen, dazu Mathematik oder Physik und Naturkunde oder Geografie oder Religion zu bewältigen. Instrumentalmusik, Singen und Zeichnen fanden am Nachmittag statt.

Beim Mittagessen saßen die Alumnen in einem Raum an langen Tischen zu je zweimal sieben Schülern. Paul, der nebenher auch die Schuhe reparieren konnte und Tabak rauchte, wusch seine Hände nicht so oft, wie das heute üblich ist, denn Seife war kostbar. Manchmal hingen seine beiden Daumen in den schweren Suppenschüsseln aus Zinn. »Paul, tu deinen Daumen raus«, riefen wir dann, worauf er gelassen antwortete: »Sie ist ja nit haas.« (Die Suppe ist ja nicht heiß.) In einem langen Alumenatsgedicht wurde über den Alumunus gesagt: »Er nährt sich von der Zwiebelsuppe, die täglich wiederkehrt, und genießt zufriedenen Blickes, was Verstand und Kräfte nährt«.

Am Sonntag gab es Kartoffelklöße. Einzelne aus den oberen Klassen veranstalteten manchmal nach dem Dankgebet, wenn der Direktor fort war und noch Klöße übrig waren, ein Wettessen. Dabei konnte es mancher über zehn Klöße schaffen.

Nach der anschließenden kurzen Freizeit war um 14.30 bis 16.00 Uhr Studierzeit, danach Austrieb, wie schon erwähnt. Von 17.00 bis 19.00 Uhr wieder Studierzeit für die großen Hausaufgaben in allen Fächern. 19.00 Uhr Abendessen, karg. 20.00–21.00 Uhr Studierzeit und dann ab ins Bett, für die oberen Klassen um 22.00 Uhr.

Aus den neun Jahren Internatszeit wäre da noch viel zu erzählen, von der wilden Jagd, wenn Direktor und Inspektor außer Haus waren, von Mutprüfungen beim Aufstieg in die nächste Klasse, von Mummenschanz und Theaterspiel, wobei ich einmal als Lehrer in den durch seinen Sohn organisierten Kleidern unseres Lehrers auf der Bühne stand, und noch vieles mehr. Das Angedeutete genügt für das Aufscheinen einer gewissen Strenge, die aber eine Vorbereitung und Hilfe war für die harten Prüfungen, die mir mein Schicksalsengel später noch auferlegen sollte. Das alles gehört zum Schicksals-Offenbarungs-Buch.

Aber mein Halt und meine Rettung waren die Natur und die Kunst. Das heißt zunächst die eigenen Übungen im Zeichnen und Malen. Schon in der Volksschule hatte mir der Vater farbige Tonpapiere besorgt, auf die ich in genauester Beobachtung die mir bedeutsam erscheinenden Pflanzen nach der Natur zeichnete und malte: die Amaryllis, die Schwertlilie, die Trollblume, die seltene

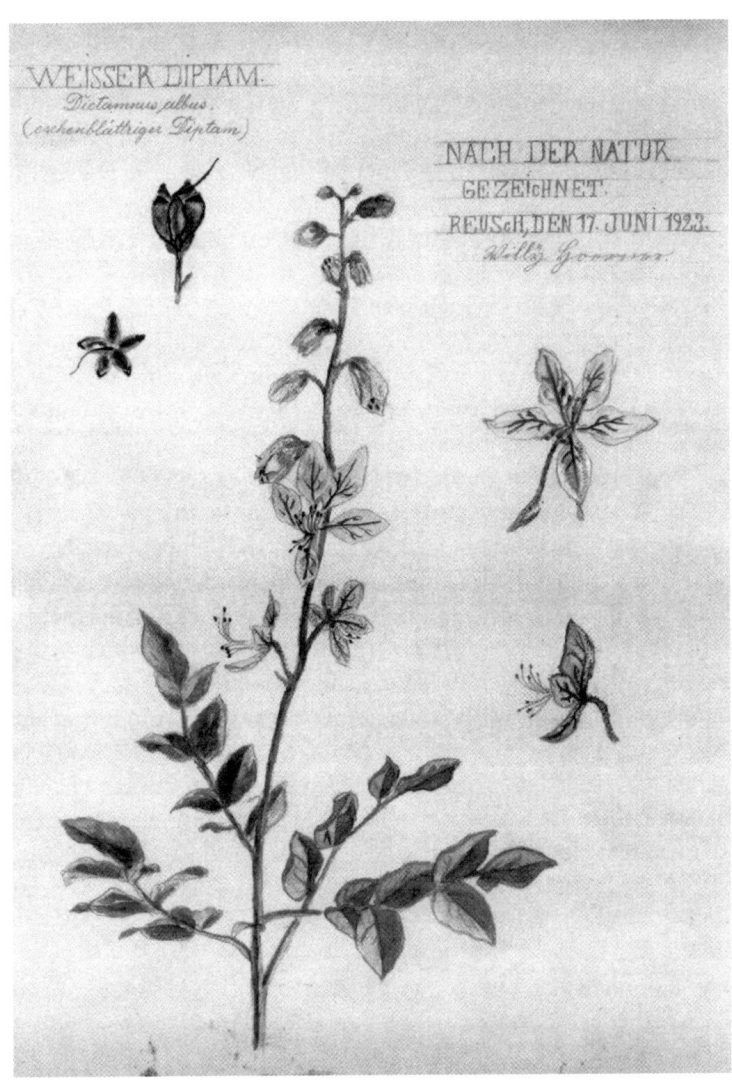

WEISSER DIPTAM.
Dictamnus albus.
(*eschenblättriger Diptam*)

NACH DER NATUR
GEZEICHNET.
REUScH, DEN 17. JUNI 1923.

Naturbeobachtungen, mit zehn Jahren festgehalten in Zeichnungen:
Weißer Diptam albus; Wasserfarbe

Schachblume, den noch selteneren Diptam, den Frauenschuh und vieles andere. Im Gymnasium begann dann eine systematische Zeichenschule bei einem strengen Lehrer, der auch künstlerisch mit Aquarellen der Ansbacher Schloss-Innenräume und mit Steindrucken in der Öffentlichkeit bekannt wurde. Nachdem die planmäßigen Zeichenstunden für alle in der Mittelstufe zu Ende gingen, blieb ich bis zum Abitur freiwillig und oft nur als Einziger im »Wahlzeichnen«. Der Lehrer verpflichtete mich nicht mehr auf die vorgesehenen Schulstunden, sondern ließ mich zeitlich ganz frei arbeiten, wann und wo ich wollte. Zu verabredeten Zeiten wurden dann die Arbeiten besprochen und gefördert. Es entstanden Blumenaquarelle, Landschaften und Selbstporträts in Kohle und Öl sowie eine Reihe von Linolschnitten.

Beim Abitur 1934 wurde – nur einmalig in diesem Jahr – eine zusätzliche nationalsozialistische Zuverlässigkeitsprüfung verlangt. Während andere Mitschüler alle möglichen und unmöglichen Parteischriften paukten, ließ ich die Sache ohne Vorbereitung auf mich zukommen, weil ich mich schon jahrelang mit weltanschaulichen und religiösen Fragen ernsthaft befasst hatte. Nun ging man in der Prüfung auf mein Naturstudien-Zeichnen los und fragte mich, wie es denn in der Kunst weitergehen sollte. Damals waren mir manche Expressionisten noch nicht »aufgegangen«. So sagte ich einfach: »Die entartete Kunst wird nicht gefördert werden dürfen.« Damit hatte ich diese Prüfung gut bestanden. Die nun folgende Zwischenzeit vor dem Hochschulstudium war mit Arbeitsdienst, Sportschule und Wehrdienst ausgefüllt. Sie wurde soweit schicksalsgestaltend und geschichtskundlich wichtig im IV. Kapitel beschrieben.

Die Sommerferien verbrachte ich sehr oft in Niederstetten, dem Geburtsort unserer Mutter, wo ihre unverheirateten Geschwister lebten. Der Zwillingsbruder unserer Mutter war Flaschner. Er konnte aus einer Tafel Weißblech eine wunderschöne Gießkanne machen. Das habe ich hoch bewundert. Auch Kochtöpfen, die auf offenes Feuer gestellt wurden, konnte er einen neuen Boden einsetzen und selbstverständlich alle Löcher in den blechernen Küchengeräten sauber zulöten. An Plastik dachte damals der Mensch noch nicht. Die Schwester betrieb einen kleinen Laden mit Geschirr und Haushaltswaren. Als einziges »Lebensmittel« gab es darüber hinaus noch Zucker vom Zuckerhut. Der »Zuckerhut« war ein langer spitziger Kegel aus festem Zucker, der durch die Gussform aus der flüssigen Zuckermasse entstanden war. Er war in ein dickes, außen kornblumenblaues, Packpapier eingewickelt. Mit einem kleinen Beil wurden die zu verkaufenden Mengen abgeschlagen. Jeder Kunde wollte aber von der Spitze seinen Teil haben. Die Käufer meinten, dort wäre die Masse süßer als am Boden des Kegels, der beim Herstellen die lockere klebrige Oberfläche bildete.

Im Wohnzimmer der Tante wurden am Sonntag lange pietistische Gebetsstunden abgehalten, an denen ich, zwar innerlich ablehnend, auch teilnahm.

Das für den wissbegierigen Jungen Allerschönste war aber die große Schmiede dem Haus der Tante gegenüber. Schon in aller Frühe, wenn ich noch im Bett lag, hörte ich den Schmiedehammer klingend auf dem Amboss hüpfen. Denn immer, wenn der Schmied das glühende Hufeisen eine Zeit lang mit dem Hammer bearbeitet hatte und es dann mit der Zange wendend von allen Seiten anschaute, ließ er den Hammer locker in der Hand auf dem Amboss klingen. Da sah ich dann ganz nah, wie das Eisen dem Pferdehuf angepasst wurde. Der Geruch des versengten Hufhornes erfüllte die Straße. Dann wurde das Eisen kunstgerecht im Horn festgenagelt. Die an der Schräge hervorkommenden Nagelspitzen wurden umgebogen, festgehämmert und dann noch mit der großen Raspel glattgemacht. Noch dramatischer ging es zu, wenn auf ein großes Wagenrad, das der Wagner gefertigt hatte, der rundum glühende Eisenreifen mit Hebelzangen aufgezogen wurde. Im Erkalten des Eisens saß er dann unlösbar fest und drückte die Felgen fest in die Speichen und diese in die Nabe hinein.

Barfuß in der Schmiede stehend, trat ich einmal versehentlich auf ein abgehacktes, nicht mehr rot glühendes, aber – wie die Schmiede sagten – noch »warmes« Eisen. Es war, wie wenn ein reißendes Tier von unten nach mir schnappte. Auch das ging vorüber.

In das dritte Jahrsiebt meines Lebens fällt ein allerwichtigstes Ereignis, das ganz dem Buch der Offenbarung angehört. Das zu berichtende Erlebnis ereignete sich in dem primitiven Schwimmbad des Ortes. Das Becken war gereinigt worden, das Wasser lief wieder langsam ein, aber schon sprangen die Jugendlichen von einem hinten mit einem Stein beschwerten Brett aus wieder ganz flach ins Wasser. Die flachen Sprünge nicht beachtend, machte ich einen senkrechten Kopfsprung, schlug mit dem Kopf auf die schräge Zementwand des Beckens auf, überschlug mich zweimal und landete mit ausgestreckten Gliedern bäuchlings auf dem Grund des Beckenbodens. Ich war wie tot. Sogleich schaute ich mein ganzes bisheriges Leben um mich in einem kreisrunden weiten Panorama. Jede Einzelheit war deutlich, alles war zugleich anschaubar, aber keines störte das andere. Es war wie die Aussicht auf einem hohen Berg, aber vervollständigt durch das, was rundherum und außerhalb eines irdischen Gesichtsfeldes liegen könnte.

Dabei tauchte auch ein Erlebnis auf, das sich weit vor meiner Erinnerungsgrenze ereignet hatte und mir seitdem nur durch diesen Ausnahmezustand bekannt geworden ist: Im dritten Lebensjahr hatte ich einen zweirädrigen gelben Postwagen bekommen, mit dem ich Postbote spielen und Briefe und Pakete austragen konnte. In der Rückschau erlebte ich mich schon bei Dunkelheit in meinem eisernen Bettchen liegend und den Großvater sich mit der Frage zu mir beugend: »Bub, wo hast du deinen Postkasten?« Ein jäher Schreck, den ich heute noch nachempfinde, durchfuhr meine Kinderseele bei dem Gedanken, der Postkasten steht jetzt in der Nacht ganz allein draußen im Garten beim Haselnussbusch und fürchtet sich wohl. Hier riss die Rückschau ab, und das Seelenerleben gewahrte die gegenwärtige Seelenstimmung meiner zwei Jahre jüngeren Schwester, die am Rand des Badebeckens den Sturz mit angesehen hatte und sich grausame Vorwürfe machte, weil sie auf den Bruder nicht genügend aufgepasst hatte und ihn nun für tot halten musste. Von da sprangen die Bilder in mir zum heimatlichen Friedhof, wo meine beiden Eltern an meinem Begräbnis teilnahmen. Das war jetzt aber kein zurückliegendes Ereignis, sondern ein mögliches Zukunftsbild.

In diesem Augenblick erlangte ich wieder das Bewusstsein. Das ereignete sich wie ein Blitz, der durch das Rückgrat in den Kopf und bis in die nach vorn gestreckten Arme und bis in die gespreizten Finger so passend hineinfuhr wie die Hand in einen gut sitzenden Handschuh. In jedem Finger saß in ganzer Länge ihn genau ausfüllend das drin, was da wie ein Blitz hineinfuhr und damit in den ganzen Leib. Schmerz fühlte ich nicht. Nun waren schon zwei Helfer neben mir, hoben mich vom Bassin-Boden auf und schleppten mich hinaus, blutüberströmt, denn die große Platzwunde auf der Schädeldecke blutete stark.

Damals, Ende der zwanziger Jahre, ging man mit so einer Kleinigkeit nicht zum Arzt. Das kurierte der Bader. So hieß auf dem Lande noch der Beruf dessen, der rasierte, die Haare schnitt und die Kenntnisse eines Sanitäters hatte. In früheren Zeiten war er auch der Dorfbademeister. Mit wenigen kundigen Strichen entfernte er von der gespannten Haut die dicken dunklen Haare um die Wunde mit dem Rasiermesser. Dann kam eine Ladung Jod in die Wunde, und mit zwei metallenen Klammern wurde die Kopfhaut in die alte Lage zusammengezwickt. Alles ohne örtliche Betäubung natürlich. Die Frage nach einer Gehirnerschütterung war seinerzeit noch nicht so vorrangig, und da ich ansprechbar war, war ja alles soweit in Ordnung. Tetanusspritze war auch noch nicht »in«. Nachdem die Wunde verheilt war, wurden die Klammern entfernt, und außer einem kleinen Knochenwulst, der sich zusätzlich gebildet hatte, blieb neben dem großen Erlebnis nichts weiter zurück.

Das Rückschauerlebnis hat sich dem weiteren Leben niemals aufgedrängt. Aber es war im Schatzhaus der Seele gut aufgehoben und konnte jederzeit in voller Stärke willentlich zum Aufleuchten gebracht werden. Vieles in der Schicksalsführung mag dadurch leichter möglich geworden sein.

Als wir drei Freunde, Hans Adolf Röttenbacher, Bernhard Kallert und ich 1935 an der Universität Erlangen das Studium der Evangelischen Theologie aufgenommen hatten und nichts von den in der Seele brennenden Fragen in den Vorlesungen berührt wurde, konnte durch unser anfängliches Kennenlernen der Anthroposophie und den lockeren Anschluss an die Gemeinde der Christengemeinschaft in Nürnberg unsere Wachheit für die Wirklichkeit des Geistes in den einzelnen Studienfächern anhaltend gesteigert werden. Aber umso bitterer war unsere Enttäuschung darüber, dass wir statt Lebensbrot nur intellektuelle Steinbrocken vorgesetzt bekamen. Dauernde Auseinandersetzungen mit den Äußerungen unseres Professors in der Dogmatik, Rückführung der einzelnen Motive auf ägyptische, babylonische, persische und andere Quellen in der Apokalypse-Vorlesung und Zerhacken des Stoffes in der Kirchengeschichte in vierzig bei der Stipendienprüfung aufzuzählende »Punkte« zerstörte auch den allerletzten Anflug eines geistigen Zusammenhanges.

Umgekehrt war der Hass gegen die moderne Geisteswissenschaft bei einigen Theologen grenzenlos. So mussten wir in der zweistündigen Römerbrief-Vorlesung einmal mit anhören: »Das Johannes-Evangelium wird ja von den Sektierern immer besonders hoch geschätzt. Aber an die glasklare juristische Theologie des Alten Testamentes und des Apostel Paulus, da wagt sich auch der schwarze Magier der Christengemeinschaft Licenziat Bock nicht heran.« Wir drei Freunde saßen in der ersten Reihe. Ich wollte protestieren, weil das Mosesbuch von Emil Bock schon erschienen war, aber die Freunde hielten mich zurück. Auch im Neutestamentlichen Seminar wurde ich als »Sektierer« erkannt und vom Professor wohlwollend, von den Kommilitonen intolerant zum Schweigen gebracht. Bei einer Umfrage über das Leben nach dem Tode wurde uns von den Professoren der Dogmatik, des Neuen Testamentes, der Kirchengeschichte und der praktischen Theologie unisono die Mitteilung gemacht, dass darüber aus dem Neuen Testament nichts auszumachen sei. Es gibt nur den Ganztod. Und wenn wir bei Bestattungen vom Weiterleben der Seele sprächen, so müssten wir uns darüber im Klaren sein, dass wir uns dauernd an vorchristliche, außerbiblische und heidnische Volksglaubens-Vorstellungen anlehnten. In solchen Spiegelfechtereien auch noch ein Examen zu machen, war für mich nicht zu verantworten. Nach vier Semestern evangelischen Theologiestudiums verließ ich die Universität.

Ganz am Anfang dieser Hochschulstudienzeit steht ein Erlebnis, von dem ich erst jetzt in der Rückschau weiß, dass es mir das Ertragen der zwei Jahre evangelischer Theologie überhaupt möglich gemacht hat. Es war die erfahrene Antwort, welche die zu durchlebenden quälenden Fragen ausgelöst hatte. Echte Fragen, die im Verstandesdenken auftauchen, können nur dadurch entstehen, dass sie von der Geisteswirklichkeit der Antwort angeregt sind. Die Antwort erfolgt aber in einem umfassenderen Seinsbereich, als dem des Verstandesdenkens. Spät in der Nacht habe ich damals auf der Rückseite bedruckter Blätter das Folgende aufgezeichnet:

»Im tiefsten Innern aufgewühlt und verwundet durch die Plattheit, durch die Verantwortungslosigkeit derer, von denen er die erstrebte Theologie lernen sollte, war ein Student den ganzen Sonntagnachmittag im Wald umhergeirrt. Sein Freund war bei ihm. Viel hatten sie geredet; ebensoviel geschwiegen. –

Quälende Unruhe hatte ihn am späten Abend noch einmal hinausgetrieben aus seiner engen Studierstube. Barhäuptig, den Lodenmantel nur nachlässig um die Schultern gehängt, rannte er an einem Bach entlang dem schweigenden schwarzen Waldrande zu. Er sah nicht den leichten Novembernebel, hörte nicht das Rauschen des Baches neben sich. Unendlicher Schmerz drückte ihn wie von allen Seiten zusammen.

›Das Christentum ist ganz einfach. Es ist das Gesetz des Kosmos‹, so hatte der Freund am Nachmittag zu ihm gesagt. Daran dachte er jetzt auch nicht mehr. Er empfand, wie wenn die Natur um ihn gleichsam eherne Ketten um die Mitte seines Leibes, um seine Brust schlang. – Da – mit größter innerer Kraftanspannung schleuderte er seine beiden Arme waagerecht zur Seite und blieb stehen. Er fühlte seinen Leib wie ein Kreuz, aber das war größer als sein Leib, hinter ihm riesengroß alles umfassend bis hinaus in den Umkreis. Und vor sich und zugleich in sich erlebte er Licht, mächtiges, wie von einer Menschengestalt ausstrahlendes flammendes Licht. Licht, Ton und Empfindung zugleich war alles an der Gestalt, keine Einzelheiten hatte er gesehen. Er wusste nur, dass die ganze Natur, Stein, Pflanze und Tier, Mensch und Sterne und Erde eingebunden sind in diesem Schöpfungskreis. Eine große unzerstörbare Gewissheit lebte von dem Augenblick an in seiner Brust. Keine Menschensprache kann davon erzählen. Aber zusammenraffen konnte der junge Student das, was er erlebt hatte, in ein einziges Wort: JA.

Bebend am ganzen Leib vor Freude und Erregung eilte er heim. In rasender Eile flog die Zeichenkohle über das Papier hin. Da tönte es immerfort um ihn. Ja – war der Inhalt dessen, was seine schnellen aber bestimmten Striche auf das Blatt zeichneten. – Freudig und im tiefsten Innern getröstet, öffnete er am späten Abend ein Heft, in das er manches einschrieb, was ihm wichtig schien. Am Nachmittag hatte er den Satz des Freundes hingeschrieben: ›Christentum ist keine Religion unter anderen. Es ist ganz einfach das Gesetz der Welt, des Kosmos; das Christusgesetz.‹«

Dazu fügte er jetzt noch die Worte: »Welche Möglichkeit haben wir doch, Christus aufzunehmen!!!«

Diese Aufzeichnung auf herumliegenden losen Blättern ist in sauberer lateinischer Schrift geschrieben.

Als ich in das Priesterseminar der Christengemeinschaft aufgenommen werden wollte, stellte der Seminarleiter Gottfried Husemann in dem Aufnahmegespräch meinen Entschluss auf eine harte Probe. Er wollte mich wieder an die Universität zurückschicken mit der Weisung, das Theologiestudium mit dem Examen abzuschließen. Ich sagte ihm, dass ich heute wüsste, dass ich nie evangelischer Pfarrer werden könnte, dass ich aber auch nicht wüsste, ob ich je in der Christengemeinschaft würde mitwirken können, wohl aber, dass ich hier noch lernen wolle, wie man Theologie wirklich sinnvoll studiert. Auch darauf ging Husemann nicht ein, sondern fuhr fort, das Fundament für meinen Entschluss zu prüfen. Schließlich sagte ich: »Versetzen Sie sich bitte in meine Lage und in alles, was ich gesagt habe – und Sie würden nicht angenommen.« Darauf schlug Gottfried Husemann beide Hände auf seine Knie und sagte: »Bleiben Sie hier, Herr Hoerner!« Damit war ich in das Priesterseminar der Christengemeinschaft aufgenommen. Ein weiteres Gespräch über meine Eignung zum Priester habe ich nicht gehabt.

Aber in der zweiten Hälfte des Jahres 1938 rief mich Gottfried Husemann eines Tages zu sich und fragte: »Wie fühlen Sie sich eigentlich am Seminar?«, worauf ich antwortete: »Jetzt weiß ich, wie man ein Theologiestudium anlegen könnte, wenn man noch einmal beginnen dürfte.« Er: »Aha, interessant. Auf Wiedersehen!« Bald darauf erhielt ich einen Brief, im Schnellzug auf einem halben

Blatt Durchschlagpapier geschrieben, mit der Mitteilung, dass ich in die Weihegruppe 1939 aufgenommen worden war.

Damals musste der Kandidat zwei »Paten« aus dem Kreis der ihm bekannten Gemeindepfarrer bitten, den Weiheantrag mit einer Befürwortung zu stellen. Ich bat Arnold Goebel (1897–1972) und Wilhelm Kelber (1901–1967) darum. Zu den im Pfarrerrundbrief veröffentlichten Beurteilungen konnte jeder Gemeindepfarrer dann noch Ergänzendes einsenden. Arnold Goebel schrieb Folgendes:

»Wilhelm Hoerner ist mir durch mancherlei Gespräche und durch seine Teilnahme an Seminarkursen über Religionsunterricht gut bekannt geworden. Auch war er einer von den Seminaristen, die hier am Gemeindeleben rege teilnahmen und auch – wo nötig – zugreifen konnten. Hoerner hat in allem, was er tut, einen großen Ernst und Eifer, dabei ist er vielleicht noch etwas einseitig. Immerhin wird er nach den üblichen Krisen unbedingt gut in unseren Kreis hineinwachsen und ein treuer Mitarbeiter werden. Somit bin ich gern bereit, seine Weihe zu beantragen.

Arnold Goebel«

Wilhelm Kelber schrieb:

»Der Bitte, dem Weiheantrag Arnold Goebels eine Befürwortung hinzuzufügen, folge ich zwar gern, aber mit dem Vorbehalt, dass ich Wilhelm Hoerners Entwicklung in den letzten zwei Jahren nicht mehr folgen konnte. Hoerner war, als er in Nürnberg zwischen seinen beiden Freunden Röttenbacher und Kallert auftauchte, der Unscheinbarste von den Dreien. Nun hat er den Weg zum Priestertum am unbeirrbarsten und auf der kürzesten Strecke zurückgelegt. Das ist wohl bezeichnend für ihn. Er wird nicht mit brillanten Vorträgen oder sonstigen stark in Erscheinung tretenden Leistungen glänzen. Aber er wird treu und mit stiller Energie auf praktische Erfolge auf die Erweiterung seiner Gemeinde hinstreben. Wir werden ihn also, wenn ich recht sehe, gut brauchen können.
Er will lernen und sollte zuerst in einer Gemeinde arbeiten, wo ihm ältere Erfahrungen und auch Unterweisungen zur Verfügung stehen. Dabei wird wohl sein ländlicher Ernst in die Gefahr der Resig-

nation kommen, wenn es nicht so rasch vorwärts geht, wie er vielleicht meint. So wäre es das Schönste, wenn er zunächst an der Seite eines Priesters wirken könnte, der durch sein Wesen ermunternd wirkt.«

Alle unsere Lehrer am Seminar haben als Mitbegründer oder als Mitarbeiter der anderen kulturerneuernden Bewegungen Rudolf Steiner noch persönlich gekannt. Deshalb musste jeder Dozent an langen Seminarabenden ausführlich von seinen Erlebnissen mit Rudolf Steiner berichten und unsere neugierigen Fragen beantworten. Nur zwei Erzählungen von Karl Schubert, der damals die Förderklasse der Waldorfschule führte, sollen hier mitgeteilt werden. Schon als junger Mensch wollte er Rudolf Steiner persönlich kennen lernen. Deshalb fuhr er bei auswärtigen Vorträgen in dem Eisenbahnwagen mit, in den Rudolf Steiner eingestiegen war. Beim Aussteigen schnappte er Rudolf Steiners Koffer. »Dann musste er mich doch ansprechen. Als sich das wiederholte, sagte er: ›Da sind Sie ja wieder.‹ So ergab sich ein Lehrer-Schüler-Verhältnis.«

Weiter erzählte uns Karl Schubert, dass er im Ersten Weltkrieg einmal verschüttet gewesen sei und seine Frau die rote Vermissten-Nachricht erhalten hatte. Damit ging sie zu Rudolf Steiner mit der Frage, ob ihr Mann noch lebe. Sie erhielt den Bescheid, am folgenden Tagen wiederzukommen. Da sagte ihr Rudolf Steiner, dass ihr Mann noch am Leben sei. Darauf sagte Karl Schubert schelmisch lächelnd und in seinem Wiener Dialekt zu uns: »Wie er das wohl gemacht hat?« – und dann mit dem Daumen nach oben weisend: »Er wird mi halt net g'funden ham, da droben.«

Der Eintritt in die Anthroposophische Gesellschaft wurde als ein selbstverständlicher Schritt betrachtet, der vor der Priesterweihe zu geschehen habe. Nach dem Verbot der Anthroposophischen Gesellschaft war die Verbreitung jeglicher Literatur untersagt worden. Zum Studium am Seminar aber durften die Grundwerke und die ersten fünfzig Vortragsreihen (Zyklen) in einem verschlossenen Schrank verbleiben. Die Ausleihe aus diesem Schrank hatte ich so zu verwalten, dass jedes Buch nur im Hause und nur für eine bestimmte Zeit ausgegeben werden durfte. Albrecht Meyer (1911–

1985) hatte mir bei seinem Weggang diese Aufgabe anvertraut. Als ich im Herbst 1938 für mehrere Wochen als Bühnenhelfer nach Dornach an das Goetheanum fuhr, wurde ich an der Grenze von Schweizer Zollbeamten einer durch Zwischenabfertigungen auf zwei Stunden ausgedehnten totalen Gepäck- und Leibesvisitation unterzogen. Ausbau aller Farben aus meinem Malkasten und Öffnung des inneren und äußeren Hutbandes zeigen den Grad der Gründlichkeit. Zuletzt kam der an der Garderobe hängende Mantel dran. In der inneren Tasche fand sich ein Freifahrschein für den Feldwebel Wilhelm Hoerner von der Kaserne in Coburg in seinen Wohnort. Die Zollbeamten waren betroffen. Wenn sie das am Anfang schon gewusst hätten, hätten sie mich gleich laufen lassen. Sie hatten mich für einen Wehrdienstverweigerer gehalten, deren viele sich damals in die Schweiz absetzen wollten. Trotzdem musste dann noch jemand vom Goetheanum mit 200 Franken Kaution herbeitelefoniert werden, damit Sicherheit gegeben war, dass ich nach der angegebenen Zeit die Schweiz wieder verlassen werde.

Dieser erste Auslandsaufenthalt mit dem ganz anderen Blick auf Deutschland war für mich in vielfacher Hinsicht äußerst lehrreich. Nicht, was einer von sich hält oder welche Ideale er anstrebt, interessiert, sondern wie er auf andere wirkt. Aber damals, 1938, wurde jeder Deutsche in der Schweiz mit dem Vorurteil gegenüber Hitler-Deutschland belastet. Also auch das musste erst einmal verdaut werden, obwohl es dann am Goetheanum auch einige Menschen gab, die unsere Haltung, trotz alledem ans Goetheanum zu gehen, angemessen einzuschätzen wussten. Unter der energischen Leitung von Marie Steiner wurde der dritte Akt aus Faust II einstudiert. Wenn unsere Kulissenarbeit hinter und unter der Bühne es erlaubte, schlichen wir in unseren Arbeitsanzügen und Gummischuhen an den Seitentüren heraus und setzten uns in den Zuschauerraum. Ich platzierte mich unmittelbar in die zweite Reihe hinter Marie Steiner (1867–1948) und ihre auch schwarz gekleideten Begleitdamen. Als inniger Blumenfreund schockierte es mich nicht wenig, wenn sie mit einer langstieligen Rose in der Hand, wie mit einer Peitsche herumfuchtelnd, die Schauspieler mit nicht gerade sanften Worten zurechtwies. Zu Helena: »Rücken Sie doch näher an ihn heran, tun Sie doch verliebter, Sie können es doch.« Der Zusammenklang der gemeinsam die Stufen heruntersteigenden Pagen mit der dazugehörigen Musik wurde wohl zehnmal geübt, bis es befriedigte.

Im Hebewerk unter der Bühne machte ich eine für mich hocherfreuliche Entdeckung. Diese Hebemaschinerie musste wasserwaagengenau aufgestellt sein. Dazu braucht man verschieden dicke Unterlagen. Es gab neben den jeweiligen Hölzern auch Packungen von geschriebenen und gehefteten Schreibmaschinenblättern. Das interessierte mich. Es waren die Briefe, die Elisabeth Vreede bis zu ihrem Ausschluss aus dem ersten Vorstand der Anthroposophischen Gesellschaft als Leiterin der Mathematisch-Astronomischen Sektion herausgegeben hatte! Ich stellte mir, soweit möglich, die ganze Folge zusammen und nahm sie mit nach Hause. Damit hatte ich die damals mögliche Ergänzung zu den Sternkalendern, die ich in der Seminarsbibliothek entdeckt und zu verwalten hatte. Heute sind diese Arbeiten als Bücher erhältlich.

Mein Aufenthalt in Dornach war in jenem Herbst 1938, in dem die führenden Politiker der Westmächte, Italiens und Deutschlands in München zusammenkamen, die Tschechoslowakische Republik verkauften und zum Einmarsch Hitlers freigaben. Den amerikanischen Tagungsteilnehmern wurde vom Konsulat zum Verlassen der Schweiz geraten. Albert Steffen (1884–1963) hielt eine Sonderansprache, man solle bleiben, es gäbe keinen Krieg. Abends wurde sein »Adonisspiel« aufgeführt. Darin traten die Mysterienstörer in Stiefeln, schwarzen und braunen Uniformen von SA und SS mit Koppel und Schulterriemen auf, aber die Köpfe trugen Wolfs-, Bären- und Tigermasken. Auch das hatten wir Deutsche bühnentechnisch zu betreuen.

In dieser Zeit beantragte ich die Aufnahme in die Anthroposophische Gesellschaft. Als freistehendes Mitglied mit der Nummer 1958 wurde meine Mitgliedskarte in Dornach deponiert »bis zur Zeit nach der NS-Herrschaft in Deutschland«. Dieser Zeitpunkt war für jeden ehrlich sich Erinnernden damals genauso fern wie ein baldiges Ende der Sowjetdiktatur in Russland. Ich fuhr nach Deutschland zurück in der Hoffnung, meine illegale Mitgliedschaft möge der Geheimen Staatspolizei möglichst lange verborgen bleiben.

214

Von einem fünfzehn Jahre später stattgefundenen Aufenthalt in Dornach anlässlich einer Priestersynode darf eine wichtige Begegnung hier eingefügt werden. Da ich erfahren hatte, dass Maria Strakosch-Giesler (1877–1970), die als Malerin an der Deckenmalerei des ersten Goetheanums mitgearbeitet hatte, eine Schülerin von Wassily Kandinsky (1866–1944) war, bat ich um ein Gespräch mit ihr. Das erste ungegenständliche Aquarell hat Kandinsky im Winter 1909 gemalt. Damals begann Rudolf Steiner mit seinen Aussagen zur ätherischen Wiederkunft des Christus. Es kann nicht übersehen werden, dass zwischen beiden Ereignissen und dem Impuls der Jugendbewegung eine spirituelle Nähe besteht. Darüber habe ich mit Frau Strakosch gesprochen. Sie erzählte mir dann ausführlich von den gemeinsam mit Kandinsky und Gabriele Münther (1877–1962) vorgenommenen Besuchen einer Reihe von Architektenhaus-Vorträgen Rudolf Steiners in Berlin. Sie erzählte dann vor allem von den anschließenden langen Kaffeehausgesprächen und den Holzschnitten, die Kandinsky noch in der schon begonnenen Nacht aus dem Eindruck des jeweiligen Vortrages gestaltete. Beim Betrachten von Kandinskys Bildern in einer Zeitung habe Rudolf Steiner zu ihr gesagt: »Einer der Unseren.« Dieser Ausspruch ist wichtig, weil es auch heute mehr denn je notwendig ist, die geistig strebenden Menschen unserer Zeit wahrzunehmen.

Die achtzehn Studenten am Priesterseminar der Christengemeinschaft im Jahre 1937 waren eine sehr bunte Gruppe. Zu uns stießen noch ein Kunstmaler, ein Glasmaler, ein »entlaufener« katholischer Priesterzögling, ein älterer Verwaltungsbeamter, ein Doktor der Philologie und in Ernst Fiechter (1875–1948) ein Professor und zeitweiliger Rektor der Technischen Hochschule in Stuttgart. Jeden Samstagnachmittag waren die drei Sprecher – Adelheid von Bodelschwingh (1904–1995), Johannes Rath (1910–1973) und ich – beim Seminarleiter, um mit ihm zusammen Rückschau und Vorschau zu halten. Dabei wurde der Wunsch vorgetragen, einen Kurs von Friedrich Doldinger (1897–1973) haben zu können. Dies wurde mehrere Samstage lang übergangen oder wortlos abgewiesen. Als unser Drängen nicht mehr übergangen werden konnte, sagte Gottfried Husemann, wir selbst sollten Friedrich Doldinger einladen, dieser sollte dann für eine Woche die gesamte Seminarleitung übernehmen, und er werde für diese Zeit verreisen. So geschah es dann auch.

Friedrich Doldingers Priestertum war eingebettet in eine universale Künstlerseele. Er dichtete, komponierte, malte, schrieb und inszenierte Spiele, formte jedes Staniolpapierchen zu einem Schwan oder Windrädchen und ließ keinen noch so kleinen weißen Zettel unbekritzelt oder unbeschriftet. So kam er abends an, die weiße Motorradhaube über den Kopf gezogen, als einer der ersten motorisierten Pfarrer. Es war Johanniszeit. Wir waren im Unterrichtsraum versammelt, und er begann: »Morgen früh um fünf Uhr beginnen wir mit dem Kurs. Es wird jeder von Ihnen ein Zweiminuten-Referat über die Wolken halten. Den Schlüssel zur Bibliothek habe ich schon abgezogen, weil nur Selbsterlebtes in Frage kommt«, sagte er in seinem liebenswerten alemannischen Dialekt. Als wir unsere Sommernachtsträume überstanden hatten und zur angegebenen Zeit in den Unterrichtsraum traten, waren die achtzehn Tische schon im Halbkreis aufgestellt. Auf jedem Tischchen lag ein einfarbiges Seidentuch in reinsten Farben und darauf eine vom Lehrer schon in der Morgenfrühe gepflückte Heckenrosenblüte oder -knospe. Das war praktische Entbindung zum besonnenen Sprechen. Alle konnten es.

In Doldingers Zimmer war die Tür weiß gestrichen gewesen. Als er fort war, entdeckten wir darauf einen riesigen Engel, der mit bedeutendem Blick seine Hand auf die Klinke legte. Die Tür musste wieder in ihren »ordentlichen Zustand« zurückversetzt werden.

Da man in der Anthroposophischen Gesellschaft einen Vortrag von ihm erbeten hatte, kam er kurze Zeit später noch einmal zum Übernachten in das Zimmer. Die Tür war vorsorglich mit einem Bogen weißem Papier bespannt worden. Das aber blieb nur weiß.

Der Schicksalsführer hat es so gefügt, dass ich noch ein Jahr lang Friedrich Rittelmeyer am Altar, als Redner und als Seminarlehrer erleben durfte. Wenn er in der kleinen Kapelle im Urachhaus die Menschenweihehandlung zu halten hatte, stellte er am Abend vorher noch einmal eigenhändig die Stühle in die Reihe und prüfte Einzelnes. Da ich eine Zeit lang auch im Urachhaus wohnte, begegneten wir uns öfters. Die sehr deutliche Aussprache, besonders der heute so missbrauchten Konsonanten f, r, s, t auch im Endlaut, kamen bei ihm immer in voller Wirkenskraft zum Ohr, ohne dass dem Sprachfluss dabei Gewalt angetan wurde. Auch bei den Vorträgen konnte er mit einem weit offenen Blick seiner blauen Augensterne hunderte von Menschen zu einer Gemeinschaft zusammenschauen, ohne dass auch nur der leiseste Hauch einer Suggestion damit verbunden gewesen wäre. Unvergesslich ist die letzte Seminarstunde.

Freitag, 11.2.1938:
Letzte Stunde Friedrich Rittelmeyers (1872–1938) im Seminar
Notizen aus einem Kollegheft:
»Gottesknechtschaft empfanden die Ägypter. Das ägyptische Kyrie eleison ist nicht christlich. Das jüdische Ich und Du in der Gottesvorstellung ist schon mehr. ICH und ich ist mehr indisch, griechisch, christlich. – Wichtigste Aufgabe des Christentums. – Auf den Verstand muss der Geist kommen. Verstandes-Logik-Ähnlichkeit und Gegensatz sind nicht produktiv. Bei großen Männern auch noch eine Art sublimiertes Hellsehen, Hegel, Fichte, Schelling. An den wichtigsten Stellen nicht mehr logisch. Da eine Art Schau. – Tatsachen lassen sich nicht beweisen. Was ist das Kriterium der Wahrheit? Brentano: an ihrer Evidenz die Wahrheit zu erkennen. Das Geistige mehr im Sehen. Damit über das Physische hinaus ...«

Dann sagte Rittelmeyer uns, dass er nun nach Berlin fahre, in die Höhle des Löwen, zur Geheimen Staatspolizei, um, wie er das schon öfter getan hatte, für den Fortbestand der Christengemeinschaft einzutreten. Dabei erzählte er uns, dass er diesen oft sehr jungen Beamten sagte: »Vor Ihnen sitzt ein Vertreter des allerbesten Deutschtums. Oder haben Sie schon jemals solche Schriften und Flugblätter geschrieben wie diese?« Dabei zog er dann seine Schriften aus der Zeit des Ersten Weltkrieges aus der Tasche, in denen er auf die großen geistigen Aufgaben des wahren deutschen Wesens in der Welt aufmerksam gemacht hatte. Wer da weiß, dass Rittelmeyer dies auch ganz im Sinne Rudolf Steiners und mit dessen Zustimmung und Aufforderung getan hat, wird es nicht billigerweise als

Nationalismus abwerten können. In der geistigen Weltweite von Friedrich Rittelmeyer hatte ein engstirniger Nationalismus schon deswegen keinen Ort, weil in ihm die Aufgabe des deutschen Geistes für die Gesundung des Zusammenlebens der Völker als oberste Pflicht lebte. Sie war ihm ein Bereich seines tätigen Christus-Dienstes. In diesem Sinne verfasste er seine Kriegsflugblätter und Predigten. 1916 zwei Vorträge »Von der religiösen Zukunft des deutschen Geistes«. 1921 zum 60. Geburtstag Rudolf Steiners hatte Friedrich Rittelmeyer ein Sammelwerk mehrerer Autoren »Vom Lebenswerk Rudolf Steiners« herausgegeben, in dem er den bedeutenden Aufsatz »Rudolf Steiner und das Deutschtum« beisteuerte. 1933 erschien »Der Deutsche in seiner Weltaufgabe zwischen Russland und Amerika«. Im gleichen Jahr erschien eine Neuausgabe als Sonderdruck von »Rudolf Steiner und das Deutschtum« aus dem vorgenannten Buch von 1921. 1934 kam dann noch das Buch »Deutschtum« heraus, mitten hinein in die bereits staatlich und kulturell millionenfach propagierte Perversion dieses Wortes. Das war eine Tat allergrößten Mutes und tief empfundener Verantwortung für den Bereich, der heute durch das Wort Mitteleuropa gekennzeichnet wird.

Nachdem Friedrich Rittelmeyer in der oben genannten letzten Seminarstunde auf den Ernst der Lage hingewiesen hatte, stand er auf und ging zu jedem Einzelnen hin, gab ihm die Hand, nahm ihn in den Weltenblick seiner Augen auf und ging dann schweren Schrittes zur Tür. Wir standen noch lange betroffen und schweigend. Dann ging die Tür noch einmal auf, sein großes Haupt erschien im Türspalt, und der liebestrahlende Blick seiner Augen umfasste noch einmal die ganze Gruppe. Das war das Ende der Begegnung.

Zu dem Gespräch mit dem NS-Beamten in Berlin hatte Rittelmeyer seinen Mantel ausgezogen und auf dem Flur gelassen. In dem Gesprächsraum war es aber zu kühl, weil ein Fenster offen stand. Er wusste, dass er dadurch krank würde. Er wusste aber auch, dass das Anziehen des Mantels das Ende des Gespräches zur Folge hätte. So blieb er. Schwer erkältet fuhr er nach Hamburg, hielt dort noch Vorträge, erkrankte und starb am 23. März 1938 in der Wohnung von Johannes Hemleben (1899–1984). Wir Seminaristen hatten die Krankheitsberichte und dann die Todesnachricht zu vervielfältigen, zu kuvertieren und waschkorbweise zur Post zu bringen.

Gegner und solche Mitglieder, welche die Christengemeinschaft als eine Sache Rittelmeyers betrachteten, hielten nun deren Ende für absehbar. Das Wesen der Christengemeinschaft umfasst aber weit Größeres als die Summe ihrer Pfarrer und Mitglieder auf Erden.

Diese Wirklichkeit überstrahlte helfend das Jahr der Vorbereitung auf die Priesterweihe. In Stuttgart hatte die Christengemeinschaft für die Menschenweihehandlung damals nur die beiden Kapellen im 1933 erbauten Seminar und im Verlags- und Wohnhaus in der Urachstraße 41. Für die sonntägliche Weihehandlung war der große Saal der Musikhochschule in der Urbanstraße gemietet worden. Das war durch die Vermittlung eines der Lehrer möglich geworden. Unvergesslich bei den Feiern waren dort auch die Orgelimprovisationen des Herrn von Albrecht. Für die Priesterweihe war jedoch der Raum in der Musikhochschule nicht geeignet. Deshalb musste diese Feier im Gustav-Siegle-Haus stattfinden. Am 4. Juni 1939 wurden dort Johannes Rath, Wilhelm Hoerner und Franz-Heinrich Himstedt durch Emil Bock zu Priestern in der Christengemeinschaft geweiht. Vor dem Verbot der Christengemeinschaft konnte dann in der inzwischen fertig gebauten Kirche der Christengemeinschaft an der Werfmershalde nur noch am 1. Juni 1941 eine erste und zugleich letzte Priesterweihe stattfinden. Die Kandidaten waren Rudolf Kaestner (1903–1989) und Marie Schmidt (Reuter) (1913–1997).

Am 9. Juni 1941 erging dann das Verbot der Christengemeinschaft. Der Ernst eines bevorstehenden Verbotes war uns schon 1939 bei unserer Weihe deutlich gewesen. Im Juni war in Stuttgart eine Priestersynode, auf der wir drei Neugeweihten noch den Kreis der Begründer und die seit 1922 hinzugekommenen fünfundneunzig Priester kennen lernen konnten. Dabei schrieben sich alle anwesenden Priester mit genauer Anschrift und Telefonnummer in eine Liste ein. Diese Liste wurde dann durch die Oberlenker an die Geheime Staatspolizei nach Berlin gesandt. Für ein eventuelles Verbot auch der Christengemeinschaft sollten auf diese Weise die Ver-

Die Weihegruppe 1939. Obere Reihe: Franz-Heinrich Himstedt, Evelyn Francis Capel, Johannes Rath; unten Wilhelm Hoerner und Stanley Drake

antwortlichen kenntlich gemacht und so die Gemeindehelferinnen, Musizierenden, Kassenwarte und alle anderen Gemeindeglieder geschützt werden.

Nach kurzen Aushilfen im Umkreis von Stuttgart sollte ich in München die Mitarbeit beginnen. Dort war seit dem Verbot der Anthroposophischen Gesellschaft auch für die Christengemeinschaft eine gefährliche Situation entstanden, in die ich als »unbeschriebenes Blatt« eingefügt werden sollte. Also sandte ich meine Bücherkiste und den großen geflochtenen Wäschekorb nach München, wo beides ein Jahr lang bei lieben Mitgliedern auf dem Dachboden verwahrt wurde. Der lang ersehnte Anfang als Gemeindepfarrer wurde aber im Schicksalsgang des 20. Jahrhunderts noch einmal für vierzehn Jahre verschoben.

Bei einem Kurzbesuch bei den Eltern kam meine liebe Mutter am Sonntag, den 27. August 1939 morgens um 5 Uhr an mein Bett, in der zitternden Hand ein Telegramm, worauf stand: »Sie haben sich sofort zu einer mehrtägigen Übung bei Ihrem Truppenteil zu melden.« Es war jene »Übung«, die am 30. November 1951 zu Ende war! Der Inhalt des Telegramms war also der Wahrheit entsprechend: »Mehrtägig« und »Übung«. Dabei waren die verschiedensten Zeiten und Rhythmen zu durchleben. So wurde ein tragfähiger Grund gelegt für das Erahnen von Zeit und Ewigkeit, für eine jahrelange praktische Erfahrung in Kalenderkunde, kurz für alles, was aus dem Geistbereich heraus sich im Raumessein und vor allem im Zeitenwerden offenbaren will. Das war Schulung für das Lesen im Buch der Offenbarung.

An einem der ersten Abende nach der Einberufung wurde im Kreis der Offiziere über Kunst geplaudert. Nichts ahnend begann ich von Nürnberg als einer besonderen Kunststadt zu sprechen. An den Nürnberger Malern und Bildhauern könne man den belebenden Einfluss deutlich wahrnehmen, der durch die Begegnung von fränkischen und slawischen Elementen sich ergebe. Da wurde ich von dem Hauptmann der Reserve mit goldenem Parteiabzeichen wütend angebrüllt: »Was – die Stadt der Reichsparteitage unter slawischem Einfluss – ich fordere Sie zum Duell!«

Was sollte jetzt geschehen? Ich schwieg und versuchte, mich der in der Seele aufsteigenden Gefühle zu erwehren. Im Laufe des Abends verletzte mein angeheiterter Angreifer einen anderen Offizier an dessen Jägerehre mit den Worten: »Dir vergräm ich auch noch einmal einen Bock.« Das heißt, dass man bei einer gemeinsamen Jagd den anderen nicht zum Schuss kommen lässt. Und das ist die schlimmste Beleidigung, die man jemandem zufügen kann. Damit aber war der Hauptmann von mir abgelenkt, weil das ja noch wichtiger als mein Vergehen war. Und am anderen Morgen war alles vergessen.

Als ich im November nach Prag versetzt wurde, ging ich so bald wie möglich zu Pfarrer Joseph Adamec (1902–1995) und in die Theinstraße in die »Katakombe«, wie der Weiheraum der Christengemeinschaft genannt wurde. In diesem kellerartigem Raum soll der Astronom Tycho Brahe (1546–1601) seine Berechnungen gemacht haben, auf dessen Grundlage Johannes Kepler (1571–1630) dann die nach ihm benannten »Keplerschen Gesetze« fand. Mein

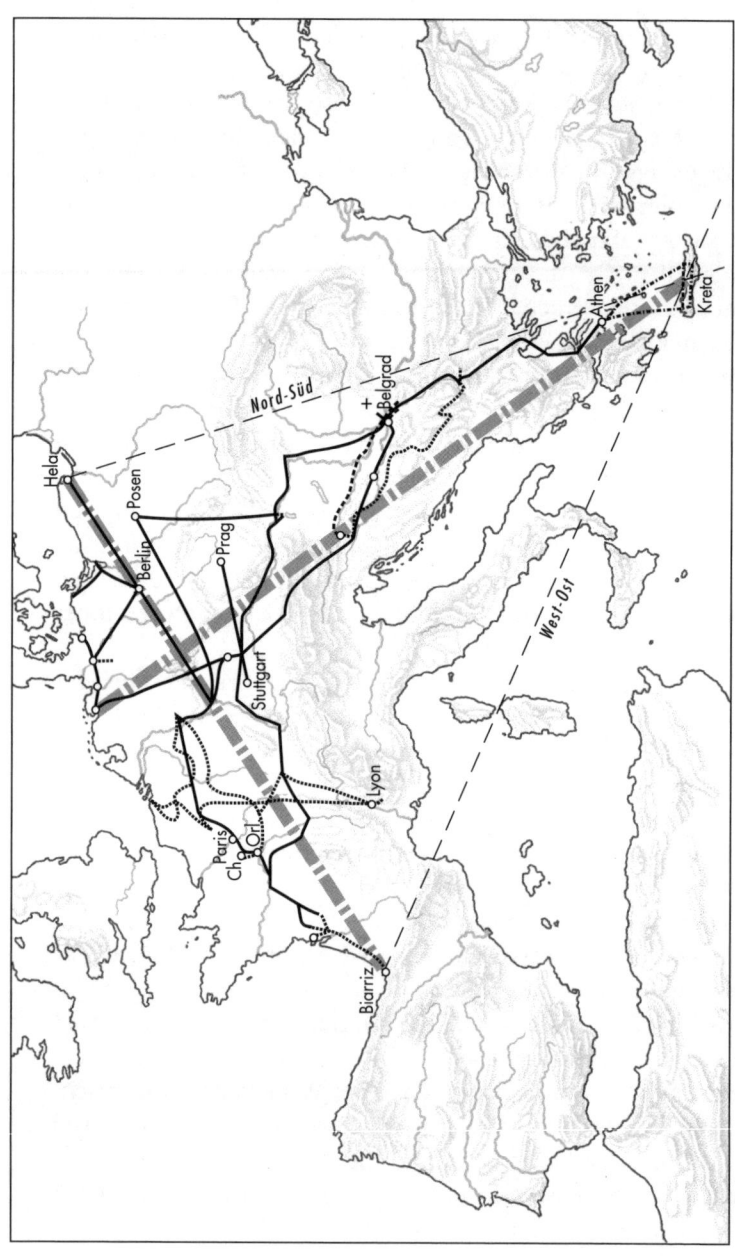

Die Verbindungslinien meiner äußersten Aufenthaltsorte während des Krieges zeichnen sich in die Wegeskizze durch Mitteleuropa als ein Kreuz in die Landkarte ein.

Dienst im Ersatzbataillon in der Wirschowitz-Kaserne erlaubte häufige Besuche bei den Freunden. Aber die politische Hochspannung gegen die Deutschen war für solche Alleingänge in Uniform lebensgefährlich. Deshalb brachte mir ein etwa gleich großer junger Arzt einen grauen Anzug, Mantel und Hut in die Kaserne, damit ich in »Zivil« ausgehen konnte. In geliehenen Gewändern habe ich bei Adamec in der Menschenweihehandlung ministriert und »tschechisch« geantwortet und auch die Sonntagsfeier für die Kinder gehalten. Dabei antworteten die Kinder tschechisch oder deutsch, was ihnen jeweils näher war. Den Adventsbasar und ein Kasperletheater für die Kinder habe ich noch erleben dürfen, bevor ich überraschend an den Westwall abkommandiert wurde. Bei der Verabschiedung holte Freund Joseph Adamec aus einem blauen ehemaligen Marienschrein, in dem er böhmische Achate zur Schau gestellt hatte, einige kleinere Stücke heraus und steckte sie mir rechts und links in die Taschen der Feldbluse. Die Steine waren beim Frankreichfeldzug dabei, und einen davon habe ich heute noch. Wenige Wochen nach diesem raschen Frontwechsel von Ost nach West erhielt ich noch ein Päckchen aus Prag mit warmen Wollsocken, Handschuhen, Pulswärmern, Mütze und eine breite Leibbinde. Sie waren von den lieben Prager Mitgliedern, unter denen damals noch einige jüdische Frauen waren, für mich gestrickt und mit herzwarmen Wünschen übersandt worden. Einzelnes davon hatte sich bis in die Gefangenschaft erhalten. Ein kleines Redentore-Bild in vergoldetem Rahmen aus dem Prager Adventsbasar 1939 hängt heute noch in der Sakristei unserer Kirche in Esslingen.

Als nach mehreren Probealarmen am 9. Mai, 16 Uhr für unsere Einheit der Westfeldzug durch den Südteil der Niederlande bei Maastricht, durch Belgien nach Frankreich begann, bewegte mich ununterbrochen das gleichzeitige Darinnenstehen in der ersten als Priester zu erlebenden Festeszeit zwischen Ostern und Pfingsten. Nach dem außerordentlich frühen Osterfest am 24. März war der Tag des Kampfbeginnes der 10. Mai, also zwei Tage vor Pfingsten. Am Pfingstsamstag fuhren wir über den Albert-Kanal bei Maastricht. Dort lagen zu beiden Seiten der Straße mit Tüchern bedeckt unsere noch in der Luft abgeschossenen Fallschirmjäger.

Die relativ ebenen, durch kleine Waldgruppen und Wasserläufe gegliederten Parklandschaften im Nordosten Frankreichs waren für mich aus dem Mittelgebirge etwas Neues. Außerdem weckten die Namen der Dörfer und Städtchen Erinnerungen aus dem jahrelangen Stellungskrieg 1917/18 in dieser Gegend. Da man sich jeden Abend, wenn kein weiterer Vormarsch war, abseits der Straße im Felde zum Schutz gegen Granatsplitter ein kleines Grab für die Nacht schaufelte, verband man sich recht innig mit der jeweiligen Region. Oft fand ich in der Erde noch verrostetes Eisen aus dem Ersten Weltkrieg. Wenn es nicht vorwärts ging und die Lage ruhig war, schaute ich mir die Kapellen und Dorfkirchen an. Besonders in Mittelfrankreich gab es da Kleinode aus romanischer Zeit. Einige davon habe ich zeichnen können (s. Abb. S. 141), weil ich im Kartenbrett immer auch Zeichenpapier und Stifte mit hatte. Wenn wir nach Ende des Feldzuges bei der Zivilbevölkerung einquartiert waren, konnte ich sogar gelegentlich etwas mit Wasserfarben malen. Ein tiefes Erlebnis war auch die Begegnung mit dem Atlantik am Ende der Gironde und die Landschaft im Süden im Vorfeld der Pyrenäen bei Biaritz.

Nach der Kapitulation Frankreichs waren wir auf dem Flugplatz von Orléans zum Schutz gegen englische Tiefflieger im Einsatz. In kleinen Gruppen konnten wir von dort aus Paris und Orléans besuchen. In Orléans, der Stadt der Jeanne d'Arc, habe ich das seidene Hochzeitskleid für Luise Arnold, meine zukünftige Frau gekauft (s. Abb. S. 73), mit der ich mich Silvester 1939 verlobt hatte. Da ich kein Wort Französisch kann, musste ich Größe und Gestalt zur Freude der Verkäuferinnen an einer von ihnen demonstrieren.

Es war mir auf die Dauer unerträglich, so nahe bei Chartres zu leben, ohne dieses Kleinod europäischen Christentums kennen gelernt zu haben. Ich entschloss mich also zu einer unerlaubten Entfernung von der Truppe. An einem Sonntag, an dem der Kompaniechef sich anderweitig amüsierte, verabredete ich mich mit dem Postholer zu dieser längeren Extratour. Zur Postleitstelle mussten wir sogar zunächst in südlicher Richtung von Orléans fahren und dann erst an der Stadt vorbei nördlich auf Chartres zu.

Auf halben Wege besuchte ich einen Friedhof in Ymoville. Dort waren, von einem verrosteten Gusseisengitter umgeben, etwa zehn deutsche Soldaten aus dem Kriege 1870/71 begraben, unter ihnen ein Oberleutnant Heinrich Hoerner, ein Bruder meines Großvaters. Der tödliche Schuss hatte das Band des Eisernen Kreuzes auf seiner Brust durchschlagen. Diese Reliquie war den Angehörigen übersandt worden und ist noch heute in meinem Besitz – das 19. mit dem 20. Jahrhundert sehr realistisch verbindend.

Als wir in Chartres ankamen, war dort eine Prozession in der Kathedrale, denn es war just der 15. August, der große Feiertag von »Mariä Himmelfahrt«. Die Portalfiguren waren durch Backsteinmauern geschützt, jedoch mit soviel Abstand, dass man sie noch einigermaßen betrachten konnte. Die farbigen Fenster waren herausgenommen und in Sicherheit gebracht. Als wir vom Westportal aus auf der geraden Straße wieder wegfuhren, stand die absteigende Sonne genau in der Mitte über der Straße. Hinter uns die Kathedrale, vor uns die Sonne. Umgekehrt müsste es sein! Ich rufe: »Halt, umkehren, ich will nochmal in die Kirche.« Der Fahrer sträubte sich in Anbetracht der vorgerückten Zeit und der bevorstehenden Bestrafung, wenn unsere Schwarzfahrt entdeckt würde. Ich befahl jedoch hart die Umkehr. Durch das Nordportal, unter dem Melchisedek, ging ich hinein, wollte schnell noch einmal allein alles beschauen und zum Westausgang dann das Gotteshaus verlassen. Aber durch eine unsichtbare Macht bewegt, wandte ich mich innen vom Westeingang weg dem Südportal zu. Die schwere Tür öffnend strecke ich beide Hände vor – und ergreife die Hände des Freundes Unteroffizier Albrecht Meyer. Zuletzt hatte ich ihn bei der Übergabe des Schrankes mit den Büchern Rudolf Steiners im Seminar gesehen. Sprachlos stehen wir voreinander. Am Portal über uns steht der Heilige Theodor im Kettenhemd. Nach schweigender Betroffenheit erzählt Meyer mir, dass er der von der Wehrmacht beauftragte Führer für die Kathedrale sei und in diesem Auftrag auch einen Führer durch die Kathedrale geschrieben habe. Und nun begann erst die kundige Führung bis in den keltischen Quellgrund dieses auserlesenen Ortes.

Albrecht Meyer, groß, blond, mit blauen Augen und immer begeisternd sprechend, war bei einer früheren Führung von der mit »hohe Frau« anzureden Emmi Göring nach seinem Zivilberuf gefragt worden. »Pfarrer in der Christengemeinschaft, hohe Frau.«

225

Sie: »Nun, da sind Sie ja wohl ein Jahrhundert zu spät auf der Welt.« – Er: »Nein, hohe Frau, just im richtigen Augenblick.«

Etwa eine Stunde lang konnten wir uns austauschen. Dann mussten wir uns wieder trennen, und wir beiden Ausreißer, der Fahrer und ich, kamen spät in der Nacht unbemerkt wieder bei der Truppe an.

Das ganz Außerordentliche dieser Schicksalsführung wird durch den Tod des Freundes noch deutlicher. Wir begegneten uns im Seminar, dann in Chartres und zum dritten und letzten Mal auf der Synode in Nürnberg 1985. Dort starb Albrecht Meyer mitten in einem begeisterten Gespräch über Seminarfragen und Zusammenarbeit. Es war der 4. Juni, der Tag meiner Priesterweihe vor 46 Jahren. Ich durfte an seinem Totenlager wachen.

Da auch nach dem Frankreichfeldzug kein Ende des Krieges abzusehen war, entschlossen Luise Arnold und ich uns zur Heirat. Von Libourne in Südwestfrankreich aus beantragte ich die Heiratserlaubnis beim Oberkommando der Wehrmacht in Berlin (OKW). Eine Menge bedrucktes und beschriebenes Papier musste dazu beschafft werden. Dazu gehörte auch eine ärztliche Heiratsgenehmigung. Der für unsere Einheit zuständige und uns bekannte Arzt war in Urlaub. Den Vertreter kannte ich nicht. Aber er sagte zu mir: »Wir kennen uns.« – »Ich wüsste nicht, woher«. – »Wo haben Sie studiert?« – »In Erlangen«, sagte ich. – »Ja, und wo haben Sie da gewohnt?« – »In der Schenkstraße 18.« – »Ja, und ich in der Schenkstraße 20. Unsere Dachzimmer lagen nebeneinander, und wir sahen uns manchmal beim Kommen und Gehen! Was wollen Sie?« – »Heiraten.« – »Genehmigt.« Wir sahen uns bis heute nie wieder.

Dieses Gespräch fand in Südfrankreich statt. Von dort aus mussten alle Vorbereitungen von den Freunden in der Heimat erbeten werden. Die Organisation für die Hochzeitsfeier in der Kirche und in dem kleinen Gasthaus »Rosengarten« haben wir der Stuttgarter Gemeindehelferin Hedwig Rasche (1900–1986) aufgeladen. Wochenlang sammelte sie Verpflegungsmarken für das Fest. Die standesamtliche Trauung fand in Heilbronn in der alten Kapelle im Rathaus statt. In der 1939 eingeweihten ersten Kirche der Christengemeinschaft wurde dann am 6. März die kirchliche Trauung durch Gottfried Husemann (1900–1972) vollzogen. Die mütterliche Freundin meiner Frau, Luise Kieser (1891–1962), und der Freund Bernd Kallert waren die Trauzeugen. Hans Röttenbacher, der Dritte im Freundesbund, spielte auf der Orgel. Auch bei der Nachfeier spielte er auf einem ausgeliehenen Flügel Beethoven, und seine Frau Thekla machte Eurythmie dazu. Das war das letzte Zusammensein von uns drei Freunden auf Erden.

Wenige Monate später erfolgte dann das Verbot der Christengemeinschaft in Deutschland/Österreich und in dem Protektorat Böhmen/Mähren. Dieser Schlag war schon lange geplant und bis in die Einzelheiten vorprogrammiert. Der Zeitpunkt kann zusammen mit anderen Ereignissen auch von der Flucht des Hitler-Stellvertreters Rudolf Hess (1894–1987) mit dem Jagdflugzeug Me 110 im Mai nach England mitbestimmt gewesen sein. Denn Rudolf Hess kannte die Anthroposophie und ihre Tochterbewegungen sehr gut durch nahe Verwandte, mit denen er nächtelang in seiner Villa in München konferiert hatte. Um möglichst viele Pfarrer gleichzeitig inhaftieren zu können, war der 9. Juni gewählt worden, weil an diesem Tag die allgemeine Priestersynode in Nürnberg in der Kirche in der Martin-Richter-Straße begann. Jeder Ankommende wurde in der Sakristei verhört und dann zu den anderen im bewachten Kirchenraum gebracht. Von dort wurden sie in die verschiedenen Gefängnisse eingewiesen. Nicht Erschienene wurden telefonisch herbeibefohlen oder am Heimatort verhaftet. Friedrich Gädeke (1896–1979) wurde in tagelanger Fahrt mit langen Aufenthalten mit dem Gefängniswagen nach Bremen transportiert. Marianne Piper wurde in Tübingen festgenommen. Der Beamte glaubte, sie trösten zu müssen mit den Worten: »Seien Sie nicht traurig, Fräulein. Dcn Apostel Paulus haben sie auch eingesperrt.«

Die meisten wurden nach Tagen und Wochen wieder entlassen. Emil Bock war ein dreiviertel Jahr im KZ Welzheim. Die Wohnungen wurden durchsucht und Bücher, Karteien, Listen und alle schriftlichen Aufzeichnungen mitgenommen. Die Gemeindeglieder mussten durch die Pfarrer von dem Verbot unterrichtet werden. Ich habe diese Nachricht als Soldat an der Front erhalten. Die Nürnberger haben mir die hier abgedruckte Mitteilung zugesandt (S. 126):

227

»Nürnberg, den 13. Juni 1941

An die Mitglieder und Freunde der Christengemeinschaft Nürnberg!

Wie uns heute eröffnet wurde, ist die Christengemeinschaft auf Weisung von Berlin für das ganze deutsche Reichsgebiet – zunächst ohne Angabe des Grundes – verboten worden.
Gemeinde-Veranstaltungen, einschließlich Gottesdienst und Unterricht, dürfen nicht mehr stattfinden. Wenn die näheren Ausführungsbestimmungen herausgekommen sind, werden wir den Mitgliedern Genaueres mitteilen.
Diese Orientierung ergeht mit Erlaubnis der Geheimen Staatspolizei. Welche Gedanken und Empfindungen uns gegenwärtig bewegen, braucht nicht ausgesprochen zu werden. Dass durch solche Ereignisse das wahre Christentum an Kraft nicht verliert – davon sind wir überzeugt. Die innerste Verbundenheit wird bestehen bleiben. Mit den herzlichsten Grüßen an jeden Einzelnen unserer Mitglieder und Freunde!

    Eberhard Kurras   Kurt Philippi   Wilhelm Kelber«
    Kn 1585

Auch Gemeindeglieder wurden verhört, ihrer Bücher beraubt und beobachtet. Hier noch ein Beispiel aus Berlin, das mir das betroffene Gemeindeglied selbst erzählte. Die Gestapo holte ihre ganze Bibliothek ab. An der Wand hing ein Bild von Rudolf Steiner. Die Beamten: »Wer ist das?« – Sie: »Goethe.« – Die Beamten: »Kann bleiben.« – Im Hinausgehen sagte sie: »Im Nebenzimmer sind diese Bücher nochmal, die gehören meinem Sohn.« Die Beamten derb: »Danach haben wir Sie nicht gefragt.«

Diese Situation ist symptomatisch für das Verhältnis von Wehrmacht und Partei. Der Sohn, dem die Bücher im Nebenzimmer gehörten, war Soldat an der Front. Die Wehrmacht hatte ihre eigene Geheime Feldpolizei und duldete keine Übergriffe der Geheimen Staatspolizei auf Wehrmachtsangehörige.

So hatte auch ich als Soldat durch das Verbot der Christengemeinschaft in meiner Wohnung keinerlei Behinderungen. Dass ich aber als Leutnant einrückte und als Oberleutnant aus dem Krieg kam, zeigt deutlich, dass eine Beförderungssperre in meiner Akte lag. Und das war in meinem Falle ebenfalls lebenserhaltendes Schutzengelwirken. Denn höhere Offiziere wurden an anderen Fronten gebraucht und sind dort gefallen.

Als das Verbot erlassen wurde, war ich an der Heimatfront in Lübeck zur Fliegerabwehr eingesetzt. Dort hatte ich auch Kontakt mit einigen Mitgliedern unserer Christengemeinschaft. Diese wollten mich mit allen nur möglichen Sicherheitsmaßnahmen dazu bewegen, heimlich für sie den Gottesdienst, die Menschenweihehandlung in einem außerhalb der Stadt einsam liegenden, mit Schilf gedeckten Landhaus zu halten. So wurde ich auch als Feigling bezeichnet, weil ich dazu unter keinen Umständen zu bewegen war. Damals ahnte ich – oder wusste es schon –, dass Erschießungsbefehle für führende Persönlichkeiten der verbotenen Bewegungen ausgestellt waren, mit denen derartige Handlungen geahndet werden sollten. Ein etwas später geschriebener Brief an die letzte vor dem Verbot, noch am 1. Juni 1941 geweihte Marie Schmidt, zeigt unser damaliges Erleben auf. Sie hat mir den Brief kurz vor ihrem Tod wieder zugesandt als Dokument:

»9. November 1942
Liebe Marie Schmidt!
Ist es nicht so, dass wir Du zueinander sagten? Wenn nicht, dann also doch, falls ›Sie‹ nichts dagegen einzuwenden haben.
Die freudige Mitteilung von der Ankunft unseres Michaelskindes soll auch zu Dir kommen. Letzten Sonntag durfte ich das Kind zum ersten Male zu Hause sehen! Sonnig, aber recht entschieden zeigt sich die kleine Persönlichkeit.
Wie geht es Dir? Ich möchte gern mehr von Dir hören. Überhaupt bin ich der Ansicht, dass wir Jungen noch enger Fühlung nehmen müssen. Es ist etwas ganz Wunderbares um jeden einzelnen Menschen, der jetzt die Treue halten kann. Und von selbst geht das gar nicht. Das muss man erst lernen. Ich selbst bin jetzt endlich so weit, dass ich dieses Doppelleben führen kann. Mein Innenmensch wird nicht mehr gestört durch das Theater, das der äußere fortwährend spielen muss.

Und wir, die wir noch keine Gemeinden hatten, haben es da nicht so leicht. Aber eines lass Dir sagen: Nach drei Jahren des Drinnenstehens in dem Kreis fließt einem eine Kraft zu, die man vorher nicht gekannt hat. Es ist wie eine Probezeit, in der man etwas allein gelassen wird. Dann aber sieht man mit ganz neuen, nie geahnten Möglichkeiten in die Welt. Mir wenigstens geht es so.

Noch selten war ich der großen Zukunft des Christuswirkens gewisser als eben jetzt, wo uns aufgetragen ist, mit unwandelbarer Treue die erste Liebe zu pflegen. – Schreib mir bitte. Ich möchte mit uns allen in Verbindung kommen. In treuer Verbundenheit

Dein Wilhelm H.«

Als ich 1943 auf die Insel Kreta beordert wurde, hatte ich von der lieben Frau und dem einjährigen Sohn zum soundsovielten Male – und diesmal für acht lange Jahre – Abschied zu nehmen. Alle diese Abschiede waren überschattet von der Wahrscheinlichkeit des »für immer in diesem Erdendasein«. Die innere Verbindung war jedoch ununterbrochen gewährleistet. Sie wurde auch bewusst aufrecht erhalten, indem wir verabredeten, beim Aufblick zum Arktur im Sternbild des Bootes oder zum Planeten Jupiter einander begegnen zu wollen. Das war eine starke Kraftquelle.

Die Bahnfahrt ging dann über Wien, wo ich Freund Joseph Kral (1896–1976) besuchte, zum ersten Mal durch den Balkan nach Athen. Dort hielt ich mich unerlaubterweise mehrere Tage auf, um möglichst viel von dem, was noch zu sehen war, aufzunehmen. Durch eine Empfehlung hatte ich die kundige Führung von Walther Wrede (1893–1990), dem Leiter des deutschen archäologischen Instituts, dem Nachfolger von Ernst Buschor (1885–1960), dem Vasenfachmann. Mit Walther Wrede konnte ich noch manche antike Kostbarkeit in den Magazinen sehen, da die Museen schon geschlossen und geräumt waren.

Auf der Akropolis schloss ich mich einmal einer Führung für SS-Offiziere an. Die Führung machte eine große, ganz in Schwarz gekleidete und leicht verschleierte griechische Archäologin, die fließend Deutsch sprach. Es schien, als ob sie Trauerkleidung trüge, weil auf der Akropolis die Hakenkreuzfahne wehte.

Gegen Ende der Führung fragte ein Teilnehmer noch nach dem »olympischen Sport«. Nach einigem Schweigen die Antwort: »Meine Herren, was in Olympia gepflegt wurde, hat mit Sport nichts zu tun. Das war Verehrung der Götter durch und mit dem Leib, das war eine Religionsausübung, bei der jede Bewegung in völliger Harmonie mit Leiermusik zu erfolgen hatte. Nach dem Grad dieser Harmonie wurde der Preis erteilt. Und beim Lauf wurde die Art, das Wie, wir würden heute sagen, der Stil bewertet und nicht die Zeit. Mit dem ganzen Menschen wurde die Gottheit verehrt, nicht mit einer nur im Raum und in der Zeit messbaren Leistung. Der Preis war eine Amphore, gefüllt mit Olivenöl, dessen Früchte im heiligen Hain gewachsen waren.«

Unten auf dem Areopag hörte ich eine andere Führerin in Griechisch von Apostolos Pawlos erzählen, der hier den Athenern den von ihnen als unbekannten Gott verehrten Gott predigte und den Ratsherrn Dionysios Areopagita als Schüler aufnahm (Apostelgeschichte 17). Auch nach Eleusis bin ich auf dem Prozessionsweg hinausgepilgert und habe die Stimmung dieses auserlesenen Erdenortes aufzunehmen gesucht und in den Ruinen der Mysterientempel gezeichnet. Ebenso prägten sich die auf halbem Wege auf der Passhöhe erbaute alte Kirche und Kloster Daphni mit ihren Goldgrund-Mosaiken tief in das Schatzhaus der Seele ein. Für den nächsten Tag war über einen Marineoffizier aus Bremen eine Rundfahrt durch die Bucht von Salamis verabredet. Dort, wo die schweren persischen Dreiruderer-Galeeren von den kleinen wendigen Griechen-Schifflein in Brand gesteckt, die Seeschlacht von Salamis (480 v. Chr.) zu einem Sieg der Griechen wurde, den Xerxes, der Perserkönig (485–465 v. Chr.), vom Strand von Eleusis aus mit ansehen musste. Aus Rache wurde dann die alte Akropolis zerstört, so aber auch die Möglichkeit für ihren größeren Neubau durch Perikles (nach 500–429 v. Chr.) geschaffen. Die Rundfahrt durch die Bucht von Salamis fiel aber ins Wasser, weil ich per Rundruf an alle Dienststellen gesucht wurde mit dem Befehl, die nächste Maschine zum Flug nach Kreta zu benutzen. Damit war mein selbst genehmigter Bildungsurlaub in Athen ohne Nachwirkungen zu Ende.

Ein ganzes Jahr durfte ich nun auf der größten Mittelmeerinsel Kreta ohne Kampfhandlungen erleben. Als die Kompanie in die Mitte der Insel, südlich von Iraklion, nach Asimi verlegt wurde, am Westende der großen Getreideebene Massara, hatte ich meine Schreibstube in der Wohnung des Pfarrers. Der kam jeden Morgen mit einem Töpfchen Ziegenmilch, klopfte an die Tür und sagte beim Eintreten: »Kali mära, ti kanete simera = Guten Morgen, wie geht es Ihnen heute??« – »Danke, gut.« – »Ephcharistos theos = Gepriesen sei Gott oder Gott sei Dank.« Diese Zeremonie vollzog sich Tag für Tag. Den Hauptfeldwebel, ein nüchterner Hamburger Lastkahnbesitzer, ärgerte diese dauernde Wiederholung des Gleichen. Ich ließ es aber geschehen, weil ich den Rhythmus als das offenbare Geheimnis der stetigen Erneuerung auch beruflich zu pflegen hatte.

Im Dorfe wohnte aber noch ein zweiter Pfarrer. An Ostern lüftete sich das Geheimnis dieser Doppelheit. Es wurde an zwei Sonntagen Ostern gefeiert. Einmal nach den Berechnungen der einen Gruppe innerhalb der orthodoxen Kirche und dann nach den Berechnungen der anderen. Auch innerhalb der orthodoxen Kirche gibt es verschieden miteinander rivalisierende Richtungen.

Schon durch den einzigartigen Ostertermin meines Geburtsjahres war mir die Frage des beweglichen Osterfestes in die Wiege gelegt worden. Hier nun wurde ich ganz konkret in Bezug auf das Osterfest mit einem »alten und einem neuen Kalender« – so nannten wir die zwei Popen – konfrontiert. Auch das habe ich in der praktischen Auswirkung erleben dürfen als derjenige, der sich dann über 45 Jahre lang für ein gemeinsames, aber bewegliches Osterfest auf der Basis astronomischer Berechnungen einzusetzen hatte.

Auch Hochzeit und Taufe, bei der das Kind ganz in das Wasser des Beckens eingetaucht wird wie bei der Taufe im Jordan, habe ich miterleben können. Ebenso auch die Stunden andauernde Ostermesse. An der Tür der übervollen Kirche stehend, kam ein Kirchendiener, fasste mich am Koppel und zog mich durch die dicht gedrängt stehenden Menschen hindurch und schob mich durch die rechte der drei Türen an der Ikonostase, der Bilderwand, in den hinteren, den eigentlichen Altarraum. Dort stand ich nun in voller Kriegsbemalung mit geladener Pistole am Koppel neben dem im

Brotsiegel zum
orthodoxen Osterfest,
gezeichnet von
Wilhelm Hoerner

Brotsiegel

Dieses Siegel wird in der Griechisch-orthodoxen Kirche in Kreta auf die Brote gedruckt, die in der Ostermesse ausgestellt, gesegnet und den Gläubigen mit nach Hause gegeben werden. — (Natürl. Größe)

Festornat zelebrierenden Priester. Ich sollte das Osterevangelium in Deutsch der Gemeinde vorlesen. Es war aber kein Text da, und in diesem Aufzug war das auch gar nicht möglich. Doch konnte ich auf diese Weise alle Handlungen aus nächster Nähe miterleben, was sonst keinem Gläubigen erlaubt ist.

Besonders beeindruckend war die Teilung der großen Hostie und die Anordnung der Teile auf der Patene. Auch ein Osterbrot mit den eingeprägten Leidenssymbolen bekam ich mit nach Hause. Obwohl derartige, als »Verbrüderung« bezeichnete Kontakte mit der Bevölkerung verboten waren, habe ich sie immer gepflegt und dadurch viel lernen dürfen. In Kreta konnte ich auch nach Herzenslust malen. Mit Farbstiften und Aquarell entstanden viele Bilder, von denen ich sechzig einem Urlauber mitgeben konnte. Der hat sie auch tatsächlich bis zu meiner Familie gebracht, wo sie noch heute vorhanden sind.

Im Oktober 1944 begann der Rückzug der Südostarmee. Täglich kamen neue Befehle, alles nur irgend entbehrliche Gerät und vor allem alles private Gepäck liegen zu lassen, weil der immer kleiner werdende Transportraum allein für die Soldaten, die Munition und den Treibstoff gebraucht wurde. Das letzte meiner Bücher warf ich auf dem hoch verschneiten Karaulapass in den Schnee. Aber dann holte ich es wieder zu mir. Zum zweiten Mal warf ich es weit weg. Und wieder glaubte ich, mich nicht davon trennen zu können, und holte es wieder in den Wagen zurück. Dann befahl ich dem Fahrer loszufahren und nicht mehr zu halten. In weitem Bogen flog das Buch aus dem fahrenden Wagen in den Schnee. Ich sehe es noch einsinken. Es war »Die Geheimwissenschaft im Umriss« von Rudolf Steiner, das Handexemplar von Hermann Beckh, in dem viele Randbemerkungen und Planetenzeichen eingetragen waren. Ich hatte es mir aus seinem Nachlass aussuchen dürfen.

Weihnachten 1944 nahte. Post kam keine mehr durch. Da hieß es plötzlich: Jeder kann noch einen kurzen Gruß in die Heimat schreiben, es wäre eine einmalige Transportmöglichkeit eingetreten. Nachdem diese psychologische Trostaktion abgelaufen war, kam der Befehl: Die 22. Infanterie-Division wird aus der Marschkolonne herausgelöst und nach Südwesten zurückverlegt. Sie hat den Auftrag, der am Skutarisee eingeschlossenen Waffen-SS-Division den Weg nach Norden zu öffnen und für den Rückmarsch frei zu halten. So zogen diese Kameraden da und dort mit kleinsten Lichterbäumchen an den Fahrzeugen an Weihnachten an uns vorbei, während wir die Höhen beiderseits ihrer Straße gegen die Störangriffe der Tito-Partisanen zu schützen hatten. Und diese gaben in ihren Berichten immer wieder die baldige Vernichtung der völlig eingeschlossenen und aufgeriebenen deutschen Südostarmee bekannt. Wenn diese Meldungen des Gegners auch weit übertrieben waren, so hatten sie doch die sehr angeschlagene Situation der deutschen Truppen zum Gegenstand.

Ein hoffnungsvolles Aufatmen ging durch unsere Seelen, als auch wir mit dem Jahresbeginn uns wieder nordwärts wenden und uns dem Ende der nordwärts strebenden Truppen anschließen durften.

234

Als wir nach dem Durchbruch an der Drina den Raum von Cilli in Slowenien an der österreichischen Grenze erreichten, gaben wir die Waffen ab. Ohne Fahrzeuge lagen wir an einem Wiesenhang nur noch mit dem, was man am Leibe trug. Da kam ein Soldat meiner alten Kompanie auf mich zu: »Sie haben doch Bücher so gerne, da hab' ich in einem leeren Hause zwei gefunden für Sie.« Es waren: Alfred Rosenberg »Der Mythos des 20. Jahrhunderts« und Hermann Grimm »Das Leben Goethes« in der Krönerschen Taschenbuchausgabe. Das eine ließ ich liegen, »Goethes Leben« schleppte ich auf dem langen »Sühnemarsch« bis ins Lager mit. Das war auch dort ein erstes Buch.

Schon im allerersten Augenblick des Bekanntwerdens einer totalen Kapitulation und dann auch beim Lossprechen der Kameraden von ihrem Soldateneid hatte ich in zwei Fragen einen klaren Entschluss für mein Verhalten gefasst: Ich werde niemals vertuschen oder verleugnen, dass ich Offizier der deutschen Wehrmacht und dass ich Pfarrer bin. Deshalb habe ich die entsprechenden Kennzeichen, die Schulterstücke, nicht heimlich abgetrennt, wie das die meisten taten. Ein Schulterstück hatte mir ja ein Partisan abgerissen. Das andere trug ich noch im Lager bis zum entsprechenden Befehl zum Abnehmen. Nicht aus Stolz, sondern aus Konsequenz habe ich so gehandelt. Aber auf dem wochenlangen Todesmarsch gab es auch lange Zeiten quälender Gedanken darüber, in welcher Weise wir wegen dieser beiden Belastungen für unsere kommunistischen Sieger zu schweren Sonderbehandlungen ausersehen sein könnten. Wenn alle Offiziere umgebracht würden, dann wollte ich dabei sein und mich niemals als einfachen Soldaten ausgeben, um auf diese Weise vielleicht das Leben zu retten.

Nachdem die ersten Erfahrungen darin gemacht waren, wie das äußere Leben in den völlig leeren Hallen des Lagers auf dem blanken Zementboden gefristet werden könnte, stand das Aufrechterhalten der inneren Aktivität als die ganz große Aufgabe in der Seele. Mein Brevier und ein kleinstes Neues Testament hatte ich auch noch mit durchretten können. Jetzt trennten sich die etwa 2500 deutschen und österreichischen Offiziere zunächst im Lebensstil in zwei Gruppen. Die einen warfen ihre ganze noch verbleibende Kraft auf die ununterbrochene Verbesserung der äußeren Lebensumstände, und zwar so, dass überhaupt kein einziger anderer Gedanke mehr in der Seele aufzuleben schien. Die anderen waren natürlich auch auf dieses Allernotwendigste bedacht, trugen aber in ihren Seelen noch andere Werte, und zwar so, dass diese nicht von den äußeren Daseinsbedingungen überflutet werden konnten. Mehr und mehr zeigte sich ein Tätigwerden aus dem Innersten. Erzählungen aus der Studienzeit, aus dem Berufsleben, aus den speziellen Arbeits- und Interessengebieten setzten ein. Die Einzelnen mussten sich auch erst kennen lernen, denn diese Lagerinsassen waren aus allen nur möglichen Truppenteilen bunt zusammengewürfelt. Aus dem Fla-Bataillon 22, das ich geführt hatte, war ich der Einzige in diesem Lager. Ich hatte also gar keinen »alten Kameraden«.

So sprach ich einige Mitgefangene an und lud sie ein, mir ein wenig zuzuhören. Im Freien in sommerlicher Wärme auf dem Boden hockend, begann ich über das Wesen des Menschen etwas zu erzählen, so wie es mir aus meiner Studien- und Seminarzeit her eben möglich war. »Allgemeine Menschenkunde« würde man in gebotener Bescheidenheit dazu sagen können. Nach einem solchen Versuch kam ein Zuhörer auf mich zu und sagte: »Du, ich glaub', ich weiß, wovon du sprechen willst. Ich bin Waldorfschüler der ersten Stunde und habe Rudolf Steiner noch erlebt.« Damit hatte ich den ersten neuen Kameraden gefunden. Es war Werner Weisshaar aus Stuttgart.

Abends sammelte sich ein kleiner Kreis vor dem Hallentor für die Sternkunde. Dort, wo der Südkarpatenbogen westwärts in die rumänisch-banater Tiefebene abfällt, leuchtet ein überaus klarer Sternhimmel tröstend und versöhnend über allem Erdenleid, das sich die Menschen zufügen. Die Früchte der nächtlichen Heimwege mit dem Vater in der Kindheit und die himmelskundlichen Studien am Seminar tauchten aus den Seelentiefen wieder auf und konnten hier heilsam den offenen Seelen weitergereicht werden. Wie verabredet traf ich mich beim Anblick des Arktur im Fuhrmann oder des Jupiter bewusst mit dem Wesen der lieben Frau in der fernen Heimat. Manchmal habe ich zum Abschluss das Gedicht von Christian Morgenstern (1871–1914) aufgesagt:

»O Nacht

O Nacht, du Sternenbronnen,
ich bade Leib und Geist
in deinen tausend Sonnen –

O Nacht, die mich umfleußt
mit Offenbarungswonnen,
ergib mir, was du weißt!

O Nacht, du tiefer Bronnen …«

Auch andere Mitgefangene ließen die Kameraden an ihren Kennt-
nissen und Erfahrungen teilnehmen. Da waren Universitätslehrer,
Studienräte aus den Gymnasien und Realschulen, Juristen und
Pfarrer, Kaufleute und Volkswirte neben Studenten und ganz Jungen, die noch ohne Reifeprüfung Soldat werden mussten. Für diese
Letzteren wurde ein Abiturkurs eingerichtet, und in allen Studienfächern gab es Fortbildungskurse durch erfahrene Fachleute. Da
man uns in den ersten Jahren nur für Notarbeiten und nur in kleinen Trupps zur Arbeit holte, konnte ein relativ geordneter Betrieb
einer »Stacheldraht-Universität« eingerichtet werden. Hörend und
unterrichtend konnte ich daran teilnehmen. Das »docendo disci-
tur«, durch Lehren lernen wir, war hier durch den allgemeinen
Druck, der schwer auf den Seelen lastete, besonders deutlich zu
erleben. So hörte ich philosophische Vorlesungen von Kennern und
über griechische Mysterien und die römische Messe von dem hoch-
gelehrten Beuroner Benediktiner-Abt Graf Neipperg. Mit Goethes
»Metamorphose der Pflanzen« hatte ich mich unter die Lehrenden
gewagt (vgl. S. 240f.). Ja sogar mit den Grundversuchen der Goetheschen Farbenlehre habe ich begonnen. Auch über die nachatlantischen Kulturepochen und Kunstgeschichtliches konnte ich berichten. Der Text eines kunstgeschichtlichen Bildvergleiches der
Dreieinigkeits-Ikone von Rubljov (um 1411) mit dem Selbstbildnis
von Albrecht Dürer (1500) und dem Selbstbildnis von Rembrandt
(1668) hat sich auf höchst merkwürdige Weise erhalten. Eine
Kunstgeschichtsstudentin aus Köln zeigte mir Jahre später eines

Tages ein Heft ihres Professors, in das ich dem damaligen Gefan-
genschaftskameraden seinerzeit den Aufsatz der Wandzeitung eingeschrieben hatte.

Wir kamen auch an gute Lehrbücher. Die Einwohner der Banater
deutschen Stadt Vrsac (Werschetz) waren umgebracht worden oder
geflohen. In den verlassenen Schulen und Seminaren befanden sich
noch die deutschen Bibliotheken. Die Bücher sollten von Gefange-
nentrupps als Heizmaterial im Dampfmaschinen-Elekrizitätswerk
verbrannt werden. Was uns wichtig war, konnte hereingeschmuggelt
werden, und bald hatten wir einen kleinen Bibliotheksraum mit pro-
visorischen Regalen. Als der Kommissar das sah, konnte er dies nur
mit »dobro cultura« quittieren, denn er wollte mit seinem Offiziers-
lager in einer »Weltöffentlichkeit« selbst gut dastehen.

Eines Tages – ich traute meinen Augen kaum – sah ich an einem
Pfosten im Lagerbereich ein kleines Holztäfelchen mit abgeschräg-
ten Ecken, und darauf stand: »Ehemalige Angehörige der Anthroposophischen Gesellschaft und der Christengemeinschaft treffen sich
am Mittwoch um 16 Uhr hinter der Halle II.« Ich dachte sofort, mich
kriegt ihr nicht, kaum ist das NS-Verbot unserer Einrichtungen in
Deutschland vorbei, da fangen die Kommunisten hier mit der gleichen Zwangsherrschaft an. Aber ich beobachtete aus der Ferne, was
sich da tat. Der alte Oberst Carl Freiherr von Andrian (1886–1977)
hatte das Treffen veranlasst. Etwa zwanzig Männer fanden sich ein.
Was er sagte, konnte ich nicht hören. Es dauerte auch nicht lange. Als
sich alle wieder verlaufen hatten, machte ich mich mit ihm bekannt.
Tags darauf kam er zu mir und brachte mir ein Buch mit den Worten:
»Kamerad Hoerner, nehmen Sie das und sehen Sie, dass Sie Gutes
damit wirken können. Wir Stabsoffiziere werden bald von Ihnen getrennt werden und werden sogar vielleicht erschossen.«

Wenige Tage danach wurden sie wirklich in ein anderes Lager verlegt. Erschossen wurde er nicht, obwohl zum Tode verurteilt, aber
schwerst misshandelt. Wir haben uns 1959 in München noch einmal
wiedergesehen. Das mir übergebene Buch war für damalige Zeiten
eine Kostbarkeit. Es war trotz des Verbotes der Anthroposophischen
Gesellschaft von 1935 in Emil Weises Buchhandlung (Karl
Eymann), Dresden, noch 1940 gedruckt worden. Karl Eymann hat in

mutiger Weise noch eine ganze Reihe von Büchern Rudolf Steiners und seiner Schüler dadurch herausgeben können, dass er die Behörden in Berlin persönlich von der Wichtigkeit dieser Werke überzeugen konnte. Erst 1941 wurde auch diese Initiative zusammen mit der Schließung der Dresdener Waldorfschule erstickt.

»Wendepunkt des Geisteslebens« war der Titel des mir übergebenen Buches: Vorträge Rudolf Steiners zu Zarathustra, Hermes, Buddha, Moses, Elias und Christus. Später habe ich auf die erste freie Seite ein großes schwarzes Kreuz gezeichnet. So kam das Buch durch alle Kontrollen und ist heute noch bei mir. Die großen Geistgestalten sind darin so dargestellt, wie sie für unsere damalige Situation besonders hilfreich waren. Ich hatte jetzt ein zweites Buch neben meinem Goethe, und was für eines!

Solange wir nicht regelmäßig zur Arbeit mussten, konnte ich auch noch zeichnend und malend tätig sein. Freund Hans arbeitete in der Landwirtschaftsschule. Dort hatten die Partisanen alle deutschsprachigen Lehrmittel zerstört. Jetzt mussten die Gefangenen, soweit sie zeichnerisch begabt waren, die Schaubilder und Schaukästen für den Biologie-Unterricht wieder neu herstellen. Von daher kam einiges Material zum Lager. Farbstifte und Aquarellkasten hatte ich mir schicken lassen. So konnte ich malen. In Postkarten- oder Doppelpostkarten-Größe malte ich für den in der Heimat vaterlos heranwachsenden Sohn Märchenbilder. Froschkönig, Rapunzel, Frau Holle, Brüderchen und Schwesterchen. Das war auf der Textseite und auf der Rückseite Absender und Anschrift. Briefumschläge gab es nicht. Die Sachen kamen aber an. Darüber hinaus Blumen, der Berg mit dem Türkenturm und die Domtürme von Werschetz in allen Jahres- und Tageszeiten. Kameraden bestellten Geburtstagskarten, sodass man kaum mit dem Fabrizieren nachkam. Auch zeichenblockgroße Bilder entstanden, die aber später im Zuchthaus alle zerrissen wurden. Damals sind malerische Darstellungen möglich geworden, die zu Hause nie hätten erreicht werden können, weil unter starkem seelischem Druck Trage- und Schaffenskräfte in der Seele frei werden, die man in sorglosen Zeiten nur mit größter Selbstdisziplin in Bewegung bringen kann. Aber die Fähigkeit dazu bleibt als dauernde Frucht erhalten. Die meisten und typischsten Bilder aus dem Lager-

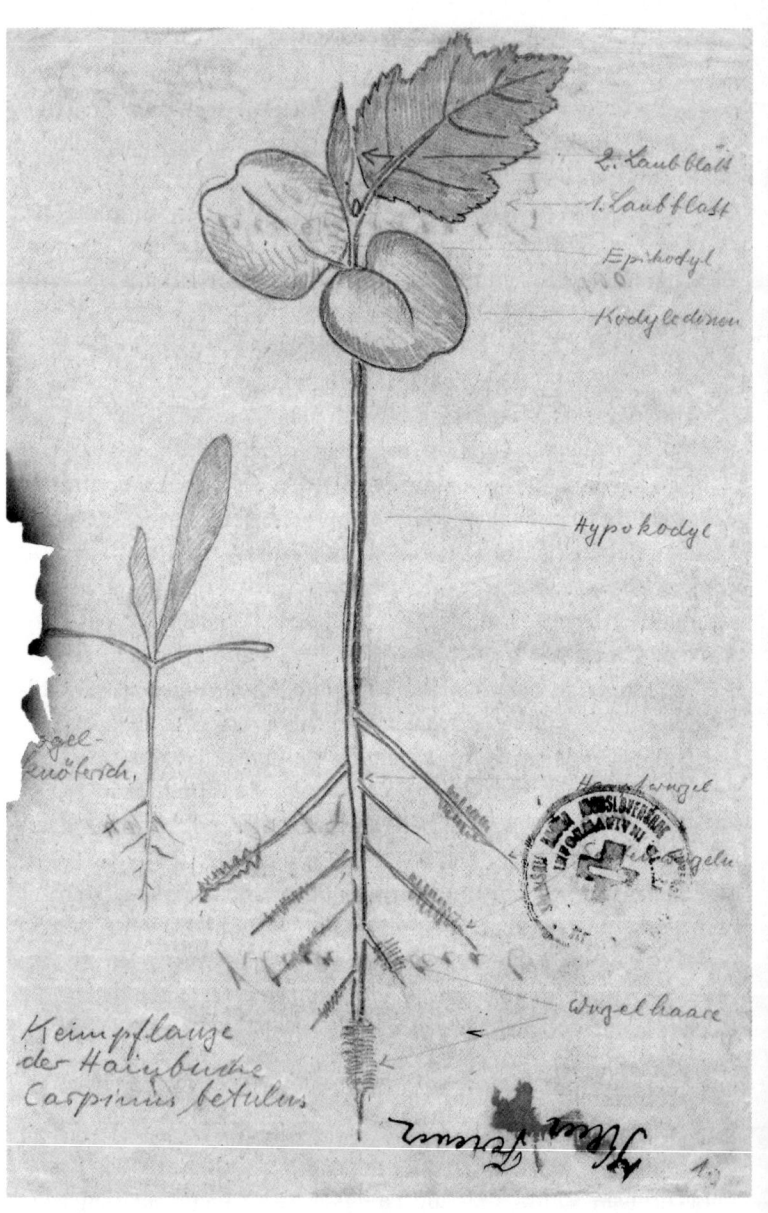

Arbeiten aus der »Lageruni«: Keimpflanze. »Zensurstempel«

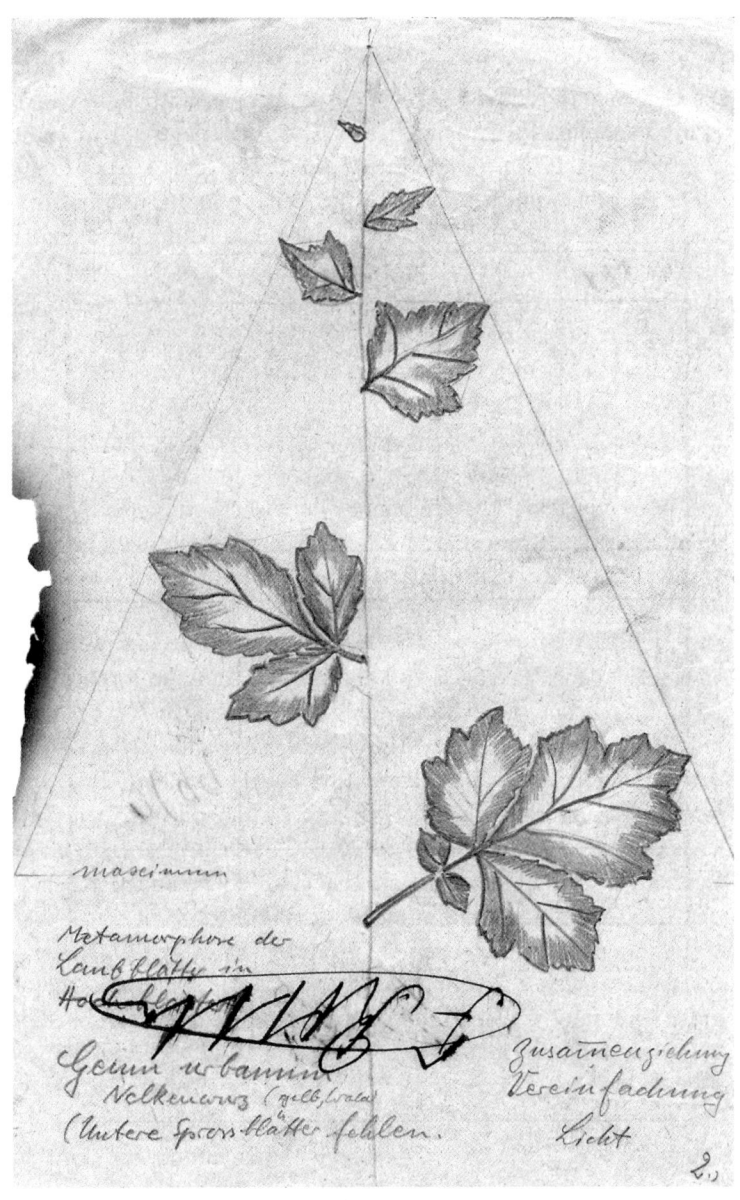

Metamorphose der Laubblätter. Rückseite Kassenzettel

leben und dazu viele Porträts hat Kamerad Ludwig Schütte (1897–1984) gemalt. Sie sind heute im Kloster Neuburg bei Heidelberg. Der Österreicher Viktor Zack war ein unübertrefflicher Blumenmaler in Kleinformaten. Von ihm habe ich noch viel gelernt. Und Hans Haberkorn war ein Dritter im Bunde der Maler.

Die Musiker unter uns hatten bald einen Chor zusammengebracht, der Ernstes und Heiteres aus dem Gedächtnis und später auch mit Noten erüben und vortragen konnte. Es waren sogar Musikinstrumente in den verlassenen deutschen Häusern zu finden. Ja, sogar einen Flügel brachten wir ins Lager. Ein Teil einer Halle konnte frei gemacht und zu einer erhöhten Bühne für Theaterspiel umgebaut werden. Die hässlich tendenziösen Stücke, die der Kommissar anbot, wurden nicht gespielt. Es konnte ihm überzeugend aufgezeigt werden, dass Schillers »Räuber« und Büchners »Dantons Tod« noch viel revolutionärer waren als seine angebotenen Schmierenstücke. Vieles kam auf die Bühne, auch lustige bunte Abende und Zauberer. Die letzte große Leistung war Shakespeares »Hamlet«, ungekürzt. Die Ophelia, von einem blutjungen Wiener dargestellt, bleibt unvergesslich. Gegen Ende 1948 konnte sogar ein geschriebenes zwölfseitiges Verzeichnis unserer kulturellen Aktivitäten zusammengestellt werden. Es ist überschrieben: »Ende und Ausklang«. Die Titelseite zeigt einen Kameraden in Rückenansicht an einem Weinstock sitzend und auf die beiden Türme von Werschetz hinunterblickend. Das Heft enthält die genauen Aufzeichnungen von 32 bunten Abenden, 23 Schauspielen, darunter Kleist »Der zerbrochene Krug«, »Faust«-Szenen, Büchner »Dantons Tod«, Sophokles »Ödipus«, Schiller »Die Räuber«, Zuckmayer »Des Teufels General«, Schiller »Kabale und Liebe«, Shakespeare »Hamlet«; weiter sind in dem Verzeichnis 23 Orchesterkonzerte und 25 Kammermusiken und Rezitationen und andere Veranstaltungen aufgeführt. Das war in der Zeit von 1945 bis Ende 1948.

Diese Aufzählung könnte den Eindruck eines geruhsamen Lebens erwecken. Genau das Gegenteil ist jedoch die Wirklichkeit. In der ersten Zeit starben jeden Tag mehrere Kameraden an Entkräftung und Ruhr. Abends wurde der Wagen mit den nackten Leichen, manchmal in zweistelliger Zahl, zum Friedhof gezogen. Der evange-

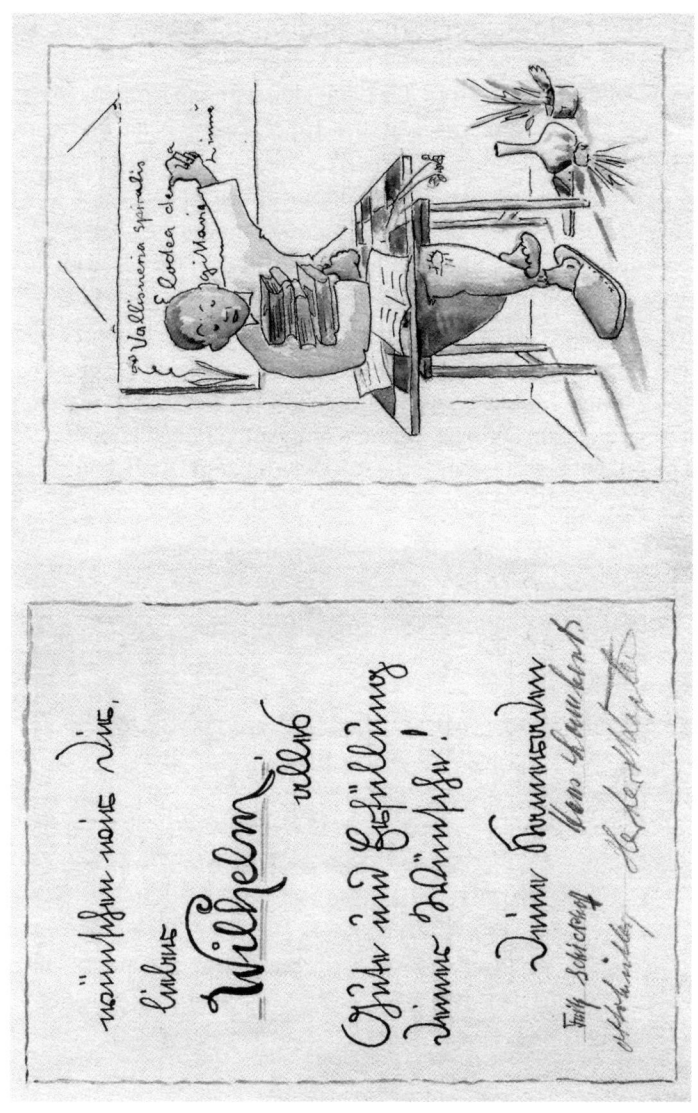

Geburtstagsgruß während der Gefangenschaft, Vrsac, 22.7.1947
»Zum Geburtstag …« wünschen wir dir –

243

lische Pfarrer Karl Kenntner durfte mitgehen zur Grablege ins Massengrab. Unser Musiker Wilfried Majowski spielte beim Hinausfahren des Wagens mit dem Horn das Lied: »Ich hatt' ein Kameraden«. Das wurde aber bald als nazistischer Umtrieb untersagt und der Spieler eine Zeit in den Bunker gesperrt. Vielerlei Schikanen des täglichen Lebens kamen hinzu zu den unmöglichen Lebens- und vor allem hygienischen Zuständen. Aus diesen Nöten sind die oben angeführten kulturellen Bemühungen hervorgegangen. Das war damals noch möglich, weil die meisten der Lagerinsassen noch den Idealismus der zwanziger Jahre erfahren hatten und nun, nach den zwölf dunklen Jahren, als Kulturträger am Aufbau einer besseren Zeit mitarbeiten wollten. Im Lager hatte sie angefangen. Wer sich an diesem freien freudigen Tun aus dem Menscheninnersten tätig oder aufnehmend beteiligen konnte, hatte eine starke Kraft zum Überleben.

An manchen Tagen starben zwölf und mehr gefangene Offiziere. Die kleine »Trauergemeinde« bei einer Bestattung, gezeichnet von Ludwig Schütte

Es gab neben den für das ganze Lager wirksamen Einrichtungen wie der »Stacheldraht-Universität« und den Kunst und Kultur erhaltenden Aktivitäten auch kleine Kreise, Gruppen und Tischgemeinschaften, aus denen sich bleibende Schicksalsgemeinschaften bildeten. Eine davon war eine kleine Gemeinschaft von evangelischen Pfarrern, damals ebenfalls Offiziere, die nahe bei meiner Lagerstatt ihre Mensa pastoralis, ihren Pfarrertisch hatten. Wenn hier von Tisch gesprochen wird, so muss gesagt werden, dass die so bezeichneten Gebilde ebenfalls wie alles im Lager aus abfallenden Holzresten und aufgelesenem Material notdürftig zusammengebastelt waren. Einem der Pfarrer hatte ich zum Geburtstag ein Bildchen gemalt vom Ausblick auf die Werschetzer Kirchtürme und den hier auslaufenden Karpatenberg mit dem Türkenturm. Die anderen wollten es auch haben, aber ich vertröstete sie und zog es hinaus. Da machten sie mir zu meinem Geburtstag ein treffendes, liebevoll kritisches Geschenk. Es war ein Büchlein mit vier Gedichten zu dem Bildthema und zu meinem Verhalten. Die vier Gedichte entsprechen auch ihren Temperamenten:

Gewitter
Trilogie

Optima vota confratri	(Die besten Wünsche dem Mitbruder
GUILELMO	WILHELM
De mensa pastorali!	Vom Pfarrertisch)

Versatiae, 22. Juli 1948

To mä on (Das Nicht Sein)

Grau in Grau,
dem menschlichen Aug undurchdringlich,
fegt feiner Staub
durch hitzeflimmerndes Land,

Gassen und Puszta,
so weit und unendlich,
füllt er den Raum,
die Landschaft hin bis zum Rand. –
Dürres, welkendes Gras
kriecht bleich und fahl an den Wegen,
nirgendwo Formen und Farben,
von Duft keine Spur.
Nur ein Donner und Blitz, aus schwarzblauen Wolken
ein Regen – – – –
Solch ein Gewitter von Dir
wecke mir auf die Natur.

Karl Kenntner (geb. 1914)

TORSO

Motto: »Bretthart«!

Immer schon lieb ich den Reiz des unvollendeten Kunstwerks,
Wenn es ein Meister gebar, ehe der Tod ihn entriss.

Aber ich schätzte es nie, wenn aus undurchsichtigen Gründen
Abgebrochen es ward, ruhmlos als Torso verstaubt;

Wenn es gar liegen geblieben aus müdem Sinn oder Trägheit,
Dennoch sentimental pochend auf billiges Lob,

Dann erwehr ich mich kaum eines merkwürdig bittern Gefühles,
Eitler Wahn nämlich bleibt tatlos gewordne Idee.

Sieh, wie die Wolke sich ballt zuhauf über dürstendem Lande!
Wenn sie nie sich entlädt, herrschen bald Chaos und Tod.

Eile drum, göttlicher Maler, und kröne dein Werk durch Vollendung,
führe das Wetter herauf, tröstlich für Menschen und Flur!

Karl Hausen (1916–1993)

Pläroma (Die Fülle)

Der Stacheldraht hat uns vom Leben getrennt,
Von der Freiheit, von Wäldern und Au.
Kaum einer, der hier noch ein Ackerfeld kennt,
Doch blieb die begnadete Schau
Auf Weinberg, Kapelle und Türkenturm;
So maienfrisch haftet's im Sinn:
Gewittergewölk vor dem Hagelsturm; –
Nun schau ich's, wo immer ich bin.

Friedel Sentker (1912–1964)

Epilogus

Winde wehn wie Silberflitter
Regenschleier über Saaten.
Grollend birgt das Ungewitter
Sich im Schoße der Karpaten.

Berg und Stadt erstehn aufs Neue,
Erde hat sich vollgesogen;
Strahlend wölbt sich in die Bläue
Zwiegespannt der bunte Bogen. –

Aus das Spiel. Du löscht die Farben,
Reinigst Pinsel und Palette.
(Wenn ich – soll ich einzig darben? –
Doch von Dir das Nachspiel hätte!)

Fritz Rahner (1901–1976)

Diese Pfarrer-Gemeinschaft arbeitete gründlich und durch Berufs-
erfahrung verstärkt an theologischen und seelsorgerischen Proble-
men. Sie fanden ihre Ergebnisse so wichtig, dass einer von ihnen sie

247

sorgfältig aufzeichnete. Es waren auf diese Weise mehrere dicke Hefte entstanden. Die wollten sie erhalten, aber es war gar keine Aussicht, so etwas durch die dauernden Kontrollen zu bringen. Da entschloss Karl Hausen sich, die Hefte beim Außendienst an einer bestimmten Stelle für die Zeit nach der Gefangenschaft vergraben zu lassen. Gesagt, getan. Zwei Jahrzehnte nach der Entlassung erkundigte sich ein Pfadfinderführer bei Pfarrer Hausen nach dem Grab seines in Werschetz in der Gefangenschaft gestorbenen Vaters. Er hat dann mithilfe eines alten Bauern jene Stelle gefunden, das sachkundig verpackte theologische Manuskript ausgegraben und wohlbehalten nach Hause gebracht.

Die vielen schicksalhaft eingetretenen Begegnungen und lebenslangen Freundschaften, welche hier zur Offenbarung kamen, entziehen sich in ihrer einprägsamen Zartheit der Beschreibung. Aber ihre Wirksamkeit in dieser Schicksalssituation mag an einem einschneidenden Beispiel angedeutet werden. In Wolfgang Berkefeld (1910–1972) begegnete ich einem schweigsamen Menschen, dessen wenige Worte mich jedes Mal tief innerlich berührten, manchmal auch hart trafen. Er hatte sich mit allen Wissenschaftsgebieten wesensmäßig verbunden und war der wissendste Mensch, der mir im Leben begegnete. Mit Gescheitheit hatte das nichts zu tun. Wir pflegten eine Freundschaft des Gespräches, wo jeder innerlichst hinhörte auf das, was der andere an- oder auszusprechen versuchte. Das war dann später auch auf der Baustelle so. Er war mir weit überlegen und knüpfte doch immer wieder an gemeinsame Gedanken. Schon zu Weihnachten 1946 überraschte er mich mit den Seite 79ff. schon gebrachten vier Sonetten über Griechenland. In ein Geburtstagsbüchlein, das mir die Freunde 1947 zur verheißenden Wende vom fünften zum sechsten Jahrsiebt zusammenstellten, schrieb er das Goethewort: »Man frage nicht, ob man durchaus übereinstimmt, sondern ob man in einem Sinne verfährt.« Maximen und Reflexionen. Von einem in seiner Studentenzeit in Leibzig geführten Gespräch über Anthroposophie war er tief enttäuscht worden, aber schicksalhaft war er dennoch mit der modernen Geisteswissenschaft verbunden. Das zeigen sechs von den zwanzig Sonetten, die er mir schenkte, überdeutlich:

248

Sechs Sonette von Wolfgang Berkefeld

Schwach nur flackert das Licht
unsres beraubten Lebens.
Glaubten wir denn vergebens
an ein gerechtes Gericht?

Leben, dein Totengesicht,
bar alles pulsenden Bebens,
lähmt des mindestens Strebens
Antrieb mit Felsengewicht.

Wände, ich fluche euch nicht.
Hunger, du magst in mir fressen,
bis sich ihr Hass gestillt.

Seele, hier wurdest du schlicht,
lerntest das Fürchten vergessen.
Welt, mir bist du – nur Bild.

Bin durch die Länder gestreunt,
Tropfe im Tropfenschwarm,
blieb im Inneren arm,
habe nichts eingescheunt.

Hier aber, abgezäunt,
fern von Geräusch und Alarm,
ward ich auf eigener Farm
endlich mein eigener Freund.

Öffnet sich einst das Tor,
tret' ich mit kälterem Blick,
aber mit größerem Sinn –

wieder ins Freie hervor,
ausgefüllt von dem Glück
zweier Worte: Ich bin.

Nennt es nicht Selbstgenuss –
Was, vom Grauen umzirkt,
sich da innen entwirkt,
ist aus spröderem Guss –

nennt es Bildung, Entschluss!
Bis in die Gründe zerharkt,
bin ich unendlich erstarkt,
eins mit dem schmerzlichsten Muss.

Und das neue Ich bin
Trennt mich von keinem Du.
Brachte ich doch das Tier

Nicht nur zu eignem Gewinn
in mir selber zur Ruh –
Nun erst werden wir Wir.

Dass du mit so viel hinterhältgen Pfeilen
im Herzen dieses Einst erreichst, du weißt es,
wie ein getroffenes und eingekreistes
Stück Wild weiß, dass es einen Ausgang gibt.

Du weißt, dass eine ferne Frau dich liebt.
Und wäre weiter keiner eines Geistes
mit dir und deinem Hiersein, du verzeihst es,
dass Menschen kaum noch miteinander teilen,

dass dich so viele an den Feind verrieten,
dich noch ihr widriges Gespinst umgarnt,
worin dein Zutraun starb, und du genau

erfahren musstest: Menschen kann man mieten
für jede Tat! Wie immer auch gewarnt,
fühlst du den Beistand einer fernen Frau.

Der Strom fließt breit. Am Ufer steht ein Mann.
Soweit der Blick reicht, ist die Landschaft nackt.
Entlaubte Bäume zeichnen sich abstrakt
in weißen Nebel ein. Und steht ein Mann,

auf seinen Schaufelstiel gestützt, ein Mann,
den kein gewöhnliches Gefühl mehr packt.
Sein starres Herz ist bergetief versackt
und schlägt und schlägt. Und reglos steht ein Mann,

der so viel Tod vom Leben schon gewann,
so tiefen Winter, dass er alle Stöße,
die ewig täglichen, hinnehmen kann

wie ein Erfrorner. Denn für ihn begann
der Weg des Schweigens und der stummen Größe.
Breit zieht der Strom. Und reglos steht ein Mann.

Frau, ich trete als ein Neuer
bei dir ein, ein schlimm Belehrter,
bis ins Mark hinein Versehrter,
spröder drum und menschenscheuer,

als ich auszog, aber treuer
sicherer und eingekehrter
bei mir selbst, voll stumm vermehrter
Gluten für ein langes Feuer,

das dir brennen, das dich brennen
möchte – willst du? Wiederkäuer
böser Träume, die uns trennen,

sind wir nicht, denn fühl's: wir ahnen
eine Zukunft, ungeheuer
offen für verbundne Bahnen!

Wolfgang Berkefeld wurde mit mir zusammen amnestiert und entlassen. Wir trafen uns noch einige Male in Hamburg, wo er wissen-
schaftlicher und später Chefredakteur des »Deutschen Allgemeinen
Sonntagsblattes« von Hans Lilje (1899 1977) war, bis er 1972
überraschend starb.

Eine andere wesentliche Begegnung war die mit Walter Wrede,
den ich schon in Athen kennen gelernt hatte. Beim Rückzug aus Griechenland war er mitgenommen worden, obwohl er nicht Soldat war.
Frühmorgens waren er und ein Altphilologe schon auf den Beinen,
gingen im Mittelgang der Halle auf und ab und halfen sich gegenseitig beim Rezitieren großer Partien der Ilias Homers aus dem Gedächtnis im griechischen Urtext. Da wir ein dreibändiges Werk zur
griechischen Archäologie ins Lager gebracht hatten, konnte ich mir
mit der Hilfe von Walther Wrede diese Epoche im Einzelnen erarbeiten und mir die Bilder einiger Dutzend griechischer Vasen durchpau-
sen oder abzeichnen. Ein Teil dieser Blätter konnte heimgeschickt
und so erhalten werden. Wrede erzählte mir auch, dass die Stadtstaa-
tenvielfalt in Griechenland aus der durch Gebirgszüge große Zellen
bildenden Geologie und der Verschiedenheit des Lichtes innerhalb
der einzelnen Flussbeckenlandschaften zu verstehen sei. Bis in den
Pflanzenwuchs seien diese zarten Differenzierungen nachzuweisen.
Er habe dieses Phänomen schon zweimal schriftlich dargestellt. Aber
beide Manuskripte seien vernichtet worden.

Eines Tages fragte er mich: »Was ist das, Eurythmie? Die Worte
kenne ich wohl aus dem Griechischen, aber was ist das? Ich habe
eine Nachricht aus der Heimat bekommen, meine Tochter studiert
jetzt Eurythmie. Du weißt sicher, was das ist.«

Diese Erklärung war leicht zu geben. Wrede hat später noch
Fürchterliches zu durchleiden gehabt. Nach der Heimkehr wohnte
er in Calw und hat dort eine Flora von Calw zusammengestellt. Das
schrieb er mir in einem letzten Brief mit den Worten: »Das Beste in
unserem Leben ist doch das, worin wir dilettieren.«

Die Freundschaft mit Hans Haberkorn hatte die tiefsten Wurzeln.
Dass ich durchgekommen bin durch alle die schweren Prüfungen
leiblicher und seelischer Belastung, verdanke ich mit seiner gesunden und allzeit hilfsbereiten Wesensart. Als ich einmal ganz verzwei-

felt war, weil ich für eine undurchschaubare Sache herausgerufen wurde und schon glaubte, man wolle mich umbringen, da sprang er einfach für mich ein und sagte zu dem Posten: »Der kann jetzt nicht mit.« Das Unternehmen ging gut aus. Mehrfach holte er mich aus depressiven Lähmungszuständen heraus und war vorher, 1947/48, der sichere und zuverlässige innerlich helfende Ministrant. Wir tauschten kleine Zeichnungen der wichtigsten Heimatorte aus und waren und sind noch wie Geschwister. Auch Werner Weisshaar und Gerhard Faigle gehören zu diesem geheimnisvoll offenbaren Schicksalsgeflecht. Bei einem späteren überraschenden Lagerwechsel wurde ich einmal ganz apathisch und wollte nicht mehr mit. Da packte Gerhard meine Sachen in einen Sack, hängte mir den auf die Schulter und führte mich hinaus auf den Appellplatz.

Hierher in das Buch der Offenbarung gehört auch das Vorbereiten und Vollziehen der Menschenweihehandlung, des Gottesdienstes der Christengemeinschaft. Für manche der Teilnehmer hatte das aber Folgen, die auch nicht vergessen werden sollten. Statt der allgemeinen Entlassung erhielten sie die »Sonderbehandlung« der 1500 und eine drei Jahre spätere Heimkehr.

Schon im ersten Jahr der Gefangenschaft verlangten einige Kameraden von mir, diese Menschenweihehandlung hier ebenso zu halten, wie ja auch die Messe und evangelische Gottesdienste nicht allgemein, aber in besonderen Räumen gehalten würden. Zunächst stellte ich mich ganz energisch dagegen. Auf weiteres Drängen war ich dann bereit, mit einem kleinen Kreis die Handlung aus meinem Brevier am Sonntag vorzulesen, ohne Gewänder, Symbole und Substanzen. Diese Lesungen fanden am Sonntagmorgen im Freien statt. Da war eines Morgens auch der Pfingstvogel, der Pirol, dabei und ließ seinen melodischen Ruf von einem Stacheldrahtpfosten zu uns herüber ertönen. Aber auch das genügte den Kameraden nicht. In einer Fabrik für hölzerne Schuhspanner wurde ein von mir gezeichneter Holzkelch gedrechselt und die Poren mit Bienenwachs verschlossen. Die Patene, der Teller für die Brote, wurde im Lager aus Aluminiumblech hergestellt und ein Sonnenkreuz mit gleich langen Armen eingraviert. Das Rauchfass fertigte ich selbst, ebenso nähte ich aus einem gegen Zigaretten erhandelten weißen Handtuch Gürtel und Stola. Drei Leuchter konnten aus Resten von Vierkanthölzern hergestellt werden mit Blechschälchen für flüssiges Wachs und Docht aus Wollfäden. Ein ausgeliehener schwarz gefärbter amerikanischer Kampfanzug diente als Talar, und eine weiße Alba hatte mir Friedrich Gädeke aus Bremen geschickt zusammen mit hellvioletter Stola, Gürtel und Weihrauch. In die Erdwälle zwischen den Hallen waren Sitznischen eingegraben. Dort habe ich eines Morgens die Geräte und die Stola mit Gürtel niedergelegt und die Weiheworte darüber gesprochen. Der Posten vom Wachturm hat das ohne Anruf ausgehalten. Vom Benediktiner-Abt erhielt ich fürs Erste Messwein, bis wir dann aus Rosinen und später Trauben den Saft gewinnen konnten. Nach einjähriger Vorbereitung der Kameraden begann ich im Advent 1947 mit dem Zelebrieren in einer Waschküchenbaracke zwischen den Holztrögen mit eingeweichter Wäsche. Zeit, Ort und Teilnehmer mussten dem Kommissar gemeldet werden, damit er, wenn es nötig wäre, uns vor Gegenaktionen »schützen« könne. In Wirklichkeit ging es ihm aber um politische Be- und Verurteilung. Das merkten wir aber erst später. Einmal guckte ein neugieriger Kamerad zur Tür herein. Er verbreitete dann im Lager: »Drüben in der Waschküche haben die Astrophagen ihren Gottesdienst.« Das Wort »Astrophagen« hatte er wohl selbst erfunden. Es heißt »Sternesser«. Er wollte aber eigentlich »Anthroposophen« sagen.

Von Sonntag, 28. September 1947, bis zum Sonntag, 17. Oktober 1948, konnte auf diese Weise vierundvierzigmal die Menschenweihehandlung mit Predigt auf dem Balkan siebzig Kilometer nordostwärts von Belgrad gehalten werden.

Noch weiter im Osten in einem Gefangenenlager in der Nähe von Kiew hat Albrecht Meyer, auch auf unnachgiebiges Drängen der Kameraden, am Pfingstsonntag 1946 eine erste und damals einmalige Menschenweihehandlung halten können. Dazu einige Sätze aus seinem eigenem ausführlichen Bericht in »Die Christengemeinschaft« 1948, S. 94–96:

»... Den Beteiligten jedenfalls war es an jenem Pfingstfest in Kiew, als ginge das, was sich hier ereignete, weit über ihre Häupter hinaus in ungeahnte Zukünfte hinein ... Niemand von den vielen hundert Anwesenden hatte außer dem Träger der Handlung ein Bewusstsein von jener Christengemeinschaft, die mit dem ihr anvertrautem Himmelsgut heute noch ein unscheinbares Katakombendasein führt. Der Ministrant zur Rechten, der ›Diener des Wortes‹, war ein Protestant lutherischer Prägung. Der Ministrant zur Linken, der ›Diener der geweihten Geräte‹, war ein Katholik römischer Erziehung. … Doch schweigend unentbehrliche ›Substanz« und ›Atmosphäre‹ bildend, war noch ein drittes Element anwesend: das griechisch-russische, aus dem uns Kerzenlichter, Wein und Brot und Opferrauch zuteil geworden waren … Die ganze große Christenheit war vereint im Geiste, dem in dieser Stunde der Sprachgeist aus Europas Mitte dienen durfte.«

Albrecht Meyer war als Lagerpfarrer anerkannt und erhielt die Erlaubnis, die Handlung zu halten. Die Gewänder waren aus Papier gefertigt. Brot und Wein wurden von Einwohnern gespendet. Das ereignete sich am Pfingstsonntag 1946, genau neununddreißig Jahre vor dem überraschenden Tod von Albrecht Meyer während der Gesamtsynode der Priester in Nürnberg an meinem Weihetag, dem 4. Juni 1985 (vgl. S. 219).

Da wir auf den Baustellen mit allen möglichen mitbestraften Landesbewohnern zusammen waren, konnte man deren Gewohnheiten und Lebensweisen kennen lernen. An einem arbeitsfreien Tag – es kann ein Sonntag gewesen sein – beobachtete ich einen Moslem, der in der Hocke saß auf dem Platz, auf dem wir antreten mussten. Er hatte ein Stück Draht in der einen Hand und in der anderen eine verrostete Konservendose. Mit dem Draht versuchte er etwas aufzuspießen, was in den Lücken des groben Schotters auf dem Platz lag. Lange schaute ich ihm zu, der da mit einer orientalischen Ruhe und Ausdauer tätig war. Dann bemerktc ich auch die kleinen und kleinsten Brotbröselchen, die er da in seine Büchse sammelte. Die Brotkrümelchen stammten von dem Maisbrot, das wir morgens unverpackt einsteckten und zur Arbeit auf die Baustellen mitnahmen. Dem gläubigen Moslem ist es verboten, auf Brot zu treten. Deshalb sammelte er die Krümel auf, so gut er konnte. Und wir Heutigen?

Zigeuner waren auch unter uns. Deren Frauen brachten ihnen manchmal Zusätzliches zum Essen. Einer von ihnen hatte ein

255

schneeweißes Kopfkissen. Da lag er wie ein Fürst mit seinen glänzenden schwarzen Haaren und Schnurrbart, hatte mit beiden Händen eine gebratene Hammelkeule vor sich und verzehrte sie genüsslich auf einen Satz, ohne Messer und Gabel. Einem anderen sah ich zu, wie er in mühsamster Kleinarbeit ein Wäschestück Teilchen für Teilchen in einer Konservendose rein wusch. An einer Baustelle war ein Zigeuner mit einem abgemagerten Pferd vor einem zweirädrigen Karren zum Erdtransport mit eingesetzt. Plötzlich sprang er auf einen Erdhaufen, hielt die linke Hand wie um einen Geigenhals und fiedelte mit dem Peitschenstiel auf der eingebildeten Geige und rief sinngemäß: »Ach, was ist schon ein Zigeuner ohne Geige!«

Die Firma, an die wir als Arbeitskräfte verdingt waren, hatte für uns eine Frau mit Namen Daniza als Arbeitsleiterin eingesetzt. Mit ihr musste Werner Weisshaar unsere Arbeitsnormen abrechnen. Die Dame verstand es, ältere Kameraden zu größerer Anstrengung anzutreiben, indem sie sagte: »Wenn ich sehe, wie Sie gebaut sind, könnte dieser Schotter doch etwas rascher an seinen Platz kommen.« Das spornte die älteren ehrgeizigen Herren meist für längere Zeit ganz gut an. Bei jüngeren konnte sie nicht so taktieren. Da kritisierte sie einmal bei Gerhard die Art der Pflasterung. Obwohl wir vor ihr aufzustehen hatten, blieb er hocken und sagte: »Zeigen Sie mir doch bitte, wie man es besser macht.« Sie rauschte ab. Später sagte sie zu ihm: »Ich habe Ihnen beim Kilometerstein 31 ein paar Äpfel hingelegt.«

Als 1952 endlich auch Werner Weisshaar auf Intervention hin heimgeschickt worden war, erhielt er einige Monate später einen Brief ohne Absender mit einer größeren amerikanischen Dollarnote. Das wiederholte sich noch ein-, zweimal. Es war unheimlich. Dann kam ein normaler Brief von Daniza: »Lieber Werner, besorge mir bitte einen Kühlschrank.« Das Geld reichte aber nicht. Trotzdem ging Werner zu einer entsprechenden Firma und trug Danizas Wunsch vor. Die Firma übernahm den offenen Rest und den Transport in das kommunistische Land. Einige Zeit später kam der Brief: »Kühlschrank angekommen. Danke. Daniza.«

Auf der Straßenbaustelle war es im Sommer sehr heiß. Wir durften einen Wasserholer abstellen, der am Ziehbrunnen im Dorf mit zwei großen Gießkannen Wasser holte. War der Posten auf der Baustelle, wurde am Brunnen mit den Einheimischen um Waren gehandelt. War er am Brunnen, dann waren die Kontakte auf der Baustelle möglich. Da uns die Paketinhalte aus der Heimat meist vollständig ausgehändigt wurden, konnten wir vieles dort auch bestellen. Vor allem Backmittel, Zimt, Vanille, aber auch Unterwäsche und Strümpfe waren bei den Einheimischen am meisten gefragt, weil es Derartiges in den ersten Jahren nach dem Kriege in Jugoslawien, jedenfalls auf dem Lande, noch nicht zu kaufen gab. Die Tauschwährung bestand dann in Essbarem, vor allem Gebratenem und Wein.

War der Posten außer Sicht, dann konnte es auch geschehen, dass wir schnell unsere Lumpen abwarfen und in die Donau sprangen. Dabei war das ein doppelt wohliges Erleben, denn die Wasser, die einen da allseitig sanft umströmten, kamen ja aus der fernen Heimat.

Auch wenn unsere Hoffnung auf baldige Heimkehr immer wieder auf das Bitterste enttäuscht wurde, ganz aufgeben konnte sie keiner. Wer die Hoffnung aufgab, überlebte nicht. Aber diese unbeugsame Hoffnungskraft war auch Nahrung für Gerüchte-, Parolen- und Legendenbildung. Dazu nur ein Beispiel: Wurde an einer Stelle gesagt, unser Arzt habe bei der Frau des Kommissars Geburtshilfe geleistet, so kam das eine Zeit später an anderer Stelle in der Formulierung zum Vorschein: »Morgen beginnt die Entlassung.« So prägte die Hoffnung unser ganzes Dasein. Das war eine Wirklichkeit, die Vaclav Havel in dem Stück »Fernverhör« so klar formuliert hat, dass damit auch unser Erleben treffend beschrieben wird.

Vaclav Havel, in »Fernverhör«

»Zuerst sollte ich wohl sagen, dass ich die Hoffnung, über die ich ziemlich häufig nachdenke (besonders in besonders hoffnungslosen Situationen, wie zum Beispiel im Gefängnis) vor allem ursprünglich und hauptsächlich als einen Zustand des Geistes, nicht als einen Zustand der Welt betrachte, ... Hoffnung ist eben nicht Optimismus. Es ist nicht die Überzeugung, dass etwas gut ausgeht, sondern die Gewissheit, dass etwas Sinn hat – ohne Rücksicht darauf, wie es ausgeht.«

Vaclav Havel, aus der Neujahrsansprache 1997

»Liebe Mitbürger! Wenn Sie gestatten, möchte ich diesmal etwas persönlicher beginnen. In dem Jahr, von dem wir uns gerade verabschiedet haben, stand ich zweimal von Angesicht zu Angesicht dem Tode gegenüber. Zum ersten Mal, als er kam, um das mir nächste Wesen zu holen, und zum zweiten Mal, als er kürzlich um mein Krankenhauslager kreiste. Diese beiden sehr persönlichen, nicht übertragbaren oder mitteilbaren Erfahrungen bedeuteten für mich erstaunlicherweise nicht etwa große Qual; sie führten nicht zu dem bitteren Gefühl, dass die Welt mit mir ungerecht verfährt, oder gar zum Gefühl der Vergeblichkeit und Hoffnungslosigkeit. Im Gegenteil: Beide Ereignisse empfand ich zum eigenen Erstaunen wie eine große Aufforderung zu neuem und sehr viel tieferem Nachdenken über die Welt, in der wir leben, über mich selbst, über die geheimnisvolle Ordnung unseres Daseins und über eine Vielzahl von Zeichen und verborgenen Botschaften, die zu uns aus dem Inneren dieser Ordnung herandringen und die wir zumeist nicht wahrnehmen. Und mit neuer Eindringlichkeit begriff ich zum Beispiel, dass die einzige wirkliche Quelle für den Lebenswillen die Hoffnung ist, die Hoffnung als eine innere Sicherheit, dass auch das, was uns völlig sinnlos erscheint, seinen tiefen Sinn haben kann und dass es unsere Aufgabe ist, diesen Sinn zu suchen! Ich habe auch um einiges besser als früher verstanden, warum ohne Liebe zu unserem Nächsten das menschliche Leben nicht mehr verdient, menschliches Leben genannt zu werden.«

Diese Hoffnung wurde durch Briefpost und Paketempfang aus der Heimat immer wach erhalten. Die Paketausgabe war nach der Rückkehr von der Baustelle am Nachmittag. Da mussten wir unsere löcherige Decke auf den Tresen breiten, das so sorgsam verpackte Paket wurde mit einem großen Messer aufgeschnitten, der Inhalt auf die Decke geleert und das Packmaterial rückwärts auf einen zu verbrennenden Haufen geworfen. Weitere geschlossene Behältnisse wie Büchsen, Nahrungsmittelverpackungen, Tüten wurden alle mehr oder weniger brutal geöffnet. Gelegentlich vermischten sich so auch Insektengift und Nahrungsmittel in ungünstiger Weise. Geschriebenes und Gedrucktes wurde zunächst stets weggenommen und auf den Vernichtungshaufen geworfen. Allmählich erst konnte das eine oder andere Buch gerettet werden. Auch manch anderer Gegenstand verschwand unter der Theke. Mir wurde manches weggenommen. Hans Haberkorn erhielt immer den vollen Inhalt seiner Pakete. Auf meine Frage, wie das möglich sei, sagte er mir: »Wenn der mein Paket aufschneidet, denke ich fest an meine verstorbene Mutter, dann kann er nichts wegnehmen.« Man durfte also nicht ängstlich sein, sondern sollte die Seele mit einer höheren Kraft erfüllen, die dann im Zwischenmenschlichen nicht trennend, sondern heilsam verbindend wirkt.

So ähnlich versuchte ich es dann auch beim nächsten Paket. Brieflich hatte ich meiner lieben Frau mitgeteilt, dass im Augenblick die Situation so günstig sei, dass sie es wagen könnte, mir das neu erschienene Buch von Emil Bock »Die drei Jahre« zu schicken. Da wir die Post nummerierten, wusste ich, in welchem Paket das Buch enthalten sein würde. Es lag auch tatsächlich ganz obenauf. Der Aufseher fasste es an einer Ecke mit zwei Fingern und warf es unbesehen hinter sich zum Verbrennen. Ich nahm mich zusammen, sagte kein Wort, ließ Geistgedanken in der Seele leben und wartete. Da kam auch eine angeforderte Rolle Toilettenpapier aus dem Paket zum Vorschein. Die nahm er für sich weg und steckte sie unter die Theke. Da brüllte ich ihn an: »Herr Kommandir, das dürfen Sie nicht, geben Sie das Papier her!« Jetzt kam von ihm der übliche hässliche Fluch: »Ich schick dich zurück in die Mutter und von da in die Sonne.« Dann drehte er sich um und stieß mit dem Fuß an den Abfallhaufen, da kam das ersehnte Buch gerutscht. Das fasste er wieder am Eck mit zwei Fingern und warf es mir zu mit den Worten: »Pop braucht kein Sch…papier.«

Ich war mit diesem Tauschhandel zufrieden, trottete mit meinen Sachen ab und wusste: Gute Gedanken sind wirkende Kräfte. Als die liebe Frau zu Hause die Bestätigung des Empfanges erhalten hatte, teilte sie dies sofort den Betreuern der Jugoslawien-Gefangenen mit. Bischof Theodor Heckel (1894–1967) schrieb darauf in seinem Rundbrief an die Angehörigen: »Theologische

Literatur wird in Jugoslawien ausgehändigt.« Ja – aber wie! Das war wahr und zugleich nicht wahr. Eine Erfahrung zum Thema Berichterstattung!

Damals ließ ich mir auch von dem befreundeten Buchhändler Hermann Opitz (1889–1961) aus Norderney die neue Faust-Ausgabe mit dem Kommentar von Ernst Beutler (1885–1960) schicken. Das Buch kam als ganz kleines Päckchen ohne sonstigen Inhalt an. Das war verdächtig. Voll verständlich wäre es gewesen, wenn eine Schachtel Zigaretten der nur mit einem Buch beschwerte Inhalt gewesen wäre. Aber ein Buch allein? Welche Geheimbotschaft mochte es enthalten? Nach einiger Zeit erbat ich wieder das mir vorenthaltene Buch. Der Kommandir drehte es öfter in seiner Hand um. Es hatte einen rot gefärbten Schnitt und auf der Außenseite stand in verschnörkelter Frakturschrift: »Faust«. Das konnte er aber nicht lesen. Darunter stand klein und mit lateinischen Buchstaben: »Goethe«. Da fing er an zu buchstabieren und sagte: »Goet«. Er verstand das als Gott und fragte: »Owai Evangelium?« Er hielt es für eine Bibel und ich sagte: »Ja.« Damit hatte ich auch diese moderne Bibel.

Einmal stand der Kunstkenner Alfred Winterstein aus München an der Paketausgabe. Er spielte gern den alten gebrechlichen Mann, der er aber noch gar nicht war. Da kam aus seinem Paket ein ganz schlichter Bilderkatalog heraus. Er war von einer ersten Ausstellung des englischen Malers William Turner (1775–1851) in Hannover. Die Schwarz-Weiß-Reproduktionen waren sehr klein, wenig Text. Der Kommandir war überfordert. Auf dem grauen Umschlag stand nur ein Wort: »Turner.« Darauf fragte er den »alten« Winterstein: »Ti stari, ti fis Kultura? Du Alter, bist du ein Turner?« Der bejahte und erhielt den Katalog.

Die Dinge, die aus unseren Paketen herauskamen, waren den jugoslawischen Kriminellen, die mit uns zusammen vom Zuchthaus her auf dem Außenlager waren, meist höchst unbekannt und verwunderlich. Da schaute einmal einer zu, der bei einem Fluchtversuch einen schweren Schlag auf den Schädel erhalten hatte und seitdem zwar immer noch Bärenkräfte in den Armen hatte, aber im Kopf nicht mehr ganz richtig war. Beim Anblick der Dinge aus den

Paketen erinnerte er sich an die deutsche Nationalhymne und sagte nach seinem Verstand: »Deutschland, Deutschland immer alles.«

Ende November 1951 war unsere Zeit auf der letzten Baustelle abgelaufen.

Die Heimkehr aus Krieg und Gefangenschaft teilt mein ganzes Leben in ein Vorher und Nachher. Ich stand im 38. Lebensjahr, in dessen Anfang der zweite Mondknoten eintritt. Das ist eine Zeit, in der sich für viele Schicksale eine radikale Änderung der bisherigen Verhältnisse einstellt. Und erst nach längerer Pause konnte ich dann in Bremen im vierzigsten Lebensjahr eine selbst zu verantwortende Wirksamkeit als Pfarrer in der Christengemeinschaft beginnen.

Diese auffällige Zweiteilung meines Lebens fällt zusammen mit einer immer deutlicher werdenden Zweiteilung des ganzen 20. Jahrhunderts. Die erste Hälfte ist geprägt von den beiden Weltkriegen. Schon gegen Ende des 19. Jahrhunderts wurden jene geistigen Kräfte, die seit zwei Jahrhunderten Europa zum führenden Erdteil gemacht hatten, zunehmend geschwächt. Aber diese Entwicklung des Bewusstseins zur geistigen Freiheit und zur selbstständigen Übernahme von Verantwortung für einen heilsamen Fortgang des Erdenmenschendaseins wurde durch politische Mächte nachhaltig gestört. Sie hat dennoch unbeirrt seit dem Beginn der Neuzeit im 15. Jahrhundert ihren Weg genommen, und weiter über das dritte christliche Jahrtausend hinaus wird die Menschheit sich anschließen. Es ist der Schritt von der Verstandes- oder Gemütsseele zur Bewusstseinsseele, wie Rudolf Steiner diese Stufengänge der Menschheit in seiner Schrift »Theosophie« benannt hat. Der entscheidende Beitrag zu diesem Stufengang war vom Idealismus der Goethezeit an die geistige Aufgabe der Deutschen. Von da aus konnte sie von den Menschen anderer Völker für die ganze Menschheit übernommen und fruchtbar gemacht werden. In der ersten Hälfte des 20. Jahrhunderts waren immer noch wirksame Bemühungen um diese geistige Aufgabe der Deutschen wahrnehmbar, auch im umstrittenen Bereich der inneren Emigration in den Jahren der NS-Diktatur. Dass dies heute nicht mehr so gesehen werden kann, ist das Ergebnis der »gelungenen Umerziehung der

Deutschen«. Die zweite Jahrhunderthälfte zeigt das deutlich. Das wirtschaftlich und politisch zusammengekittete Europa hat keine gemeinsamen geistigen Werte mehr. Der tschechische Präsident Vaclav Havel hat in jeder seiner Reden und überall die Besinnung auf die gemeinsamen geistigen Werte als Voraussetzung für wirtschaftliche und politische Aktionen und jenseits der hier üblichen Phrasen herausgestellt. Mitteleuropa im Spannungsfeld der west-östlichen Blockbildung des Kalten Krieges und die Dekadenz des Wohlstandsdenkens ohne geistige Werte prägen die zweite Hälfte des Jahrhunderts.

In dieser Zeit war es meine Aufgabe, mitten in der intensiven Gemeindearbeit als Pfarrer, die Früchte aus zwei wichtigen Bereichen meiner ersten Lebenshälfte durch Erkenntnis und Bewusstseinserweiterung ausreifen zu lassen. Diese beiden Bereiche sind das acht Jahre lange ununterbrochene Leben in Balkanländern und die geistige Erkenntnis dessen, was als »das Deutsche« bezeichnet werden darf. Beide Bereiche tragen und erhellen sich gegenseitig.

Das Leben in den Balkanländern unterscheidet sich von unserer mitteleuropäischen Betriebsamkeit grundlegend durch ein völlig anderes Verhältnis zur Zeit. Die Gegenwart wird ohne Belastung durch Vergangenheit und ohne Sorge für morgen problemlos angenommen. Wenn ich in Kreta den Bürgermeister oder den Arzt der Dorfschaften besuchte, wurde sofort alles Essbare im Hause aufgetischt. Wehrte ich ab, etwa mit dem Hinweis auf morgen, war die Antwort immer ein staunendes kindlich-spitzbübisches Lächeln über einen so merkwürdigen Menschen, der beim Essen heute zugleich an morgen denkt. Diese Seelenhaltung hat sicher auch mit der Geschichte dieser Länder zu tun. Wir ahnen nicht, wie die fünfhundert Jahre dauernde Osmanen-Herrschaft die geistige und materielle Entwicklung der Balkanvölker gelähmt hat. 1352 besetzen die Osmanen erstmals europäischen Boden, am 28. Juni 1389 ist die Schlacht auf dem Amselfeld, und 1453 wird Konstantinopel erobert und wird türkischer Verwaltungssitz. An der Entwicklung der mitteleuropäischen Länder vom Mittelalter bis zur Neuzeit hatten die islamisch gewordenen Länder über Jahrhunderte keinen Anteil. Allein die Tradition trägt dort das Leben, und das Seelenleben besteht weitgehend aus Reaktionen auf äußere Anreize ohne die Grundlage eines erkennenden Verstandesdenkens. Starke Seelenregungen bestimmen vor allem das Verhalten. Dazu ein Beispiel: Unsere Ärzte hatten irgendwo einen Globus entdeckt und ihn wieder gangbar gemacht. Der Posten fragt: »Was ist das?« Nun kann da nicht gleich plump gesagt werden: »Die Erde.« Denn die ist für diesen Mann ja eine Ebene, und wenn einer darauf zu weit geht, wird er am Rand der Ebene hinunterfallen. Der Arzt fängt also vorsichtig an zu erklären und sagt: »Das hier ist Russland, und das ist Amerika.« Da schreit der Milizionär: »Und wo ist Jugoslawien?« Noch einmal wird mit dem geduldigen Aufzeigen von Amerika und Russland begonnen, um dann auf den Balkan und Jugoslawien zu weisen. Der Milizionär wird wütend, schlägt den Gefangenen, wirft den Globus zu Boden und brüllt: »Du sabotierst. Warum ist Amerika so groß und Jugoslawien so klein?!«

Diese Seelen halten eine reine Wahrnehmung oft noch gar nicht aus. Die Seelenregung ist so mächtig, dass die Wahrnehmung durch die Emotion verfälscht wird.

Ein anderes Beispiel: Ein Milizionär brachte einem Kameraden, der Maler war, ein kleines 6 x 9 cm großes Gruppenfoto von jungen Frauen. An einer Stelle war das Bild blind vom dauernden Daraufdeuten. Das war die Stelle, wo einst seine Freundin zu sehen war. Von ihr sollte der Maler nun ein größeres Einzelbild malen. Der Kamerad schuf einen schönen Mädchenkopf, und der Milizionär war glücklich über das, wie er meinte, getroffene Porträt seiner Freundin.

Da gilt es sich vor Augen zu führen, dass wir in Mitteleuropa unsere Bewusstseins- und Kulturentwicklung der letzten Jahrhunderte weitgehend der Tatsache zu verdanken haben, dass die Balkanvölker und zuletzt Österreich-Ungarn die Türken durch ihr großes Opfer von uns ferngehalten haben. Das fordert einen Ausgleich, zumindest im Bereich des gedanklichen Durchschauens dieser geschichtlichen Ereignisse.

Schon im ersten christlichen Jahrtausend war der Balkanraum Kampfgebiet zwischen Byzanz und Rom. Das bedeutet aber, dass zwischen zwei Entwicklungsströmen des Christentums ein derart tiefer Unterschied besteht, dass von 1054 an bis heute jede Seite die andere für heidnisch erklärt. Auch die ökumenischen Bemühungen des Weltrates der Kirchen in Genf können daran nichts ändern, obwohl nach außen der Anschein einer Gemeinsamkeit gewahrt wird. Die östliche Orthodoxie kann selbstverantwortliche schöpferische Kraft des Geistes dem Menschen nicht zuerkennen. Der Mensch ist nach ihrer Lehre lebenslang Kind Gottes, das allenfalls des Geistes nur als Gnadengeschenk Gottes teilhaftig werden kann. Ganz anders das manichäische oder paulikianische Christentum, das einzig auf die Hege und Pflege dieses inneren Lichtkeimes im Menschen ausgerichtet ist. Von Osten her wanderten Gruppen dieser christlichen Strömungen schon im ersten Jahrtausend in den Balkanraum ein oder wurden aus ihren Heimatgebieten dorthin verpflanzt. Aus ihren Kreisen ging das bogomilische Christentum hervor, das besonders auf die selbstverantwortete Lebensführung, möglichst ohne kirchliche Organisation, ausgerichtet war. Zugleich war es eine soziale Bewegung gegen den Feudalismus in diesen Ländern. Besonders in Bosnien, aber auch in Teilen Serbiens war es nicht nur verbreitet, sondern auch eine kurze Zeit eine Art Staatskirche. Von Byzanz sowohl als auch von Rom wurden die Bogomilen, die Gottesfreunde, unbarmherzig verfolgt. Als die Türken in den Balkan einfielen, traten viele Bogomilen, die ja dem slawischen Volkstum angehörten, freiwillig zum Islam über, weil sie dort sowohl vor den römischen als auch den byzantinischen Scheiterhaufen sicher waren. Insgeheim pflegten viele ihr freies Christentum weiter, indem sie neben dem Koran auch im Evangelium lasen. Islamische Geschichtswissenschaftler berichten ausführlich von dieser vorosmanischen Kultur in Bosnien. Sie betrachten sich ausgesprochenermaßen als Nachkommen der Bogomilen, deren verspätete Unterdrückung im Bosnienkrieg nachgeholt wurde.

Die andere geschichtliche Tatsache auf dem Balkan sind die dorthin ausgewanderten Deutschen. Bekannt sind die Siebenbürger Deutschen in den Karpaten. Wir haben einige von ihnen in der Batschka und im Banat kennen gelernt. Maria Theresia (1740–1780) hatte die »Schwabenzüge« ins Land gerufen. Schwaben heißen die Deutschen dort heute noch. Sie haben den metertiefen fruchtbarsten Boden entwässert und ganz ohne »Kunstmist«, wie sie den Kunstdünger nannten, dem Boden Jahrhunderte lang reichste Weizenernten abgerungen. Vor dem Krieg konnte die ganze jugoslawische Einfuhr durch diese Weizenernten bestritten werden. Durch die deutschen Siedler wurde Jugoslawien trotz seiner Gebirge ein gesunder Agrarstaat.

Nach dem Ersten Weltkrieg wurde die rund 1,5 Millionen Seelen zählende deutsche Volksgruppe der Donauschwaben zu etwa je einem Drittel auf Ungarn, Rumänien und das neu begründete Jugoslawien aufgeteilt. Am Beginn des Zweiten Weltkrieges lebten rund 540.000 Menschen deutscher Muttersprache im Königreich Jugoslawien. Knapp 510.000 gehörten zu der Volksgruppe der Donauschwaben. Aus dem ehemaligen Jugoslawien sind von 1941 bis 1948 rund 70.000 Deutsche einem bestialischem Völkermord zum Opfer gefallen. Die meisten Männer waren zur Waffen-SS gepresst worden. Als Gefangene wurden sie grausam umgebracht. Die Frauen ließ man in Lagern ohne Nahrung verhungern. Nur die kräftigsten Jüngeren haben das Inferno überstanden. Da und dort war auch noch ein alter Mann übrig geblieben.

Einem solchen Menschen bin ich begegnet. Er füllte auf einem Hof den Waschkessel mit Kartoffeln für die Schweine. Ich arbeitete am Zufahrtsweg. Da legte mir der Alte warme gekochte Kartoffeln hin. Beim Vorbeigehen sagte ich: »Ihr habt doch selber nichts.« Darauf antwortete er: »Blut is ka Wasser.« Soll heißen, wir gehören doch zusammen.

Ein anderes Mal fuhr ich mit einem deutschen Bauern, der auch eingesperrt war, zur Arbeit. Ich war still, apathisch. Er: »Du musst wissen: Einmal ist der eine unten und der andere oben, der drückt dann den unten Liegenden. Und dann ist es umgekehrt, aber genauso. Das ist der Lauf der Welt.«

Das war die eigene Weisheit dieser Volksdeutschen. Für diese Erfahrungen, die ich durch den langjährigen ununterbrochenen Aufenthalt in den Balkanländern machen durfte, ergänzt durch das spätere Studium ihrer Geschichte, bin ich meiner Schicksalsführung lebenslang dankbar.

Der andere Bereich, über den ich mir erst in der zweiten Hälfte des Jahrhunderts und meines Lebens volle Klarheit zu verschaffen hatte, war mein Verhalten als Pfarrer in der Christengemeinschaft und als Geistesschüler Rudolf Steiners in Krieg und Gefangenschaft. Die Erkenntnis dessen, was als »das Deutsche« bezeichnet werden kann, erfordert einen weiten Überblick über den Werdegang der Menschheit. Die west-östliche Weltgegensätzlichkeit ist ein aktuelles Problem der Gegenwart. Der Balkan bildet die verbindende Brücke. Im Werdegang unseres Bewusstseins sind in der ägyptisch-babylonischen Epoche im dritten und zweiten Jahrtausend vor der Zeitenwende durch die Mysterienlehrer die Wissenschaften entfaltet worden, besonders die Arithmethik und die Geometrie. Aber neben diesen Eingeweihten lebten die übrigen Menschen zunächst nur aus den Regungen ihrer Empfindungsseele, entfernt vergleichbar dem kindlichen Seelenleben. In der griechisch-lateinischen Epoche in den beiden Jahrtausenden vor und nach der Zeitenwende geschieht die Entdeckung des Geistes im Abendland. Die Verstandes- oder Gemütsseele entfaltet sich im Herausbilden der selbstbewussten einzelnen Persönlichkeit. Von diesen Stufengängen der Bewusstseinsentwicklung tragen wir die Ergebnisse in uns als Basis, aus der die Bewusstseinsseele der Gegenwart und Zukunft hervorwachsen kann. Das geschieht aber nicht mehr, wie in den früheren Epochen, nur durch Anregung von außen. Heute und in Zukunft ist es der eigene Wille, der unser Menschen- und Weltbewusstsein trägt und weiter heilsam verwandeln hilft.

Dieser unerlaubt kurze Überblick über einen Teil unserer Bewusstseinsentwicklung war nötig zum angemessenen Verständnis jenes anderen Bereiches in meinem Leben, den ich »das Deutsche« genannt habe. Was kann zutreffend damit gemeint sein?

Die nachatlantischen Kulturepochen, wie sie Rudolf Steiner beschreibt, sind nach den Völkern benannt, die sie erstmalig und schwerpunktmäßig auszubilden hatten. Die alten Inder, die Perser, die Ägypter und Babylonier, die Griechen und Römer und jetzt vom 15. Jahrhundert an die germanischen Völker Europas. Wer die Mühe nicht scheut, die Fülle der Geistgestalten der Goethezeit (1749–1832) auch nur annähernd zu überschauen, für den wird deutlich, dass der deutsche Sprachraum ein Quellgrund für die in

Gegenwart und Zukunft zu erringenden Seelen- und Geistesfähigkeiten ist. Die Entdeckung des Geistes im Denken war die Mission der altgriechischen Volksseele. Die griechischen Philosophen haben Ideen beschrieben. Aber erst Johann Gottlieb Fichte (1762–1814) hat die Idee des freien Ich formuliert. Rudolf Steiner hat die Verwurzelung dieser Idee des freien Ich in einer realen Geistwelt verkündet. Diese Tatsache in freiwillig aufgenommener Bemühung mehr und mehr zu erkennen und von der Möglichkeit zur Wirklichkeit zu führen, ist das hohe Ideal unseres Menschenwerdens in dieser fünften nachatlantischen Kulturepoche. Der deutsche Idealismus der Goethezeit ist das universale Aufleuchten der Mission der deutschen Volksseele. Und genau diese Menschheitsmission hat auch ihre geistigen Widersacher. Sie entzünden in Menschenseelen, die dem Materialismus dienen, den Hass gegen »das Deutsche«. Mit diesem Wort darf das angedeutete Ideal seiner Herkunft nach bezeichnet werden.

Im Zuge der Individualisierung und Materialisierung im 19. Jahrhundert wurde dieses hohe Ideal mehr und mehr durch materielle Werte und Erfolge verdrängt und vergessen. Im Kaiserreich wurde das Deutsche weiter durch die Phrasen führender Persönlichkeiten überdeckt. Phrasen sind Worte, hinter denen nichts mehr steckt. Wirtschaft, Politik und Journalismus beherrschen seitdem fast ausschließlich das Dasein. Damit beteiligen wir uns selbst an dem Angriff gegen Ideale, den die Widersachermächte mit der Abwendung vom Geiste in die Menschenseelen säen. Aus diesem Hass wurde der Erste Weltkrieg gedanklich vorbereitet. Der Zweite musste folgen, weil das Ziel, die Ausmerzung des Menschheitsideals noch nicht gründlich genug gelungen war. Und nun setzt die so schwer verständliche deutsche Tragik voll ein. Im politischen und in einem großen Teil des moralischen Bereiches der Deutschen bekommen diese Widersachermächte zu dem lange geschürten Hass von außen auch noch ihre blinden innerdeutschen Vollstrecker im Nationalsozialismus.

Hier gilt es, die heutigen, erst aus dem Ganzen der zwölf Jahre dieses »Tausendjährigen Reiches« gewonnenen Beurteilungen nicht schon auf die Zeit der Machtübernahme von 1933 zu übertragen.

Denn in diesem ersten Drittel des Jahrhunderts war, besonders durch die schlimmen Erfahrungen des Ersten Weltkrieges, noch viel von dem gesunden Idealismus in den Seelen lebendig. Diese guten Kräfte wussten die Propagandisten des »Dritten Reiches« geschickt in ihre Kanäle zu leiten. So verkündete ein bayerischer Kultusminister seine Aufgabe mit den Worten: »Unser Glaube heißt Deutschland, unsere Religion heißt Christus.« Das war wohl naiv, aber von ihm ernst gemeint. Er kam darauf bei einem nie geklärten Unfall ums Leben. Das NS-Regime war zumindest im Anfang so etwas wie eine miserable Karikatur dessen, was als »das Deutsche« im guten Sinne bezeichnet werden kann. Wohlgemerkt, ich habe gesagt, eine »miserable« Karikatur, also ein bösartiges Zerrbild, ein Spottbild. Die Durchmischung der wahren Ideale mit den erst später in ihrer Konsequenz erscheinenden Ideologien der Partei war derart perfekt, dass ein rechtzeitiges Durchschauen dieser »Weltanschauung« nur wenigen älteren erfahrenen Menschen möglich war. Für uns Jüngere, im dritten Jahrsiebt Lebende konnte der Gegensatz zwischen unseren Idealen und dem Parteiprogramm nur zögernd erkannt werden. Von Mai 1933 bis zum Abitur im März 1934 bin ich in der Hitlerjugend mitmarschiert. Dann waren der allgemein verordnete Reichsarbeitsdienst, Sportabzeichenschule und Militärdienst bei der Reichswehr abzuleisten. Erst als dann 1935 die Anthroposophische Gesellschaft und die Waldorfschulen im ganzen Reich verboten wurden, begann für uns die Notwendigkeit einer sauberen Trennung unserer Ideale von der NS-Partei-Ideologie. Das war ein schwerer, aber heilsamer Vorgang.

Als ich kurz nach der Priesterweihe per Telegramm zu jener »mehrtägigen Übung« einberufen wurde, war das für mich der Beginn des Krieges. Eine offizielle Mobilmachung ist mir nicht bekannt. Gegenseitige Kriegserklärungen der Länder wie im Ersten Weltkrieg gab es nicht mehr. Aber die Hauptbestimmungen des brutalen Versailler Diktatfriedens nach dem Ersten Weltkrieg mit den Gebietsverlusten an allen deutschen Grenzen, die unerschwinglichen Reparationsleistungen bis in die neunziger Jahre und die erst seit 1930 erfolgte Räumung der letzten Besatzungszone durch die Franzosen hatten in den zwanziger Jahren eine Stimmung des passiven Widerstandes erzeugt, die auch ein aktives Sich-Wehren nicht ausschloss. Davon wollte und konnte sich keiner ausschließen. Das war nicht durch Hitler diktiert, sondern durch den Hass gegen Deutschland von außen hervorgerufen.

Wenn ich Jugendlichen aus meinem Leben erzähle, bin ich schon öfter gefragt worden: »Warum sind Sie nicht desertiert?« oder »Haben Sie für Hitler gekämpft?« Meine Antwort auf derartige Fragen konnte nie sehr kurz sein. Denn einem jungen Menschen von heute auch nur eine entfernte Ahnung von der geistigen Aufgabe des Deutschen im Konzert der Völker zu übermitteln, ist fast aussichtslos. Das Wort »Deutsch« ist für die meisten gleichbedeutend mit Auschwitz. Der Völkermord an den Juden und allen anderen Opfern darf niemals verdrängt oder vergessen werden, aber nicht weniger verheerend ist das Verdrängen oder Leugnen des intimen Elementes der mitteleuropäischen Kultur. Der deutsche Idealismus der Goethezeit ist die Morgenröte eines Sonnenaufganges, der durch die moderne Geisteswissenschaft Rudolf Steiners im ersten Viertel des 20. Jahrhunderts vom deutschen Sprachraum aus für die Menschheit aufleuchtet. Die innere Treue zur Führung der geistigen Wesen gehört zu dem intimen Element mitteleuropäischen Geistesstrebens. Das darf nicht durch Wirtschaft und Politik und ihre Folgen erstickt werden. Für ein heilsames Fortbestehen eines mitteleuropäischen Geisteslebens haben die Idealisten des Zweiten Weltkrieges gekämpft.

Als Offizier hatte ich auch NS-Führungsunterricht zu halten. Die Teilnahme der Soldaten war freiwillig. Wer nicht teilnahm, musste in der Feldküche Kartoffeln schälen oder gewisse Örtchen reinigen. Bei diesem Unterricht habe ich mich nicht an die vorgeschriebenen NS-Themen gehalten. Ich schilderte in großen Überblicken die Stufen des Werdegangs unseres Bewusstseins, im Sinne der erwähnten Kulturepochen. Wir kämpften für eine gesunde Weiterentwicklung des menschlichen Zusammenlebens. Dabei galt es, diese Themen allgemein verständlich darzustellen. Das kam gut an. Zum Abschluss sagte ich immer den Wahrspruch von Rudolf Steiner (Berlin 14.1.1915):

»Der deutsche Geist hat nicht vollendet
Was er im Weltenwerden schaffen soll.
Er lebt in Zukunftssorgen hoffnungsvoll,
Er hofft auf Zukunftstaten lebensvoll.
In seines Wesens Tiefen fühlt er mächtig
Verborgenes, das noch reifend wirken muss.
Wie darf in Feindesmacht verständnislos
Der Wunsch nach seinem Ende sich beleben,
Solang das Leben sich ihm offenbart,
Das ihn in Wesenswurzeln schaffend hält!«

Dazu sei noch eine nicht zufällige Begegnung erwähnt, die, während
ich in Kreta war, in der Heimat stattfand. Da fuhr im Jahr 1944
Pfarrer Friedrich Gädeke mit der Bahn von Bremen nach Oldenburg.
Zwei Soldaten in Tropenuniform saßen ihm gegenüber. Er fragte sie
nach ihrer Herkunft. Sie sagten ihm, dass sie aus Kreta auf Heimaturlaub seien. Friedrich Gädeke antwortete ihnen, dass dort auch ein
guter Freund von ihm als Soldat sei, aber den würden sie ja sicher
nicht kennen, er hieße Wilhelm Hoerner. Freudig erstaunt zeigten
ihm die Soldaten ihren Urlaubsschein mit meiner Unterschrift vor
und sagten: »Der ist unser Chef!« Darauf fragte Friedrich Gädeke,
der mich nach dem Krieg gern nach Bremen holen wollte, obwohl er
mich doch gut kannte: »Was ist denn das für einer?« Und die Landser
antworteten ihm: »Der hält immer so interessante Vorträge, da gehen
wir alle freiwillig hin. Wenn der den NS-Führungsunterricht macht,
bekommt der Spieß (Hauptfeldwebel) keinen einzigen Mann zum
Kartoffelschälen in die Küche.«
    Indem ich so den Sinn des Werdegangs unseres Bewusstseins
immer stärker in mir aufleben ließ, wusste ich, dass auch der Krieg
mit diesem Sinn zu tun haben muss. Aber dies in einer Dimension,
die weit über alle Einzelschicksale hinausgeht. Wieweit eine Erkenntnis davon in der Einzelseele aufleuchtet, kann von außen und
in späterer Zeit niemals beurteilt werden, es sei denn, es lägen
schriftliche Äußerungen dazu vor. Desgleichen entziehen sich die
Gründe und Absichten der inneren Emigration der Beurteilung von
außen. Die aktiven Widerstandskämpfer haben ihre Freiheit und

ihr Leben geopfert. Sie wussten oder ahnten den Sinn ihres Verhaltens. Darin offenbart sich ein Schicksalshintergrund, der von niemandem gefordert oder erwartet werden kann, weil er allein dem Wesen der Einzelseele eingeprägt ist.

Nach dem Verbot der Christengemeinschaft vom 9. Juni 1941 wurden weitere ihrer Pfarrer zum Wehrdienst eingezogen. Mit denen, deren Anschriften und Feldpostnummern ich ausmachen konnte, habe ich in den Jahren 1942 und 1943 eine rege Verbindung unterhalten. Da ich eine Schreibstube mit Schreibern zur Verfügung hatte, konnte ich eine Art Soldatenrundbrief unter den Pfarrern einrichten. Direkt oder vermittelt hatten so 33 Pfarrer-Kollegen untereinander auch eine schriftliche Verbindung. Davon waren neun aus dem Kreis der Begründer. Von ihnen ist Waldemar Mikisch (1900–1944) in Russland bei einem Spähtrupp gefallen und Eduard Lenz (1901–1945) auf dem Heimtransport aus sibirischer Gefangenschaft gestorben.

Unser Ausharren und Durchhalten im Krieg und Gefangenschaft war getragen von den Gedanken- und Gebetskräften unserer Angehörigen aus der Heimat. Am 15. Februar 1946 erhielt die liebe und tapfere Frau Luise Hoerner ein erstes Lebenszeichen von mir seit Herbst 1944. In der Zwischenzeit sagten ihr die Heimkehrer aus Jugoslawien, dass sie sich keine Hoffnungen machen sollte, denn die Offiziere würden sicher alle umgebracht. Die erste bereits nummerierte Antwortkarte hat sie am 17. Februar 1946 geschrieben. Sie soll hier im vollen Wortlaut erscheinen:

»Uffenheim,17.II.46
Liebster Wilhelm!
Dem Himmel sei Dank für Deine Nachrichten v. 14.IX. u. 3.X.45, angekommen 15.II.46. Alle Angehörigen lebend und gesund. Unser Kind fröhlich u. betet für Papalein u. alle lieben Menschen. Fred u. Kurt seit Juli 45 unversehrt daheim. Unsere Wohnungen sind wie durch Wunder in Ordnung, ebenso kleiner Koffer. Bock besuchte ich Okt. 45. Alte Adresse. Arbeit durfte längst in vollem Umfang wieder aufgenommen werden. Sieben Freunde fehlen noch. Von

zwei oder drei steht Nachricht noch aus. Friedemann wartet noch auf die Taufe. In betenden Gedanken stütze ich Deinen Mut, kräftiger als das Schicksal zu sein.

Ewig innig, Deine Luise, Erdmut, Eltern.

Uffenheim, 18.II.46
Liebster Wilhelm!
Heute Nr. 1 ab aus Würzb. u. heute persönl. Nachricht an Frau Wirthwein. Erschütternd, edler Schmerz einer vom Leid geadelten jungen Frau. Gib ihr bitte Näheres! Adresse: Wien, Abtsleitenweg 35. Ausgebrannt! Tante Elise's Haus zerstört, beide gesund! Deine Post v. 26.II.45 war die letzte, nachgekommen eine kürzlich v. 7.III.45. Grüße die Freunde dort! Die Menschen hier brauchen ihren Hirten! Ich ersehne nächste Nachricht, noch mehr baldigen Augenschein! Viele liebe Menschen denken Dein, darum freue Dich! Bald ist Dein 33. Ostern! O ja, ich weiß, Du Lieber – Karfreitag – am 3. Tage aber ist Ostern! Auferstehe in das Leben – Aus-Morgen-Licht!

Ewig innig Deine Luise u. Erdmut. Eltern u. Geschwister.«

Von da an waren dann für die Angehörigen auch Briefe zugelassen, während wir nur die eine Postkartenseite monatlich zur Verfügung hatten. Bis zur Heimkehr hat Luise Hoerner 256 zweiseitige kraftspendende Briefe geschrieben, von denen sich 138 durch alle Fährnisse erhalten haben. Der fehlende Rest scheint überhaupt nicht bei mir angekommen zu sein. Im Ganzen hat sie etwa 44 Briefe pro Jahr geschrieben. Dazu war monatlich ein Paket mit Nahrungsmitteln erlaubt, die sich die Angehörigen in der Heimat der Nachkriegszeit vom eigenen Munde absparen mussten. Ohne diese Unterstützung hätten viele die Zwangsarbeit nicht überstanden.

Erst vor wenigen Jahren, es war schon nach dem Tode meiner lieben Frau 1993 – wir waren 52 Jahre tapfer und verheiratet –, fand ich eine kleine rote Brieftasche mit wichtigsten Dokumenten. Da war eine Suchanzeige meiner Frau beim »Hilfsdienst für Kriegsgefangene und Vermisste« über das Internationale Komitee des

Frau und Kind. Zeit der Trennung

Roten Kreuzes vom 13.2.1950, in der sie nach meinem Gesund-
heits- und Rechtszustand fragt, da sie nur eine letzte Nachricht
vom Oktober 1948 habe. Sie war also ein zweites Mal 16 Monate
wieder ohne Lebenszeichen von mir. Ich habe am 18. Juni 1950
geantwortet:

»Ich bin am 1. Nov. 1949 von einem Militär-Sonder-Schnellgericht
wegen unterstellter Kriegsverbrechen zu 17 Jahren Zwangsarbeit
verurteilt. Anklage: Erschießungen, Plünderungen u. Befehle dazu.
Keine der Taten habe ich begangen!! Bin gesund. Pakete wie bisher
weitersenden. – Trotzdem auf Gerechtigkeit hoffend:
      Hoerner (K) Wilhelm«

Bis heute habe ich keine Erinnerung, wann und wo ich diese kühne
Antwort gegeben habe. Als ich jetzt das Schreiben einem Kameraden aus dieser Zeit zeigte – er war Staatsanwalt –, sagte der: »Da
hast du aber Glück gehabt, dass sie dich daraufhin am Leben gelassen haben!« Durch diese Worte blitzte in mir die Stimmung beim
damaligen Schreiben wieder auf: »Jetzt geh' ich aufs Ganze. Entwe-

der bringen sie mich um – oder die Heimat erfährt die volle Wahrheit.« Ich muss wohl ein wenig außer mir gewesen sein, denn nur diese Stimmung blitzte bei den lockeren Worten des Kameraden wieder auf, äußerlich nichts. Schutzengel-Nähe.

Das war die Zeit, in der wir in »Schweigelagern« versteckt waren bis zur Verurteilung und Einlieferung ins Zuchthaus. Eine Weihnachtskarte von mir scheint noch angekommen zu sein. Sie enthält verschlüsselt die Verlegung in das ehemalige Konzentrationslager Zrenjanin. Sie lautet so:

»3. Dez. 1948
Meine herzliebe Frau, Erdmut, Eltern, Geschw., Freunde. Dank euch allen. Möge auch dieses Lebenszeichen mein ganzes weihnachtl. Herz heimtragen. Sorgt euch nicht, auch bei noch längeren Pausen. Diese Post schließt an Brief v. 24. Okt. an. Dazw. Nichts. Letzte von Dir Nr. 23 u. Vaters Mich. An neue Anschr. weiterschr. Repatr. *vielleicht* verzögert bis Kurts Geb.Tg. Es geht mir gut. – Freund Max ist nun doch in Welzheim bei Onkel Emil untergekommen, sein Brief war recht zuversichtlich. Und Euch bitte ich nochm.: Bleibt ruhig u. getreu bis ans Ende. Ich komme. I. E. euer getr. Wilhelm«

Zur Entschlüsselung: Freund Max = Wilhelm Maximilian Otto Hoerner. Onkel Emil = Emil Bock im KZ Welzheim. Soll also heißen: Ich bin ins KZ gekommen. Diese Karte war auch in der roten Brieftasche mit der Suchanzeige. Die seelische Leistung unserer wartenden Frauen hat ein russischer Dichter eingefangen. Das Gedicht wurde im Lager übersetzt und von mir nach Hause geschickt:

»Warte

Wart' auf mich, ich komm' zurück,
aber warte sehr.
Warte, wenn der Regen fällt
Grau und trüb und schwer.

274

Warte, wenn der Schneesturm tobt,
wenn der Sommer glüht.
Warte, wenn die andern längst,
längst des Wartens müd.

Warte, wenn vom fernen Ort
Dich kein Brief erreicht.
Warte, bis auf Erden nichts
Deinem Warten gleicht.

Wart' auf mich, ich komm' zurück –
Stolz und kalt hör' zu,
wenn der Besserwisser lehrt:
Zwecklos wartest Du.

Wenn die Freunde, Wartens müd,
mich betrauern schon,
trauernd sich ans Fenster setzt
Mutter, Bruder, Sohn.

Wenn sie, mein gedenkend dann
Trinken herben Wein,
Du nur trink nicht – warte noch
Mutig – stark – allein.

Was im Leben mich erhält,
weißt nur Du und ich:
Dass Du, so wie niemand sonst
Warten kannst auf mich.

Konstantin Simonow.«

Marianne Piper, eine Kollegin, die damals in Tübingen war, hat
ganz zuverlässig und wirksam die Pfarrer-Soldaten an der Front mit
geistiger Nahrung gestärkt. Goethe, Friedrich Hölderlin (1770-
1843) und die Idealisten der Goethezeit waren da ebenso vertreten
wie Sonnengesänge aus den alten Kulturen oder Worte von Rudolf
Steiner, Christian Morgenstern (1871–1914) und Michael Bauer

(1871–1929). Auch kleine Predigten sandte sie uns ins Feld und in die Gefangenschaft.

Die Tatsache, dass heute in Deutschland die Geistlichen aller Konfessionen vom Wehrdienst befreit sind, zeigt deutlich, dass dieser Beruf im Besonderen und der des Soldaten heute als kaum noch vereinbar betrachtet werden können. Bei der Priesterweihe in der Christengemeinschaft wird der Kelch mit den geweihten Substanzen, Brot und Wein, um die ganze Gruppe der anwesenden Priester herumgetragen. Vor der Gemeinde werden die Priester als zu einem geschlossenen Kreis gehörend aufgezeigt. Sie sind deswegen keine besseren Menschen, sondern solche, die sich aus eigenem Entschluss die Verbindung von Erdenwelt und Geisteswelt durch die Wandlungskraft Jesu Christi zur täglich neuen Lebensaufgabe gemacht haben. Es wird deutlich, dass die dazu notwendigen Gebete und Meditationen im Soldatendienst kaum noch angemessen vollzogen werden können. In dieser Not habe ich mich innerlich die ganzen schweren Jahre hindurch auf die Zugehörigkeit zum Priesterkreis gestützt. Das Bewusstsein, dass die Schwestern und Brüder dieses Kreises, die nicht in der Lage der Soldaten sind, unsere Not mit in ihrem Bewusstsein haben und tapfer mittragen, hat mir hindurchgeholfen. Im großen Ganzen meines Schicksals war es diese innere Verbundenheit mit dem Priesterkreis, was mich damals und bis heute im Erdenleben erhalten hat. Die schöpferische Fähigkeit zu einem stetigen Neubeginn im inneren Werden verbindet alle wahren Christen zum ur-christlichen Menschheitsstrom. Der »Christus in uns« ist die Wandlungskraft für die Zukunft der Menschen, die eines guten Willens sind.

Nachdem ich begonnen hatte, die Menschenweihehandlung, den Gottesdienst der Christengemeinschaft, gemeinsam mit einigen Mitgefangenen zu halten, habe ich dies mit dem folgenden Brief dem damaligen Erzoberlenker Emil Bock mitgeteilt:

»Gefangenschaft, 10. Okt. 47
Lieber Freund E.B.! Wir wissen, dass die Heimat uns ruft. Wir wollen uns hier auch nicht ansiedeln, aber unser langes Leben hinter Stacheldraht bedarf genauso der Verankerung im Weltengrund

wie das der Menschen draußen. Deshalb durfte uns seit Michaeli die Sonne der Handlung aufgehen. Wir bitten darum, diese Tatsache in das Bewusstsein der Gemeinschaft aufzunehmen. Erlebnis-Freude-Dank verbindet uns in der harten Arbeit. Episteln von Gäd. ganz erhalten. Erbitte von ihm Adv. und Weihn. In dankb. Verbundenheit Ihr

Gez. Wilhelm Hoerner.«

Sein letzter Brief in die Gefangenschaft, datiert vom 14. März 1951, war bei mir genau am Ostersonntag, den 25. März 1951 vormittags angekommen:

»Lieber Wilhelm Hoerner,
da es auf Ostern zugeht, *muss* einmal ein direkter Gruß von mir zu Dir. Wir senden täglich unsere liebenden und hoffenden Gedanken und bemühen uns, die Ungeduld des Wartens zu zähmen. Was soll ich anders sagen, als dass wir an Dich glauben und auch an das, was unter dem Druck des Leides und der im Übermaß beanspruchten Geduld in Deiner Seele tief drunten reift. Nun könnte es aber auch einmal genug des Wartens sein. Von Herzen Embo.«

Brief von Emil Bock

Schicksal und Erfüllung sollen in diesem Lebensbericht aufscheinen. Das ist in den drei Bereichen – hier Bücher genannt – angestrebt worden. Im Grunde sind die drei Bereiche Natur, Geschichte und Offenbarung eine geistige Einheit, die für ihre Beschreibung in Begriffe und Worte aufgeteilt werden müssen. Mit dem schwer verständlichen Wort Offenbarung ist alles ausgesprochen, was als Zeiten und Rhythmen und als »außerzeitliches Weltensein« nur seelisch erlebt werden kann. Irdische, gemessene Zeit und die Geistesgegenwart des schöpferischen Augenblicks sind übersinnliche Erlebnisse, die wir mit dem Raumesgegenstand der Uhr mittelbar machen können. Das habe ich auch bei meinem jugendlichen Zeichnen und Malen so erlebt. Auch mit der erinnernden Vergegenwärtigung vergangener Ereignisse sind wir in der Geistesgegenwart. In diesem geistigen Schatzhaus der Seele werden die geistigen Früchte unserer Erlebnisse gezeitigt, das heißt, dort können sie ausreifen. Das ist eine Grunderfahrung, die mein Schicksal mir durch die zwölfjährige Verzögerung zwischen Priesterweihe und der ersten freien Berufstätigkeit abverlangt und geschenkt hat. Diese Grunderfahrung ist zugleich eine Schicksalserfüllung, die sich im Laufe meines Lebens aus Kindheit, Jugend, Studium, Krieg, Gefangenschaft, Verurteilung und Heimkehr für das weitere Wirken als Pfarrer in der Christengemeinschaft ergeben hat. Obwohl die nun einsetzende Berufstätigkeit ein weiteres unaufhörliches Einleben in das Offenbarungsbuch der Schicksale mit sich brachte, muss dieser zweite Teil meines Lebens gesondert beschrieben werden.

VI
Erfüllung

>>*Wer soll, wer kann aber auf sein vergangenes Leben
zurückblicken, ohne gewissermaßen irre zu werden,
da er meistens finden wird, dass sein Wollen richtig,
sein Tun falsch, sein Begehren tadelhaft und sein
Erlangen dennoch erwünscht gewesen?*<<

>>Wilhelm Meisters Wanderjahre<<, Goethe
Die Entsagenden I, 10

>>Piding, 29. November 1951
Lieber Freund Emil Bock!
Meine lieben Freunde!
Die ersten Zeilen auf deutschem Boden gelten Euch.
Freiheit – Leben – zaghaftes Ergreifen der zweiten Geburt in *einem*
Erdenleben – selig treibend auf diesen übermächtigen Wogen der
neuen Wirklichkeit – immer wieder überwältigt – morgen heimfah-
rend zu Frau, Kind und Eltern grüße ich Euch alle mit weit ausge-
breiteten Armen.
Nehmt mich wieder auf, wenn der neue Mensch voll zur Erde
geboren sein wird.
　　Euer Wilhelm Hoerner
　　adveniens.<<

Als Silvester 1951 und Neujahr 1952 Priesterweihen in Stuttgart
stattfanden, war das für mich die ideale Gelegenheit, mich auch
sichtbar wieder mit dem ganzen Priesterkreis zu verbinden. Emil
Bock ging strahlend auf mich zu und schloss mich fest in seine
starken Arme. Gottfried Husemann hatte sich einen aufwändigen
Empfang ausgedacht. Er hatte Luise Arnold, seine ehemalige Se-

kretärin, und mich vor elf Jahren in der neuen Kirche an der Werfmershalde getraut. Das Priesterseminar war zur Zeit meiner Heimkehr noch in der Traubergstraße. Dort wohnte auch Gottfried Husemann, und dort hatte er für uns beide eine Bleibe während unseres Stuttgarter Aufenthaltes eingerichtet. Als wir am späten Abend dort eintrafen und an seiner Wohnung vorbeigingen, guckte er aus dem kleinen Türfensterchen heraus und sagte: »Herr Hoerner, wenn Sie heute Abend noch einen Korkenzieher brauchen, dann holen Sie ihn bitte bei mir.«

Was das sollte, konnte ich mir nicht zusammenreimen. Es wurde aber deutlich, als wir unser Zimmer betraten. Da war ein zweites Bett in das kleine Seminarzimmer hereingestellt. Ein großer Tannenzweig steckte in einer Vase in der Ecke, vor allem aber fiel der Blick auf einen festlich gedeckten Tisch mit einem Strauß schneeweißer Christrosen, zwei Tellern mit je einem »goldenen Fisch« – geräucherte Makrele – und einer Flasche mit rotem Traubensaft. An den Wänden ringsum hingen alle Bilder aus der Holzschnittfolge »Das große Marienleben« von Albrecht Dürer.

Wie uns später gesagt wurde, hatte Husemann das alles selbst angebracht und eingerichtet. Jetzt musste ich natürlich noch den Korkenzieher holen und ihm unsere helle Freude über diesen Empfang mitteilen.

Bei einem früheren Besuch meiner Frau mit dem kleinen Erdmut hatte er den allerletzten Rest aus einem Honigglas für das Kind herausgeholt. Diese warmherzige fürsorgliche Seite soll nicht unerwähnt bleiben.

Bei den Priesterweihen zum Jahreswechsel konnte ich den meisten Mitpriestern wieder begegnen. Die Seminaristen führten das Spiel »Wintergespräch« von Friedrich Doldinger auf. In diesem stabgereimten nordischen Erlöser-Erwartungs-Spiel sagt Heimdall: »Was raunet das Schicksal, das schätzen oft falsch, die ein Furchtbares fällt. Auch dich wird verwandeln die Woge des Werdens.« Als diese letzten Worte zum dritten Mal ertönten, trafen sie mich so tief, dass sie einen heilsamen Tränenstrom auslösten.

Sogleich nach der Heimkehr stellte sich eine neue und besorgniserregende Erfahrung ein. Geistig unterernährt und ausgehungert begann ich zu lesen. Aber siehe da, weder einfache Beschreibungen noch die inzwischen aufgelegten Neuerscheinungen aus dem Werk Rudolf Steiners konnte ich aufnehmen. Ich las nur Buchstaben, der Sinn konnte nur höchst mühsam erahnt werden. Die erlebte Vergangenheit war lebendig gegenüber allem Gedanklichen. Was war da zu tun? Gespräche mit Emil Bock in Stuttgart konnten den Grund für das beängstigende Phänomen ins rechte Licht stellen. Er sagte mir Folgendes: »Die jahrelange Zwangsarbeit hat bei Ihnen alle geistigen Kräfte in den unteren Sinnen konzentriert. Auf der Grundlage der Geistesforschung Rudolf Steiners ergeben sich zwölf Sinne, obere, mittlere und untere. Die unteren Sinne sind der Tastsinn, der Lebenssinn, der uns Hunger und Ermüdung und weitere Lebenserscheinungen anzeigt, der Eigenbewegungssinn und der Gleichgewichtssinn. In dem Kräftehaushalt des Schwerarbeiters tritt ein Ungleichgewicht zwischen den oberen und unteren Sinnen ein. Die Ätherkräfte der oberen Sinne – Hörsinn, Sprachsinn, Gedankensinn und Ichsinn – werden abgezogen von dem Überbedarf der unteren Sinne. Deshalb können Sie«, fuhr Emil Bock fort, »jetzt noch nicht wieder Geistgedanken lesend aufnehmen. Das wird sich aber im Laufe der Zeit wieder ausgleichen. Viel Künstlerisches wird da hilfreich sein.«

Friedrich Doldinger hatte mir zur Begrüßung in der Heimat einen Brief mit den Unterschriften der bei einem Gemeindeabend Anwesenden gesandt. Als Briefkopf hatte er eine farbige Zeichnung gemacht, auf der zwischen Wiege und Sarg drei Kreuze mit Stern darüber zu sehen waren. Er sagte mir später auf die Frage, wie ich die oberen Sinne wieder stärken könne: »Gehen Sie ins Augustiner-Museum und schauen Sie sich das Rot und das Blau eines gotischen Glasfensters an, das genügt.« Die mittleren Sinne vermitteln zwischen Oben und Unten. Zu ihnen gehören der Geschmackssinn, der Geruchssinn, der Sehsinn und der Wärmesinn. Sie ermöglichen künstlerisches Tun.

So stellte ich mir in der ersten Zeit nach der Heimkehr zur Familie und in die Landschaft meiner Kindheit und Jugend selbst manche neuen Aufgaben. Denn zunächst war etwa ein Jahr für eine Resozialisierung in die heimatlichen Lebenszusammenhänge nach

Die vier Geschwister Hoerner: Wilhelm, Anneliese, Alfred und Kurt, 1971 anlässlich der Beerdigung des Vaters

dem Kriege nötig. Dabei ging ich auch daran, den Kalender 1912/ 13, der durch die Vermittlung Rudolf Steiners geschaffen worden war, ganz abzuschreiben. Allerdings so, dass für jeden Tag eine ganze Seite zur Verfügung stand, in welche dann unter dem Strich auch alle wichtigen privaten Ereignisse eingetragen werden sollten. Luise Kreser, die Zweigleiterin von Heilbronn, mütterliche Freundin meiner Frau, lieh mir ihr Exemplar zum Abschreiben aus. Nach ihrem Tode habe ich es dann vererbt bekommen. Das abgeschriebene Kalenderbuch habe ich sorgfältig fadengeheftet und in blaues Leinen eingebunden. Der Anlass für die Herstellung eines eigenen Kalenders durch Abschreiben dieses Urbild-Kalenders ist mir heute nicht mehr gegenwärtig. Aber der heutige Rück- und Überblick über das, was daraus entstanden ist, zeigt die damals waltende Schicksalsführung in hellem Licht. Der Umgang mit dem Kalender als einer Brücke zwischen den großen kosmischen Gestirnsbewegungen und dem menschlichen Zeiterleben war ja gleichzeitig eine Metamorphose und Weiterführung der nächtlichen Sternstunden auf den Wegen mit dem Vater in der Kindheit und Jugend.

282

Im 20. Jahrhundert tauchten immer wieder Bestrebungen auf, die bestehende Kalenderordnung zu vereinfachen. Dabei war der am stärksten treibende Gedanke, einen für alle Jahre gleichen, also fixierten Kalender zu erfinden. Schon in den ersten Jahrzehnten des Jahrhunderts musste Rudolf Steiner immer wieder auf den Zusammenhang von Kosmos, Erde und Mensch hinweisen, der nicht durch derartige intellektuelle Machenschaften zerrissen werden darf. Elisabeth Vreede, die erste Leiterin der Mathematisch-Astronomischen Sektion am Goetheanum, hatte sich dann weiter um die Erhaltung des bestehenden Kalenders bemüht. Ihre Ausführungen waren mir vom Studium am Priesterseminar her gut bekannt, und mehrere ihrer Kalenderausgaben besaß ich noch. Als nun am Anfang der fünfziger Jahre wieder solche Kalenderreformpläne in den Zeitungen als dringend notwendig angezeigt wurden, traf das genau mit meinem erwachenden Interesse für dieses Feld menschlicher Sozialhygiene zusammen. Und als dann diese Anstrengungen auch noch mit der Fixierung des Osterfestes auf einen bestimmten Sonntag im April hinzukamen, begann ich intensiver an dem Problem zu arbeiten. Im Rundbrief für die Pfarrer der Christengemeinschaft veröffentlichte ich im Jahr 1953 einen ersten längeren Aufsatz mit dem Titel: »Tatsachen und Gedanken zur Osterregel, historisch, astronomisch, kosmisch-spirituell«. Das war der Anfang. Viele Aufsätze in den Rundbriefen, der Zeitschrift »Die Christengemeinschaft« und in anderen Zusammenhängen folgten. Bis heute sind es über neunzig. Noch waren das meist Reaktionen auf öffentlich vorgebrachte Anstöße. Es musste also ein gangbarer und wirksamer Weg für das eigene positive Tun gefunden werden. Da der Kampf immer rücksichtsloser gegen das bewegliche Osterfest gerichtet war, entschloss ich mich, in Kontakt mit dem Ökumenischen Rat der Kirchen (World Council of Churches), kurz »Ökumene«, in Genf zu treten. Damals, Ende der fünfziger Jahre, vermutete ich in diesem Gremium von damals über zweihundert nicht katholischen Religionsgemeinschaften noch einen Rest von geistigem Wissen über den Zusammenhang von Kosmos, Erde und Mensch, wie er sich im Kalender manifestiert. Die weitere Entwicklung in dieser Frage sollte mich leider eines anderen belehren.

Durch die lange Gefangenschaft ergab es sich, dass ich erst mit 40 Jahren mitverantwortlich in die Arbeit als Pfarrer in der Christengemeinschaft in Bremen eintreten konnte. So war es eine natürliche Folge, dass ich mit großem Schwung und Einsatz begann. Vor allem in der Arbeit mit älteren Jugendlichen war ich mit Tagungen und Vorbereitungskonferenzen so stark eingebunden, dass ich in der ganzen Bremer Zeit an Pfingsten nie in der Gemeinde, sondern immer bei einer der dreizehn Pfingstjugendtagungen war.

Seit langem war es eine alljährliche Gepflogenheit, dass Friedrich Doldinger aus Freiburg vom Buß- und Bettag am Mittwoch im November bis zum Sonntag in Bremen war und dort in Vorträgen, Seminaren, poetischen Andachten und Theater-Spielen mitwirkte. Diese Festtage konnte ich zwölfmal miterleben und durch Einübung eines der über dreißig von Doldinger verfassten Spiele mit tätig sein. Da ließ ich die sieben Götter der Wochentagsplaneten auftreten. Die besprachen sich dann über ihre Aufgaben und Absichten mit den Worten aus Doldingers »Frommsein mit den Wochentagen«. Das »Morgen- und Abendspiel« kam zur Aufführung, und 1963 wagten wir uns sogar an den »Schwanenritter«. Eines Tages im Februar rief mich Friedrich Doldinger in Bremen an mit der Bitte um Mitwirkung bei seiner Mittwinterfreizeit in Freiburg vom 31. Dezember bis 6. Januar. Ich wehrte mich heftig mit dem Argument, dass ich überhaupt nichts zu sagen wüsste. Er ließ sich aber nicht aus der Ruhe bringen. Die Mittwinterfreizeit stünde zwar vor der Tür (im Februar!), aber es sei ja auch noch ein wenig Zeit für pegasische Inspiration. Er könnte sich gut vorstellen, dass ich etwas über »Schneeflockenfrömmigkeit« erzählen könnte. In dem Augenblick, als ich dieses Wortes im Fernsprecher hörte, leuchtete die Möglichkeit eines Vortrages »zur Sechseckskraft in der anorganischen und organischen Welt« bis in Einzelheiten in der Seele auf. Ich sagte zu. Auf diese und andere Weise war Friedrich Doldinger (1897) für mich der wirksame Geburtshelfer im Reden auf Tagungen. Bis zu seinem Tod 1973 habe ich bei seinen Mittwinterfreizeiten mitwirken können. Die späteren Frühjahrstagungen auf dem Hardthof bei Immenstaat am Bodensee haben sich daraus ergeben.

Von der Hafenrundfahrt
kommend – mit
Friedrich Doldinger in Bremen

Wilhelm und
Luise Hoerner in
Bremen 1960 auf
dem Osterdeich
an der Werder

Gedanken sind Kräfte, die nicht in dem, der sie denkt, ganz verschlossen bleiben, sondern die mehr oder weniger wahrnehmbar auch in dem Gesprächspartner aufleuchten können. Dabei ist es nicht entscheidend, ob der Gesprächspartner anwesend ist oder weiter entfernt wohnt. Mancher Leser kennt das Folgende und ähnliche Erlebnisse aus eigener Erfahrung. Er hat morgens beim Aufwachen oder im gegenwärtigen Augenblick unvermittelt an einen Bekannten gedacht. In diesem Augenblick kommt ein Telefon-anruf von dem Bekannten, an den er kurz vorher gedacht hatte. Derartige Erfahrungen macht der Seelsorger besonders häufig. Das ist kein Zufall, weil unsere Gedanken wirkende Kräfte sind.

Ein besonders auffallendes Erlebnis dieser Art sei noch mitge-teilt. Während ich noch in einem Gespräch war, kam eine Bremer Kindergärtnerin unangemeldet zu mir. In einem Nebenzimmer soll-te sie warten, bis sie an der Reihe sei. Dazu wollte ich ihr ein Buch zum Lesen geben. Vielleicht etwas Naturkundliches, dachte ich und gab ihr ein Buch zum Erkennen der Singvögel an ihren Stimmen, an ihren Motiven. Als ich sie dann zum Gespräch hereinbat, war sie sichtlich verwundert und unsicher. Auf meine Frage sagte sie: »Ich wollte Sie gar nicht stören, ich wollte nur fragen, ob Sie mir ein Buch über Vogelstimmen empfehlen können, weil ich mit meinen Kindern im Bürgerpark Vogelstimmen erlauschen will. Und jetzt haben Sie mir das ungefragt schon gegeben.« Ich hatte das Buch aber wie traumhaft aus der Fülle meiner Naturkundebücher ent-nommen. Gedanken sind Kräfte.

Das meiste im Schatzhaus unserer Seelen verdanken wir ande-ren Menschen, die vor oder mit uns gelebt haben. Es gehört deshalb zu einer Rückschau auf das eigene Leben, sich klar zu werden über die wenigen Weggenossen, von denen die entscheiden-den Einwirkungen auf das eigene Werden ausgegangen sind. Fried-rich Doldinger war der Letzte von ihnen. Vor ihm war Ida Stümcke, die verehrte Mitpriesterin in Bremen, prägend für mein berufliches und allgemein menschliches Dasein. Der große Überblick über das menschheitliche Werden und die unendliche Geduld im Blick auf das Werden der Einzelseele waren von ihr zu lernen. Sie starb 1965, als ich 52 Jahre alt war.

Der unbestechliche Prüfstein für alles, was ich aus bis dahin ange-lesenem anthroposophischen Weisheitsgut vorbrachte und zu vertre-ten suchte, war der Gefangenschaftskamerad und Freund Wolfgang Berkefeld. In unserer »Stacheldraht-Universität« hatte er Vorlesun-gen zur Charakterkunde gehalten. Im Anschluss daran hatte sich unser gemeinsames langes Ringen um eine allgemeine Menschen-kunde ergeben. Die mitgeteilten Gedichte geben Zeugnis davon.

Luise Hoerner, Juni 1988

Den Werdegang meiner Jugend- und Lehrjahre habe ich der Lebensbegegnung mit Bernhard Kallert zu danken. Sein unnachgiebig mit eisernem Willen vorangebrachtes Suchen nach dem Sinn des Lebens war die notwendige Ergänzung zu meiner gemüthaften Naturverbundenheit. Als uns dann im einundzwanzigsten Lebensjahr, unmittelbar nach dem Abitur, unsere Schutzengel über den dritten im Bunde, Hans Röttenbacher, mit der modernen Geisteswissenschaft zusammenführte, begann das unendliche Werdefest unseres Lebens im Bewusstsein aufzuleuchten. Früh vollendet sind beide Freunde über die Schwelle gegangen. Sie sind meine treuen Begleiter geblieben.

Was ich aber der Tapferkeit, der weisheitsvollen Geduld und dem Verzicht meiner lieben Frau Luise durch fünfundfünfzig gemeinsame Lebensjahre zu danken habe, kann nicht in Worte gefasst werden.

Der Umbau des Bremer Weiheraums, für den ich mit Fritz Vogel (1906–1996) die Pläne und Zeichnungen ausarbeitete, kam hinzu. Dabei wollte ich aber zugleich immer auch offen bleiben für alles, was in der Welt vorging, da mir ja so ein ganz spezielles und heute höchst aktuelles Stück Welt vom Schicksal eingeprägt worden war. So wurde ich auf eine »World Calendar Association« (Weltkalender-Gesellschaft) aufmerksam, deren Vertretungen in allen Ländern an der Vorbereitung und Einführung eines »Weltkalenders« arbeiteten. In diesem sollten die Monate Januar, April, Juli und Oktober je mit einem Sonntag beginnen. Dann wäre der 30. Dezember immer ein Samstag. Der 31. Dezember sollte ohne den Charakter eines Wochentages oder Monatsdatums als »World Holiday« freibleiben. Für ein Schaltjahr ergäbe sich nach dem 30. Juni ein weiterer »charakterloser« Tag. Das Osterfest sollte dabei auf den 8. April festgelegt werden. Ganzseitige Zeitungsartikel propagierten Jahr für Jahr dieses Machwerk, in dem die Wochentage nur noch als geistentleerte Namen herhalten sollten, aber nicht mehr als Ausdruck und Träger verschiedener geistigen Kräfte, wie das seit mindestens dreitausend Jahren ohne Unterbrechung war. Die jeweils bevorstehenden Jahre mit dem 1. Januar als Sonntag wurden für die Einführung vorgemerkt. Für die ganze zweite Hälfte des Jahrhunderts waren dies die Jahre 1951, '56, '62, '73, '79, '84, '90 und 2001. In den jeweiligen Vorjahren brachten die Zeitungen Artikel über die bevorstehende Einführung eines Weltkalenders. Die UNO bearbeite diese Angelegenheit, wurde immer wieder verbreitet. Eine Nachfrage bei der UNO hat aber 1965 folgende Mitteilung ergeben: »... Solange von der katholischen Kirche keine konkreten Vorschläge für ein festes Datum des Osterfestes gemacht werden oder eine Entscheidung getroffen wird, bleibt jede Kalenderreform nach Ansicht der UNO für die katholischen Länder undiskutabel ...« Mein Buch »Der Kampf um das bewegliche Osterfest« bringt den vollen Wortlaut des Antwortbriefes der UNO. Trotzdem war der Wirbel in dieser Angelegenheit so stark, dass das II. Vatikanische Konzil die Frage aufgenommen und in seiner Liturgie-Konstitution sich dazu geäußert hat.

Diese Äußerung ist zwar der Konstitution nur als Appendix angehängt und damit abgewertet, aber doch so bewusst missverständlich formuliert, dass die oberflächlichen Zeitungsschreiber prompt darauf hereinfielen. Jetzt konnte man in den Zeitungen lesen, dass die römische Kirche den Weltkalender befürworte. In Wahrheit hat

288

sich das Sacrosanctum Oecumenicum Concilium Vaticanum secundum (das hochheilige allgemeine zweite Vatikanische Konzil, der Heilige Geist ist nur Spiritus sanctus) wie folgt geäußert: »Von den verschiedenen Systemen, die zur Festlegung eines immerwährenden Kalenders und dessen Einführung im bürgerlichen Leben ausgedacht werden, steht die Kirche nur jenen nicht ablehnend gegenüber, welche die Siebentagewoche mit dem Sonntag bewahren und schützen, ohne einen wochenfreien Tag einzuschieben, sodass die Folge der Wochen unangetastet bleibt ...« Das heißt aber im Klartext: Für die Kirche bleibt alles beim Alten. Trotzdem hat auch der Ökumenische Rat in Genf im Anschluss an diese missverständliche Äußerung der römischen Kirche eine demokratische Umfrage bei seinen Gliedkirchen gemacht. Das Ergebnis: Weitaus die meisten sind für den Weltkalender und für eine Fixierung des Osterfestes auf ein gleichbleibendes Datum.

In der Pfingstwoche 1962 fand die Gesamtsynode der Priester in der geweihten neuen Kirche in Berlin statt. Da ich aus eigenem Entschluss schon vielerlei Briefkontakte zur Verhinderung eines fixierten Kalenders und Osterfestes geknüpft hatte, dies aber andererseits auch als Pfarrer der Christengemeinschaft tat, wurde ich von der Synode dazu beauftragt. Im Briefkopf hatte dann zu stehen: »Sachbearbeiter für Kalenderfragen«. Damals stand ich genau im 49. Lebensjahr. An vielen Orten konnten Kalender-Vorträge gehalten werden. Pfarrer Helmut Vermehren (1900-1969) hatte 1947 in Berlin die »Arbeitsgemeinschaft der Kirchen und Religionsgesellschaften in Groß-Berlin (AKR)« mitgegründet. Dort hatte ich auch zu sprechen. Im April 1966 hatte Helmut Vermehren in der Berliner Evangelischen Akademie mit dem Leiter ein Ostergespräch organisiert. Dazu waren zusammengekommen: der Evangelische Bischof Wilhelm Stählin, Walter Bühler, Wilhelm Hoerner, die zwei obersten Rabbiner von Berlin, zwei Pfarrer der Siebentage-Adventisten und etwa fünfzig Tagungsteilnehmer. Bei meinem Referat über den Entstehungs-Hintergrund des Weltkalenders hatte ich zu berichten: Eine Amerikanerin, Elisabeth Achels (die Voreltern waren aus Kiel ausgewandert), sich als Zwillingskind immer zweitrangig fühlend, unverheiratet, setzt sich für Reform-Kleidung ein. Beim Lesen eines Briefes über den Weltkalender vernimmt sie wie schon öfter eine »radiant voice« eine strahlende Stimme: »Elisabeth, du musst für diesen Kalender arbeiten.« Da für sie diese Stimme nur die des Christus sein konnte, machte sie sich an diese Aufgabe und gründete »The World Calendar Association«, die Weltkalender-Gesellschaft. Dafür setzt sie ihre ganze Kraft und ihr nicht kleines Vermögen voll ein. In ihrer Selbstbiografie »Be not silent« (Schweige nicht) war die trübe Quelle dieser Aktion aufgedeckt. Aber genau hier wurde ich im Vortrag unterbrochen: »Diese private Seite gehört nicht hierher.« Trotz der guten Beiträge, die später auch im Evangelischen Verlag in Stuttgart abgedruckt wurden, war deutlich zu spüren, dass die spirituellen Hintergründe der Kalender- und Osterprobleme an dieser Stelle überhaupt nicht gefragt waren und bewusst verdrängt wurden. Auch Helmut Vermehren war enttäuscht von dem Ergebnis, aber zufrieden mit dem Zustandekommen einer solchen Bemühung.

Von den Gesprächen am Rande der Unternehmung nur eines. Beim Mittagessen saß Bischof Stählin mit mir an einem kleinen Tisch. Wir sprachen über Friedrich Rittelmeyer (sie waren Bundesbrüder aus der Studentenzeit) und über die evangelische Kirche und deren Verhältnis zur Natur und Naturwissenschaft. »Ja,« meinte Wilhelm Stählin (1883–1975), »wir haben uns zu lange mit allem Gewordenen befasst, anstatt mit dem Werdenden in der Natur. Wir haben zu lange auf die natura naturata (gewordene) Natur geblickt und die natura naturans (werdende) vernachlässigt, und jetzt haben wir eine natura denaturata.«

Die Bemühung um die Kalender- und Osterfrage durch Briefe, Aufsätze und Vorträge ging weiter, neben der vielseitigen Gemeindearbeit und den in Bremen einzuübenden Spielen mit Jugendkreis und Erwachsenen. Im Juli 1964 wurde ich in die Gemeinde in Esslingen am Neckar entsandt. Im September 1968 war die Synode in Hannover. Da sprach mich Robert Goebel auf meine Kalenderstudien an und sagte: »Sie haben bis jetzt viele Aufsätze geschrieben. Nehmen sie die Inhalte zusammen zu einem Buch, das soll dann in meiner Reihe ›Schriften zur Religionserkenntnis‹ erscheinen.« Ich wehrte mich heftig, weil ich heute noch vor einem Buch eine Art Respekt habe und mich ganz und gar nicht befähigt fühlte, ein Buch zu schreiben. Er gab aber nicht nach. Bis ich dann sagte, ich wolle die Aufforderung annehmen, aber unter der Bedingung, dass er mich nie nach dem Fortgang der Arbeit fragen dürfe. Denn wie lange ich zu so etwas brauche, wüsste ich nicht, und ich dürfe nicht ge- und bedrängt werden. Das versprach er mir. Und immer, wenn wir uns trafen, schaute er mich nur an und sagte dann beim Auseinandergehen: »Alles Gute – für die Zeiten.«

Als ich dann mit der Arbeit begann, waren 8 x 7 Lebensjahre vergangen und der dritte Mondknoten verlangte diese gründliche Neuorientierung im Sinne des »Gesetzes, nach dem du angetreten«. Mit diesem Goethewort aus den »Urworten orphisch« wird an die einmalige Ostersituation in meinem Geburtsjahr erinnert (vgl. S. 16).

Inzwischen war in der Ökumene in Genf das Ringen um ein gemeinsam zu begehendes Osterfest soweit gediehen, dass eine Kalenderkonferenz beschlossen wurde. Sofort wandte sich Rudolf Frieling im Namen der Christengemeinschaft an den damaligen Generalsekretär Lukas Fischer mit der Bitte, dass zwei Teilnehmer aus unserer Richtung daran teilnehmen dürften. Walter Bühler, dessen Buch »Das bewegliche Osterfest – Kalenderreform und Osterdatum« (1965) ich schon nach Genf geschickt hatte, und ich waren als Teilnehmer vorgeschlagen. Sofort bekamen wir Antwort: Eine Teilnahme unsererseits sei nicht möglich, da die Konferenz auf sieben schon bestimmte Teilnehmer beschränkt bleiben müsste. Aber ich solle ein über meine Berichte hinausgehendes größeres Memorandum ausarbeiten, das dann allen Teilnehmern vorgelegt werden würde, denn man sei sehr interessiert an den Erfahrungen und Gedanken der Religionsgemeinschaften, die nicht der Ökumene als Glieder angehörten. Das Memorandum umfasste dreizehn Schreibmaschinenseiten, die von Rudolf Frieling ins Englische übertragene Fassung elf Seiten. Die Stellungnahme war im Auftrag der Leitung der Christengemeinschaft erarbeitet und vom Erzoberlenker Rudolf Frieling (1901–1986) unterzeichnet.

Wenige Tage nach dem Versand im Februar 1970 kam der Dankesbrief von Lukas Fischer mit der Mitteilung, dass unser Memorandum in beiden Fassungen jedem Konferenzteilnehmer vorgelegen habe. In dieser Stellungnahme zum beweglichen Osterfest war darauf verwiesen worden, dass alle kirchlichen Berechnungsformeln, die dann ja auch zu verschiedenen Terminen für das Osterfest führten, letzten Endes doch der Himmelsbeobachtung entnommen seien, wie sie 325 durch das Konzil von Nicäa formuliert sei: Ostern sei zu feiern am Sonntag nach dem Frühlingsvollmond. Wenn sich die Religionsgemeinschaften am Himmel und nicht an ungenauen Rechenformeln orientieren wollten, wäre damit die Möglichkeit für ein gemeinsames Osterfest aller Christen gegeben. Das Ergebnis dieser Osterkonferenz im Auftrag des Ökumenischen Rates der Kirchen in Genf war der Auftrag der astronomischen Berechnung der Osterfeste für das dritte Jahrtausend durch drei voneinander unabhängige astronomischen Recheninstitute: Paris, Heidelberg und Athen. Diese Datenliste liegt heute vor.

Die Kirchen bestimmen aber nach wie vor ihre Osterdaten durch ihre verschiedenen kirchlichen Rechenregeln, was weiterhin differierende Ostertermine zur Folge hat. Die in der römisch-katholischen Kirche gebrauchten Formeln stimmen mit den kosmischen Gegebenheiten weitestgehend überein. Paradoxe, das heißt nicht mit den kosmischen Gegebenheiten übereinstimmende Termine sind sehr selten und nicht in allen Fällen zu vermeiden, weil die Erde eine Kugel ist, auf der der Datumswechsel nicht gleichzeitig stattfinden kann.

Wie es geschah, dass ich im Urlaub das Benediktiner Kloster Kremsmünster in Oberösterreich aufsuchte, weiß ich heute nicht mehr. Aber die Arbeit an den »Zeiten und Rhythmen« bekam dort einen unvermuteten kräftigen Auftrieb. Dass darin Schicksalsführung waltete, ist deutlich. In dem ersten Hochhaus Europas, das die Benediktiner dort erbauen ließen, sind in den Etagen übereinander von unten nach oben alle Naturreiche mit ihren wichtigsten Vertretern ausgestellt. Angefangen bei den Mineralien sind da über Physik, Pflanzen, Tiere bis zur Astronomie und Kalenderkunde und ihren Instrumenten in dem obersten Raum die schönsten Stücke zu sehen. Ganz oben auf dem Dach befinden sich eine Sternwarte und eine Kapelle. Drei wichtige Abbildungen aus der astronomisch-kalendarischen Sammlung konnten in mein Buch aufgenommen werden. Die Sekretaria-Schwester hat mir mit der Erlaubnis des Abtes gute Museumsfotos von den Gegenständen anfertigen lassen. Nach Erscheinen des Buches »Zeit und Rhythmus« 1978 habe ich bei einem Besuch um ein Gespräch mit dem Abt gebeten, um ihm das Buch mit den Museumsfotos seines Klosters zu überreichen. Er freute sich sehr und schenkte mir ein Jubiläumsbuch vom Kloster Kremsmünster.

Im Jahr 1975 wurde bekannt, dass die Normenstelle in Berlin eine neue unerhörte Nummerierung der Wochentage beschlossen habe. Und bereits für 1976 kamen viele Kalender heraus, in denen der Montag als erster Wochentag und der Sonntag unten als letzter erscheinen. Sofort habe ich einen sehr deutlichen Brief nach Berlin geschickt. Am Freitag eingeworfen, hatte ich am Montag um 9 Uhr den Anruf des Leiters der DIN-Normenstelle. »Der siebente Tag ist doch schon in der Bibel der Ruhetag, damit ist doch alles in Ordnung. Was wollen Sie denn?« – Antwort: »Der siebente Tag ist seit 3000 Jahren der Sabbat, der Samstag. Und die Auferstehung Christi berichten alle vier Evangelien als am Sonntag, dem ersten Tag der Woche geschehen.« – Antwort aus Berlin: »Ja, dann sind wir ja in unserem Religionsunterricht ganz falsch belehrt worden!« – Ich: »Daran habe ich nie gezweifelt.« In Berlin wurde aufgelegt.

Ein Briefwechsel begann mit dem Ergebnis: Die geplante Umnummerierung der Wochentage habe schon Jahre vorher den betroffenen Stellen und Kirchen vorgelegen. Einsprüche seien nicht erfolgt. So aus Berlin. Von anderer Stelle wurde mir hingegen mitgeteilt: »Die Einsprüche füllen zwei Aktenordner!!« Weitere Nachforschungen seien deshalb nicht nötig. Entweder eine oder beide Stellen lügen.

Damit ist in Deutschland ein versteckter Einbruch in die Kalenderordnung geleistet worden: Am *Ende* der Karwoche steht der Ostersonntag! Und am Ende der letzten Woche des Kirchenjahres hat der erste Adventsonntag seinen neuen Ort. Dass damit auch die jüdische Kalenderordnung betroffen ist und dass im Portugiesischen der Montag seconda fera heißt, ist bei dieser organisatorischen Glanzleistung wohl auch übersehen worden. Auch im Neugriechischen ist der Montag der »devteros«, der zweite Tag (devtera).

Daraufhin fasste ich den Entschluss, jetzt einen gesunden, sozialhygienisch heilsamen Taschenkalender zu erarbeiten. Das war der Abschluss des neunten Lebensjahrsiebts, mit 63 Jahren. Gleichzeitig war das Rohmanuskript für das Buch »Zeit und Rhythmus« soweit erstellt, dass es dem Lektorat des Verlages Urachhaus abgeliefert werden konnte. Das wurde inmitten aller anderen Verpflichtungen nur dadurch möglich, dass Margot Hahn neben ihren Aufgaben als Frau und Mutter mit drei Schulkindern und einem großen Garten sich bereit fand, mein handschriftliches Manuskript als Diktat in die Schreibmaschine – damals noch mit Durchschlägen – zu übertragen. Nebenher liefen die Vorbereitungen für den Taschenkalender. Weil der Sonntag der erste Tag der Woche ist und bleiben soll, war der Hauptgedanke für den Kalender der Überblick über eine Woche mit dem Sonntag als Kopf. Zugleich sollten mit dem Tages- und Wochenrhythmus die beiden anderen Hauptrhythmen eines Kalenders anschaubar sein: der Monat und das Jahr. Die geistigen Hintergründe dieser vier Rhythmen müssen ja nicht in jedem Augenblick im Vollbewusstsein begrifflich erfasst werden, aber sie sollten im Gesamtbild aufscheinen. Die vier Rhythmen eines jeden Kalenders sind der Tag, die Woche, der Monat und das Jahr. Sie entstehen durch die Bewegungen von Erde, Mond und Sonne. Sie wirken sich auch im Menschen aus als Rhythmus des Ich im Tag, als Rhythmus der Seele in der Woche, als Rhythmus des Lebens im Monat und als Rhythmus des Leibes im Jahr.

Am Kopf der Kalenderseite erinnern die durchgezählten Tage an das Ganze des Jahres, ebenso wie die pulsierenden Sonnenauf- und -untergangszeiten Tages- und Jahreslauf vergegenwärtigen. Der Monat steht ebenfalls oben. Er kann durch die weiße Spalte des zunehmenden und blau unterlegten abnehmenden Mondes sowie durch die Angabe der zu übenden Monatstugend dem Benutzer bewusst werden. Die Woche mit ihren Tagesnamen ist mit einem Blick überschaubar. Der einzelne Tag hat sein Monatsdatum, seine Sternenkonstellationen und die Erinnerungsjahre wichtiger geschichtlicher Ereignisse. Die jahreszeitlichen Wendepunkte sowie die lange Zeit vorher eintretenden meteorologischen Umschwünge im Jahreslauf und die christlichen Festeszeiten sind ebenfalls eingetragen. Dadurch wird das Ganze aus dem toten Bereich einer Nummerntabelle, zu der heute die meisten Kalender degeneriert sind, wieder zu einem sozialpädagogisch heilsamen Gebrauchsbuch für das ganze Jahr.

Zum Jahresbeginn 1978 erschien der erste Jahrgang des Taschenkalenders aus dem Verlag Urachhaus und im September des gleichen Jahres das Buch »Zeit und Rhythmus. Die Ordnungsgesetze der Erde und des Menschen«. In gleicher Aufmachung und gleichzeitig wurden ausgeliefert: Walther Bühler, »Geistige Hintergründe der Kalenderordnung. Vom Wesen der Woche. Die Beweglichkeit des Osterfestes. Die Kalenderreform«; Rudolf Frieling, Wilhelm Hoerner, »Der Sonntag, eine christliche Tatsache. Wochenbeginn und Kalenderordnung«; Emil Bock, »Der Kreis der Jahresfeste. Advent, Weihnacht, Epiphanias, Passion, Ostern, Himmelfahrt, Pfingsten, Johanni, Michaeli.« Mit diesen vier Büchern konnte ein wesentlicher Beitrag zur Anregung eines verantwortungsbewussten Lebens im Zeitenstrom geleistet werden.

Von 1976 an waren fast alle Arten von Kalendern erschienen mit dem Montag als ersten Tag der Woche und dem Sonntag als letztem, obwohl die Vorschläge der Deutschen-Industrie-Normenstelle in Berlin (DIN) keine gesetzlichen Anordnungen sind, sondern nur den Charakter von Empfehlungen haben. Wer kann aber in Deutschland Empfehlung und Befehl sauber auseinander halten? Das können nur große Firmen mit festen internationalen Verbindungen. Das habe ich durch zwanzig Jahre in der alljährlichen großen Kalenderausstellung in Stuttgart wahrnehmen können. Von den dort über achthundert ausgestellten großformatigen Bild- und Werbekalendern hatten gleichbleibend etwa ein Zehntel die richtige Kalenderordnung mit Sonntag als erstem Tag der Woche. Für die japanischen, israelischen und englischen Kalender war das selbstverständlich. Aber auch einige deutsche Firmen hielten sich an die weltweite Ordnung. Eine deutsche Kunstkalenderfirma tut das mit dem Zusatz »American style«. Nach einundzwanzig Jahrgängen des Taschenkalenders hat mir Franz Dieter Stadler (geb. 1938) diese Arbeit abgenommen.

Im Jahr 1977 konzentrierten sich die Verpflichtungen zur Oster-

und Kalenderaufgabe in besonderer Weise. Viele Gespräche, Konferenzen und Verbindungen zur Herausgabe des Kalenders waren nötig. Gleichzeitig mussten der Andruck des Buches korrigiert, die letzten Zeichnungen eingefügt, der Umbruch und die Register angefertigt und korrigierend begleitet werden. Am 1. November, an dem Tag, an dem ich 28 Jahre vorher zu 17 Jahren Zwangsarbeit verurteilt worden war, schrieb ich das Vorwort für das Buch. Auch für die kleine Schrift »Der Sonntag, eine christliche Tatsache« waren Abschlussarbeiten nötig. Im Herbst kam eine eineinhalb Monate dauernde Vortragsreise zum Thema »Das bewegliche Osterfest und der Weltkalender« durch zehn größere Städte Westdeutschlands hinzu. Vorträge und Kurse zum Werdegang unseres Bewusstseins im zeitlichen und außerzeitlichen Weltensein begleiten mich durch all die Jahre bis zur Stunde. Das sind auch Buchstabierversuche in dem Bereich, den ich »Buch der Offenbarung« genannt habe.

Zwei Begegnungen seien hier noch eingefügt. Im Gedenkjahr von Martin Luthers 500. Geburtstag 1983 hielt Lukas Fischer, der ehemalige Generalsekretär des ökumenischen Rates der Kirchen, in Stuttgart einen Vortrag. Inzwischen war er wieder Professor für Reformerische Theologie an der Universität Basel. Nach dem Vortrag sprach ich ihn an, ob er sich noch an unsere Korrespondenz vor vierzehn Jahren zum beweglichen Osterfest erinnere. Freudig bejahte er. Dann kam meine einzige Frage: »Wie steht es jetzt in der Ökumene mit dem beweglichen Osterfest?« Er hob beide Hände, machte eine abwehrende Bewegung und sagte: »Die haben andere Sorgen.«

Aus der einseitigen Betonung des Wortes »Die« konnte viel Erklärendes für die Antwort auf meine weitere Frage nach diesen anderen Sorgen entnommen werden. Er sagte nur »Südafrika«. Wir verabschiedeten uns. Damit war aber deutlich, dass die religiösen Probleme der Ökumene weitestgehend von politischen Verhaltensweisen bestimmt wurden und werden.

Um in der Osterfrage auch mit einem Angehörigen der orthodoxen Kirchen in Kontakt zu kommen, habe ich mich an die russisch-orthodoxe Kirche in Stuttgart gewandt. Ich müsste schon sagen, worum es gehe, war die Antwort. Als ich sagte: »Um das bewegliche Osterfest«, sagte die Dame am Telefon: »Davon versteht unser

Pfarrer nichts, da müssen Sie schon mit dem Bischof sprechen.« Auf die Bitte um einen Termin beim Bischof wurde mir gesagt: »Der ist nicht hier, da müssen Sie warten, bis er wieder nach Stuttgart kommt.« Also bat ich weiter um einen Gesprächstermin. Tatsächlich wurde ich einige Zeit später angerufen, und das Gespräch konnte in Stuttgart stattfinden. Der Bischof war ein großer jüngerer Mann in schwarzer Soutane mit einfachem Ledergürtel, ein Russe mit einem strahlend offenen liebevollen Blick. Er sprach fließend Deutsch, war aber gefolgt von einem kleinen uralten, gebückt einhergehenden Priester mit weißem Bart und Kopfbedeckung, der, wie sich herausstellte, kein Deutsch verstand, aber bei dem Gespräch des Jüngeren als Zeuge dabeisein musste.

Hier ist daran zu erinnern, dass es eine einheitliche orthodoxe Kirche, wie etwa die römisch-katholische Kirche, gar nicht gibt. Die russisch-orthodoxe, die serbisch-orthodoxe, die griechisch-orthodoxe Kirche und andere sind unabhängig voneinander, wie auch die einzelnen Patriarchate etwa von Moskau, Kiew, Istanbul (Byzanz), Antiochien, Jerusalem. Alle betrachten sich untereinander als gleichberechtigt. Kein Primat eines einzelnen Patriarchen wird anerkannt, so wenig wie der des römischen Bischofs als Papst. Nun konnte die von der Kalenderkonferenz in Genf in Auftrag gegebene und inzwischen erfolgte astronomische Bestimmung der Ostertermine des dritten Jahrtausends als eine Vorarbeit für ein orthodoxes Konzil betrachtet werden, auf dem dann die entsprechenden Beschlüsse zu fassen wären. Die Frage nach diesem Konzil war das zentrale Gesprächsthema. Deshalb hatte ich die gut aufgemachte Broschüre »Towards the great concil« (1972), dem großen Konzil entgegen, mitgebracht. Mit einer Handbewegung wurde das abgetan. »Bedenken Sie doch«, sagte der Bischof, »der Metropolit von Moskau und der von Kiew, die können doch gar nicht frei sprechen. (Es war noch vor 1989, die Zeit der UdSSR-Diktatur). Da kann man doch kein Konzil machen.« Mein Hinweis auf die Broschüre wurde wieder abgetan und noch deutlicher darauf hingewiesen, dass doch kein Metropolit die anderen einladen kann, weil dadurch der Anschein eines Primates entstehen könnte, und das gibt es in keiner Ost-Kirche. Deshalb würde das Konzil nie stattfinden.

Ich begann zu begreifen. Die Trennung der westlichen von der östlichen Christenheit im Jahre 1054 wird für immer bestehen bleiben. Trotz und gerade wegen der Annäherungsversuche einzelner Kirchenmänner. Die immer wieder durch Flugschriften wach gehaltene ewige Sehnsucht nach einem gemeinsamen Konzil der Ostkirchen oder gar einer Verbindung mit den Westkirchen ist nur ein scheinchristliches Aushängeschild für die in ihrer Tradition völlig erstarrten Ostkirchen. Das mag schmerzlich empfunden werden. Für die Frage der Erhaltung des beweglichen Osterfestes scheint es bis jetzt als Rettung gewirkt zu haben. Denn die in der Ökumene lose zusammengeschlossenen Kirchen und die missverstandenen Äußerung der römischen Kirche im Anhang der Liturgie-Konstitution haben die geistverlassenen, rein intellektualistischen Bestrebungen zur Fixierung des Osterfestes in fataler Weise unterstützt.

Im März 1997 fand in Aleppo, Syrien, eine weitere Beratungsversammlung des Ökumenischen Rates der Kirchen statt: Bemühungen um ein gemeinsames Osterfest. Der 18-seitige englische Bericht schließt mit der Empfehlung, die Regel von Nicäa mit astronomischen Berechnungen und dem Meridian von Jerusalem beizubehalten. Dies solle jetzt diskutiert werden bis zu einer weiteren Beratungsversammlung im Jahre 2001. Im Jahre 2001 werden die Osterberechnungen, wie sie zur Zeit in den Kirchen angewendet werden, übereinstimmen. Diese sehr seltene Tatsache könnte auch eine Anregung für die Kirchen sein, die empfohlene Bestimmungsmethode jetzt im dritten christlichen Jahrtausend endlich gemeinsam anzuwenden. Bis auf den Meridian von Jerusalem, den wir 1970 noch nicht zu empfehlen wagen konnten, ist der obige Vorschlag identisch mit den Memorandum der Christengemeinschaft aus dem Jahre 1970. Geschichtlich werden sich unsere Bemühungen in ihrem Zusammenhang mit dieser neuesten Empfehlung von Aleppo 1997 nicht nachweisen lassen. Aber dass unser Einsatz für die Erhaltung des beweglichen Osterfestes nicht umsonst war, das zeigt der heutige Stand der Tatsachen. In dem Buch »Der Kampf um das bewegliche Osterfest. Dokumente einer dramatischen Auseinandersetzung«, Stuttgart 1998, habe ich diesen Kampf, der seit 1897, dann das ganze 20. Jahrhundert bis heute fortdauert, ausführlich dargestellt. Diese Überschau konnte nur von uns aufgestellt werden, weil die Befürworter einer Festlegung des Osterfestes den Einsatz der Christengemeinschaft und der Anthroposophischen Gesellschaft für das bewegliche Osterfest durch das ganze Jahrhundert hindurch nicht zur Kenntnis nahmen oder nicht verstehen konnten oder wollten.

Schon durch den im Jahrhundert nur einmaligen Ostertermin mit Tagundnachtgleiche am 21. März, Frühlingsvollmond am 22. März und Ostersonntag am 23. März meines Geburtsjahres 1913 kündigt sich eine Schicksalsbeziehung zum Osterfest an. Die geschilderten Erlebnisse an Zeiten und Rhythmen kommen hinzu. In ihnen wirkt ein nicht sichtbares, übersinnliches Element in die Seele hinein. Das habe ich den Bereich der Offenbarung genannt. In diesem Bereich lebt sich der Priester in der Christengemeinschaft am Altar und in der Seelsorge im Lauf seines Lebens mehr und mehr ein. Der Quell dieser stetigen Erneuerungskraft ist die tägliche und allsonntägliche Vergegenwärtigung von Tod und Auferstehung im Mysterium von Golgatha. Sie wird in besonderer Weise in der Karwoche und im Kosmos verbundenen Osterfest begangen. Mein Einsatz für das bewegliche Osterfest in der zweiten Hälfte meines Lebens, ab dem 40. Lebensjahr, ist nichts anderes als eine dankbar zu erlebende Schicksals-Erfüllung.

Die in der ersten Lebenshälfte erlebte Geschichte des 20. Jahrhunderts und die im zweiten Abschnitt schöpferisch belebte Geschichte der Vergangenheit haben mir ebenfalls eine unerwartete Schicksals-Erfüllung geschenkt. Durch die Begegnung mit der Megalith-Kultur im Umkreis von Bremen und in der Heide (vgl. S. 192) wurde ein zunehmend stärker werdendes Einleben in den Bewusstseins-Werdegang der nachatlantischen Menschheit angeregt. Dieser geschichtliche Strom konnte aber durch die Entsendung von Bremen nach Esslingen nicht gleich anschließend verfolgt werden. Denn an dem für mich neuen Ort warteten andere Aufgaben. Pfarrer Harald Falck-Ytter (geb. 1927) und Eugen Peter (1922–1996) hatten die schwierigen Vorbereitungen für den Neubau einer Kirche der Christengemeinschaft in Esslingen bis zum Baubeginn geleistet. Am 1. Juli 1964 kam ich in Esslingen an, am 2. Juli war die Einführung durch den Lenker Martin Borchart, und am 7. Juli wurde der Baukran aufgerichtet und die Ausschachtungsarbeiten begannen. Schon am Samstag, 5. September, konnte der Grundstein, ein kupferner Pentagondodekaeder (Fünfecks-Zwölfflächner), an der Stelle eingemauert werden, über der heute der Altar steht. Zu den Segenswünschen auf der Grundsteinurkunde hat uns Oberlenker Friedrich Doldinger den Spruch gegeben:

»Opferkraft, moralische Fantasie
und Freiheitliebe weben
die Frommheit der Zukunft.«

Um Wahrnehmungen zu haben, machte ich eine Reise zu allen mir erreichbaren Kirchen-Neubauten. Die vielen, zum Teil komplizierten Aufnahmen, die ich machte, traten nicht in Erscheinung, weil ich aus lauter Begeisterung nicht bemerkt hatte, dass kein Film in den Fotoapparat eingelegt war. Auch diese gute Belehrung durch den Schutzengel wurde brummend und dankend angenommen. Mit dem Architekten der Esslinger Kirche, Helmut Lauer (1901–1979), ergab sich eine gute Zusammenarbeit ebenso wie mit Richard Hohly (1902–1995), dem Maler, der die farbigen Glasfenster gestaltete und das Altarbild gemalt hat. Da Pfarrer Falck-Ytter bald nach Kopenhagen entsandt wurde, war ich in der ganzen Bauzeit in Zusammenarbeit mit dem Baukreis die alltägliche Ansprechperson für Bauführer, Handwerker und Arbeiter.

Zwei Geschichten aus dem Baujahr dürfen auch hier noch erzählt werden. Eines Tages sagte mir der Bauführer, er brauchte jetzt bestimmte eiserne Beschläge, die er aber vergessen habe mitzubringen. In einer nahe gelegenen Eisenhandlung gab es die auch, und so ging ich, um sie dort zu kaufen. Als ich sie ausgesucht hatte und bezahlen wollte, bemerkte ich, das ich kein Geld dabei hatte. Da hörte ich eine bekannte Stimme neben mir: »Wieviel brauchen Sie, Herr Pfarrer?« Es war der Mesner von der Esslinger Stadtkirche, Alfons Dreher (1920–1984). Wir kannten uns gut aus vielen Gesprächen zu den christlichen Grundwahrheiten. Er hat sogar später eine zweitägige Vogesenfahrt unserer Gemeinde mitgemacht. Er bezahlte für mich, und ich rannte weg, um auch noch etwas für das Vesper der Bauleute mitzubringen. Beim Bäcker, dem ich bekannt war, bemerkte ich, dass ich die Eisen in dem Geschäft auch noch liegen gelassen hatte. Ich ging aber zuerst zum Bau wegen der nahen Vesperzeit. Da sagte mir der Bauführer: »Vor wenigen Minuten war der Mesner von der Stadtkirche da und hat die Beschläge gebracht.« Das war ökumenische Zusammenarbeit!

Bei den Arbeitern der verschiedenen Gewerke waren alle europäischen Länder vertreten. Da die Kirche an das Gasthaus »Goldener Pflug« angebaut ist, dachte ich bei mir, jetzt fehlt nur noch ein Perser, weil ja in der persischen Mythologie der Sonnengott den Menschen den goldenen Pflug zum Bearbeiten der Erde schenkt. Und siehe da, die schweren Eisenträger, die den hölzernen Dachstuhl tragen, wurden ganz oben an ihrer Spitze von einem Perser miteinander verschraubt.

Am Samstag, 27. November, war die Schlüsselübergabe durch den Architekten mit Grußansprachen des Landrates, des Bürgermeisters, des Lenkers Martin Borchart (1894–1971) und der benachbarten Pfarrer. Am 28. November, dem ersten Adventsonntag 1965, fanden die Raumweihe und die erste Menschenweihehandlung durch den Erzoberlenker Rudolf Frieling statt.

Eine Kirche neu bauen ist nicht schwer, weil jeder sehen kann, was da entsteht. Alle zu festen Formen jedoch soweit wieder ins Werden zu bringen, dass sich aus der Geistwelt heraus eine lebendige Gemeinde bilden kann, das ist außerordentlich schwer. Mit einem organisierenden Wollen ist da nichts Heilsames zu machen. So bemühte ich mich ständig zu den Sakramenten, der Seelsorge und den Religionsstunden für die Kinder hinzu um einen erweiterten Überblick über den geistesgeschichtlichen Sinn historischer Ereignisse. Ohne eine derartige Vertiefung der Vergangenheit hätte ich meinen Beruf nicht erfüllen können. So fügte es das Schicksal, dass ich schon 1966 mit Erwin (1912–1984) und Erna Wellhöfer (1914–2000) und Frau Luise eine Reise nach Bordighera am Ligurischen Meer, westlich von Genua, machen konnte. Von dort aus wurden eine ganze Reihe von frühchristlichen Taufkirchen, Baptisteren, wie Albenga, Ventimiglia, San Remo und andere besichtigt. Auf einer mehrtägigen Fahrt über Monaco, Nizza, Cannes nach Frejus in Frankreich war das wichtigste Erlebnis eine Überfahrt von Cannes nach St. Honorat, der Hauptinsel der Lerins-Inselgruppe. Die weise Priesterin Ida Stümcke in Bremen hatte mich unterrichtet über den urkeltischen, später christlich-irischen Nordsüdstrom, der sich in Südfrankreich mit einem johannischen Ostweststrom verbindet. Eine der Hauptstellen dieser segensreichen Verbindung unter Umgehung des römischen Macht-Impulses war die Insel Lerins. Deshalb nannte Ida Stümcke diese vergessene christlich-johannische Strömung in Europa in einer Schrift den »Impuls von Lerins«. Vom Osten und aus Ägypten kamen Mönche nach Lerins. Patrick empfing auf der Insel den Antrieb, als Missionar nach Irland zu gehen. Über Cassian (350–430), einem Schüler von Johannes Chrysostomus (gest. 407) und dieser der Lieblingsschüler von Origenes (185–254), kam das Griechische nach Lerins und von da nach Irland. Aus dieser Schule von Lerins kamen eine ganze Reihe von Bischöfen und Verkündern eines auf die innere Freiheit gegründeten johannischen Christentums nach Südgallien. Jahrhunderte später blühten dort der Minnesang, die Gralserzählungen sowie das Katharer-Christentum aus diesem ur-christlichen Menschheitsstrom auf. Heute in der Rückschau wird ganz deutlich, dass auch diese Reise an die frühchristlichen Stätten der Côte d'Azur, Antibes, Frejus und als strahlende Mitte Lerins – St. Honorat – die späteren Studien des johannischen Ostweststromes ausgelöst und befruchtet hat.

Schon in den fünfziger Jahren habe ich auf den Rückfahrten von Dornach mehrmals den Odilienberg im Elsass besucht und dort die frühkeltischen Funde kennen gelernt. Im Kloster selbst war sowohl das Nachklingen dieser Mysterienkultur als auch der Zusammenhang mit der irischen Mission an Malereien und Skulpturen deutlich wahrnehmbar. Da unsere Urlaubsorte nahe und billig sein sollten, schrieb ich an die Bürgermeister der Orte im Elsass, von denen aus weitere Entdeckungen von Spuren der Kelten und christlichen Iren zu erwarten waren. Gefragt war einfache Übernachtung mit Kochgelegenheit. So haben wir in fünf Urlauben die Süd-, Mittel- und Nordvogesen bewandert. Das war ein anschauliches und erlebnisreiches Stück Land, geprägt durch die urkeltische, später christlich-irische Nordsüdströmung (Aufsätze dazu in »Die Christengemeinschaft« 1983/5,8,11). Aus den Erfahrungen und den dazugehörigen kunst- und kulturgeschichtlichen Studien ergab sich die Möglichkeit, von 1980 bis 1991 zwölf zweitägige Busreisen »Auf den Spuren der Kelten und Iroschotten im Elsass« mit Gemeindegliedern und Freunden zu unternehmen. Bei der letzten Fahrt waren zwei Busse nötig. Mit den gründlichen Vorbereitungstagen, wobei alle, auch die schmalen Seitenwege für die Durchfahrt des Autobusses geprüft werden mussten, war ich gegen vierzig Mal in diesem heute noch durch wirksame Lebenskräfte gesegneten Land im westlichen Rheingraben.

Die sechste Vogesenfahrt mit der Gemeinde brachte für mich den Höhepunkt der Vergegenwärtigung geschichtlicher Ereignisse. Das war die Fahrt zu den ersten großen Wirkensstätten des bedeutendsten irischen Wandermönches Columban (542–615) in Gallien: Annegrey und Luxeuil. Vor allem die Vorbereitungsreise zu zweit mit dem französisch sprechenden Freund Claude Mattion war erlebnisreich. Am 2. Mai 1984 haben wir den Felsspalt oben im Wald nach einigen Fehlinformationen endlich gefunden, in dem eine Quelle rinnt und an dessen Außenseite Columban sich seine Rückzugsklause angebaut hatte. Er musste das Klosterleben durch eine Zeit des völligen Alleinseins immer wieder unterbrechen, um Kraft zu schöpfen für seine Schulungsaufgaben an den als raue fränkische Naturburschen in das Kloster eintretenden Mönchen. Das schwierige Auffinden dieser Klause wird am besten durch eine Tagebuchnotiz deutlich: »… wo der Wald die Straße verlässt, Beginn des Aufstieges. Wir steigen rechts auf schlammigem Holzabfuhrweg hoch. Herrliches kräftiges Grün des Laubes … Regen, nass geschwitzt. Keine Kapelle – weiter aufwärts. Unsicherheit, Weggabelungen, keinerlei Zeichen, Regen von oben, aufgeweichter Boden unten. Motorengeräusch. Ein schwer beladener Traktor mit Anhänger. Noch eine halbe Stunde, sagt der Bauer, immer seinen Spuren nach, oben links. Ganz unten hieß es am Wegweiser: 25 Minuten. Wir sehen keine Spuren mehr, gehen links durch den Wald, gelbe Zeichen an Bäumen, versumpfter See, ein Haus, alter Schafstall am Haus angebaut. Guter Weg am

Haus vorbei. Backofen verfallen ... wir stehen unter am Haus. Karte, Kompass, Richtung der Kapelle festgelegt, dann nach Kompass. Nochmal Kompasseinrichtung unter der Tanne. Es geht abwärts. Unsicher, weil weiter rechts als Kompass, jetzt muss es nach links biegen – da wird die graue Kapellenwand zwischen dem Buchengrün sichtbar. Und die Grotte am Fels (der Bauer wusste davon nichts). Eine Quelle in dem Felsspalt, am Fels außen die typischen Balkenlöcher der Hütte, Kapelle oder Klause Columbans. Alles ganz eindeutig, zu tiefst bewegend.

Die moderne Kapelle daneben verwahrlost. Der alte Arzt kann sie nicht mehr pflegen. Ein zerrissenes Gästeheft auf dem verkommenen Altar. Eintrag vor uns: ›Habe viel Kraft hier erhalten.‹ Unten der Brunnen. Wir bleiben lange. Immer wieder neu hinauf und herab die kleine Erhebung. Dann Trennen von dem heiligen Ort. Einstieg in richtigen Pfad abwärts mit gelben Punkt. Von innen und außen total durchnässt und im kalten Wind frierend geht's nach Annegrey.

Die Bäuerin! Alter grauer Mantel, dessen Stoff nur noch in Resten an den Nähten hängt, sodass das farbig karierte Futter durch den Dreck schimmert. Sie zieht die Kapuze über den Kopf, weil es wieder stärker regnet. Aber strahlend blaue Keltenaugen. Sie erzählt uns, dass gestern (1. Mai, altkeltischer, festlich begangener Sommerbeginn) ein Bus mit Priesterseminaristen aus Bobbio (dem Sterbeort Columbans in Oberitalien) da war. Austauschstudenten mit Luxeuil ... Abends in Luxeuil an. Ein Fensterladen schließendes Mädchen sagt uns das Hotel Le Lionvert. Aus den nassen Kleidern – warm – Abendbrot – keltische Lyrik.«

Am zweiten Tag der Planungsfahrt besuchten wir das Priesterseminar, um nach einem uns empfohlenen Columban-Spezialisten zu fragen. Antwort des alten Pförtner-Priesters: »Wir sind alle Columban-Spezialisten.« Aber wir wurden dann doch von einem alten Lehrer in seiner Zelle empfangen. Er hatte wenig Zeit. Wir entschuldigten uns. Er: »Columban war immer freundlich. Wir sind Schüler Columbans.«

Die namengebundenen Kirchenpatrone sind im Elsass häufig irische Wandermönche, die Peregrini. Auch Ortsnamen zeigen diese Strömung auf. Am deutlichsten jedoch ist sie in der romanischen

Kirchenbaukunst, vor allem an den Portalen und Säulenkapitälen abzulesen. Emil Bock, der das Buch »Schwäbische Romanik« vorgelegt hat, wollte als Gegenstück eine »Elsässische Romanik« schreiben, wozu er aber nicht mehr kam, obwohl schon einzelne Fotografien von Kirchen gemacht waren. Auf diesen Kirchenbauspuren im Norden um Zabern, in der Mitte um den Odilienberg, im Süden im Münstertal und im Gebiet beider Belchenberge verliefen meine vielen Elsassbesuche und die zwölf Vogesenfahrten mit der Gemeinde. Das war die eine Spur. Die andere war die Fülle der keltischen Reste an Schalensteinen, Dolmen, das sind Steinkammern, Zyklopenmauern und Kultstätten, in deren Nähe dann oft auch die romanischen Kirchen erbaut waren. Auf diese wahr-nehmende Weise erschloss sich mir der geistige Quellbereich des keltisch-irisch-christlichen Nordsüdstromes, der Natur und Christentum verbindet. Darin fand mein jugendliches Ahnen in diesen Bereichen eine reife Erfüllung.

Seit 1973 kamen durch die Sommerurlaube in Hochgols zwischen Salzburg und Hallein die bedeutenden Siedlungsgebiete der Kelten um die Salzbergwerke Dürnberg und Hallstadt hinzu. In Hallein ist seit 1970 in dem größten Profanbau, dem 1654 vom Erzbischof erbauten Salinenverwaltungsgebäude, das so bezeichnete »Keltenmuseum« eingerichtet. 1980 waren dort bedeutendste Keltenschätze aus ganz Europa zur Ausstellung zusammengetragen worden: »Die Kelten in Europa«. Gleichzeitig in Steyr: »Die Hallstadtkultur. Frühform europäischer Einheit«. Auch dorthin konnte mit der Esslinger Gemeinde eine Autobusreise organisiert werden. Seit dieser Zeit habe ich alljährlich im Sommerurlaub für die Pensionsgäste Führungen im Keltenmuseum gemacht. Daraus und durch weiteres Studium ergab sich eine solide Kenntnis und Erkenntnis für dieses so entscheidende Ferment im Jahrtausende umfassenden Werdegang Mitteleuropas (Aufsätze dazu in »Die Christengemeinschaft« 1980/11 und 1985/11). Der Keim für diese auch religionsgeschichtlich so wichtigen Studien waren schon in der Heimatkunde der Kindheit gelegt worden.

Bei den Abend- und Nachtwegen vom Bezirksstädtchen in das heimatliche Dorf unter dem funkelnden Sternhimmel hatte ich vom

Lebensbilder: 10 Jahre   16 Jahre   26 Jahre

Vater die nachhaltigsten Unterweisungen erhalten. Der Tierkreis der Sternbilder war ein solcher geistiger Keim, der damals in meine Seele eingesenkt wurde. Der Tierkreis am Himmel als die Bahn, durch die Sonne, Mond und Planeten im Jahreslaufe wandern. Durch zwölf Vollmondperioden im Jahr bewirkt der Mond die zwölf Monate des Jahres. Und in jedem Monat leuchtet die Sonne aus einem anderen Sternbild des zwölffachen Tierkreises. Tief freudig erregt war ich da, als ich eines Tages in einem Vorlagenheft für Laubsägearbeiten als Rückwand für einen Abreißkalender die zwölf Tierkreisbilder – allerdings im Viereck angeordnet – fand. Das waren für mich die ersten Bilder jener hohen Geistwesen, für die der Tierkreis eines ihrer Wirkensfelder ist. Damals ahnte ich nur eben Geheimnisvolles, Verborgenes in den Bildern. Noch heute kann ich die eigenartig innerlich tätig fragende Stimmung beim äußerlichen Heraussägen der Umrisse etwa des Krebses, der Zwillinge oder des Widders lebendig gegenwärtig haben. Im Nachschaffen der Formen, zeichnend oder plastisch gestaltend, kommen wir dem Wesen des betreffenden Gegenstandes ein gutes Stück näher.

Im Priesterseminar fand ich dann die Sternkalender von Elisabeth Vreede, und durch die Kenntnis des Kalenders von 1912/13 erschien die Tierkreiszwölfheit wieder in einem ganz neuen Licht. Ich kam dann auch schon mit Margot Rössler (1907–1991) in Verbindung. Sie war künstlerische Glasschleiferin und hat die neuen Tierkreis-Imaginationen aus dem Kalender 1912/13 in farbige Gläser geschaf-

306

38 Jahre   78 Jahre   87 Jahre

fen. Von ihr habe ich auch diese neuen Bilder als farbige, schraffierte Zeichnungen. Die Fähigkeiten und Funktionen der zwölf Sinne waren wie oben berichtet erlebt und studiert worden, ebenso wie die zwölf möglichen Weltanschauungen. Es gibt eine Legende, dass an Pfingsten jeder der zwölf Jünger in einem Satz das für ihn Wichtigste aus der Gemeinschaft mit Jesus Christus ausgesprochen habe. Daraus sei dann das zwölfgliedrige Credo der Christenheit entstanden. Hier wird wiederum unübersehbar auf die kosmische Zwölfheit der Weltinitiatoren hingewiesen, deren Wirksamkeiten die Sonne aus den Tierkreisregionen auf die Erde trägt. Diese Tatsache kann auch als die reife Frucht der ganzen dritten, babylonisch-ägyptischen Kulturepoche anerkannt werden. Sie hat auch im Vaterunser ihren Ausdruck gefunden in den Worten: »Wie im Himmel so auf Erden«. Mit dem Erdenleben Christi in der griechisch-römischen Epoche begann die Vorbereitung jener Kulturepoche, die wir auch als den Beginn der Neuzeit im 15. Jahrhundert kennen. Von da an weitet sich der Blick einzelner Menschen zu jenem Überblick, der heute die ganze Erde und die ganze Menschheit umfassen möchte.

Das große Ganze von Erde und Menschheit ist bereits durch die Zwölfheit der Jünger vorverkündet. Grundverschieden sind ihre Charaktere und ebenso die Regionen, in die sie die frohe Botschaft vom wahren Menschwerden tragen. Ihre Wesensarten, ihre Charaktere sind verschieden. Ihre Botschaft ist das eine offenbare Geheimnis des Werdens von Mensch und Menschheit. Das ist beschlossen in der Zwölfheit und dem Dreizehnten. Das habe ich versucht zu erarbeiten und zu verkünden: »Zwölf Jünger wirken in die Welt«. In die Welt hinein, also dynamisch einen Werdegang von Mensch und Menschheit verkündend, Wandlung bewirkend. Und dieser Werdegang ist kein beliebiger, weil er im Einklang ist mit dem kosmischen Gang der Frühlings-Sonne durch den Tierkreis. Die Frühlings-Sonne leuchtet von dort her, wo die Sonnenbahn den von der Erde bis an den Himmel ausgedehnten Äquator überschreitet. Das ist ein Weltenaugenblick des kosmischen Gleichgewichtes zwischen Tag und Nacht, zwischen Höhe und Tiefe, zwischen Himmel und Erde. Mit dem ersten Sonntag nach dem dann abnehmenden Frühlingsvollmond und bei aufsteigender Sonne ist der Wandlungskeim durch die Auferstehung Jesu Christi der Erden- und Menschenwelt eingestiftet worden. Das ist die Weltenmitte im Werdegang der Menschheit. Bis dorthin sind die großen in Weltenmonaten von 2160 Jahren verlaufenden Kulturepochen die großen Vorbereitungsstufen für das Mysterium von Golgatha, die vorchristliche Zeit. Dann beginnt die Zeitrechnung nach der Geburt des Herrn, die christliche (nicht nachchristliche) Zeit.

Die geschichtlichen Ereignisse und die großen Kulturen der Vergangenheit erscheinen oft ohne Zusammenhang und Sinn, wenn sie nur als äußere sichtbare Vorkommnisse betrachtet werden. Aber sie spiegeln zugleich große kosmische Rhythmen und Zeiten. Alles Zeitliche ist nur geistig zu erfassen. Das heißt aber zugleich mit der Frage nach seinem Werde-Sinn. Und dieser Sinn alles Werdens offenbart sich im Stufengang des menschlichen Bewusstseins. Philosophie, Kunst und Religionen der Zeiten und Völker sind die geheime Offenbarung dieses Bewusstseins-Werdeganges. Diese Stufengänge und Überblicke musste ich mir erarbeiten und weitergeben. Sie sind für mich die Voraussetzung und Hilfe für die Verkündigung des christlichen Evangeliums und den Vollzug der Sakramente. Diese Voraussetzungen und Hilfen sind aber für jede Individualität auch ganz eigene und verschiedene. Meine Beschreibung wäre schädigend, wenn sie als Zwangsanweisung verallgemeinert würde. Auch die Jünger waren zwölffach verschieden. Die Buntheit meiner Lebensgeschichte und der größeren Geschichte erhielt durch die Erkenntnis jenes geistigen unterschwelligen Werdestromes ihren Sinn. So haben mich auch in der Geschichte des Christentums die von der Kirchengeschichte der Macht als »ketzerisch« bezeichneten Strömungen angezogen. Von diesem großen geistigen Ostweststrom im johanneischen und paulinischen Sinn fühlten sich die Manichäer, Paulikianer, die Bogumilen des Balkans, die Patarener Italiens und die Katharer Südfrankreichs getragen. Im 20. Jahrhundert hat er ein Verständnis und einen Neuanfang durch die moderne Geisteswissenschaft Rudolf Steiners erfahren. Das Hinzufinden zu diesem ur-christlichen Menschheitsstrom ist für mein Erleben der Geschichte eine Schicksals-Erfüllung.

Auch der Anstoß für die Goethe-Studien wurde schon in der Kindheit gegeben. Der Geburtsort, das kleine Dorf im südlichen Steigerwald in Mittelfranken und die Zeit vor dem Ersten Weltkrieg, wo es in dem Dorf noch keine einzige landwirtschaftliche Maschine und keinen elektrischen Strom gab, weisen auf eine mögliche Naturverbundenheit hin, die heute in dieser Unbedingtheit nicht mehr zu erleben ist. Hinzu kamen die Naturkundebücher des Vaters. Außer den fünfzehn Bändchen von »Sturms deutscher Flora« waren da noch weitere botanische Bücher, ein dreibändiges Schmetterlingswerk und sechs Bände über Käfer. Auch Bücher über Spinnen, Schnecken und Versteinerungen waren da zu finden. So dachte ich als Kind: »Wenn ich einmal groß bin, werde ich die alle beim Namen kennen.« Das wäre der Weg vom Einzelnen zum Ganzen. Aber er führt nicht zum Ganzen, sondern zu immer weiterer Zersplitterung in kleine und allerkleinste Teile. »Dann hat er die Teile in seiner Hand, fehlt leider! nur das geistige Band.«

Da waren in Vaters Bücherregal aber auch dreißig ganz gleich eingebundene Bücher. Die Anzahl schreckte mich ab. Aber der dunkelgrüne Einband mit der s-förmig verschlungenen Pflanzenblattleiste und ebenso das Vorsatzblatt mit stilisierten Korbblütchen mit großem roten Mittelpunkt zogen mich an. Jugendstil. Auf dem kleinen dunkelroten Rückenschild stand bei allen dreißig Bänden das eine gleiche Wort »Goethe«. Der Anblick dieser Reihe im Bücherregal war auch so ein früh in die Seele versenkter Keim: »Goethe lesen wartet auf dich.« Im Gymnasium lasen wir nur die »Iphigenie«. Griechische Mythologie war ja nicht so gefährlich wie der Faust und sein Gretchen. Im Religionsunterricht (vgl. S. 40) wollte der evangelische Dekan Goethe als einen moralisch haltlosen Menschen charakterisieren. Wir opponierten, obwohl wir Goethe eigentlich überhaupt noch nicht kannten. Als dann der Religionslehrer einlenken wollte mit dem Hinweis, dass Goethe seine Mutter als eine fromme Frau beschrieb, war das Maß voll, und wir verließen die Stunde.

Erst im Priesterseminar in Stuttgart kam dann der entscheidende Anstoß zu einem anfänglichen Goethe-Studium. Aber da war es dann nicht der Dichter, sondern der Naturwissenschaftler, der mich mächtig anzog. Wie es nicht anders sein konnte durch »Die Metamorphose der Pflanzen«. Die Botanikkurse bei Gerbert Grohmann führten den zu meinen kindlichen Bemühungen genau umgekehrten Weg: vom großen Ganzen des Pflanzenwesens zu den einzelnen Arten. Das war die goetheanistische Methode. Durch die Philosophiekurse bei Robert Goebel (1900–1983) und Ernst Moll (1897–1962) zu den »Grundlinien einer Erkenntnistheorie der goetheschen Weltanschauung« von Rudolf Steiner bekamen unsere Bemühungen die solide Grundlage für ein anfängliches Denken und Leben aus der Einheit von Geist und Welt.

Später als Pfarrer in Esslingen besuchte ich einmal das alte Ehepaar Friedrich(1900–1987) und Gertrud Hamann (1901–1996). Er war Kesselschmied im Reichsbahnausbesserungswerk gewesen, und sie war viele Jahre treue Gemeindehelferin noch aus der Anfangszeit. Es war der 28. August, Goethes Geburtstag, an dem auch Frau Hamann Geburtstag hatte. Da Friedrich Hamann schon sehr früh Mitglied der Anthroposophischen Gesellschaft geworden war, wurden auch manche seiner Lehrlinge und Gesellen mit diesen Gedanken gut bekannt. So gab es in der Begründergeneration der Christengemeinschaft in Esslingen mehrere Handwerker, besonders aus der Eisenverarbeitung. Einer von ihnen, Max Obenland (1908–1966) hat kurz vor seinem Tod noch die eisernen Leuchter für den Altar der neuen Kirche geschmiedet.

Friedrich Hamann hatte viele Bücher in seinem Regal. Darunter waren auch die fünf Bände von Goethes »Naturwissenschaftlichen Schriften« mit den Einleitungen und Kommentaren von Rudolf

Steiner in der Originalausgabe. Ich: »Was, die haben Sie auch? Das ist ja ein Schatz.« Er: »Herr Hoerner, die können Sie mitnehmen. Ich schenke sie Ihnen.« Ich fuhr die weite Strecke absichtlich nicht mit dem Bus nach Hause, sondern wollte die fünf Bände in einer Plastiktüte den ganzen Weg nach Hause tragen.

Ein weiterer kräftiger Antrieb für die Goethe-Studien war Goethes 150. Todestag im Jahr 1982. Für das Kalendarium des Urachhaus-Taschenkalenders hatte ich schon lange vorher die wichtigsten Daten aus Goethes Leben zusammengestellt. Fast an jedem Tag gab es etwas einzutragen. Wer sich diese Ausgabe des Kalenders nach Goethes Lebensjahren ordnet, gewinnt einen anregenden Überblick über Leben und Werke dieser überragenden Geistgestalt.

Für meinen Zugang zu Goethe war die geistige Entdeckung der »Urpflanze« entscheidend. Deshalb habe ich die weltgeschichtliche Begegnung zwischen Goethe und Schiller im Juli 1794 in Jena sowie das gegenseitige Verhalten vorher und nachher besonders ins Auge gefasst. Von weltgeschichtlicher Bedeutung ist diese Begegnung deshalb, weil dabei Wahrnehmung und Denken in zwei Menschen in extremer Weise einander gegenüberstanden. Und von weltgeschichtlicher Bedeutung ist sie auch deshalb, weil von da an ein unsterbliches Gespräch begann. Es ist in den über 1000 Briefen des Briefwechsels zwischen Goethe und Schiller aufgezeichnet und kann in jeder Einzelseele, die sich über Gott, Welt und Mensch im Denken Klarheit schaffen will, fortgeführt werden. Deshalb war für mich in den auf 1999 zugehenden Jahren eine weitere Vertiefung dieses unsterblichen Gespräches in Kursen und Vorträgen angesagt. Das konnte im 250. Geburtsjahr Goethes bis zur Darstellung der »Lasten und Früchte der nachatlantischen Kulturepochen in Goethes Lebens-Kunst-Werk« gesteigert werden. Die Menschheitszukunft hat Goethe ein Jahr nach der Schicksalsbegegnung mit Schiller als geheime Offenbarung im »Märchen von der grünen Schlange und der schönen Lilie« beschrieben. Schiller hatte kurze Zeit vorher das gleiche Ziel vor seinen geistigen Augen in den Briefen »Über die ästhetische Erziehung des Menschen«. Nachdem er sie Goethe zugesandt hatte, begann dieser die »Unterhaltungen deutscher Ausgewanderter«, als deren siebte Erzählung das Märchen den Abschluss bildet.

Der Ausgangspunkt für diese Arbeiten war für mich stets Goethes Natur-Erkenntnis. Das Wort Rudolf Steiners in den Einleitungen zu Goethes »Naturwissenschaftlichen Schriften«: »Goethe ist der Kopernikus und Kepler der organischen Welt« musste in seiner umfassenden Aussage aufgenommen werden. Das Lesen im Buch der Natur war die Voraussetzung dazu, besonders in der ersten Hälfte des Lebens. Aber auch die Frucht aus diesem Naturerleben, das Buch »Der Schmetterling. Metamorphose und Urbild« durfte nicht nur eine naturwissenschaftliche Studie sein. So wurde dem ersten Teil »Die zwölffache Metamorphose der Schmetterlinge« ein mittlerer Teil »Schmetterling und Mensch« mit einer Geschichte der Schmetterlingskunde und Goethes Weg zur Natur hinzugefügt und im Bereich der Schicksalsoffenbarung als dritter Teil: »Maria Sibylla Merian. Ein Künstler- und Forscherleben aus der Kraft der Bewusstseinsseele«. Den freundlichen Ratern, doch drei Bücher daraus zu machen, entging mein Grundgedanke, dass Natur, Geschichte und Schicksalsoffenbarung wohl getrennt dargestellt werden müssen, aber trotzdem immer untrennbar verbunden bleiben. Das gilt uneingeschränkt auch hier. Auch die Schicksalsverbundenheit mit der Natur hat im zweiten Teil des Lebens durch die geistigen Helfer Goethe und Rudolf Steiner eine reiche Erfüllung gefunden.

Die geistig-physische Einheit und Ganzheit von Raumesordnung, Zeitenlauf und Offenbarung bringt es mit sich, dass in einer Beschreibung der Einzelbereiche immer zugleich die benachbarten mitschwingen. Ihre Trennung in die drei Bücher der Natur, der Geschichte und der Offenbarung, wie sie in der vorliegenden Spurensuche einer Schicksalsführung unternommen worden ist, geschieht durch unsere Bewusstseinskonstitution als Erdenmenschen. Sie trennt Wahrnehmung und Denken. Außen und Innen. Das durchdringende Verschmelzen beider Pole bringt die Steigerung als wahre Erkenntnis. In ihr kann sich das göttlich-geistige Wesen jener drei Bereiche wieder offenbaren. Über die Beschreibung der Werke und Wirksamkeiten hinaus kann heute die Erkenntnis bis zur Offenbarung göttlich-geistigen Wesens wieder erweitert werden. Sie zeigt sich in der Schicksalsführung.

In den nächtlichen Wegen vom Bezirksstädtchen ins Heimatdorf

»Unser« Kanal bei Zrenjanin, aufgenommen im August 1990. Er bietet ein trostloses Bild und wurde nach Angaben der Bevölkerung nie benutzt. Auch Fische meiden ihn.

Drei Kreuze auf dem Massengrab in Rudolfsgnad. Eine Serbin, die 1990 die Besucher dorthin führte: »Hier liegen 40 000 Deutsche!«

Überlebende
Kameraden aus der
Gefangenschaft
von 1945–1951 bei
einem Treffen in
Dinkelsbühl 1989.
V. l. n. r.:
Werner Weisshaar,
Karl Hausen †,
Wilhelm Hoerner,
Gerhard Faigle

wurde mit dem beständigen Aufblick zu den Sternen in den weit offenen Seelenacker des Kindes der Keim für jene drei Bereiche gelegt. Dieser Keim ist äußerlich der Tierkreis, durch den die Sonne wandert. Aber diese heilige Zwölfheit, die sich auch in die zwölf Monate des Jahres hineinspiegelt, war für meine kindliche Seele das Große ein Ganzes, das alles zusammenhält. In der zwölffachen Metamorphose der Schmetterlinge, in den zwölf Weltmetamorphosen der Kulturepochen wirken die zwölf seraphischen Welten-Mitschöpfer, deren gewaltigste Erscheinung im Sternbilder-Tierkreis aufleuchtet. Sie offenbaren die geistig-physische Wesenseinheit von Gott und Welt und Mensch.

VII
Rückblick und Ausblick

»Der ist der glücklichste Mensch,
der das Ende seines Lebens
mit dem Anfang
in Verbindung setzen kann.«

»Dichtung und Wahrheit«   Goethe

Schon 1974 sind die Vorträge von Diether Lauenstein »Der Lebenslauf und seine Gesetze« im Verlag Urachhaus erschienen. 1978 kam
das Kapitel »Lebens-Atem. Das Menschenleben« in meinem Buch
»Zeit und Rhythmus« hinzu. Heute gibt es eine Vielzahl von Veröf-
fentlichungen, Vorträgen und Kursen zum menschlichen Lebenslauf.
Die kosmischen Rhythmen werden dabei häufig als die Verursacher
von Schicksalen gesehen. Sie sind aber nur ein Gerüst, eine Grundlage, in die sich das seelische Erleben einfügt. Das Entscheidende eines
Menschenlebens ist der unsichtbare rote Faden, das »Gesetz, wo-
nach du angetreten«, wie Goethe in den »Urworten, orphisch« sagt.
An diesem roten Faden reihen sich die Ereignisse eines Menschenlebens auf. Sie haben einen tiefen Bezug zu dem Wesen dessen, der sie
erlebt. Er wird mit den Bereichen und Menschen konfrontiert, die für
ihn förderlich sind, auch wenn diese Förderung in einer schlimmen
Erfahrung besteht. Auf diesem Felde gibt es keine Zufälle. Allerdings
kann es oft lange Zeit dauern, bis dies bemerkt und so sicher wie hier
ausgesprochen werden kann. Das alles und noch viel mehr ist mit
dem Wort Schicksal, wie es hier gebraucht wird, gemeint.
    Die Tatsache, dass es dem Menschen gegeben ist, fragen zu kön-
nen, zeigt seine Veranlagung zum Lernen. Lernen heißt aber nicht
Anhäufung von Wissen, sondern Offenheit für eine über den gegenwärtigen Zustand hinausgehende Wandlung seiner selbst. In einer

315

Zeit, in der ständig von Wachstum, Entwicklung und Globalisierung die Rede ist, kann die Entwicklung und Bemühung um das eigene innere Wachstum nicht ausgeklammert werden.

Bei einer Rückschau darf auch das Bewusstsein für die eigene Unzulänglichkeit dem gegenüber, was als Ideal herausgestellt wird, nicht fehlen. Ich bin mir meiner Verleugnungen der Wahrheit – nicht nur unter der Folter, sondern vor allem auch in sinnlosem Verteidigen emotionaler Vorurteile – wohl bewusst. Wie oft gab es da zu wenig Liebe zu den Mitmenschen, zu wenig Hinwendung zur Geisteswelt, zu wenig Gebet. »Was haben Sie für Rechte und Pflichten?«, bin ich einmal von einem Krankenversicherungsdirektor gefragt worden. Ich sagte ihm, dass ich keine besonderen Rechte für mich kenne und auch keine Stelle, bei der ich sie einfordern könnte. Aber ich hätte eine Unmenge von Pflichten, denen ich jedoch niemals in vollem Umfang nachkommen könne. Es gäbe aber auch niemanden, der mich kontrollieren könnte – außer mir selbst. Das war für den Herrn Direktor wohl unverständlich.

Das gelegentliche Zweifeln an einem sinnvollen Fortgang des Menschseins auf Erden und die Depressionen in der Gefangenschaft gehören auch zu meinen Unzulänglickeiten. Aber der Sinn meiner berichteten schweren Erlebnisse liegt nicht in ihnen selbst, sondern in der dankbaren Bekundung der Kraft, die einem gnadenvoll zukommt, wenn die Bereitschaft zur Annahme des Schicksals aufrecht erhalten wird. Von dieser Kraft der erfahrenen Schicksalsführung sollte hier Zeugnis abgelegt werden. Wer in schweren Zeiten mit seinem Schicksal haderte, kann davon nur schweigen. Das ist mit ein Grund dafür, dass die meisten Menschen aus der Kriegsgeneration über ihre Erlebnisse schweigen. Auch kann das dauernde Schweben zwischen Leben und Tod gar nicht angemessen beschrieben werden.

Der südafrikanisch-englische Schriftsteller Laurens van der Post hat in japanischer Kriegsgefangenschaft Furchtbares erlebt. In seinen Büchern »Trennende Schatten« und »Die Nacht des neuen Mondes« gelingt ihm die hohe Kunst, diese Erlebnisse so darzustellen, dass die geistige Kraft im Erleiden und Ertragen auch vom Leser wahrgenommen werden kann. Dafür wollte ich ihm danken. In einem Brief vom 13. Dezember 1971 habe ich ihm geschrieben:

»... In der jugoslawischen Gefangenschaft ... haben wir uns manchmal in jenen Tagen gefragt, ob es möglich und nötig sei, das in der Seele Erfahrene jemals anderen Menschen mitzuteilen. Manche verneinten. Einige glaubten, nur ätzender Zynismus könne andere Menschen erreichen. Viele haben gar nicht erlebt, sondern nur passiv mitgemacht. Ich selbst war der Meinung, dass das Erfahrene unaussprechbar sei und man darüber nur schweigen kann. Sie aber haben einen möglichen Weg gefunden, *Dichtung* im Sinne von dicht werden lassen im Schweigen und diese schweigende Dichte selber reden zu lassen.

Ihre Art, das ganz Schlimme unserer Erlebnisse auszusagen, ist die des Sprechens aus dem Schweigen und des Schweigens im Sprechen. Ich bin sicher, dass Sie diese dialektische Ausdrucksweise nicht unsinnig finden werden.

Vieles wird von Ihnen geschildert, was man auch selbst schon formuliert hat, ohne damit verstanden zu werden. Der Gefangene, Gefesselte ist frei – wie nie mehr im Leben, der Bewacher ist gefangen. Oder: Erkennen der historischen Voraussetzung führt wie ein Naturgesetz zur vollen Vergebung. Wer *so* denken kann, leistet die heute nötige Erweiterung und Vertiefung des Denkens. – Ich würde sagen, so wird das Denken nicht nur in seinem Inhalt, sondern in der Methode – christlich. Man kann geradeso gut sagen: erst wahrhaft menschlich.

So gewinnt die Geschichte – etwa des Ereignisses von Hiroshima und Nagasaki – nicht nur eine umfassendere Schilderung, sondern zu den Fakten kommen die seelischen Imponderabilien und die geistigen Aspekte hinzu und nur diese Drei-Einheit verdient ›Geschichte‹ genannt zu werden.

Möchte Ihnen die Zeit bleiben, in dem schon angedeuteten Werke Ihre gar nicht zu überschätzende Mission weiterzuführen als Ermutigung und Kraftquell für alle, die bereit und wach genug sind, die Selbstverantwortung zu übernehmen.

In diesem Sinne habe ich mir erlaubt, Sie mit herzwarmem Dank zu begrüßen

Ihr

Wilhelm Hoerner«

317

Die unerwartete warme Antwort schrieb er am Dreikönigstag 1972:

»27. Chelsea Towers
Chelsea Manor Street
London S.W.3.

Lieber Herr Hoerner,
verzeihen Sie, dass ich nicht auf Deutsch antworte. Obschon ich es
fast ebenso gut lesen kann wie das Englische, kann ich Ihren Brief
auf Deutsch nicht in der Weise beantworten, wie es mir lieb wäre.
Sie können sich nicht denken, wie mich die Tatsache bewegte, dass
Sie mir ausgerechnet an meinem Geburtstag so herzbewegend geschrieben haben. Obwohl ich Ihren Brief nicht ausführlich beantworten kann, wäre es mir doch lieb, dass Sie erfahren, dass ich mir
alles, was Sie schrieben, sehr zu Herzen genommen habe; die Tatsache, dass Sie das, was ich geschrieben habe und zu tun versucht
habe, in Ihr Herz aufnahmen, bedeutet mir mehr, als ich je ausdrü-
cken kann. Es ist gut zu wissen, dass wir sogar in diesem zersplitter-
ten Moment der Zeit nicht allein auf Wanderschaft sind, sondern
dass uns Weggenossen das Geleit geben, wie Sie es sind.
In Dankbarkeit und mit allen nur möglichen guten Wünschen für
das neue Jahr.
Herzlich Ihr
Laurens van der Post«

Es ist eine unbekannte und unsichtbare Gemeinschaft von Men-
schen, die den Preis der Dinge kennen, das heißt die den Sinn des
Werdens suchen und finden, weil sie die unerhörten Leiden der
Menschen als zu diesem inneren Werden gehörig erkannt haben.
Sie wollen ihr Schicksal lieben lernen. Einer von ihnen ist Erhard
Kästner (1904–1974), der Griechenland und seine Inseln so le-
bensnah beschrieben hat, dann an die Afrikafront und in englische
Gefangenschaft in der Wüste kam. Seinem »Zeltbuch von Tumi-
lad« stellt er das Motto voran: »Jedermann braucht etwas Wüste.«
Damit ist das Absehen von allen äußeren Eindrücken gemeint, wo-
durch das innere Finden zur Wirklichkeit des Geistes erleichtert

wird. In der Einsamkeit der ägyptischen Wüste suchten und fanden die ersten christlichen Einsiedler des vierten Jahrhunderts ihren Weg ins Geistgebiet. Erhard Kästner hat der heutigen Zeit entsprechende Erlebnisse dieser Art in seinem »Zeltbuch« angedeutet:

»Die Zeit, die Zeit ... Vielleicht war sie wirklich nur ein Hinzutun des Denkens, das eingespannt ist zwischen Geburt und Tod wie eine Saite zwischen zwei Enden ... In solchen Nächten, in denen nichts war als verrinnende Zeit, konnte der große Fortschritt gelingen, dass man ahnungsweise absehen konnte von ihr. Welch ein Wunder, welch ein Gewinn, wenn es für Augenblicke gelang, die Welt anzuschauen, wie sie ohne Zeit war! ... Was noch bei einem blieb, war nur Gleichzeitigkeit. Aber siehe, man vermisste fast nichts. Alles im Guten Beschworene war vollzählig da: Die Freunde, die Lieben, die Gedichte und die Musik ... Schon indem man zu ahnen versuchte, was Welt ohne Zeit war, fühlte man, wie Klarheit einem entgegen kam ... Es ist wohl besser, wenn man versucht, sein Leben nicht mit zu viel Zeit zu vermengen ... (S. 71/72).

Kaum, dass ich mich erinnern kann, irgendwann gestillter gelebt zu haben als in jenen Tagen (S. 171).«

Während meines Kreta-Aufenthaltes sind mir drei Geschenke zugekommen, die für mich von symbolhaftem Wert waren. Das eine war eine Adlerfeder. Nach einer sternklaren Nacht, die im Freien verbracht wurde, hörte ich noch vor Sonnenaufgang ein eigenartiges Rauschen und Schnurren in der Luft. Es waren zwei gewaltige Steinadler, die über mir kreisten. »Wenn ich einmal so eine große Schwungfeder vom Flügel eines Adlers haben könnte«, dachte ich. Dann stand ich auf und machte mich fertig zum Aufstieg auf den Gipfel zusammen mit einem jungen Offiziersanwärter. Bei einer kleinen unausweichlichen Kletterpartie hielt ich mich kurz an einem kräftigen Alpenrosenbusch fest. Da verschlug es mir den Atem: In dem Busch steckte eine riesengroße Schwungfeder von einem Adlerflügel! Zitternd versteckte ich sie in der Feldbluse.

Das zweite Geschenk erhielt ich von dem Kräutersammler, der in verbotenem Gebiet angetroffen worden war und dessen Aussage überprüft werden musste, dass er Kräuter für ein krankes Kind hatte sammeln müssen. Es fand sich alles so, wie der Mann gesagt hatte. Er bedauerte dann, dass er kein großes Essen machen könne, weil Fastenzeit war. Aber ein wenig Salat und ein getrocknetes Fischlein musste ich doch essen. Dann bat ich den Mann, auf seiner Hirtenflöte etwas vorzuspielen. Das tat er gerne. Es klang sehr eigenartig. Immer ein Schweben und Flimmern zwischen zwei Tönen, einmal höher, dann tiefer, oft in raschem Wechsel. Ähnlich wie die Zikaden in den Ölbäumen singen. Elementargeistermusik. Dann gab er mir die Flöte, ich solle auch spielen. Aber das konnte ich nicht. Nach einigem Hin und Her musste ich mir aber die Flöte von dem Mann schenken lassen mit dem Hinweis, ich solle auch Flöte spielen lernen. So brachte ich von diesem Kontrollunternehmen eine Hirtenflöte und eine Adlerfeder mit in mein Quartier.

Einige Zeit später wollte ich eine Weberei besichtigen. Es war aber Sonntag und der Betrieb geschlossen. Aber der Bürgermeister sagte: »Das macht nichts. Die Leute kommen, wenn ich es will.« Und schon war der Gemeindediener auf der Straße und trommelte auf einer Stundentrommel. Das ist ein schmales Brett, das auf der Schulter getragen und mit einem Schlegel wie eine Trommel geschlagen wird. Dazu rief er: »Fabrika, Fabrika, Fabrika!« Und sogleich kamen die Frauen aus den Häusern in ihren Sonntagskleidern mit viel Silberschmuck auf der Brust und begaben sich in die Fabrik.

Es war ein großartiges, einmaliges Bild, diese freudig arbeitenden Frauen in ihren reich verzierten, sonntäglichen Trachtenkleidern. Am ganz aus Holz gebauten Webstuhl saß eine junge Frau. Das Weberschiffchen flog ihr geschwind von einer Hand in die andere, während mit den Füßen die Kette bewegt wurde. Lange schaute ich zu. Dann ließ ich mir das Weberschiffchen zeigen. Es war aus Olivenholz geschnitzt und etwas mehr als 20 cm lang. Innen lag die Spule mit dem leuchtend roten Faden. Durch ein Loch an der Seite kam der Faden nach außen zum Einschlag in das Gewebe. Da wo er herauskam war ein Blätterkranz um die Öffnung geschnitzt. Dieser Kranz wurde von einer Männerhand und von einer durch eine Rüsche gekennzeichneten Frauenhand von zwei Seiten gehalten. Alles in Schnitzerei. Ich konnte kaum an mich halten mit meiner wiederholten Bewunderung dieses sinnvollen

Schnitzwerkes, das wohl ein Hochzeitsgeschenk war. Da wollte die Frau es mir schenken. Ich wehrte ab. Das ging eine Zeit lang hin und her. Ich musste es annehmen. Aber am folgenden Tag meldete sich der Dolmetscher bei mir. Er sagte, dass meine gestrige Bewunderung des Weberschiffchen zu groß gewesen sei. Daraufhin muss es dem Bewunderer geschenkt werden, weil man ihn nicht ohne das Geschenk weggehen lassen darf. So fein empfinden Menschen, die noch ein einfaches Leben leben.

Beim Rückflug aus Kreta und beim furchtbaren Rückzug der deutschen Soldaten durch die Schluchten des Balkans hatte ich in meinem geringen Gepäck in einem kleinen ehemaligen Handgranatenbehälter in ein Tüchlein eingewickelt eine Adlerfeder, eine Hirtenflöte und ein Weberschiffchen. Bei der Gefangennahme an der österreichischen Grenze mussten auch diese symbolischen Kostbarkeiten zurückgelassen werden. Aber im Laufe der langen Gefangenschaft wurde mir immer klarer, dass diese drei Dinge die drei Bereiche vergegenwärtigen, die meinem Erdendasein von außen her die lebenslange Stütze waren. Die Adlerfeder, mit der früher geschrieben wurde, steht für die ganze Natur, die in Wahrnehmung und Wissenschaft mein Leben begleitet hat. Die Hirtenflöte ist der Hinweis auf die Kunst, die mir nicht flötend, aber malend und betrachtend Stütze war. Das Weberschiffchen webt den Teppich des Lebens. Die Kette ist vorgegeben. Den Einschlag machen die Menschen selbst. Aber wir weben unser Schicksalsgewebe so, dass wir nur die linke Seite sehen. Das wahre Bild unseres Lebens bekommen wir erst nach dem Tode zu sehen. Die Spurensuche einer Schicksalsführung ist auch Religion. Die Bilder für Wissenschaft, Kunst und Religion wurden für mich das wahre Lebensmärchen von der Adlerfeder, von der Hirtenflöte und von dem Weberschiffchen.

Die in dieser Lebensrückschau zitierten Worte sprechen eigenes Erleben in angemessener Weise aus. Es ist das innere Gewicht der Erlebnisse jener zwölf Jahre in meiner Lebensmitte, das in allem angestrebten Tun meiner ganzen folgenden Erdenlebenszeit mitschwingt, als Freude und Dank.

Aus dem Rückblick erblüht als Ausblick die frei übernommene

Mitverantwortung in Gedanken, Worten und im Tun für den heilsamen Fortgang im Werden von Mensch und Menschheit. In dem Vortrag »Wahrheit, Schönheit und Güte« vom 19. Januar 1923 fasst Rudolf Steiner diese Lebensaufgabe in die Worte:

> »Wahr sein heißt beim Menschen, recht zusammenhängen mit seiner geistigen Vergangenheit.
> Für Schönheit einen Sinn haben, heißt beim Menschen, nicht verleugnen in der physischen Welt den Zusammenhang mit der Geistigkeit.
> Gut sein, heißt beim Menschen, einen Keim bilden für eine geistige Welt in der Zukunft.«

Murrhardt, am ersten Sonntag im Advent, den 2. Dezember 2001

Zeittafel

1913   22. Juli: Wilhelm Maximilian Otto Hoerner in Reusch bei Uffenheim geboren als erstes Kind der Eheleute Karl (1886–1971) und Lydia, geb. Herz (1883–1957). Der Vater ist Volksschullehrer. S. 17

1914   Vater Karl Hoerner wird zum Militärdienst eingezogen. Eine Reihe von Schulverwesern »vertreten« den Lehrer bis 1920.

1915   1. Mai: Schwester Anneliese wird geboren. S. 26

1920   März: Karl Hoerner kommt aus französischer Gefangenschaft in Cherbourg heim. Bei der Einfahrt ins Dorf läutet die einzige Kirchenglocke. Die beiden Kinder erleben erstmalig bewusst den Vater. S. 28, 196
        1. Mai: Wilhelm wird beim Vater eingeschult. S. 29
        19. Dezember: Bruder Alfred wird geboren. S. 20

1923   Umzug von Reusch nach Ulsenheim. S. 20

1924   6. Mai: Bruder Kurt wird geboren.
        Erste größere Reise für Wilhelm mit dem Vater nach Essen zum Patenonkel. S. 111

14 Lehrjahre

1925   Aufnahmeprüfung und Aufnahme in das Humanistische Gymnasium Ansbach und Einzug in das Protestantische Alumneum (Schülerheim). S. 110, 198

1928   15. April; Weißer Sonntag: Konfirmation in Ulsenheim. S. 114

1933   Der NS-Schülerbund wird in die HJ eingegliedert. S. 116

1934   Abitur S. 120, 204
        Der Fund für das Leben: Die Anthroposophie Rudolf Steiners. S. 42

Reichsarbeitsdienst, SA-Sportabzeichen als Vorbedingung zur Immatrikulation an der Universität Erlangen, Freiwilliges Jahr bei der Reichswehr. S. 48, 122

1935   1. November: Beginn des Studiums der protestantischen Theologie. S. 48, 124

16. November: Die Anthroposophische Gesellschaft im ganzen Reich verboten. S. 49, 125

17. November: Das Lichterlebnis im Reichswald. S. 209

20. November: Anfrage für geisteswissenschaftliche Fortbildung an Pfarrer in der Christengemeinschaft Wilhelm Kelber in Nürnberg. S. 127

25. November: Beginn des Anthroposophischen Studiums bei Dr. Kurras in Nürnberg. S. 128

1935   12. Januar: Erste Menschenweihehandlung in Nürnberg erlebt. S. 128

23. März – 4. April: Orientierungskurs am Priesterseminar der Christengemeinschaft in Stuttgart. Die drei Freunde Bernhard Kallert, Hans Röttenbacher und Wilhelm Hoerner haben ein Gespräch mit Dr. Friedrich Rittelmeyer. S. 129

1.–3. Juli: Studentisches Treffen in Stuttgart. S. 130

27. Dezember: Meine ersten und letzten Predigtgottesdienste in der Evangelischen Kirche in Ulsenheim und Uttenhofen. S. 132

1936   Zum Wintersemester Einzug ins Priesterseminar der Christengemeinschaft in Stuttgart. S. 49, 67, 210

1938   23. März: Friedrich Rittelmeyer in Hamburg gestorben. Im Herbst Bühnenhelfer in Dornach. S. 213

17. September: Einzelstehendes Mitglied der in Deutschland verbotenen Anthroposophischen Gesellschaft (Nr. 1958). S. 214

1939   4. Juni: Priesterweihen der Christengemeinschaft. Durch Emil Bock werden geweiht: Johannes Rath, Wilhelm Hoerner und Franz Heinrich Himstedt im Gustav-Siegle-Haus in Stuttgart. S. 53

324

1939   27. August: Telegramm vom Ersatz-Truppenteil: »Sie haben sich sofort zu einer mehrtägigen Übung bei Ihrem Truppenteil zu melden.« S. 54, 220

Anfang Dezember: Versetzung von Kornwestheim nach Prag. S. 221

Von da in den Westen versetzt. S. 223

31.12., Silvester: Verlobung mit Luise Arnold. S. 73

1940   Donnerstag, 9. Mai: 16.00 Uhr Alarm. 20.00 Uhr Abmarsch. Der Frankreich-Feldzug hat begonnen. S. 223

11. Mai: Maastricht, Störfeuer, erste Gefallene.

4. Juni, ein Jahr nach der Priesterweihe: Bei Peronne an der Somme, wo einst die irischen Wandermönche wirkten. S. 72

25. Juni: 1.35 Uhr Waffenstillstand. S. 139

1941   4. März: Standesamtliche Trauung mit Luise Arnold im Rathaus in Heilbronn. S. 226

6. März: Kirchliche Trauung in Stuttgart durch Gottfried Husemann. S. 73, 226

11. April: Verlegung mit Bahntransport von Südfrankreich in den Warthegau ostwärts von Posen.

9. Juni: Verbot der Christengemeinschaft in Deutschland und Österreich. S. 126, 227

Über Berlin-Döberitz nach Hamburg-Glinde neuer Einsatz zur Fliegerabwehr in Dummersdorf bei Lübeck. S. 143, 229

1942   28./29. März, Palmsonntag: Zerstörung von Lübeck durch anglo-amerikanischen Luftangriff. S. 143

April – September: Einsatz in der Heide. S. 143

29. September: Unser Sohn Erdmut Wilhelm Michael in Heilbronn geboren.

17. November: Die Umschulungslehrgänge in Norderney beginnen. S. 143

Sonntag, 27. Dezember: Taufe von Erdmut Wilhelm Michael, heimlich. Eine Patin, Adelheid von Bodelschwingh, war anwesend.

1943   11. November: Nach fünfzehn Umschulungslehrgängen von Norderney über Athen nach Kreta versetzt. S. 75

1944   11. Juli: Der Freund Bernhard Kallert stirbt in Wörishofen an seinen Verwundungen. Begräbnis im Geburtsort Colmberg. S. 132
10. September: Rückflug nach Athen. Rückzug der Südostarmee durch die Schluchten des Balkan als allseits angegriffener Kessel mit 1000 Verwundeten in der Mitte. S. 150f.

1945   10. Mai: Entwaffnung bei St. Georgen, Bleiburg an der Drau. S. 156
Sühnemarsch, Juli im Lager Werschetz angekommen. S. 158
Weihnachten im Lager Karlsdorf. S. 164

1946   Wieder im Lager Werschetz bis Oktober 1948.

1948   KZ Zrenjanin. S. 168

1949   Lager Werschetz, Kanalbau Potporanje, Oktober Verhör, Folter, Anklageschrift. S. 172ff.
1. November, Allerheiligen: Verurteilung zu 17 Jahren Zwangsarbeit mit Landesverweis auf Lebenszeit. S. 177
Staatszuchthaus Sremska Mitrovica. S. 179
Arbeitslager Botowo S. 85, 92, Sibinje. S. 93

1950   Oberes und unteres Lager Grocka. S. 94

1951   November: Zurück nach Sremska Mitrovica, Repatriierung. S. 99, 186
28. November: Über Jessenice – Rosenbach – Freilassing – Piding. S. 186
30. November. Heimkehr. S. 99, 188
31. Dezember / 1. Januar: Bei den Priesterweihen in Stuttgart anwesend. S. 189, 279

1952   1. Juni: Pfingstjugendtagung mit Friedrich Benesch in Halendorf, Schleswig-Holstein. S. 100

1952   17. November: Ankunft in Bremen mit Luise und Erdmut. S. 190

1953   Bei Ida Stümcke und Friedrich Gädeke beginnt der volle Einsatz als Gemeindepfarrer in der Christengemeinschaft in Bremen nach vierzehnjähriger Verzögerung. S. 191, 284
Mit der aufgestauten Schaffenskraft konnten und mussten auch Aufgaben für die Gesamtbewegung übernommen werden, die weit über die bereits voll ausfüllende Gemeindearbeit hinausgingen. S. 283
2. September: Hans Röttenbacher, der andere Freund, stirbt bei einer Magenoperation in München.

1954   Der erste von später 90 »Kalender- und Osterberichten« erscheint im Rundbrief der Pfarrer: »Tatsachen und Gedanken zur Osterregel, historisch, astronomisch, kosmisch-spirituell«. S. 283

1955   März: Dr. Rudolf Hauschka prüft die Möglichkeit einer Niederlassung in der Umgegend von Bremen.
Juli: Erster Besuch auf dem Odilienberg im Elsass. S. 302

1957   24. April: Die Mutter Lydia in Marktbreit am Main gestorben.
1.–6. September: Tagung der Christengemeinschaft in Planten un Blomen in Hamburg.

1959   6. Dezember: Emil Bock in Stuttgart gestorben.

1962   Durch die Gesamtsynode in Berlin wird Wilhelm Hoerner beauftragt, als »Sachbearbeiter für Kalenderfragen« Korrespondent für die Gesamtbewegung zu sein. S. 289

1964   1. Juli: Entsendung in die Gemeinde in Esslingen am Neckar. S. 102
2. Juli: Einführung dort. S. 300
7. Juli: Der Baukran wird zum Kirchenbau in der Landolinsgasse 12 aufgestellt. S. 300
5. September: Grundsteinlegung. S. 300
9. Dezember: Richtfest.

1965   28. November, 1. Advent: Kirchweihe. S. 301

1966	17. April: »Evangelische Akademie Berlin. Arbeitstagung mit der Christengemeinschaft. *Manipulierte Zeit?* Schöpfungsrhythmus und Weltkalender«. Mitwirkende Teilnehmer der Christengemeinschaft: Dr. Walther Bühler, Pfarrer Hellmut Vermehren und Wilhelm Hoerner. S. 289
1968	Lic. Robert Goebel drängt Wilhelm Hoerner energisch, seine bisherigen Aufsätze zur Kalender- und Osterfrage in einem Buch zusammenzufassen. S. 290
1970	Im Februar: 14-seitiges Memorandum an den Weltrat der Kirchen in Genf: »Warum die Christengemeinschaft eine Festlegung des Osterfestes nicht befürworten kann«. S. 291
1976	Entschluss zur Herausgabe eines sozialhygienisch heilsamen Taschenkalenders S. 294
1977	11. Februar: Schwester Anneliese in Hannover gestorben. S. 26
	Oktober und November: Vorträge zur Kalender- und Osterproblematik in 15 größeren Städten Deutschlands. S. 296
1978	Für 1978 »Urachhaus-Taschenkalender« im ersten Jahrgang erschienen. S. 295
	16. März: Bruder Alfred in Heidenheim gestorben.
	Herbst: »Zeit und Rhythmus. Die Ordnungsgesetze der Erde und des Menschen« von Wilhelm Hoerner und »Der Sonntag – eine christliche Tatsache. Wochenbeginn und Kalenderordnung« von Rudolf Frieling und Wilhelm Hoerner erschienen. S. 295
1980	Zweitägige Busreise mit Interessenten zu den Ausstellungen »Die Kelten in Europa« in Hallein und »Die Hallstadtkultur. Frühform europäischer Einheit« in Steyr. S. 305
1981– 1992	Zwölf zweitägige Busreisen in die Nord-, Mittel- und Südvogesen, »Auf den Spuren der Kelten und Iroschotten«. S. 303
1991	Erscheint das ebenfalls sieben Jahre vorher dringend erbetene Buch »Der Schmetterling. Urbild und Metamorphose. Eine naturkundliche Studie mit einer Lebensbeschreibung und Bildern aus dem Werk der Maria Sibylla Merian.« S. 103

1993   15. März: Frau Luise gestorben.
1998   Erscheint »Der Kampf um das bewegliche Osterfest. Do-
        kumente einer dramatischen Auseinandersetzung«. S. 298
        Die Vielfalt der Verantwortung einer Gemeinde-Arbeit mit
        Sakrament, Seelsorge und Mitteilung kann in die obige
        Übersicht nicht eingehen.
2000   30. September: Einzug ins Haus Hohenstein, Alten-und
        Pflegeheim der Christengemeinschaft, 71540 Murrhardt.

Personenregister

Achels, Elisabeth 289
Adamec, Joseph 221, 223
Allmendinger, Wally 51f.
Althaus, Paul 48
Andrian, Carl Freiherr v. 238
Aristoteles 115f.,
Avenarius, Ferdinand 15

Bauer, Michael 32, 275
Bauereisen, Michael 119
Becker-Modersohn, Paula 101
Beckh, Hermann 70
Benesch, Friedrich 100
Berkefeld, Wolfgang 79, 189, 248ff,
    286
Beutler, Ernst 260
Blum 189
Bock, Emil 49, 129, 208, 219, 227,
    276f., 279, 281, 295, 305
Böcklin, Arnold 119
Bodelschwingh, Adelheid v. 215
Borchart, Martin 300, 301
Brahe, Tycho 221
Brand, Hans 170
Bühler, Walter 289, 291, 295
Buschor, Ernst 230

Capel, Evelyn Francis 220
Carossa, Hans 11, 55
Churchill, Winston 150f.
Columban 303f.

Dietz, Karl Martin 115
Dionysios Areopagita 231

Djilas, Milovan 162
Doldinger, Friedrich 215f., 280f.,
    284f., 286, 300
Dreher, Alfons 300
Dürer, Albrecht 35, 120
Duschan, Stefan 153

Empedokles 49
Erxleben, Hauptfeldwebel 76
Eymann, Karl 238

Faigle, Gerhard 162, 178, 253, 314
Falck-Ytter, Harald 299f.
Feuerbach, Anselm 119
Fichte, Joh. Gottlob 14, 276
Fiechter, Ernst 215
Fischer, Lukas 291, 296
Franz Ferdinand, Erzherzog v. Öster-
    reich, Thronfolger 153
Friedrich II., Kaiser 105
Frieling, Rudolf 291, 295, 301
Frisch, Helmut 162

Gädeke, Friedrich 227, 254, 270
Geyer, Christian 128
Goebel, Arnold 211
Goebel, Robert 68, 290, 310
Goethe, Joh. Wolfgang 9, 11, 40, 88,
    102f., 173, 196, 228, 237, 260, 275,
    310ff., 315
Göring, Emmi 225
Grieshammer, Mathilde 122
Grimm, Hermann 173, 235
Grohmann, Gerbert 67f., 310

Haag, Irma 75,
Haberkorn, Hans 98f., 242, 252, 259
Hahn, Margot 294
Hamann, Friedrich 310
Hamann, Gertrud 310
Hartmann, Nicolai 131
Hausen, Karl 246, 248, 314
Hauser, Kaspar 113, 199f.
Havel, Vaclav 257f., 262
Heckel, Theodor 188, 189
Hedin, Sven 33
Hegi, Walter 89
Hemleben, Johannes 219
Hensel, Walter 70
Heraklit 10, 49
Herrigel, Eugen 49, 131
Himstedt, Franz-Heinrich 53, 219f.
Hitler, Adolf 116, 167, 213 f.
Hoerner, Alfred 20, 282
Hoerner, Anneliese 20, 27ff., 282
Hoerner, Erdmut 188, 272ff., 280
Hoerner, Heinrich 225
Hoerner, Karl 18, 112, 118
Hoerner, Kurt 21, 282
Hoerner, Luise, geb. Arnold 51, 73,
    175, 187, 224, 226, 271ff., 279,
    285, 301
Hoerner, Lydia, geb. Hertz 18
Hohly, Richard 300
Hölderlin, Friedrich 275
Husemann, Friedrich 51, 68f.,
Husemann, Gisbert 68
Husemann, Gottfried 67, 69ff., 210,
    215, 227, 279f.

Johannes Chrisostomus 302
Johnsen, Helmuth 170
Jünger, Ernst 40

Kaestner, Rudolf 219
Kallert, Bernhard 39, 42, 118, 119,
    121, 122, 124f., 127, 129ff., 143,
    190, 207, 227, 287
Kandinsky, Wassily 215
Kästner, Erhard 318f.
Kelber, Wilhelm 126f., 211, 228
Kempff, Georg 131
Kenntner, Karl 244, 246
Kepler, Johannes 221
Kieser, Luise 227
Klages, Ludwig 14
Kolbenheyer, Erwin Guido 39
Kömstedt, Rudolf 49
König, Karl 69
Kral, Joseph 230
Kreser, Luise 282
Kurras, Eberhard 126, 128, 228

Lauenstein, Diether 315
Lauer, Helmut 300
Lenz, Eduard 271
Lilje, Hans 252
Lindenberg, Horst 99
Lindenberg, Nita 99, 188
Luther, Martin 120, 296
Luttenberger, Karl 140

Majowski, Wilfried 244
Maria Theresia, Kaiserin 264
Marx, Karl 166
Matthäi, Albrecht 117
Mattion, Claude 303
Merian, Maria Sibylla 103, 312
Meyer, Albrecht 212, 225f.
Meyer, Albrecht 254f.
Mikisch, Waldemar 271
Moll, Ernst 68
Morgenstern, Christian 236f., 275
Münter, Gabriele 215

Neipperg, Adalbert Graf v. 170f., 237
Ney, Elly 131

Oberland, Max 310
Opitz, Hermann 260
Origenes 302

Pannenburg, Leutnant 76
Perikles 231
Peter, Eugen 299
Philippi, Kurt 126, 228
Piper, Marianne 53, 227, 275
Post, Laurens van der 316ff.

Rahner, Fritz 247
Rasche, Hedwig 226
Rath, Johannes 53, 215, 219
Rembrandt, Harmensz van Rijn 177, 237
Rilke, Rainer Maria 98
Rittelmeyer, Friedrich 42, 49, 53, 111, 113, 128f., 130, 216ff., 290
Rommel, Erwin 52, 75, 151
Rommel, Helene 52
Roosevelt, Franklin 150
Rosenberg, Alfred
Rössler, Margot 306
Röttenbacher, Hans Adolf 38f., 42, 119, 121, 124f., 127, 130f., 132, 207, 227, 287

Sachs, Nelly 115
Saint-Exupéry, Antoine de 148
Schiller, Friedrich 311
Schindler 189
Schmidt (Reuter), Marie 219, 229
Schubert, Karl 52, 212
Schühle, Erwin 70f.
Schütte, Ludwig 242, 244
Sentker, Friedel 247

Sophie, Erzherzogin v. Österreich 153
Stadler, Franz Dieter 295
Stählin, Wilhelm 289f.
Stalin, Josef W. 150
Stapel, Wilhelm 40
Steiner, Marie 213
Steiner, Rudolf 13, 16f., 42, 45, 49, 53, 69, 79, 103, 121f., 131f., 212, 215, 218, 228, 236, 239, 261, 266, 269, 275, 281f., 310
Stockmeyer, E.A. Karl 50
Strakosch-Giesler, Maria 215
Stümcke, Ida 192, 286, 302

Tito, Marschall 162, 185
Turner, William 260

Vermehren, Helmut 289
Vogel, Fritz 287
Vreede, Elisabeth 50, 214, 283, 306

Wagner, Christian 65
Walter, Alfons 166
Weisshaar, Werner 183f., 188, 236, 253, 256, 314
Wellhöfer, Erna 301
Wellhöfer, Erwin 301
Wezorke, Fritz 190
Wilhelm II., Kaiser 198
Wistinghausen, Kurt v. 172
Wohlgemut, Michael 35
Wrede, Walther 114, 230, 252
Wyneken, Gustav 14

Xerxes 231

Zack, Victor 101, 242

Ortsregister

Agram 85, 184
Aleppo 298
Alikanios 75
Amselfeld (Kosovo Polje) 152, 262
Annegrey 303
Ansbach 31f., 38, 40, 110, 113, 116, 118, 128, 132, 134, 199f., 204
Antibes 302
Antiochien 297
Aquileia 102
Athen 81, 114, 143, 144, 151, 230f.

Bamberg 48, 123
Banatski Karlovac (Karlsdorf) 164
Basel 296
Belgrad 85,94, 161, 162, 169, 254
Berlin 116f., 143, 271, 289, 293
Biaritz 224
Bleiburg/Donau 84, 159
Bobbio 304
Botowo 85, 92
Bremen 75, 100f., 192, 254, 270, 284ff., 290, 299
Byzanz 263, 264

Cannes 302
Carnac 192
Chania 75, 77
Chartres 225f.
Cilli 81, 84, 156, 235
Cividale 102
Coburg 213

Dödlingen 192
Dornach 16, 213, 214f., 302
Douai 136

Ephesus 10
Erlangen 48, 124, 127, 129,131
Essen 111f.
Esslingen 299f., 310

Freilassing 99, 188
Fréjus 302

Genf 264, 283, 299f.
Glane 192
Grado 102
Grocka 85, 93f., 183, 185

Hallein 102, 305
Hamburg 143, 219
Hannover 290
Heilbronn 73, 226
Hennemannstadt 163
Hochgols 102, 305
Hoher Meißner 15

Immenstaat 284
Iraklion 77
Istanbul (Byzanz) 297

Jena 311
Jerusalem 297, 298
Jessenice 186
Karlsdorf/ Banat 84, 164
Kiel 289

Kiew 254, 297
Konstantinopel 262
Kosovo Polje (Amselfeld) 152
Kremsmünster 292
Kreta 54, 75, 77, 143ff., 158, 230ff.,
    319ff.
Kriva Palanka 152
Kumanovo 152

Leer 101
Leipzig 15
Libourne 72, 139
Lille 138
Lübeck 143
Luxeuil 303f.
Lyon 54, 72, 139

Maastricht 135
Manthes 138, 139
Marburg/Drau 159
Mitrovica 185
Monaco 302
Moras 141
Moskau 165, 297
München 53, 188

Nicäa 292, 298
Niederstetten
Nizza 302
Norderney 74, 143
Novi Sad (Peterwardein) 162
Nürnberg 48, 113, 123, 127, 128, 181,
    221ff.

Oldenburg 101, 270
Orléans 54, 72, 224

Padua 102
Peterwardein (Novi Sad) 160, 162
Petronell 140
Piding 99, 188, 189, 279
Posen 54, 140
Potporanje 84, 90
Prag 54, 134, 221, 223

Ravenna 102
Reusch im Steigerwald 19f., 105f.
Rom 263, 264
Rosenbach 186f.
Rudolfsgnad 313

Salamis 231
Saloniki 81, 152
Salzburg 102, 305
San Remo 302
Sarajevo 153
Schwabach 38
Sibinje 85, 93
Skopje 152
Smedarevo 85, 94
Soltau 192
Sremska Mitrovica 85, 179
Steyr 305
Strumica 152
Stuttgart 51f., 112, 129, 132, 189f.,
    220, 279, 281, 290, 297

Uffenheim 24, 99, 187, 271f.
Ulsenheim 21, 30, 37, 112

Veitshöchheim 63, 114
Venedig 102
Vienne 72
Visbeck 192
Vrsac (Werschetz) 161, 238

Welzheim 227, 274
Werschetz (Vrsac) 79, 84, 85, 88, 90,
    162, 163, 239, 245, 248
Wien 230
Wildeshausen 192
Wilhelmshaven 101

Wjasma 132
Worpswede 192

Ymoville 224

Zrenjanin (Betschkerec) 84, 89, 169,
    170, 274, 313